Schriftenreihe

Studien zur Geschichtsforschung des Altertums

Band 24

ISSN 1435-6600

Verlag Dr. Kovač

Alois Jacob

ATLAS und ATLANTIS

EINE SICHT DES WELTGESCHEHENS

Überlegungen zu dem in der Wissenschaft offenen
Problem „Atlantis“

Verlag Dr. Kovač

Hamburg
2012

VERLAG DR. KOVAČ GMBH
FACHVERLAG FÜR WISSENSCHAFTLICHE LITERATUR

Leverkusenstr. 13 · 22761 Hamburg · Tel. 040 - 39 88 80-0 · Fax 040 - 39 88 80-55

E-Mail info@verlagdrkovac.de · Internet www.verlagdrkovac.de

Bibliografische Information der Deutschen Nationalbibliothek
Die Deutsche Nationalbibliothek verzeichnet diese Publikation
in der Deutschen Nationalbibliografie;
detaillierte bibliografische Daten sind im Internet
über http://dnb.d-nb.de abrufbar.

ISSN: 1435-6600

ISBN: 978-3-8300-6506-7

Umschlagillustration: Silanion, Kopf des Platon, Glyptothek München

Widmung

Opus nullum finitum est.

Οἶδα οὐκ εἰδώς.

Opus hoc dedicatum est

viris excellentissimis

Francisco Bopp, magistro linguisticae, et

Carolo Hoffmann, olim (anno MCMLIV)

professori linguisticae universitatis

Saraviensis, et last not least

Ottoni Henrico Muck, magistro geophysicae,

qui omnes doctrinis suis in exquirendo subtiliter

accuratissimis mihi persuaserunt.

Vorwort

Über das offene Problem "Atlantis" und alles das, was so um dieses Problem herumrankt, habe ich seit meiner Studienzeit nachgedacht. Mit der gängigen Literatur über „Atlantis", mit der Literatur der Bejaher, Abweichler und Verneiner, möchte ich sagen, bin ich vertraut. Meine ganze und nach meiner Meinung, was die Lösung des Problems Atlantis betrifft, zum Ziel führende Aufmerksamkeit gewannen die überzeugenden Werke von Otto Heinrich Muck, „Alles über Atlantis" und William Fonsèque, „L'Atlantide et la Tectonique des Plaques".
So sind unsere vorliegenden Überlegungen im Grunde

I.) die „Weiterentwicklung

1.) der von O.H. Muck exakt erarbeiteten geophysikalischen Erkenntnisse zur Atlantis-Problematik (a.a.O. S.47: Der Text Platos enthält nichts, „was gegen die Gesetze der Logik verstoße oder naturwissenschaftlich nicht beweisbar wäre") und

2.) der geologisch-geographischen Erkenntnis W. Fonsèques,

2 Erkenntnisse, welche von der linguistischen Seite untermauert werden sollen einerseits durch eine exakte philologische Übersetzung und eine analytische Interpretation der vom Saïs-Priester über die Traditionskette Solon, Kritias d. Ä., Dropides, Kritias d. Jüngeren überlieferten Aussagen über Atlantis – was zu tun in fast allen Werken über Atlantis unterlassen ist –, und andererseits durch die Nutzung der von Franz Bopp in seinem „Glossarium Comparativum Linguae Sanscrittae" gewonnenen Erkenntnis der „tl̥ -/tr̥-Wortwurzel" und ebenso von den in der Tradition Bopps stehenden Professoren der Linguistik , vor allem Karl Hoffmann (1954, Universität des Saarlandes), weiterentwickelten Gedanken über die „tl̥-/tr̥-Wortwurzel" und

II.) die Schlussfolgerungen, die sich aus unserer Weiterentwicklung ergeben, sc. die Vergleiche von Gegebenheiten aus der östlichen und westlichen Einflusssphäre des im Atlantik liegenden Großimperiums Atlantis.

Das Ergebnis der gesamten Überlegungen ist eine „Sicht des Weltgeschehens“ ab dem Zeitpunkt der zeitlich exakt festgelegten Atlantis-Katastrophe („Nulltag A“ der Maya) bis in die Jetztzeit, die zu überdenken sich vor allem für die Historie in ihrem Bemühen um die Prähistorie und die Kunstgeschichte lohnen dürfte.
Wir hoffen, dass mit diesen unseren Überlegungen das Buch von O.H. Muck „Alles über Atlantis“ „die Aufmerksamkeit findet, die es verdient“, wie es Ernst von Khuon in seinem Vorwort „Rätsel Atlantis“ zu dem Werke O.H. Mucks (S.18, ebda.) ausdrückt.

Wenn die vorliegenden Überlegungen einen Anstoß ihrerseits zu einer Weiterentwicklung gäben, würde der Autor dies schon als einen großen Gewinn betrachten. Denn: „Nullum opus finitum est“.

Quod felix, faustum fortunatumque sit!

ATLAS UND ATLANTIS

EINE SICHT DES WELTGESCHEHENS

Ernst von Khuon

Nur wer vom Tatsachenbericht
ausgeht, wird hoffen dürfen,
wirklich und wahrhaftig
Atlantis zu finden.

INHALTSANGABE

Hinweis:
Die Buchstaben und Ziffern bei der Dispositionierung in der „Inhaltsübersicht“ (S.XIII-XXIV) und in der „Detaillierten Inhaltsangabe“ (S.431-472) entfallen im fließenden Text der Ausarbeitung des Titels.
Zum Überschauen der komplexen „Inhaltsübersicht“ sei hingwiesen auf die „Detaillierte Inhaltsangabe“ (Anhang am Ende des Werkes) (S.431-472).
Zu beachten ist: Die in der „Inhaltsübersicht“ (grundsätzlich) übernommenen Dispositionierungspunkte der „Detaillierten Inhaltsangabe“ sind (weil in der „Inhaltsübersicht“, durch Zusammenfassungen bedingt, zuweilen verändert) am Ende eines jeden Punktes der „Inhaltsübersicht“ zwecks leichteren Auffindens einer gesuchten Sache in ihrer ursprünglichen Form in eckigen Klammern hinzugefügt.

2b.) „Asturien" (Land der Basken, Land der „Wissensträger" gemäß der Etymologie von „ἀστήρ" = Stern = Lichtträger = „Wissensträger") (S.127-133). [B I 2.) a.)-b.)]
B I 3.)
3a.) Die religiöse Dimension, ausgehend von den „ἀστήρ –Begriffen" (Isch-tar, Ha-thor, Asch-tor-et. As-tar-te, Tur-an) (S.134).
3b.) Der Druidismus (Etymologisierung des Wortes „Druide"). – Das βραχὺ σπέρμα im Zusammenhang mit dem Druidismus. – Aufleuchten einer chronologischenAufgliederung der Zeit nach der Atlantis-Katastrophe (3 Etappen) (S.134-146). [B I 3.) a.)-i.)]
B I 4.)
4a.) Die architekturale Ausstrahlung Atlantis' nach Osten: Pyramiden, Tempel, Paläste (formal: ägyptisch; ideell: atlantisch).
4b.) Abschließende Feststellung über Einfluss nach Osten (S.146-150). [B I 4.) a.)-b.)]

B II: Der Einfluss Atlantis' im Westen (mit komplettierter Skizze)
B II 1.) Vorbemerkung (S.151-155). [B II 1.) a.)-d.)]
B II 2.) Der Einfluss Atlantis' nach Westen. – Aspekt „Sprache": „Ter-ra/ Tel-lus" (indoeuropäisch) und sein sprachlicher Zusammenhang mit „A-tla-s" (atlantisch) und mit „tla-lill" (aztekisch) (S.155-180). [B II 2.) a.)-c.)]
BII 3.) Die architekturale Ausstrahlung Atlantis' im Westen und Vergleich mit dem Osten (S.180-200) [B II 3.)]
3a.) Die religiösen Bauwerke: Die Pyramiden Altamerikas im Vergleich mit denen Ägyptens (auch im Westen gilt: formal: altamerikanisch; ideell: atlantisch) – Begründung: Der „Atlasberg" auf Atlantis ein ἀπότομος (Plato, Kritias 118a) = τέμενος = templum = „himmelstrebendes Bauwerk"; die „Huacas" in der westlichen Einflusssphäre. (s.180-191) [B II 3.) a.)-j.)]
3b.) Die profanen Bauwerke: Der „Königspalast" auf Atlantis als Vorbild für alle späteren Paläste in Ost und West von Atlantis. – Das βραχὺ σπέρμα sowohl der religiösen als auch der profanen Bauwerke und die Bedeutung der „Wissensträger" für die (zunächst nur orale)

Überlieferung dieser βραχέα σπέρματα. – In diesem Zusammenhang die Gestalt des Sokrates und Platos (οἶδα οὐκ εἰδώς); die aufsteigende Klimax des „Wissens". (S.191-199) [B II 3.) k.)-n.)]
3c.) Mit „Irminsul" (Himmelsträger" und „Yggdrasil" (Weltenachse) Durchbruch des gleichen Gedankens wie mit den Pyramiden Ägyptens und Altamerikas auch im germanischen Raum. (199-200) [B II 3.) o.)]
3d.) Mnemotechnische Handhabe zu den vorausgehenden Überlegungen. (S.200) [B II 3.) p.)]
BII 4.) <u>Der Einfluss Atlantis' in religiöser Hinsicht (in Ost und West)</u> (S.200-224).
4a.) <u>Vorspann:</u> Die „Götter" (in der überschaubaren Geschichte) = hochgestufte Menschen. – Gleiche Erscheinung in Ost und West – Aufkommen der absteigenden Klimax: „Gott"-„Halbgott"-„Heros"-„Gottmensch"- Mensch. – Vergleichbare Gegebenheiten (teilweise Rekonstruktion wie bei Franz Bopp im sprachlichen Bereich) und Bedeutung dieser Gegebenheiten in Ost und West. (S.200-203). [B II 4.) a.)-e.)]
4b.) <u>Die religiösen Vorstellungen in Ost und West:</u> „Sonnenkult", monotheistischer Kult, <u>vor</u> der Atlantiskatastrophe. [B II 4.) f.) α.)]
<u>Im Osten:</u> <u>Nach</u> der Katastrophe, <u>im</u> „Hiat", Chtonik, Zeit der Dunkelheit, zunächst Druidismus, Religion der Dunkelheit (des Mondes!). – <u>Nach</u> dem „Hiat" wieder Suche nach dem „<u>einen</u>" Gott des Lichtes (der Sonne!). – Anfänge in Ägypten; s. Entwicklungslinie (vom Osiris bis Christus und darüber hinaus). (S.203-215). [B II 4.) f.) β.)]
<u>Im Westen</u> (Altamerikanischer Raum): Trotz Vielgötterei Anflug von Monotheismus mit Huitzilopochtli (bei den Azteken und ihren Vorläufern), mit Inti etc. (bei den Inka), mit der „Sonne" (bei den Maya und ihren Vorläufern). – „<u>Hinweiser</u>" auf die „<u>einzigartige</u> Sonne" ist der „Atlasberg" auf Atlantis. – Aufkommen der Begriffe „Himmelsträger", „Himmelsstütze", „Himmelsleiter"; s. z.B. „mer" (ägyptisch) = „Treppe" = „Pyramide" im Vergleich mit den Axialtreppen der Pyramiden Altamerikas; s. auch „Irminsul" und „Yggdrasil" im germanischen Raum (S.215-222). [B II 4.) g.) α.)-ϵ.)]
4c.) <u>Chronologische Zusammenstellung der Religionsauffassungen</u>: „Religion der Sonne"; Osiris; Aton; Monotheismus der Israeliten,

Christen und Muslime. – Der Druidismus dabei in der Zeit des „Hiats“ (und darüber hinaus) „à part“, als „dunkle Religion des Mondes“. (S.223-224). [B II 4.) g.) ζ.)]

B III: Die religiöse Führerschaft und das Kulturheroentum (in Ost und West) (S.224-231).
B III 1.) Religiöse Führerschaft bei den Hebräern: Abraham, Moses (Osten) (S.224-225),
2.) bei den Tolteken: Ce Tecpatl Mixcoatl und Ce Actal Tolpitzin (Westen) (S.225),
3.) bei den Azteken: Huitzilopochtli (Westen) (S.226),
4.) bei den Inka: Manco Capac (Westen) (S.226),
5.) Kulturheroentum in Altamerika (Westen) (S.226-228),
6.) Kulturheroentum bei den Babyloniern: „Apkallú“ und „ummânu“ (vorsintflutlich nach Berosus; d.h.: die „Große Sintflut“ letztlich Ursache für die Notwendigkeit des Kulturheroentums zum Zwecke der Neuentwicklung menschlicher Gemeinschaftsformen) (Osten) (S.228-231). [B III 1.)-6.)]

B IV: Molochkultur in Ost und West (232-241) [B IV 1.)-2.)].
B IV 1.) Letzter Grund: πλεονεξία.
2.) Vorkommen: im östlichen und westlichen Einflussbereich von Atlantis.
Latentes Vorkommen in Atlantis selbst.

B V: Ahnenkult in Ost und West (S.241-243) [B V 1.)-5.)].
Vorkommen: In Altamerika bei den Inka (Mallquis), Nazca und Mochica. – In Ägypten und Mykene (Mumien, Totenmasken). – Auf den Kanaren: Guanchen (Mumien). – Bei den Tuaregs, Berbern und Garamanten (Mumien, gar als Vorbilder für die Ägypter).

B VI: Zeichen und Symbole der Macht in Ost und West (S.244-249) [B VI 1.)-3.)]
B VI 1.) Zeus (Blitz und Donner etc.) – Vergleichsgegebenheiten in West und Ost. (S.244-246)

2.) Poseidon (Dreizack, Fangzahn). Vergleiche im Westen. (S.246-247)
3.) Quetzalcoatl („atl-atl“ = Speerschleuderer: seine etymologische Deutung) (S.248-249).

B VII Wiederaufkommen der Schrift (Hieroglyphen; Keilschrift) (S.250-262) [B VII 1.)-3.)].
B VII 1.) Neuaufkommen (Mitte des 4. Jahrtausends v. Chr.), nicht bei Inka und Vorläufern (Quipú) und Kelten (Schreibverbot der Druiden), aber bei den Ägyptern und Sumerern sowie bei den Azteken und ihren Vorläufern (S.250-253) [B VII 1.) a.)-d.)].
2.) Die Hieroglyphen (in Ost und West): Idee; Begriff; System der Heiroglyphe. – Keilschrift in Sumer. (S.254-261) [B VII 2.) ab.)-b.)]
3.) Hieroglyphenschrift auf Atlantis (Plato, Krit. 119c-e: γράμματα auf στήλη). – Mnemotechnische Zusammenstellung (S.261-262) [B VII 3.) a.)-c.)].

B VIII: „Ägyptisches“ bei den Inka, Huaxteken, Maya, Nazca (S.263-274) [B VIII 1.)-3.)].
B VIII 1.) Geschwisterehe Mittel zur Schaffung einer Dynastie, in Ägypten; bei den Inka; anders bei den Azteken; aber auch Grund für den Untergang (S.263-271) [B VIII 1.) a.)-c.)].
2.) Déformation crânienne bei Echnaton und Familie, bei den Inka und Huaxteken und Vorläufern. (S.271-273) [B VIII 2.) a.)-c.)].
3.) Trepanation bei den Inka, Maya, Huaxteken, Nazca; bei den Ägyptern (S.273-274) [B VIII 3.) a.)-c.)].

B IX: Mumifikation (in Ost und West) (S.274-278) [B IX 1.)-6.)].
1.)-6.) Vorkommen bei den Inka und ihren Vorläufern; bei den Mixteken; in Ägypten und Mykene; bei den Tuaregs, Berbern und Garamanten und ihren Vorläufern.

B X: Zyklushaftigkeit des Werdens und Vergehens (S.278-285) [B X 1.)-3.)].
B X 1.) Wichtigster Gesichtspunkt der Lebensdeutung in Ost und West. (Fatalismus zuweilen) (S.278-282) [B X 1.) a.)-e.)].

2.) Bedeutung (außer für Landwirtschaft) vor allem für das Kalenderwesen (3 Zeitrechnungssysteme bei den Azteken. – „Nulltag A“ der Maya, identisch mit dem Zeitpunkt der Atlantis-Katastrophe, d.h. die Zyklushaftigkeit der Zeit letztlich durch die Atlantis-Katastrophe modellhaft vor Augen geführt) (S.283-285) [B X 2.)-3.) d.)].

Einschub

Datumskorrektur (nach O.H. Muck, a.a.O., S.327ff.): Nicht 9560 v. Chr. ist das richtige Datum der Atlantiskatastrophe, sondern 8560 v. Chr. (s. Plato: Timaios ↔ Kritias). – Begründung u.a. mit Herodot, Hekataios von Milet, Prof. Ludendorff und Prof. Libby (C14-Methode). – (Ohne Auswirkung auf unsere Überlegungen). (S.285-288) [Datumskorrektur 1.)-2.)]. – [Ende des Einschubs].

B XI: Die Sintfluten (S.288-325) [B XI 1.)-9.)].
B XI 1.) Vorbemerkung: Vergleich der „Großen Sintflut“ (μεγίστη gemäß dem Saïs-Priester) mit anderen bekannten Sintfluten (S.288-291) [B XI 1.) a.)-d.)].
2.) Die Sintfluten bei Plato: Gemäß den Archiven der Ägypter. – Die Deukaleon-Sintflut und die „νέοι“-Charakterisierung der Athener durch den Saïs-Priester. – Die Sintflut im Gefolge der Megakatastrophe war die „größte“ (μεγίστη). – Die Auswirkung der „größten Sintflut“ im Gilgamesch-Epos Sumers. – Das Gilgamesch-Epos, gespeist von den bei Plato erwähnten σκοτειναὶ ἀκοαί („dunklen Gerüchten“), ist die Grundbasis der Ea-Atrachasis-Sintflut, der Noah-Sintflut und der Deukaleon-Sintflut (S.292-297) [B XI 2.) a.)-e.)].
3.) Gemäß der griechischen Literatur ist die „größte Sintflut“ die unter Ogyges (s. Kl. Pauly: Ogyges); diese ist wie die Sintflut im Gilgamesch-Epos eine echte Reminiszenz an die Mega-Sintflut der Atlantis-Katastrophe. – Chronologische Reihenfolge der Sintfluten (S.297-299) [B XI 3.) a.)-e.)].

4.) Zusammenfassung: Es besteht ein Zusammenhang zwischen der Sintflut der Atlantis-Katastrophe und den jeweiligen Sintflutdarstellungen der einzelnen Völker, insofern alle auf dem Gilgamesch-Epos basieren (S. 299-302) [B XI 4.) a.)-d.)].
5.) Die Sintflutdarstellungen im westlichen Einflussbereich von Atlantis: Bei den Maya (Chilam Balam); das Trauma der Maya („Nulltag A") hat seinen Ursprung in der Megasintflut von Atlantis. – Bei den Quiché-Maya (Popol Vuh); Vergleich mit Platos Kritias (gemäß der Deutung der Katastrophe durch den Planetoïdeneinschlag und die Folgen). – Bei den Azteken; die „4.Sonne" (= „4. Welt") vernichtet durch die Atlantis-Katastrophe (Sintflut). – Bei den Inka I (ältere Schöpfungsgeschichte): „Sintfluten" und „Dunkelheit" am Beginn der 2 hier erwähnten „Welten". – Bei den Inka II (neue Schöpfungsgeschichte): „Sintflut" und „Dunkelheit" am Ende der „2. Welt" (S.302-318) [B XI 5.) a.)-d.)].
6.) Zusammenstellung der Aussagen über die Sintfluten im Osten von Atlantis: Es gab schon viele Sintfluten, nicht nur eine. – Die Sintflut im Gefolge der Atlantis-Katastrophe war die „größte (μεγίστη). – Die Urfassung aller späteren Sintflutdarstellungen ist die der Atlantis-Katastrophe zeitlich am nächsten liegende Darstellung im „Großen Gilgamesch-Epos", das seinerseits gespeist ist von den bei Plato erwähnten σκοτειναὶ ἀκοαί (= oral weitergetragene „dunkle Gerüchte" über die Megakatastrophe von Atlantis in den „kurzen Gilgamesch-Epen"; s. Kl. Pauly), aus denen das „Große Gilgamesch-Epos" zusammengestellt wurde) (S.318-321) [B XI 6.) a.)-d.)].
7.) Zusammenstellung der Aussagen über die Sintfluten im altamerikanischen Raum (Westen): Bei den Maya, Quiché-Maya, Azteken, Inka I und Inka II (Übersicht in Tafelbildern) (S.321-325) [B XI 7.) a.)-e.)].
8.) Zusammenstellung aller Erkenntnisse aus den obigen Überlegungen in 4 Punkten: a.) die Schilderung der Atlantis-Katastrophe durch den Saïs-Priester beruhend auf uralten Archiven; b.) die Darstellung der Megasintflut beruht auf 2 Quellen: Archive der Ägypter (παλαιὰ ἀκοή, ἐκ παλαιοῦ σεσωμένα) und den „dunklen Gerüchten" (σκοτειναὶ ἀκοαί), die auch das „Große Gilgamesch-Epos" speisten; das Gilgamesch-Epos ist die Basis für alle späteren Sintflutdarstellungen (Ea-Atrachasis, Noah,

Deukaleon); die Megasintflut hat ein Trauma bei den Altamerikanern hinterlassen, vor allem bei den Maya und ihren Vorläufern („Nulltag A"); c.) O.H. Mucks geophysikalischer Beweis für die Atlantis-Katastrophe (Planetoïdeneinschlag, Carolina-Trichterfeld, Megasintflut und Dunkelheit) und daraus sich ergebende Zeitaufgliederung; d.) In diese Zeitaufgliederung passen genau die Schöpfungsgeschichten der meso- und südamerikanischen Völker und ihrer Vorläufer (S325-332) [B XI 8.) a.)-g.)].

9.) Zusammenstellung als mnemotechnische Handhabe aller vorausgehenden Überlegungen (S.332-333) [B XI 9.) a.)-f.)]:
6 Argumente für die Annahme der Existenz von Atlantis: a.) die Archive der Ägypter (παλαιὰ ἀκοή); b.) die „dunklen Gerüchte" (σκοτειναὶ ἀκοαί); c.) das Trauma der Altamerikaner und ihrer Vorläufer, vor allem der Maya („Nulltag A", zeitgleich mit der Atlantis-Katastrophe); d.) O.H, Mucks geophysikalischer Beweis(s.o.) (Alles in Plato ist logisch und naturwissenschaftlich nachvollziehbar); e.) die linguistischen Erkenntnisse, die ein Vorkommen der „tr̥-/tl̥-"-Wortwurzel in Atlantis (A-tla-s), im östlichenEinflussbereich (Ter-ra/Tel-lus) und im westlichen Einflussbereich (tla-lill als tragendes Land [zumal in Zeiten der Sintfluten als deren Kontrapunkt] etc.) feststellen lassen; f.) die vergleichbaren (auf Diffusion beruhenden) Gegebenheiten im östlichen und westlichen Einflussbereich von Atlantis (von „Sprache" bis „Sintfluten").

B XII: Ἐξίτηλος ('ΕΞΙΤΗΛΟΣ) (S.333-364) [B XII 1.)-3.)]

B XII 1.) Frage am Ende: War die Atlantiskatastrophe ein „reines Naturereignis" oder eine Bestrafung durch die Götter? D.h.: Steht eine ethische Motivation hinter dem Ereignis? (S.333-334) [B XII 1.a.)-b.)].

2.) Antwort: In allen Darstellungen (Ost und West) ist eine ethische Motivation angegeben, aber bei Plato lediglich bedingt durch den Zeitgeist des ἄνθρωπος μέτρον ἁπάντων (Warnung an seine Mitbürger!); im Kern aber ist für Plato die Atlantis-Katastrophe ein „reines Naturereignis" (wie es auch die Archive der Ägypter besagen), insofern als das „blinde Wüten der Natur" unterschiedslos schuldige Atlanter und

schuldlose Athener mit in den Abgrund zieht (S.334-340) [B XII 2.) a.)-3.) b.)].
3.) Etymologisierung in diesem Zusammenhang des Begriffes „ἐξίτηλος" (S.341-345) [B XII 3.) c.)].

Einschub

Die Nichtidentität von Atlas (I), dem Titanen, und Atlas (II), dem Sohn des Poseidon; die Bedeutung dieser Erkenntnis (ohne Auswirkung auf unsere Überlegungen) (S.345-354) [Einschub 1.)-2.)]. – [Ende des Einschubs]

4.) Fortsetzung der Motivationsbegründung Platos (S.354-355) [B XII 4.) a.)-b.)].
5.) Die Motivationsbegründung bei Ovid (S.355-356) [B XII 5.) a.)-b.)].
6.) Vergleich der 4 Darstellungen (S.357-358) [B XII 6.) a.)-d.)].
7.) Ethische Motivation auch im westlichen Einflussbereich von Atlantis (bei Maya, Quiché-Maya, Azteken, Inka I und Inka II) (S.358-363) [B XII 7.) a.)-e.)]
8.) Zusammenfassung: Ethischer Zeigefinger zwar überall, aber bei Plato dennoch „reines Naturereignis" (Beweis: „Blindes Wüten der Natur") (S.363-364) [B XII 8.) a.)-c.)].

C: Ein Wort zum Abschluss (eine „Quintessenz") (S.365-384) [C I-XVIII].
C I: Die Integrität der Textvorlage in Platos Dialogen Timaios und Kritias notwendige Voraussetzung für die Gesamtinterpretation (S.365) [C I 1.)-2.)].
C II: Ἄτοπος μέν, παντάπασίν γε μὴν ἀληθής ist der Grund für Solons Bemühen, sich die Geschichte Athens ἐφεξῆς καὶ ἀκριβῶς darlegen zu lassen. Die Darstellung Platos dabei ist logisch und geophysikalisch nachvollziehbar (s. Muck) (S.365-366) [C II].
C III: 1.) Die Utopisten und der „homo sapiens sapiens" (Crômagnon).
2.) Die Entwicklung der Crômagnons von 30.000 v. Chr. (erstes Auftreten) bis zu dem Zeitpunkt der Atlantiskatastrophe (im Vergleich z.B. mit der Zeit vom Bau der Pyramiden Ägyptens bis heute).

3.) Die Kulturblüte der Crômagnons (Lascaux, Altamira etc.) trotz vielleicht grundstrukturellen Unterschieds eine Hochkultur (S.366-367) [C III 1.)-3.)].

C IV: 1.) Der Saïs-Priester: Schon viele Sintfluten gab es, nicht nur eine; Neuanfang, Neuentwicklung danach immer wieder nötig.

2.) Hilfe zum Verständnis unserer Deutung (speziell) der Atlantis-Problematik leistet der „kulturgeschichtliche Hiat“ (=Rückschritt der Artefakte des Mesolithikums gegenüber denen des Jungpaläolithikums).

3.) Grund für den „Hiat“ die langanhaltende Dunkelheit (=Dunkelzeit) nach der Atlantis-Katastrophe (s. Muck). – Daraus ergibt sich die Zeitaufgliederung („tiefster Hiat“; „Hiat“; „Wiederaufhellung“ ab Mitte 4. Jahrtausend v. Chr.) (S.367-368) [C IV 1.)-3.)].

C V: Der beginnende Neuanfang nach der Katastrophe: Domestizierung der Tiere; agrarische „Revolution“ (S. 368-369) [C V 1.)-2.)]

C VI 1.) Erster kultureller Höhepunkt: Die Megalithe und der Druidismus (S.369) [C VI 1.)].

2.) Zweiter kultureller Höhepunkt: Aufkeimen der von Atlantis hinterlassenen (weiteren) βραχέα σπέρματα (Schrift, „Wissen“, Monotheismus, Architektur) (S.369-370) [C VI 2.)].

C VII: Alles dies im östlichen und westlichen Einflussbereich von Atlantis feststellbar. (S. 370) [C VII].

C VIII: Zum Begriff „Diskrepanz der Zeiten“. (s. Simone Waisbard: Tiahuanaco) (S.370-371) – Gleichwertige Artefakte in verschiedenen Räumen der Erde zu verschiedenen Zeiten möglich. – Dahinter steht immer das βραχὺ σπέρμα der jeweiligen Sache (371-372) [C VIII 1.)-3.)].

C IX: Die Zeitaufgliederung nach der Atlantis-Katastrophe in 3 Etappen („tiefster Hiat“; „Hiat“; „Wiederaufhellung“ mit Aufkeimen der βραχέα σπέρματα „Schrift“, „Wissen“, Monotheismus, Architektur). – Von dieser Betrachtungsweise ausgehend, unser Untertitel: „Eine Sicht des Weltgeschehens“. – Ergebnis: Unverständnis für die Utopisten (S.372-373) [C IX 1.)-3.)].

C X: Abschließende Zusammenstellung der Argumente für die Annahme der Existenz von Atlantis (S.374-375) [C X 1.)-6.)].

1.) Die Archive der Ägypter (παλαιὰ ἀκοή, ἐκ παλαιοῦ σεσωμένα) und die dunklen Gerüchte (σκοτειναὶ ἀκοαί) [C X 1.)],

2.) O.H. Mucks (einleuchtende) Theorie des Planetoïdeneinschlags etc. und W. Fonsèques geographische Erkenntnis[C X 2.)],
3.) das „Trauma" der Altamerikaner („Nulltag A" der Maya) [C X 3.)],
4.) die Wiederentwicklung von der Vielgötterei der „Dunkelzeit" zum Monotheismus des „Lichts" [C X 4.)],
5.) Die linguistischen Überlegungen auf der Grundlage der „tr̥-/tl̥-"-Wortwurzel: Gleichheit wesentlicher Bestanteile der Sprache der Atlanter (A-tla-s) und der Sprachen der östlichen (Tel-lus) und westlichen (tla-lill etc.) Einflussbereiche von Atlantis [C X 5.)],
6.) Der Vergleich paralleler Gegebenheiten in Ost und West von Atlantis (von „Sprache" bis „Sintfluten") [C X 6.)],
C XI: Ἐξίτηλος: 1.) Ein „Aus für Atlas (II)", ein evidentes Argument für die nötige Bestrafung der Atlanter und damit implizite für die Existenz und den Untergang von Atlantis, (unter Berücksichtigung des Unterschieds von Atlas [I], dem Titanen, und Atlas [II], dem Sohn des Poseidon). (Ohne Auswirkung auf die Gesamtüberlegungen) (S.375) [C XI 1.)].
2.) Platos Deutung der Atlantis-Katastrophe als „reines Naturereignis" (der „ethische Zeigefinger" Platos entsprechend dem Zeitgeist des ἄνθρωπος μέτρον ἁπάντων nur als Warnung an seine Mitbürger zu deuten.) (S.375) [C XI 2.)].
C XII: Darstellung der Atlantis-Katastrophe nach all dem kein πλασθεὶς μῦθος, (= Erfindung), sondern ein ἀλήθινος λόγος, der nicht mehr vergessen werden darf (S.375-376) [C XII].
C XIII: Die endgültige Dominanz des „homo sapiens sapiens" über den „homo sapiens Neandertalensis", die Hochkultur der Crômagnons. – Zweifache Sinndeutung des Begriffes „sapere" je nach Deutung gemäß der gesamtgeschichtlichen Menschheitsentwicklung (wie in „homo sapiens sapiens") und den von uns herausgearbeiteten „Wissensträgern" nach der Atlantis-Katastrophe zur nötigen Neuentwicklung menschlicher Gemeinschaftsformen. – In diesem Zusammenhang: Der Standpunkt Sokrates' und Platos (οἶδα οὐκ εἰδώς) und Auseinandersetzung mit den Sophisten (σοφοί). – Der neue Wissensdrang des sich bewusst werdenden „neuen Menschen des Quintärs", hinter welchem Wissensdrang die Frage

steht: Woher kommen wir? Wo stehen wir? Wohin gehen wir? (S.376-378) [C XIII 1.)-6.)].

C XIV 1.) Antwort auf diese Frage ist eine einleuchtende Evidenz, warum Plato so sehr an der Atlantis-Problematik interessiert war.

2.) Beweis: der Dreiklang der 3 Dialoge (Timaios, Kritias, Hermokrates; letzterer nur geplant, s. aber Nomoi III) ist zu deuten als eine von Plato über längere Zeit bedachte Planung „weltgeschichtlicher Betrachtungen" (Stichwort: Neuentwicklung; s. dazu vornehmlich S.52-53 und S.55 sowie S.470 unserer Überlegungen [Stichwort: Dialog „Hermokrates"]) (S.378) [C XIV 1.)-2.)]

C XV: Unsere „Sicht des Weltgeschehens" (Untertitel) mit den o.a. 3 Etappen gründet also auf einem Verständnis des Weltgeschehens, dessen Anfang nach der Katastrophe von Atlantis festzusetzen ist (Von den Maya mit ihrem „Nulltag A" identifiziert). – Weltenbeginn der Hebräer und Christen im Vergleich damit (S.379-380) [C XV 1.)-4.)].

C XVI: Eine Anmerkung Voltaires, zu deuten als eine Notwendigkeit, unseren Daseinsstandpunkt zu bestimmen (übereinstimmende Entsprechung in H.-G. Nesselraths Rezension zu Vidal-Naquet) (S.380-381) [C XVI 1.)-2.)].

C XVII Fazit des Ganzen: Die von uns herausgearbeiteten geschichtlichen Erscheinungen und Entwicklungslinien seit der Katastrophe von Atlantis legen den Gedanken nahe, dass alle an diesen Entwicklungslinien teilhabenden Völkerschaften in Ost und West von Atlantis inspiriert und beeinflusst waren von den βραχέα σπέρματα, die eine Hochkultur, welcher Art und Struktur auch immer, als Ausgangspunkt all dieser Erscheinungen bei ihrem Untergang hinterlassen hat. – In all dem summiert sich der Wortlaut des Untertitels unserer Überlegungen: „Eine Sicht des Weltgeschehens" (S.382-383) [C XVII 1.)-2.)].

C XVIII: Abschlussfrage: Ex oriente lux? Oder: Ex occidente lux? (S.383-384) [C XVIII 1.)-2.)]

ATLAS UND ATLANTIS
EINE SICHT DES WELTGESCHEHENS

Eine große Anzahl Bücher, Broschüren und Artikel über „Atlantis“ ist geschrieben. Einen Großteil davon, liest und hört man zuweilen, könne man von vornherein als „unorthodox“ in wissenschaftlicher Hinsicht auf sich beruhen lassen. Einige wenige der Werke verdienten es, sich damit zu befassen.
Wir müssen bei der Auswahl der bemerkenswerten Werke folgende Unterscheidung vornehmen. Es sind:

1. Werke, die in Atlantis den Ursprung unserer Kultur und Zivilisation sehen und dabei Atlantis, im Atlantik gelegen, als Zentrum einer nach allen Seiten ausstrahlenden Ur-Kultur sehen,
2. Werke, die in Atlantis den Vorläufer früher Kulturen sehen, die aber Atlantis, was seine lokale Festlegung betrifft, nicht „jenseits der Säulen des Herkules“ lokalisieren und dann oftmals mit verschiedenen „Zahlenspielereien“ den Ort „Atlantis“ an vielen verschiedenen Stellen der Erde festlegen,
3. Werke, die in Platos Bericht über Atlantis nur eine von Plato erfundene Legende sehen, um seinem Werke Πολιτεία einen idealen Rückhalt zu verschaffen.

Atlantis, oft also als erfundene Legende totgesagt, ist immer wieder wie ein „Phönix aus der Asche“ aufgestanden und beschäftigt die Phantasie und den wissenschaftlichen Impetus der Menschheit – mit Unterbrechungen – seit Platos Niederschrift seiner Dialoge Timaios und Kritias vor ungefähr 2370 Jahren, und dies gerade auch in unserer heutigen Zeit.
Obwohl die vorliegenden Überlegungen sich dem Problem „Atlantis“ vor allem auf linguistisch-philologischem Wege nähern wollen – etwas, was bislang, soweit ich sehe, nur in unzureichendem Maße geschehen ist, – ist es klar, dass die moderne Forschung (Geologie, Physik) ein

entscheidendes Wort bei der Entschlüsselung des Problems „Atlantis" beitragen kann, schon beigetragen hat und noch beitragen wird.
Das Problem „Atlantis" ist ein Problem, das heute bei so vielen durch ungeklärte Fragen auftauchenden Einzelproblemen das interdisziplinäre Bemühen, die Interdisziplinarität der Wissenschaften, geradezu herausfordert. Naturwissenschaften: Geologie, Physik, Geophysik, Geographie, Klimatologie; Geisteswissenschaften: Philologie (Linguistik), Ethnologie, Archäologie, Kunst, Geschichte, Religion, und Mythologie (was Philologie betrifft, vornehmlich die Paläolinguistik). Alle diese Disziplinen und weitere, in strebsamer Gemeinsamkeit nebeneinander, können dem Problem „Atlantis" nahekommen und es bis zu einem Grade der Wahrscheinlichkeit lösen, der auch den größten Zweifler aufhorchen lässt. Die Lösung dieses Problems kann also nicht die Aufgabe eines Einzelnen sein - dafür ist das Problem zu groß und verzweigt -, nur das Zusammenwirken vieler Disziplinen kann u.E. hier zum Erfolg führen.
Wir wollen uns dabei, um es gleich zu sagen, nicht beschäftigen mit E. Cayces um Atlantis rankenden Gedanken und nicht mit seiner in seinen Readings erwähnten ägyptischen Existenz als Hohepriester des Ra Ta.
An dem Werke von Theodoros Axiotis, „Atlantis", „Die Archive des Landes Poseidons (der Stern des Sirius, Himmlische Architektur)", A. Georgiadis, Athen 2002 (eines der letztherausgegebenen Werke über Atlantis), ist interessant, dass Axiotis drei lokale Punkte nennt, in denen die Archive von Atlantis aufbewahrt seien:

1. Ägypten,
2. die Pyrenäen
3. Yucatan

Doch das Werk Axiotis' ist u.E. zu stark von Mystik geprägt, wobei die Begriffe Kryptographie, Mysterien des Sirius, Mysterium der Orphik, hermeneutische Philosophie, Symbolismus, Esoterik und Kabbalistik eine ständige Rolle spielen. So kommt Axiotis z.B. zu dem Ergebnis, dass die Kultur des alten Griechenland eine Kopie der himmlischen Kultur des Helio-Sirius ist (a.a.O. Epilog, S.405).

Man fragt sich: Muss diese übertriebene Mystifizierung des Problems „Atlantis" sein?
Charles Berlitz gibt in seinem Werk „Das Atlantis Rätsel" eine Fülle anstoßender Überlegungen, die zu billigen sind, in seiner nicht geophysikalischen, sondern zum Mysteriösen neigenden Ausdeutung des tödlichen Bermuda-Dreiecks allerdings ist er mit Otto H. Muck, „Alles über Atlantis" zu kritisieren. Ein Anklang von Mystik also auch bei Berlitz.
Bemerkenswert bei Berlitz ist sein Hinweis darauf, dass „alle Völker und Rassen", angefangen von den Sumerern über die Mittelmeervölker bis hin zu den Indianerstämmen der Neuen Welt die Legenden über eine große Flut kennen („Das Atlantis Rätsel", S.16), dass also die Flut ein „tatsächlich geschehenes Ereignis" war, doch die Auslegung und Ausdeutung dieser von ihm erwähnten Flut als „jeweils eine bestimmte lokale Überschwemmung mit gleichzeitigen Regenfällen und klimatischen Störungen, in deren Verlauf es den Überlebenden so schien, als stünde die ganze Welt unter Wasser", sodass die Menschen diese lokalen Fluten als eine globale Flutkatastrophe betrachteten, diese Ausdeutung hält der Darstellung der von dem Saïs-Priester (Plato, Timaios 25 c-d) herangezogenen ägyptischen Archive nicht stand, dass „an einem schlimmen Tag und in einer schlimmen Nacht" die athenische Heeresmacht und die Insel Atlantis (als Folge eines Planetoideneinschlags, wie Muck es geophysikalisch begründet) gleichzeitig im Meer untergingen und verschwanden.
Beim Untergang von Atlantis eine Art Bradyseismus ins Spiel zu bringen, wie wir ihn in Miniatur von Pozzuoli bei Neapel her kennen (Berlitz, D.A.R., S.20), wobei die „Aufwölbungen des Meeresgrundes auch heute noch eine Hebung und Senkung der Landmassen verursachen können" und infolgedessen immer wieder geologische Veränderungen vorkommen, widerspricht ebenfalls dem „<u>einen</u> schlimmen Tag und der <u>einen</u> schlimmen Nacht". Βραδύς heißt: langsam, die Weltkatastrophe von Atlantis fand in kürzester Zeit statt (1 Tag und 1 Nacht).
Auch die „merkwürdigen Übereinstimmungen" (so Berlitz) vieler Namen, im Osten des vorausgesetzten „Atlantis im Atlantik", angefangen von Avalon bis zu dem ausgetrockneten Meer von Attala, im Westen von

Atlantis, angefangen von Aztlan über Tlapallan (Berlitz, D.A.R., S.14/15), der ursprünglichen Heimat von Quetzalcoatl, bis zu Atlán in Venezuela (Berlitz, D.A.R, S.15) weisen, abgesehen von einigen Namen wie Atarantes, bei Herodot Atlantioi genannt, wie Attalayos und das Atlasgebirge, Aztlan und Atlan, keine linguistische Begründbarkeit auf.

In linguistischer Hinsicht heranziehbare Namen – die von Berlitz genannten Namen kommen ihm alle insgesamt auffallend vor – sind also nur teilweise vorhanden, und zwar da, wo sie linguistisch begründbar sind. Die „Erinnerung“ (a.a.O. S.64) des Namens „Antilia“, von den Karthagern aufgesucht, an „Atlantis“ ist keine hinreichende linguistische Erklärung. Linguistische Überlegungen dürfen nicht an die etymologisch abwegige Erklärung von Pierre Benoit, „L'Atlantide“, Albin Michel, 1920, S.113-114 für den Namen „Antinéa“ (Τι - νεα - αντλ’Αν) in der Wüste Sahara erinnern, genau so wenig wie an die von Donnelly vorgeschlagene Transformation von „Olumpos“ in „Atlantis“, oder die Etymologie von Zangger: „Antlos“ = „Atlantis“ oder auch die von Louis Charpentier („Les Jacques et le mystère de Compostelle“, Ed. Robert Laffont, S.A. 1971): „Atl-“ ist ein Präfix mit der Bedeutung „groß“, wie in dem Wort „Atlas“ und zweifellos in dem Wort „Alpe“. Weitere Begriffe, die Charpentier beibringt, sind: „Ante“, „Ande“, „Eden“, „Adam“, „Annesbury“, „Avesbury“ (in England). Charpentiers Überlegungen laufen am Ende sogar darauf hinaus, dass er die „Géants“ von Stonehenge als „Atlanten“ deutet und dabei die Etymologie liefert: Atl- antes = des grands Antes = des Géants (ebda. S.47) – All dies sollte in unseren Überlegungen hintanstehen.

Dass die Basken und Berber nach Berlitz behaupten, von den Atlantiden abzustammen, dass „atl“ bei den Altamerikanern, bei den Azteken, und bei den Berbern „Wasser“ bedeutet, diese Überlegungen gehören zu der Fülle der o.a. anstoßenden Überlegungen bei Berlitz, die eines Durchdenkens wert sind.

Otto H. Muck, „Alles über Atlantis“, Econ-Verlag, Zürich 1978, liefert eine akribische geophysikalische Erklärung für den Untergang von Atlantis mit der (sinngemäß) abschließenden Feststellung, dass der von Plato vorgelegte Text, beruhend letztlich auf den uralten Archiven Ägyptens, nichts enthalte, was gegen die Gesetze der Logik verstoße oder naturwissenschaftlich nicht beweisbar wäre (O.H. Muck, „Alles über Atlantis“, S.47), und S. 90 spricht Muck von „naturwissenschaftlichen Beweisen und exakten Belegen für heute noch kontrollierbare Auswirkungen, die auf keine andere Ursache als auf die Existenz einer Großinsel mitten im Atlantik zurückgeführt werden können“, Beweise und Belege, „die Möglichkeiten sind, Platos Erzählung heutzutage als wirkliches Menschheitsdrama wieder aufleben zu lassen“.

Abschließend zu diesen Aussagen Mucks möchte der Autor vorliegender Überlegungen seiner Hoffnung Ausdruck geben, die geophysikalischen Erklärungen O.H. Mucks durch linguistisch-philologische Erkenntnisse erhärten zu können, und er möchte damit feststellen, dass er bei den verschiedenen Betrachtungsweisen des Problems „Atlantis“ die geophysikalische der prophetischen (E. Cayce) und der mystischen (Th. Axiotis) eindeutig vorzieht.[1]
Zunächst wollen wir uns dem Bemühen Platos um den „Wahrheitsgehalt“ der Atlantis-Stellen in den Dialogen Timaios und Kritias zuwenden.

Analytische Interpretation der Atlantis betreffenden Dialogstellen in Platos Timaios und Kritias

Platos Bemühen um den „Wahrheitsgehalt“ der Atlantis-Stellen.

Bevor wir in die analytische Interpretation einsteigen, müssen wir zuerst Folgendes klarstellen: Was heißt bezüglich des Berichtes des Saïs-Priesters „Wahrheit“?
Bei der Beantwortung dieser Grundsatzfrage müssen wir zunächst 2 Fragen unterscheiden:

- Gibt Plato seinen Bericht exakt so wieder, wie er ihn von Solon über Dropides, Kritias d.Ä. und Kritias d.J. erzählt bekam, oder

[1] Weitere Behandlung der verschiedenen Atlantistheorien, s.u., S.26-68

macht Plato in seiner „dichterischen“ Phantasie schön gefärbte Ausmalungen, z.B. bei der Beschreibung des Königspalastes von Atlantis?

und

- Ist der Inhalt des Berichtes wahr und glaubhaft, d.h. hält der Inhalt des Berichtes z.B. geophysikalischen Erkenntnissen stand?

Das eine ist also die Frage nach der „Wahrhaftigkeit“ und Ehrlichkeit Platos als Person, das andere die Frage nach der Glaubhaftigkeit des Inhalts der Erzählung hinsichtlich geographischer und naturgesetzlicher Gegebenheiten.

1. Analytische Interpretation.

1.1

Gehen wir bei der Beantwortung der Frage von den beiden Dialogstellen aus! Was sagt Plato zur exakten Wiedergabe des von Solon überbrachten Berichtes, und ist der Inhalt des Berichtes glaubhaft?

A.: Im Timaios:

- Tim. 20d: Ἄκουε δή, ὦ Σώκρατες, λόγου μὲν ἀτόπου παντάπασί γε μὴν ἀληθούς (Höre denn eine zwar seltsame, aber ganz und gar wahre Geschichte).
- Tim. 21a: παλαιὸν... λόγον... (eine alte Geschichte)
- Tim. 21d: τίς... λόγος... (Was für eine Geschichte?)
- Tim. 21d: οὐ διήρκεσε δεῦρο ὁ λόγος (der λόγος, der wegen der Länge der Zeit und wegen des Untergangs derer, die die größte und berühmteste Tat vollführten, sich nicht bis zu unserer Zeit erhielt.) Gemeint ist: Der λόγος erhielt sich nicht bei den Griechen, in den Archiven der Ägypter ist er ja erhalten.
- Tim. 26a: διὰ χρόνον γὰρ οὐχ ἱκανῶς ἐμεμνήμην (wegen der Zeit nicht zur Genüge in Erinnerung, d.h. Kritias (=Plato) will auf keinen Fall der Wahrheit Gewalt antun. Anrufung deshalb auch der Göttin Μνημοσύνη).

- Tim. 26c: οἷον ἐγκαύματα ἀνεκπλύτου γραφῆς ἔμμονά μοι γέγονεν (wie „Einbrennungen“ … haftet die Erzählung des Greises, Kritias d.Ä., in ihm, Kritias d.J. (= Plato).
- Tim. 26e: τότε μὴ πλασθέντα μῦθον, ἀλλ’ ἀλήθινον λόγον εἶναι πάμμεγά που (nicht eine erdichtete Sage, sondern eine wahre Erzählung, das ist irgendwie etwas sehr Wichtiges)

B.: Im Kritias

- Krit. 107e: Θνητὰ καὶ ἀνθρώπινα... χαλεπά..., darum ist eine συγγνώμην οὐκ ἔλαττον ἀλλα μεῖξον (Also: eine größere Nachsicht ist nötig... bei dem Bericht über menschliche Dinge als über göttliche Dinge).
- Krit. 108d: Anrufung der Göttin Μνημοσύνη (soll heißen: größte Vorsicht walten zu lassen, dass man wegen Erinnerungsmangel etwas Unwahres sagt) s. auch Tim. 26a.
- Krit. 110d: ...τὸ περὶ τῆς χώρας ἡμῶν πιθανὸν καὶ ἀληθές (d.h.: der Bericht über unser athenisches Land ist glaubwürdig und wahr).
- Krit. 111a: ...πιθανόν... (verdient Glauben).
- Krit. 111d: ...ὅτι περὶ αὐτῆς (über die alte attische Erde) ἀληθὴ λέγεται τὰ νῦν (die Wahrheit jetzt gesagt wird).
- Krit. 113a: ...μὴ ... ἀκούοντες Ἑλληνικὰ βαρβάρων ἀνδρῶν ὀνόματα θαυμάζητε (sc.: wenn man griechische Namen für fremdländische Männer hört, sich nicht wundern, d.h.: dennoch an die Wahrheit des Berichtes glauben).

Nach der Durchsicht dieser o.a. Stellen aus dem Timaios und Kritias halten wir fest: Was sagt Plato (= Timaios)[2] also zu dem von Solon überlieferten Bericht?
Plato hält den Bericht für ἄτοπος μὲν = „zwar seltsam, aber dennoch für ganz und gar wahr". – Dies ist eine Antwort von vornherein auf die o.a. zweite Frage: Ist der Bericht glaubhaft? Und weil dem so ist, sagt Plato, hat sich der Bericht wie eine Einbrennung (ἔγκαυμα) bleibend in ihm erhalten, ist ihm in die Seele eingebrannt, immanent (ἔμμονα). Die Anrufung der Göttin Μνημοσύνη will besagen: auf keinen Fall wegen mangelnder Erinnerung bei dem Bericht der Wahrheit Gewalt antun. Und für ganz wichtig (παμμέγα) hält Plato abschließend noch einmal zu sagen, dass der Bericht „nicht eine erdichtete Sache" (μὴ πλασθέντα μῦθον), sondern eine „wahre Geschichte" (ἀλλ' ἀλήθινον) ist.

Die Stellen des „Kritias" sind von demselben Tenor getragen wie die des „Timaios": Die vorsichtige Bitte um größere Nachsicht, da er (Kritias = Plato) von menschlichen Dingen sprechen wird, nicht von göttlichen Dingen, was leichter den Zuhörern zu vermitteln ist. – Das Ganze drückt also die große Vorsicht Kritias' aus, ja nichts Unwahres vorzubringen. Auch was die attische Heimat betrifft, so ist der Bericht glaubwürdig und wahr, sagt Plato. Dasselbe ist auch noch einmal ausgesagt in Kritias 111d. Und die eindringliche Bitte, beim Hören von griechischer Namensgebung für Barbaren, „doch ja nicht in Staunen zu geraten, da… etc.", diese Bitte besagt nichts anderes, als dass ein Staunen nur Ausdruck von Ungläubigkeit gegenüber dem Gesagten wäre, dass Ungläubigkeit aber nicht nötig sei.
Da hier Aussagen zur o.a. ersten und zweiten Frage gemacht sind, die zuweilen auch in kausaler Verknüpfung stehen, können wir abschließend folgern: Plato ist in seiner Berichterstattung integer.

1.2

Die Beantwortung der Frage nach der Glaubwürdigkeit des Inhalts des Berichtes Solons (eigentlich nicht Sache Platos, da er ja den Bericht nur

[2] Weiterhin gilt: Plato = Timaios

weitergibt) ist aber noch komplexer. – Folgendes lässt sich hier aus den Dialogstellen herauslesen:

Plato (=Solon) stellt in prägnanter Weise die Topographie des westatlantischen Meeresraumes vor dem Untergang von Atlantis dar, wobei er die Lage der Insel Atlantis selbst vor der Mündung, d.h. vor den Säulen des Herakles angibt, eine Insel „größer als Asien und Libyen zusammen" und „von ihr (der Insel Atlantis) konnte man damals noch nach den anderen Inseln im Westen von Atlantis hinübergelangen und von diesen auf das ganze, gegenüberliegende echte Festland (ἤπειρος), das jenes in Wahrheit, mit voller Berechtigung so heißende Meer (sc. den Atlantik) umschließt." Nach dem Bericht in seinem weiteren Verlauf lag Atlantis am weitesten im Osten des Atlantiks gegen Südeuropa zu. Im Westen die Inseln der Bermuda, der Bahamas und der Antillen und dahinter die riesige ἤπειρος, das später sogenannte „Amerika", ein echtes Festland, ein echter Kontinent, der erreichbar war.

Bei diesen exakten topographischen Angaben müsste man sich doch fragen: Warum macht Plato sie? – Für das, was er zu bedenken gibt und beabsichtigt, wären diese topographischen Angaben nicht nötig. Plato berichtet sie aber dennoch, und zwar so, wie er sie über die Überlieferungskette Solon, Dropides, Kritias d.Ä. und Kritias d.J. gehört hatte. Er will von dem Bericht nichts auslassen. Gerade die realistische Schilderung des Westatlantiks ist auch ein Beweis, dass der Inhalt von Solons Bericht auf Tatsachen beruht und hier nicht ein von Plato erfundenes Phantasie-Meer vorgeführt wird, was ja auch völlig unsinnig wäre.

Nach der von Plato vertretenen, zu seiner Zeit gängigen „Erdscheiben-Theorie" war kein Platz für ein Festland (ἤπειρος) jenseits des Atlantiks, und doch enthält der Atlantis-Bericht die erste literarische Nachricht darüber. Plato berichtet sie eben, wenngleich auch mit etwas Scheu (ἄτοπος μέν...) als Teil des Berichtes des Saïs-Priesters.

Wenn die 9000 Jahre seit dem Untergang von Atlantis vor Solons Ägyptenreise zutreffen, so müssen wir die Blütezeit von Atlantis am Ende des Quartärs ansetzen, im sog. Jungpaläolithikum, in die Zeit des „homo sapiens sapiens", der Cromagnons, eine Zeit also, als gewaltige Wassermassen immer noch in Eisdecken über dem Land im Norden der

Erdkugel gebunden waren, und d.h.: als der Meeresspiegel um etwa 200m tiefer lag als heute. Von diesem Höhenniveau des Meeresspiegels konnte Plato noch nichts wissen, und doch berichtet er, dass das „jetzige Attika", d.h.: das Attika seiner Zeit, nur ein Überbleibsel des damaligen Landes Attika sei, und vermerkt: „Auch das über unser Land Gesagte ist glaubhaft und wahr"(Krit. 110d und 111d). Damals aber waren die von Plato im attischen Raum erwähnten, jetzt zum Meeresgrund gewordenen Flachzonen jene fruchtbaren Ebenen, von denen der Saïs-Priester uns erzählt, obwohl Plato selbst dieses weder direkt wissen noch zufällig erraten konnte. Plato trägt es eben nur als Bericht Solons vor.

Auch die Prüfung des weiteren Textteiles des Saïs- Berichtes über Urathen, die wir hier detailliert nicht vorführen wollen, liefert genügend Beweisgründe dafür, dass die von Plato erwähnten nachprüfbaren Einzelheiten weder von ihm erfunden noch zufällig richtig erraten sein können. Ich neige deshalb dazu, in Platos scheuem Vorgehen (ἄτοπον μέν...) gerade einen Beweis für die Authentizität des Berichtes und die Ehrlichkeit Platos zu sehen. Wenn Plato „unwahr" wäre (bestenfalls – soweit ich sehe – in der Ausmalung des Königspalastes von Atlantis -,) würde er damit – und das müsste er sich dann selbst gedacht haben – genau das Gegenteil von dem erreichen, was er erreichen wollte, nämlich seinen Kritikern (über Jahrhunderte, bis in die Jetztzeit) durch Anwendung „dichterischer" Phantasie Argumente und Munition gegen die Authentizität des Berichtes zu liefern. Und das wollte Plato, denken wir an die oben zusammengestellte oftmalige „Wahrheitsbeteuerung", nicht.

Wir können also abschließend folgern:

Die Behauptung des Realisten Aristoteles, Plato habe sein Atlantis lediglich erfabelt, um eine ideale Kulisse für sein Werk (Πολιτεία) zu haben, ist obsolet. Plato könnte gar nicht alles erfunden oder zufällig erraten haben, was in dem Bericht steht.

1.3

Somit ist also die Integrität der Person Platos bestätigt und die Echtheit des Inhalts des Berichtes Solons, soweit bislang untersucht, ebenfalls.

Was die Echtheit des Inhalts des Berichts betrifft, so wird die weitere Analyse der Dialogstellen weitere Argumente beibringen.

2. Die weiteren Argumente für die Echtheit des Inhalts des Berichtes Solons.

Zuerst: Die Existenz von Atlantis.

Wir müssen nun zuerst den Beweis für die Existenz der Großinsel Atlantis, gelegen im Atlantik, beibringen.[3]
Nach der Plato-Darstellung von „Atlantis" lag die Großinsel „jenseits der Säulen des Herakles", d.h. jenseits Gibraltars, nach heutiger Ausdrucksweise, vor der Mündung (στόμα), eher nach Osten gelegen, in Richtung SW-Europa.[4]
Setzt man diese Lage von Atlantis an, so gelangt man zu der Vorstellung, die schon Athanasius Kircher in seinem Werk „Mundus subterraneus", 1685 herausgegeben, von der Lage der Insel angenommen hatte und in einer Zeichnung (auf dem Kopf stehend) festgehalten hatte.
Plato macht, was die Lage Atlantis betrifft, keine allzu genauen Angaben. Er deutet nur an: Es lag irgendwo im Ostatlantik auf der Höhe von Gibraltar.
Danach zu urteilen – und das ist hier festzuhalten -, lag Atlantis genau über der Route des heutigen Golfstromdrifts, des Golfstromverlaufs.

2.1
Wir müssen ab jetzt bei der Argumentation für den Beweis der Existenz von Atlantis ἐφεξῆς, Schritt für Schritt (wie es Solon vom Saïs-Priester für die Darstellung der Geschichte Athens erbeten hatte), vorgehen.
1. Schritt: Der Golfstrom bringt (heute) Warmwasser bis nach Norwegen, bis nach Nordeuropa (s. Palmen in Wales).

---

[3] Die folgende Argumentation beruht ganz auf den mit äußerster wissenschaftlicher Stringenz und Akribie durchgeführten geophysikalischen Überlegungen von Otto H. Muck, Alles über Atlantis, Econ, Zürich 1978
[4] Beachte auch hier die topographischen Angaben, wie in Richtung Westen! (s.o.)

2. Schritt: In der Eiszeit, der letzten Periode der Würmeiszeit, am Ende des Quartärs, noch vor etwa 11.500 Jahren, ragte die Eisdecke im Norden bis auf die Höhe des heutigen Berlin und entsprechend dem Breitengrad Berlins zog sie sich bis Nordamerika etc. Der ganze nördliche Raum der Erdkugel war also unter einer dicken Eisdecke.
3. Schritt: Der von der Paleogeographie festgestellte Verlauf der Endmoränen (Geröllaufschüttungen) im heutigen kanadischen und europäischen Raum, die nach dem späteren Abtauen des Eises liegen geblieben sind, stimmen genau überein mit den Nullgradisothermen der Abtauungszeit, sie geben also exakt die südliche Ausweitung der ehemaligen Eisdecke an.
4. Schritt: Da der Norden also ganz mit einer Eisdecke überzogen war, kann die Wärme des Golfstromes in der Würmeiszeit für den Norden nicht vorhanden gewesen sein, d.h. der Golfstrom kann noch nicht bis dahin vorgedrungen sein.
5. Schritt: Da es den Golfstrom aber auch schon in der Würmeiszeit gab, er nur abgelenkt wurde und im Kreise wieder nach Süden abdriftete, muss er am Durchkommen nach Norden, was seinen natürlichen Lauf ausgemacht hätte, gehindert gewesen sein. – Er war dies in der Tat, durch eine geologische Sperre.
6. Schritt: Diese geologische Sperre kann bei der Breite des Golfstromes nur eine Insel größeren Ausmaßes, mitten im Atlantik gelegen, gewesen sein.
7. Schritt: Diese Großinsel war Atlantis. Es gab also Atlantis. Die Existenz von Atlantis wäre damit erwiesen.

2,2: Es steht nun die Frage nach dem Untergang von Atlantis an: Dazu Plato: Μιᾶς ἡμέρας καὶ νυκτὸς χαλεπῆς ἐπελθούσης ... ἥ τε 'Ατλαντὶς νῆσος κατὰ τῆς θαλάττης δῦσα ἠφανίσθη (Tim. 25d) Also: „An einem einzigen schlimmen Tag und in einer schlimmen Nacht versank die Insel Atlantis im Meer und verschwand", so der Bericht des Saïs-Priesters, weitergetragen von Solon etc.
Die Eisdecke im Norden, (bis zum Breitengrad Berlins) begann gemäß den Erkenntnissen der heutigen Klimatologie etwa um 10 000 v. Chr. zu schmelzen, d.h. zu diesem Zeitpunkt setzte die Auswirkung des warmen

Golfstromwassers im Norden ein, d.h. der Golfstrom war nicht mehr an seinem Durchkommen in der Mitte des Atlantiks und in seinem natürlichen Lauf gehindert, die geologische Sperre war beseitigt, - Atlantis war also untergegangen.

2.3
Wir fassen zusammen: Die Zeit der Eisschmelze nach der modernen Klimatologie und die Zeit des Untergangs von Atlantis nach dem Solon-Bericht, etwa 10 000 v. Chr., stimmen überein.
Ein Beweis
a.) für die Existenz von Atlantis und
b.) für die Zeit des Untergangs der Großinsel (etwa 10 000 v. Chr.) wäre damit erbracht.[5]

3. Es taucht jetzt die Frage auf: Welches war die Ursache für den Untergang von Atlantis?

A. Braghine, „The Shadow of Atlantis" (1930) baut auf der Theorie Graf Carlis auf und sagt, dass Atlantis durch einen Einschlag eines Kometen oder Meteoriten vernichtet wurde. Petersson, der Ozeanograph, spricht auch davon, dass – allerdings „selbst so gut wie 10 bis 20 Jahrtausende vor unserer Zeit - sich Naturkatastrophen auf oder in der Nähe des atlantischen Zentralrückens abgespielt haben können." Petersson will dies aber in seinem verbeugenden Entgegenkommen gegenüber seiner archäologischen und philosophischen Kollegen für Atlantis nicht gelten lassen.
O.H. Muck (a.a.O.) nun zeigt durch seine exakten geophysikalischen Erkenntnisse, dass es gerade für Atlantis gilt.
Muck sagt:

---

[5] Was das „Geheimnis der Aale" als Folge des Untergangs von Atlantis, der Vogelschwärme und Lemminge und ihr instinkthaftes Verhalten zur Arterhaltung betrifft, so verweise ich auf O.H. Muck, „Alles über Atlantis" (S,130-138) mit dem zusammenfassenden Gedanken: „Jeder Glasaal, jeder der grünen und braunen Hochzeiter, legt stummes Zeugnis ab für Atlantis." „Die Aale können Atlantis nicht vergessen."

3.1: Es war nicht nur ein Komet, sondern eine in ihrer Größe, Gewicht und Ausdehnung um vieles größere Masse, ein Planetoïd, der Atlantis den Untergang brachte.

3.2: Die Einflugschneise dieses Planetoïden war von NW in Richtung Atlantis, das im Atlantik lag.

3.3 (= Beweis für 3,2.): Das Carolina-Trichterfeld an der Nordamerikanischen Ostküste, welches entstanden ist durch das Abplatzen des Planetoïdenmantels (Diese Vorstellung wird bestätigt durch die neue Erkenntnis von Wissenschaftlern, dass ein Planetoïd immer aus einem Konglomerat von gewaltigen Gesteinsmassen besteht, das vor dem Einschlag auf die Erde in viele Teile zerplatzt. [TV-Sendung über Tambora-Explosion, März 2011]) und das Eindringen von dessen unendlich vielen Teilen in das Erdreich von Carolina; und dies kurz vor dem Aufschlag des Planetoïdenkerns. Dieses Trichterfeld in Carolina setzt sich weiter im Meer fort und weist dort, wie auf dem Lande die (wegen ihrer Einflugsrichtung) ovalen Trichter, im Meer ovale Tiefseelöcher, in 7000 m Tiefe, auf infolge der Einschläge der unendlich vielen Teile des zerplatzten Planetoïdenmantels.

3.4 (= Beweis für 3,3.): Der Absturz der Flugzeuge und das Untergehen von Schiffen im Bermuda-Dreieck.

Dazu sagt Berlitz: „Der Grund für den Absturz der Flugzeuge im Bermuda-Dreieck liegt in mächtigen Kräften und Energiequellen, die aus einer viel älteren und völlig von der unseren verschiedenen Zivilisation stammen, Energiequellen, die heute noch funktionieren und vielleicht mit dem Untergang von Atlantis zusammenhängen."– Das also sagt auch Berlitz, nur begründet er die Erscheinung des Absturzes der Flugzeuge falsch.

O.H. Muck (a.a.O.), in geophysikalischer Schlüssigkeit, sagt dazu entgegen Berlitz: Ein größeres Eisen-Nickel-Vorkommen, bedingt durch die vom Planetoïdenkern abgeplatzten Mantelteile, die die Tiefseelöcher verursachten und in diesen heute noch drinstecken, ist die Ursache dafür, dass der Generatoreffekt der sich drehenden Erde ein derart starkes Magnetfeld aufbaut, dass die Flugzeuge (selbst Eisen und Nickel enthaltend) in 7000 Meter Meerestiefe gerissen werden und eben dadurch zum Absturz gebracht werden. – also bei Muck eine rein physikalische Erklärung der von Berlitz angenommenen mysteriösen Energiequellen. Auch das Untergehen von Schiffen in diesem Raum erklärt Muck rein physikalisch: Durch den Einschlag der o.a. Mantelteile des Planetoïden, bestehend aus glühend-flüssigen Eisen-Nickel-Kernen, bildeten sich, außer den ovalen Tiefseelöchern in 7000 m Tiefe, in 20 bis 25 km Tiefe auch „gewaltige Hohlräume". Diese Hohlräume, diese „Blasen", stürzen zuweilen ein und erzeugen so einen gewaltigen Trichterwirbel mit begleitender Sogwirkung (ähnlich en miniature: Scylla und Charybdis), dem ein Schiff sich nicht entziehen kann und untergeht.

Dieser Punkt 3,4 (ein Beweis für den Punkt 3,3) bestätigt also die Richtigkeit der Annahme der Einflugschneise des Planetoïden aus dem NW, wobei, wie Muck sagt, die Entstehung des Carolina-Trichterfeldes, der Tiefseelöcher und der „Blasen" durch den Einschlag der Teile des Planetoïdenmantels nur das „Vorspiel" war für das, was für Atlantis noch folgte, für die Großkatastrophe selbst.

4. Wie geschah der Untergang von Atlantis?

ist die jetzt anstehende Frage.

4,1: Muck: Durch den Einschlag des Planetoïdenkerns, der sich in zwei Teile aufgespalten hatte, in die empfindlichste und dünnste Stelle der Erdkruste, in „jene vulkanbesetzte Bruchlinie, die als Rest der alten vortertiären Nahtstelle zwischen den Großschollen der Alten und der Neuen Welt im Boden der Atlantikwanne zurückgeblieben ist („Atlantikrücken" genannt), wo die Magmaschicht für einen Eindringling viel näher liegt als bei einer gesunden Sialscholle; durch diesen Einschlag der zwei Teile des ursprünglichen Planetoïdenkerns in die Magmanester und lavahaltigen Zonen, wo der Glutstoff dank seinem Gehalt an Wasserstoff und Kohlensäure überall unter Hochdruck steht, konnte als Folge nur eintreten, dass submarine Vulkane größten Ausmaßen erumpierten, die Nahtstelle aufgerissen wurde, Erdenfeuer und Wassermassen in immer ungeheuerlicheren Mengen aufeinander stießen, Magma und Dampf sich vermischten, zwischen zwei Erdteilen es

Feuer spie, Feuer herausschoss, ein Sintbrand, der eine ἐκπύρωσις einleitete.

4,2: Um die Insel Atlantis gabelte sich die vom Planetoïden getroffene Reißlinie, von Süden kommend, auf, und hier zeigten die Vulkaneruptionen ihre schlimmste Auswirkung. Was aus der Erdentiefe hochdrang, wurde durch die ungeheuren den Vorgang begleitenden Stürme in höchste atmosphärische Schichten mitgerissen. Die Unterseeeruption hat so das Tiefenmagma buchstäblich in die Atmosphäre verblasen. Folge davon war eine Absenkung des Magmapegels, eine ungeheure Magmadelle, die am tiefsten an der Stelle der Gabelung der Reißlinie vor der Insel Atlantis war. Die Folge des ganzen war eine Absenkung des Magamapegels um 3-4 km (= die Tiefe der durch die Totalverblasung gebildete Magmadelle). Die Pegelabsenkung des Magmabettes unter der Insel Atlantis selbst, die von der Reißlinie ja umgeben war, folgt isostatisch, die Insel versank und verschwand an einem einzigen schlimmen Tag und in einer einzigen schlimmen Nacht (δῦσα ἠφανίσθη).[6]

5. Die Folgen des Einschlags des Planetoïden

Sintfluten und Weltenbrand, auch Sintbrand genannt, waren die Folgen. Was Weltenbrand betrifft, so spricht die vorsokratische griechische Philospohie von immer wieder in der Erdgeschichte auftretenden Fällen einer ἐκπύρωσις; κατακλυσμὸς nennt sie die Sintflut.
Der Saïs-Priester spricht von vielen Sintfluten nach der Katastrophe:

5.1: Die 1. Sintflut entstand durch den Einschlag des zweigeteilten Planetoïdenkerns ins Meer. Bis zu 3 km hohe Wellen erzeugten einen nicht vorstellbaren Tsunami.

---

[6] Man sollte hier deutlich festhalten, dass die Insel Atlantis selbst also nicht von den 2 Teilen des Planetoïdenkerns getroffen und vernichtet wurde, sondern getroffen wurde die vulkanbesetzte Nahtstelle zwischen den 2 Erdschollen, und die Folge davon war die Absenkung der Insel, wie Plato es ja auch ganz exakt ausdrückt: δῦσα ἠφανίσθη, d.h.: sie ging unter und verschwand, nicht: sie wurde getroffen und vernichtet.

Muck spricht also von einem 3 km hohen Tsunami. Wer sich über die Höhe 3 km wundert, würde durch die TV-Sendung vom 25.9.2009 (Arte) eines besseren belehrt: Am Ende der Kreidezeit, vor dem Tertiär, vor 65 Millionen Jahren, löschte ein Asteroïdeneinschlag (ø 10 km des Asteroïden; Iridium-Vorkommen ist ein Beweis) in Yucatan das gesamte Leben der Dinosaurier aus. 1500° Hitze, Asche-Staub-Wolke, Dunkelheit, Säureregen, ein 5 km hoher Tsunami waren die Folgen. Ein ähnliches Ereignis, wenngleich selbst außerordentlich groß und gewaltig, so doch kleiner als der Einschlag in der Kreidezeit war der Planetoïdeneinschlag, der Atlantis zur Versenkung brachte, wobei der o.a. Tsunami nach Mucks Berechnungen entstand und alle oben genannten Folgeerscheinungen, vielleicht etwas kleiner, also Asche- und Staub-Wolke, Säureregen, Dunkelheit, eintraten.
Doch zurück zu den „vielen" vom Saïs-Priester erwähnten Sintfluten.

5.2: Die 2. Sintflut entstand bei dem Abzischen von Gasen beim Auswurf des Magmas aus dem Meer. Dies hatte im Gefolge auch einen mit Recht so zu nennenden Weltenbrand (ähnlich dem im Phaeton-Mythos beschriebenen Weltenbrand).

5.3: Die 3. Sintflut (der Saïs-Priester spricht von vielen Sintfluten und Sintbränden) entstand durch unvorstellbar gewaltige Regengüsse in Folge der hoch in den Himmel geschleuderten Wassermassen (Dunkelnebelwolken), die eine sehr lange, 2000 Jahre anhaltenden Dunkelheit auf der Erde hervorriefen.

5.4: Die 4. Sintflut entstand durch die Eisschmelze in Folge des warmen Golfstromes, der jetzt nach dem Untergang von Atlantis nach Norden weiterdriften konnte. Folge der Eisschmelze war ein Anstieg des Meeresspiegels um 200 m (was das bedeutet, kann man sich kaum vorstellen, wenn man heutzutage die Umwelt- und Klimaforscher sagen hört, dass die Klimaveränderung [climate change] heutzutage mit 200 cm Meeresspiegelerhöhung für die Menschheit gewaltigste Veränderungen mit sich brächte).

Alle diese Vorgänge um den Untergang von Atlantis sind (nach Muck) gewaltige geologische Veränderungen, die man sich kaum ausmalen kann. Doch alle diese Vorgänge lassen sich geophysikalisch logisch erklären, so Muck.

6. Die Bedeutung des Planetoïdeneinschlags

Der Planetoïdeneinschlag war eine Megakatastrophe für die gesamte Menschheit, für die ganze Welt, eine Weltkatastrophe, wie der Einschlag in der Kreidezeit vor 65 Millionen Jahren es für die Dinosaurier war.
Es ist darum nicht erstaunlich, dass sich ein Nachhall der Katastrophe um Atlantis in allen möglichen Kulturkreisen der Welt wiederfindet:

1. In Sumer und Babylon: Gilgamesch-Epos: Utnapischtim-Sintflut
2. In der Bibel (A.T.): Noah-Sintflut
3. Bei den Griechen: Sintflut und Weltenbrand (Deukalion und Pyrrha)
4. Bei den Römern: Sintflut (Deukalion und Pyrrha)
5. In Mexiko: Sintfluten am Ende der jeweiligen 5 „Welten“
6. In Peru: Sintfluten am Ende der jeweiligen 3 „Horizonte“ (=Welten)
   (über die kausale Zusammengehörigkeit von 1. bis 4. s.u.)

Im Bewusstsein der ganzen Menschheit blieb das Weltereignis haften, als ἔγκαυμα, als „Einbrennung“, würde Plato sagen; noch nach Jahrtausenden denkt man daran und trägt es wegen abhanden gekommener Schrift oral weiter, d.h. Jahrtausende nach dem Untergang, über eine 2000-jährige Dunkelheit hinweg (s. Muck, a.a.O.), und selbst noch über die Zeit bis 3500 v. Chr. hinweg, bis mit dem Wiederauftreten der durch die Atlantis-Katastrophe ebenfalls verloren gegangenen Schrift die rein orale Weitergabe der Gedanken an die Atlantiskatastrophe überwunden wurde. Wir nennen die 2000-jährige Dunkelheit und die Zeit von 7560 v. Chr. bis etwa 3500 v. Chr. entsprechend der allgemeinen Auffassung der Kulturgeschichte „Hiat“. Die 2000-jährige Dunkelheit könnte man dabei als „tiefsten Hiat“ bezeichnen, als Zeit „völligen geistigen Stillstandes“, die Zeit von 7560 bis 3500 v. Chr. als Zeit der sukzessiv einsetzenden Aufhellung bis hin zum Aufkeimen der Urideen, der βραχέα σπέρματα, eben in der Mitte des 4. Jahrtausends v. Chr.[7]

In dem „Hiat“ stellt die Kulturgeschichte eine Rückentwicklung der zeitlich später liegenden mesolithischen Artefakte gegenüber den älteren jungpaläolithischen Artefakten fest, aus welcher Feststellung dann der Begriff „Hiat“, „Zeit der Klaffung“, Zeit der Rückentwicklung des Mesolithikums gegenüber dem Spätpaläolithikum (= Jungpaläolithikum) erwuchs.

Die Kulturgeschichte bislang führte diese Rückentwicklung auf einen „Klimawandel“ zurück. Den Grund für diesen Klimawandel sehen wir letztlich in dem von Muck erwähnten Planetoïdeneinschlag, der zum Untergang von Atlantis führte, diesen Untergang dann als Grund zum Vordringen des warmen Golfstromes in die nördliche Eiszone, was eine gewaltige Eisschmelze am Ende der Würmeiszeit zur Folge hatte mit einem Anstieg des Meeresspiegels von 200 m und den Folgen dieses Anstiegs.

Wir müssen also, ausgehend von einer Hochkultur von Atlantis[8] am Ende des Quartär, des Jungpaläolithikums, die durch die Weltkatastrophe des

---

[7] Zu den Urideen, von Plato βραχὺ σπέρμα (im Singular) genannt, s. S.107-114, S.63 u. S.143-145; Plato, Tim. 23c und 23e. etc.

[8] Man ist geneigt, in Ovids „Aurea prima sata est aetas“ das „goldene Zeitalter der atlantischen Hochblüte im Quartär zu sehen, von Ovid auch „Saturnia regna“ genannt. Dabei wäre die Ausdeutung des Begriffes „Saturnus“ (sa-tur- = „Wissensträger eines Wissens aus früherer Zeit“; s. die Entschlüsselung der tr̥ - Wortwurzel [S. 72-105 (Essay) dieser Ausführungen]) naheliegend.

Auffallend an Ovids Formulierung „sata est aetas“ ist außer, dass „aetas“ = „das Zeitalter“ an den Übergang der Aetas „Quartär“ in die Aetas „Quintär“ erinnert, auch, dass die „aetas“, wie Ovid es formuliert, „sata est“, was also bedeutet, dass das Zeitalter „gesät“ wurde, was an die saïtisch-platonische Vorstellung des σπέρμα erinnert (Tim. 23c und 23e), wo die Vorstellung vorliegt, dass das σπέρμα, der Same des athenischen Staates von Athene ausgesät wurde, eine Vorstellung, die wir auch aus der Akt-Potenz-Lehre des Aristoteles kennen, aber auch aus den „beseelten Samen“ des Gilgamesch-Epos und aus der christlichen Apologetik des Justin mit dem Begriff λόγος σπερματικός – doch zu alle dem später, S. 107 und 113 unserer Ausführungen.

Auf den Unterschied des Übergangs des Alten Erdzeitalters Quartär in das Neue Erdzeitalter Quintär, eine neue „aetas“, ein neues „Äon“, zu dem Untergang der minoischen Kultur durch den Ausbruch von Thera (Santorin) kommen wir im Zusammenhang mit der Wertung der Theorie von Spiridon Marinatos zu sprechen.

Untergangs der Großinsel, infolge der Eisschmelze und eines Klimawandels ihr Ende fand und im beginnenden Quintär, dem Mesolithikum, durch eine 2000-jährige völlige Dunkelheit in ihren Restbeständen obendrein völlig verdeckt oder völlig vernichtet war, folgern, dass nach der 2000-jährigen völligen Dunkelheit, in der geistig völliger Stillstand herrschte, der „Hiat" auf geistiger Ebene imVergleich mit der ehemaligen atlantischen Hochkultur immer noch weiterging und etwa bis in die Zeit um etwa 3500 v. Chr., sukzessiv aufhellend, andauerte, wo sich die von Plato sogenannten βραχέα σπέρματα, „Urideen" aus der früheren atlantischen Hochkultur, wieder zu entwickeln begannen.

Wir möchten diese Zeit 9560 bis 7560 und 7560 v. Chr. bis 3500 v. Chr., diese Zeit des „Hiats", das „Höhlenzeitalter" nennen, in dem die Chthonik, die Erdhaftigkeit des Daseins, die Vielgötterei aufkommen ließ.

Der bleibende Niederschlag der Katastrophe von Atlantis, in dem Unterbewusstsein der Menschheit festgehalten, wirkte sich, als man nach dem Wiederaufkommen der Schrift zu „schreiben" begann, in zweierlei Hinsicht aus:

1.) in der Mythologie (Jahrtausende nach der Katastrophe niedergeschrieben), weil die „historische Erinnerung" wegen Mangels an einer Schrift nicht so weit zurückreichte, aber auch
2.) in der Geologie, die nach der Katastrophe von einem „neuen Erdzeitalter", vom Ende des Quartär und von dem Übergang in das „neue Erdzeitalter", das Quintär, spricht.

Nach all dem Gesagten fällt es leicht, die Bemerkung des um 100 Jahre später als Plato lebenden Philosophen aus der Platonischen Schule zu glauben, die Atlantis betreffende Bemerkung Krantors (260 v. Chr.) als wahr zu betrachten, er habe in dem Tempel der Saïs-Priester und an den Säulen noch die Aussagen, die der Saïs-Priester Solon gegenüber gemacht hatte, bestätigt gefunden. So der Philosoph Proklos (412-485 n. Chr.) in seinem Kommentar zu Platos Timaios.

Die Existenz von Atlantis nach W. Fonsèque[9]

An dieser Stelle ist es interessant, was die lokale Positionierung des untergegangenen Atlantis betrifft, folgende von William Fonsèque vorgetragene Überlegungen anzubringen. Mit einer „explication globale“, so Fonsèque, will er die Existenz von „Atlantis im Atlantik“ beweisen. Er geht dabei von der Bemerkung J. d'Arès aus, dass „die Erde ein lebendes Organ ist, dessen Komponenten in immerwährender Bewegung“ sind.

Die eigentliche Beweisführung W. Fonsèques lautet: In der Kreidezeit, vor 140 bis 80 Mio Jahren, hat sich das Atlantische Becken herausgebildet. Südamerika lag zunächst noch ganz nahe der Westküste Afrikas, Nordamerika nahe der iberischen Halbinsel, und in der Mitte zwischen beiden, noch sehr weit südlich von seiner späteren Position, im Bogen von Afrika, lag der Kontinent Atlantis (S. Figur 2 bei W. Fonsèque, a.a.O., S.194). Es setzte dann im Laufe der Jahrtausende ein Expansionsphänomen ein, das die Öffnung des Atlantiks nach sich zog und die beiden Großkontinente (Amerika und Europa) in ihre jetzige geographische Lage brachte, also ein Auseinanderdriften der beiden Kontinente, dessen Erscheinung auch heute noch mit 2,2 cm pro Jahr im Gange ist. Die Position des zunächst viel weiter südlich liegenden Kontinents Atlantis veränderte sich auch dabei in Richtung Norden, da Atlantis im Rotationszentrum des gesamten Geschehens lag.

Gemäß der wissenschaftlichen Kette F. B. Taylor (1910), A. Wegener (1912), B. Choubert (1935) spricht H. Hess (1962) zum 1. Mal von der Erneuerung des Ozeangrundes („fonds océaniques“), und E. Bullard legt 1969 in der Besprechung von G. Pantot, „La dorsale médioatlantique et le renouvellement des fonds océaniques“ die mathematische Bestätigung für H. Hessens Gedanken vor. Erst 1967 wurde die gesamte Darstellung des Mechanismus der Umgestaltung des Ozeangrundes in den Rahmen einer globalen Theorie, bekannt unter dem Namen „Plattentektonik“, integriert.

W. Fonsèque bringt in seiner folgenden Darstellung eine Kurzanalyse der mechanischen Phänomene (Erscheinungen), die in der Vertiefung der Felsformation des unterseeischen Bergrückens sich über den ganzen

[9] W. Fonsèque, in „Atlantis“, Revue bimestrielle Nr. 287, Mars-Avril 1976: L' Atlantide et la Tectonique des Plaques. (Beachte: vom Autor angefertigte Übersetzung aus dem Französischen, die zur Grundlage der Interpretation herangezogen wurde).

Ozean von Norden bis Süden abspielen, d.h. eine Kurzanalyse der Tektonik: die Stadien und Modalitäten der Veränderung der Felsen, eine Beobachtung, die die Grundlage ist für die Erkenntnis der Erneuerung des Ozeangrundes, die letztlich ausgeht von der Plattenbewegung.

Voraussetzung zum Verständnis ist hier die Kenntnis der geologischen Schichten der Erde. Der Erdmantel setzt sich zusammen aus:

1. Erdkruste
    a. Kontinentale Erdkruste
    b. Ozeanische Erdkruste
2. Lithosphäre
3. Asthenosphäre
4. Mesosphäre

Aus der Asthenosphäre (mit 1500° bis 500° Celsius je nach Höhe) stößt eine konstante flüssig bewegte Masse an die Lithosphäre und erzeugt an geeigneter Stelle einen Durchbruch durch diese. Die einzige Ausweichmöglichkeit für die lithosphärische Platte ist eine seitliche Bewegung, die wegen der Verbindung der Lithosphäre mit den anderen Platten sehr begrenzt ist.
Die schwächere ozeanische Erdkruste (im Gegensatz zu der kontinentalen Erdkruste), angezogen durch das Verbundensein mit der Lithosphäre und infolge der Eigengravitation, senkt sich ab in das Innere der Erde, zu der tiefer gelegenen Stelle des „Mantels" der Erde, zur Mesosphäre.
Ein Abstieg bis zu 700 km (in einigen Mio Jahren) ist dabei möglich. Trotz der Trägheit, die solidarisch einhergeht mit der Gesamtheit der Erdkruste und der Lithosphäre, unter dem Gegendruck, der ihnen auferlegt ist durch die „In-Stellung-Bringung" des neuen Zuflusses (apport), der aus der Tiefe kommt, entfernen sich die Kontinente aus der Zone der Aktivität und erzeugen dabei ihre Bewegung des Auseinanderdriftens.
Senkrecht zu diesen in Aktivität sich befindenden Bergrücken, dessen Ränder sich erneuern, indem sie sich ausweiten, bilden sich „transformierende Verwerfungen". So ist der gesamte médio-atlantische Bergrücken verrenkt durch die große Anzahl „transformierender Verwerfungen".
Dies ist, wie Fonsèque sagt, sehr bedeutsam für den Beweis der Richtigkeit seiner Theorie; denn die Ränder der „transformierenden

Verwerfungen“ stoßen aneinander, wodurch der Fluss, ein Fließen der bewegten Masse (coulée) der Lithosphäre zu dem mittleren Teil des „Mantels“ entsteht mit der Schaffung eines Grabens und kleiner Vulkane. Diese sog. „Subduktion“ der Lithosphäre ist begleitet von einer seismischen Aktivität, also von Erdbeben, und dem Anwachsen der vulkanischen Aktivität.

Es tritt genau das ein, so Fonsèque, was Plato im Timaios über den „einen verheerenden Tag und die eine verheerende Nacht“ berichtete.

Eine Paralleldarstellung dieser verschiedenen Elemente wird uns, so Fonsèque, einen Entwurf des wahrscheinlichen Mechanismus liefern, der die endgültige Versenkung von Atlantis nach sich gezogen hat.

Fassen wir also zu noch deutlicherem Verständnis die Théorie Fonsèques noch einmal in der Kürze zusammen:

1.) Bei der Bildung des Atlantikbeckens vor 140-80 Mio Jahren, in der Kreidezeit, entstanden die ersten Brüche zwischen der amerikanischen und der europäischen Platte (Der Inselkontinent Atlantis entstand dabei, so Fonsèque, als Abspaltung der europäischen Platte). Der Inselkontinent Atlantis, der sich im Mittelpunkt der Rotationszentrums des ganzen Geschehens befand, setzte sich nach physikalischen Gesetzen schließlich an seiner späteren, jetzt (d.h. etwa 9600 v. Chr.) aktuellen Stelle fest.

2.) Im Laufe der Jahrtausende zerfiel unter der Einwirkung des Auseinanderdriftens der amerikanischen und der europäischen Großplatten und wegen der Tatsache, dass er sich am inkonstanten Treffpunkt des medio-atlantischen und des mediterranen Bergrückens befand, der Atlantische Inselkontinent in mehrere Glieder bis zu der Zeit ungefähr 9560 v. Chr. (am Ende des Quartärs), um sich in der Form eines Archipels, einer Gesamtheit der im N-Atlantik zerstreuten Inseln, zu präsentieren. Diese Aufteilung des ehemaligen Atlantis erklärt die eventuellen atlantischen Kolonien, z.B. auf der Höhe von Florida, und den Hang der Atlanter für die Seefahrt, so Fonsèque.

Die (auch bei Plato zur Sprache stehende) Insel „Atlantis“ blieb also immer noch als gewaltiger Inselkontinent in der Mitte des offenen Ozeans erhalten. Siehe zu den o.a. Überlegungen Fonsèques die Darstellung des Saïs-Priesters: Der Übergang nach Westen von Atlantis aus über Inseln bis zu einem „Festland“ (ἤπειρος), sc. Amerika, sei vor der Atlantiskatastrophe noch möglich gewesen.

3.) Jede der Inseln des entstandenen Archipels (Erdkruste + lithosphärische Schicht) musste entlang des medio-atlantischen Bergrückens verlaufen und zwar an der Stelle gewisser gegenwärtiger (9560 v. Chr.) „transformierender Verwerfungen“.

4.) Unter dem stärkeren asthenosphärischen Druck haben sich neue „transformierende Verwerfungen“ gebildet. Die geringe atlantische Widerstandskraft (ozeanische Erdkruste) konnte dem Druck nicht standhalten. Eine Phase der Subduktion der Lithosphäre setzte ein, der Abstieg zu dem mittleren Teil des „Mantels“ begann.

5.) Das war, so Fonsèque, der Untergang von Atlantis, der von Muck durch über diese Überlegungen Fonsèques hinausgehende Erscheinung des Planetoïdeneinschlags begründet wird. Der Kataklysmos muss schrecklich gewesen sein, da die dahinterstehenden Kräfte unermesslich waren. Obendrein trug die seismische Aktivität das Ihre dazu bei. Es gab überall auf den Ozeangründen und auf den Kontinenten vulkanische Ausbrüche, endend mit der Schaffung der Magmadelle infolge des Planetoïdeneinschlags (so Muck).

Auf dem Hintergrund dieser Geschehnisse erklärt sich auch die von P. Termier (1913) abgegebene Erklärung, dass die auf dem Grund des Ozeans im Norden der Azoren untersuchte Lava im Moment ihres Kontaktes mit der Luft (air) sich vitrifiziert haben muss. Und auch die jüngsten von dem Team des Ozeanschiffes „Atlantis“ gemachte Entdeckung und Hebung von Kalkplatten an die Oberfläche, Kalkplatten, die sich vor etwa 12.000 Jahren in Kontakt mit der Luft befunden haben müssen, weisen darauf hin, dass der angesprochene Meeresboden als „trockenes Atlantis“ vor 12.000 Jahren an der Oberfläche des Meeres gelegen haben muss, bevor er bei der Katastrophe unterging.

6.) Eine Eisschmelze war die Folge der Feuerzunge der Vulkane und daraus folgende verheerende Sintfluten. Die geographische Analyse des Golfes von Mexiko ergab einen Hinweis auf eine Sintflut vor etwa 11.600 Jahren, eine Zeit, die identisch ist mit den Angaben bei Plato, eine

Sintflut mit am Ende einer gewaltigen Steigung des Meereswasserspiegels, so Fonsèque, die ganz N-Amerika bedeckte.

7.) Infolge geologischer Kontraktionen (Zusammenziehungen) in den Tiefen des Meeres entstand zu dieser Zeit (etwa 9.600 v. Chr.) eine im gesamten Ozean einzigartige Erscheinung, nämlich das Sich-emporheben eines „atlantischen Sockels" nahe den Azoren, genau an der Stelle, wo von Fonsèque die Position von Atlantis vermutet wurde, sc. an dem inkonstanten Treffpunkt des unterseeischen medio-atlantischen und des mediterranen Bergrückens, der genau auf der Höhe der Azoren liegt.

Fonsèque abschließend: Wenn unsere geologisch wissenschaftlichen Ableitungen einiges an Wahrheit enthalten, liegen in einigen Kilometern Tiefe ausgehend vom jetzigen Meeresboden, in einem Umfeld, das an die 100°C heranreicht, greifbare Beweise für die Existenz von Atlantis.

Der unterseeische Berg, der „socle", trägt fürderhin den Namen „Mont Atlantis"; s. dazu Grande Encyclopédie Alpha de la mer, Monographie sur l'Atlantide, Peter Kolosimo, Paris 1972.

Zusammenfassung: Die oben dargestellten wissenschaftlichen Erkenntnisse Fonsèques bestätigen im Grunde die Darstellung von O.H. Muck und bei Annahme des von Muck geologisch (Carolina-Trichterfeld) und physikalisch (Nickel-, Eisen- und Magnesiumvorkommen) begründeten Planetoïdeneinschlags in die Reißlinie des medio-atlantischen Bergrückens kann man sich die von Fonsèque und Muck in gleicher Weise angesprochene Verheerung in Folge der Vulkanausbrüche und folgenden Sintfluten und der Bildung einer Magmadelle unter der Insel Atlantis, die zum isostatischen Absinken der Insel führte, nur um so plastischer vorstellen. Die Positionierung Mucks für die ehemalige Atlantis-Insel in der Drift des Golfstromes passt ebenfalls genau in die Darstellung Fonsèques von dem submarinen atlantischen Bergsockel in der Nähe der Azoren.

EINIGE THEORIEN ÜBER ATLANTIS

In diesem Zusammenhang ist es nun angebracht, sich mit einzelnen Theorien über Atlantis auseinanderzusetzen.
Ein wenig erstaunen lassen wird dabei die Tatsache, dass es 42 verschiedene Theorien und Meinungen gibt von 27 Experten über Atlantis, die in einer gewaltigen Zahl von Büchern, Broschüren und Artikeln ihren Niederschlag gefunden haben (s. Berlitz, D.A.R., S. 196ff.).[10]

---

[10] Edwin S. Ramage, „Atlantis - Fact or Fiction?“, Indiana University Press, 1978, S.36-39, bringt eine übersichtliche Zusammenstellung von Theorien über Atlantis:
1.) Lewis Spence (1924): Theorie eines großen Kontinents im Nordatlantik, der am Ende der Miocen-Periode bei seiner Auflösung 2 Inseln hinterlassen hat, Atlantis und Antillia. Atlantis war von Crômagnons bewohnt, die von den Azilien-Menschen unter Führung ihres Kulturheros Poseidon besiegt wurden, was zur Auflösung der Kultur führte, von der Plato spricht, so Spence.
2.) Immanuel Velikowsky: Theorie der Kometennähe zur Erde, etwa 1500 v. Chr. Die Nähe verursachte Katastrophen jeglicher Art.
3.) Andere Atlantikforscher fanden Atlantis: in der Arktis, in Nigeria, im Kaukasus, auf der Krim, in Nord-Afrika, in der Sahara, in Malta, Spanien, Zentralfrankreich, Belgien, in den Niederlanden, in der Nordsee, den Bahamas, in Nord- und Südamerika; andere: nirgendwo.
4.) Erdbeben-Theorie mit gewaltigem Tsunami.
5.) Vulkanische Aktivitäten (Azoren).
6.) P. Termier: Der Tachylith-Beweis.
7.) Cesare Emiliani: Plötzlicher Untergang von Atlantis durch Eisschmelze (vor etwa 11.600 Jahren).
8.) Dorothy Vitaliano und J. Luce: Thera-Theorie (1450 v. Chr.)

Wir fügen der Zusammenstellung aus E.S. Ramages noch hinzu:
Jacques Collina-Girard, „L'Atlantide retrouvée?“, Editítions Belin 2009, Paris. Auch in diesem jüngst herausgegebenen Werk, in dem Collina-Girard zwar die Glaubwürdigkeit der Aussagen des Saïs-Priesters und Platos, was Atlantis betrifft, hervorhebt, aber bei seiner Lokalisierung von Atlantis die „île du cap Spartel“ am unmittelbaren Ausgang der Meerenge von Gibraltar als Atlantis angibt, kann wegen der Dimensionen, die die „île du cap Spartel“ aufweist (a.a.O. S.186), die Lokalisierung nicht stimmen. Der Behauptung Collina-Girards (a.a.O. S.21), dass der von Muck angenommene Planetoïdeneinschlag "nicht die geringste geologische Spur auf der Erde („la moindre trace géologique sur Terre“) hinterlassen habe, steht eindeutig entgegen die bei Muck (S.216 seines Werkes) weitausgemalte Darstellung des vor etwa 10.000 Jahren eingeschlagenen Meteoriten („Carolina-Meteor“) und das von diesem Planetoïden hinterlassene Carolina-Trichterfeld, eine echte geologische Spur des Planetoïden auf der Erde (s.o.). – Was die oben dargestellte Theorie O. H. Mucks (Planetoïdeneinschlag)

Vorausschicken möchte ich hier, dass ich nur die Theorien unter die Lupe nehmen möchte, bei denen ich – mich an die Äußerungen des Solon-Berichtes haltend – ein wenn auch unterschiedlich groß zu beurteilendes Vorhandensein von „Möglichkeit“ und „Wahrscheinlichkeit“ noch vermuten und feststellen kann.

1.) Ignatius Donnelly, The Antediluvian World, 1882, beeinflusst von Bory de Saint-Vincent, der (1803) sagt: Die Azoren und Kanarischen Inseln sind Überreste von Atlantis, und ebenso beeinflusst von E. Hosea (1875), der behauptet, die indianischen Kulturen seien mit denen des Alten Ägypten gleichzusetzen, stellt fest, dass Atlantis, im Atlantik gelegen, die 1. Weltmacht, die zivilisatorische Kolonialmacht aller Küsten der heute sog. „Alten“ und „Neuen“ Welt war, ja bis hin nach Indien und Zentralasien, also ein prähistorisches Imperium, das sich über die ganze damals bekannte Welt erstreckte. Donnelly bringt in komprimierter Form mit fester Überzeugung, kühn und mit bemerkenswerter Gewissheit, seine 13 Behauptungen hinsichtlich Atlantis vor, beginnend mit der These:

> Es gab jene große Insel; im Altertum war sie Atlantis genannt, die Wiege der menschlichen Kultur und Zivilisation.

Wir möchten, beim Durchdenken der 13 Behauptungen Donnellys, in einer Einschätzung der Thesen diese als visionäre Thesen bezeichnen, wobei die Visionen Donnellys nicht immer hinreichend begründet erscheinen, soweit das möglich wäre.
Z.B. These 5: „Atlantis war die vorsintflutliche Welt, der Garten Eden, die Gärten der Hesperiden, die Insel der Seeligen, die Gärten des Alkinoos, der Olymp, Asgard der Germanen…, Erinnerung an eine lange Zeit von Glück und Frieden.“

---

mit seinen Folgen betrifft, so möchte ich zu dieser Theorie hier meine volle Zustimmung äußern (s.o.). Ebenso zu den Überlegungen W. Fonsèques (s.o.).

Oder These 6: „Die Götter und Göttinnen der alten Griechen, Phönizier, Hindus und Germanen waren nichts anderes als die Könige, Königinnen und Helden von Atlantis."
Damit will Donnelly sagen: Die Götter der alten Griechen sind lediglich eine „verschwommene Erinnerung" an historische Gestalten.
Mit dieser Meinung kommt Donnelly nahe heran an die von Plato σκοτειναὶ ἀκοαί (Krit. 109e) bezeichneten „dunklen Erinnerungen durch Hörensagen", die wir später behandeln werden.
Oder die These 10: Das phönizische Alphabet geht auf das atlantische Alphabet zurück.

Man muss Donnelly natürlich zugute halten, dass er die Untersuchungen über die Kontinentalsockel, die Erkenntnisse in Folge des Kabelbruches (1898), das Vorhandensein des Küstensands unter Wasser, das submarine Vorhandensein von Bergrücken, Plateaus, Bänken, Cañons und Gräben in seine Überlegungen noch nicht einbeziehen konnte. Doch auch der in diesem Zusammenhang von Berlitz gebrauchte, Donnelly unterstützende Begriff der „Grundkraft, welche den Atlantischen Kontinent nach und nach in das Meer hinabdrückte und die Länder im Osten und Westen dafür emporhob" (Berlitz, S.71), erscheint mir zu vage und nicht konform dem Saïs-Priester und den ägyptischen Archiven: „An einem schlimmen Tag und in einer schlimmen Nacht."
Berlitz spricht S.20 seines Werkes, abweichend von seiner o.a. Meinung, von „Hebung und Senkung der Landmassen aufgrund der Aufwölbung des nördlichen Atlantikrückens".

Doch kommen wir zurück zu Donnelly. Insgesamt kann man zu Donnellys Werk sagen, dass dieses Werk das Interesse an Atlantis in der Neuzeit wiederbelebte, dass wir Donnellys Werk im Ganzen gesehen als Anstoß zur modernen Atlantisforschung betrachten.

2.) Die deutschen Professoren Schulten, Jessen und Hennig sahen 1905 in Tartessos, einer Stadt, die wahrscheinlich im Mündungsgebiet des Guadalquivir, in SW- Spanien, lag, deren genaue Lokalisierung aber immer noch nicht festgestellt ist, eine Kolonie von Atlantis oder gar eine germanische Kolonie (Schulten, Datierung 500 v. Chr., unmöglich), sahen also in Tartessos ein Modell für Platos Atlantis.

3.) A. Herrmann fand sein „Atlantis“ in Tunesien (vergl. dazu P. Benoit, L'Atlantide, Editions Albin Michel, 1920), und bei ihm haben wir die erste zu erwähnende Zahlenspielerei, die er anwendet, um seine These zu untermauern. Herrmann erklärt, dass alle Maße, die Plato angibt, durch 30 teilbar sind, infolgedessen zu schlussfolgern wäre, dass der Dolmetscher des Saïs-Priesters für Solon alle Zahlen mit 30 multipliziert hätte, und, wo Plato von einem „Stadion“ spricht, das ägyptische Maß des „Schomos“ anzusetzen sei (1 Stadion = 30 Schomos).
Abgesehen von der Frage, ob es überhaupt einen Dolmetscher gab, haften dieser Theorie Herrmanns 2 grundlegende Mängel an:
   1.) Tunesien liegt nicht „jenseits der Säulen des Herakles“, und
   2.) Wenn die Schomos-Überlegung Herrmanns richtig wäre, würden die von Plato erwähnten gewaltig hohen Gebirge und die majestätischen Paläste von Atlantis (im Verhältnis 30:1) „zu Hügeln und Hütten zusammenschrumpfen“ (Zitat Berlitz).

4.) Jürgen Spanuth, „Das Enträtselte Atlantis“, 1953. Seine Theorie: Atlantis liegt östlich von Helgoland vor der Elbmündung in der Nordsee. Atlantis war die Hauptstadt eines nordischen Reiches; von ihm ging im 12. Jahrhundert v. Chr. im sog. Seevölkerkrieg der Angriff auf Ägypten aus, worüber in einem Tempel in Medinet Habu (in Ägypten) berichtet sei. Bei Spanuths Entdeckungen von riesigen Felsblöcken auf dem Meeresboden vor Helgoland entsprachen seine Abmessungen zwar Platos Bericht, jedoch nur – und das ist hier zu betonen – wie in Herrmanns Theorie vom Schomos, also auch in verkleinertem Maßstab. Also auch bei Spanuth wieder ein Jonglieren mit Zahlen, mit dem Plato unterstellt wird, keine exakten Zahlen zu liefern. Angesichts der Bedächtigkeit, mit der Plato vorgeht (s.o.), eine Unmöglichkeit.

Was aber bei Spanuth das Ergebnis seines Vorgehens noch unglaubwürdiger macht, ist die folgende Tatsache: Die Datierung 9569 v. Chr., wie Muck sie vornimmt, sagt Spanuth, für den Untergang von Atlantis ist „völlig unmöglich“. Spanuth kann den Gedanken nicht fassen, dass es im ausgehenden Quartär bereits, also vor der Katastrophe von Atlantis, hochstehende Kulturen gegeben haben kann. Er begründet dies mit der Annahme, in Solons Bericht seien „Sonnenjahre“ mit „Mondjahren“ verwechselt (1 Mondjahr = 27,32 Tage), Somit kommt Spanuth für den Untergang von Atlantis in das Jahr 1232 v. Chr., eine Zeit, in der es, wie er sagt, „weltweite Naturkatastrophen, schwerste Erdbeben, ungeheure Feuersbrünste, große Bevölkerungsverluste“ (Zitat Spanuth) gegeben habe.

Man fragt sich hierbei – nebenbei bemerkt –, auf welche literarische Quellen sich Spanuth bei diesen Behauptungen stützt.

Es gibt keine.

Vor allem aber die folgende Tatsache ist bei der Beurteilung von Spanuths Theorie von größter Bedeutung: Der Solon-Bericht selbst enthält eine Angabe – dies ist hier zu unterstreichen –, die die Vermutungen Spanuths ad absurdum führt.

Und zwar handelt es sich um folgende Stelle:

Timaios 23d: „Diesen Bericht (habe der Priester gesagt) will ich dir (sc. Solon) nicht vorenthalten, sondern ihn dir selbst und deiner Vaterstadt zuliebe mitteilen, vorzüglich aber der Göttin zu Gefallen, welche euer (sc. athenisches) und dieses (ägyptisches) Land hier als Anteil erhielt (gemeint ist mit der Göttin die „Athene“, die ägyptische „Neith“), sie (die Länder) gedeihen ließ und heranbildete, das eine (athenische) um 1000 Jahre früher, indem sie den Samen von euch (σπέρμα ὑμῶν, s.S.110ff.) von Hephaistos und der Gaia (der Erde) empfing, das hiesige (sc. das ägyptische Land) später. Die Zahl der Jahre aber seit der Errichtung unseres (ägyptischen) Staates ist bei uns in den geweihten Schriften (Archiven) mit 8000 Jahren angegeben. Von deinen (sc. athenischen) vor 9000 Jahren lebenden Mitbürgern, will ich dir kurz ... berichten.“ (Zitat Ende).

Die von Plato hier erwähnten „9000 Jahre“ seit der Gründung des Staates Athen durch Athene werden wiederholt in Kritias 108c: ἐνακισχίλια ἔτη, ein Beweis, dass diese Zahl, „9000“, im Vergleich mit den 8000 Jahren für Ägypten als gesichert gelten kann. (Oder man müsste Plato eine bewusste Täuschung seiner Leserschaft zumuten.)

Und nun die entscheidende Schlussfolgerung zu Spanuths These: Wie Spanuth es im Falle der 9000 Jahre macht und auf das Jahr 1232 v. Chr. für den Untergang von Atlantis kommt, so muss die Rechnung auch mit den 8000 Jahren aufgemacht werden.

Wenn also Spanuth mit seinen Überlegungen recht hätte, müsste die Errichtung des ägyptischen Staates, etwa 1100 v. Chr. geschehen sein. – Dazu ist ein weiterer Kommentar überflüssig.

Alle Behauptungen Spanuths, dass in jener Frühzeit, dass es „im 9. oder 10. Jahrtausend v. Chr.“ noch keinen ägyptischen Staat etc. gegeben habe (S.151 seines Werkes), zwingt uns zu der Frage: Will Spanuth behaupten, der ägyptische Staat sei 1100 v. Chr. errichtet worden?

In diesem Zusammenhang ist festzuhalten, dass der Krieg der Seevölker gegen Ägypten etwa um die von Spanuth genannte Zeit, etwa 1230 v. Chr., zwar stattfand, dass dieser Seevölkerkrieg aber nicht das Geringste zu tun hat mit dem Krieg des Weltimperiums Atlantis gegen den gesamten Mittelmeerraum, angeführt von Athen. Spanuth spricht entsprechend seiner Theorie (S. 343 seines Werkes) von einem „Weltuntergang“ im 13. Jh. v. Chr., über den keine einzige literarische Überlieferung vorliegt.

Ich halte Spanuth das Suchen der Lokalisierung von Atlantis „jenseits der Säulen des Herakles“, zugute, ich stimme nicht mit ihm überein in seinem Jonglieren mit Zahlen bei

1.) den Abmessungen (ähnlich wie Herrmann) und
2.) der Datierung der Zeit des Untergangs von Atlantis („Mondjahre“ statt „Sonnenjahre“)

Man müsste sich doch sonst auch unbedingt die Frage stellen: Hätte Solon, der so sehr darauf bedacht war, alles genau zu erfahren über die Urgeschichte Athens, seiner Heimatstadt, nicht von sich aus den berichtenden Saïs-Priester gefragt, ob mit den von ihm erwähnten Jahren „Sonnen-“ oder „Mondjahren“ gemeint seien, ganz abgesehen davon, wie absurd diese Frage vor dem Hintergrund der oben dargelegten Argumente ist. Nicht ein Wort von Seiten Solons wird darüber verloren.
Fassen wir zusammen: Spanuth würde ein Mangel bei der Lokalisierung von Atlantis, obwohl der Bericht sagt: „vor dem στόμα“, bei großzügiger Interpretationsauslegung nicht zwingend vorgeworfen werden können, und seine Ablehnung der „Thera-Theorie“ ist zu befürworten, aber das beidermalige Jonglieren mit den Zahlen, bei den Abmessungen und vor allem bei der Datierung des Untergangs von Atlantis sind eindeutige Mängel.
Einen Punkt, den Spanuth in seinem 1976 erschienenen Buch „Das Atlantis des Nordens“[11] anbringt, nämlich dass Atlantis, gelegen auf den versunkenen Inseln vor Helgoland, ein bronzezeitlicher Vorläufer der Wikingerzivilisation in Nordeuropa und Skandinavien gewesen sei, Inseln, die auch als „Atland“ bezeichnet werden, diesen Punkt werden wir später noch einmal ansprechen, wenn wir auf das „Imperium Atlantis“ zu sprechen kommen.

5.) Spiridon Marinatos′ Theorie, (im Umfeld der griechisch-nationalen Betonung der einzelnen Atlantis-Theoretiker), nach der die Insel Thera (Santorin, Santorini) etwa um 1500 v. Chr. durch eine vulkanische Explosion auseinandergesprengt wurde, und die Aussage Marinatos', dass dieses Thera-Ereignis die Grundlage für den Atlantis- Bericht des Saïs-Priesters darstellte, erregen auf Anhieb die Aufmerksamkeit derjenigen, die sich mit dem Atlantis-Problem befassen. Aber diese Überlegungen des Griechen, wie sich herausstellt, passen nun einmal nicht in die lokale und chronologische Gesamtkonzeption des bei Plato berichteten Großereignisses.

[11] Wie Robert Scrutton in seinen Büchern „The other Atlantis“ und „The secrets of lost Atlantis“.

Die Gründe: „warum nicht?" seien hier kurz dargelegt:

1.) Die Datierung des Untergangs von Atlantis, etwa 1500 v. Chr., ist nicht möglich (s.o.).
2.) Der Untergang der minoisch-kretischen Kultur ist natürlich höchstwahrscheinlich eine Folge des Vulkanausbruches von Thera und der folgenden Tsunami-Flutwellen gewesen. Auch die Invasion Ägyptens durch die „Seevölker" mag letztlich eine Folgeerscheinung jenes geologischen Ereignisses um Thera gewesen sein, – was aber soll dies zu tun haben mit dem Inhalt des Berichtes des Saïs-Priesters über ein die ganze Erde veränderndes geologisches Großereignis? Das Ereignis „Thera" war ein auf den Mittelmeerraum begrenztes Ereignis, zugespitzt gesagt: ein Sturm im Wasserglas, das Großereignis „Untergang von Atlantis" war ein Ereignis, das den Endzustand eines Erdzeitalters in das folgende Erdzeitalter einleitete, den Übergang vom Quartär in das Quintär, wie man es später ausdrückte: in das Pleistozän, das Diluvium.

   Neben der, wie bei Spanuth, anzufechtenden Datierung und der Gewichtung der Ereignisse (Thera-Atlantis) müsste man sich doch auch fragen: Sollen wir Platos Darstellung: „jenseits der Säulen des Herakles", was für jeden Menschen der damaligen Zeit eine eindeutige Aussage war, einfach wegleugnen (s. auch oben W. Fonsèque)? Auch die Aussage Platos, dass der Einflussbereich des Imperiums Atlantis sich bis nach Tyrrhenien und Ägypten erstreckte, ausgehend von dem im Westen, vor dem στόμα, vor der Mündung des Mittelmeers in den Atlantik, gelegenen Großinsel Atlantis, hätte gar keinen geographischen Sinn.

6.) A. Galanopoulos, wie Marinatos auch Grieche, versucht die „Thera = Atlantis - Theorie" zu beweisen mit der Vermutung, dass man die von Plato angegebenen Abmessungen und Entfernungsangaben durch 10 teilen müsse, wenn sie über die Zahl 1000 stiegen, dass man sie aber unverändert lassen müsse für Vergleiche mit den auf der Insel Thera und Kreta vorgenommenen Messungen, wenn sie unter 1000 liegen. Der von Plato erwähnte Wassergraben um Atlantis sei dann 155 km lang und nicht 1550 km, die Stärke der atlantischen Armee sei dann 120 000 Mann und nicht 1 200 000 Mann, die Anzahl der atlantischen Schiffe 120 und nicht 1200. Der Irrtum beruhe auf einer falschen Übersetzung der ägyptischen Hieroglyphen oder auf einer Fehlinterpretation der kretischen Schrift. Wir betrachten dieses ganze Vorgehen Galanopoulos' als eine auf einer Zahlenspielerei aufgebaute Vermutung, über die jeder Leser sein eigenes Urteil bilden muss.

Donnelly sagte (1882) im Hinblick auf Thera: Thera ist ein Beispiel für die durch Vulkanausbrüche und Erdbeben verursachten Landveränderungen von Mittelmeerinseln; auf eine Gleichsetzung von Thera mit Atlantis wäre er aber bei diesem Vergleich nie gekommen. Vergleich und Gleichsetzung sind verschiedene Dinge.

Es ist m.E. eine zu einfache Methode, Plato oder seinen Quellen eine „geographische", ebenso wie eine „chronologische Verwirrung" vorzuwerfen.

Zu beachten ist auch, dass der Name „Atlantis" bei der Zerstörung von Thera und Kreta überhaupt nicht auftaucht, und dass Thera ja auch gar nicht in seiner Gänze unterging.

Abschließende Bemerkung: Von der Wirklichkeit des geologischen Ereignisses um Thera sind wir überzeugt, aber auch hier muss gefragt werden: Was hat dies zu tun mit dem erdverändernden geologischen Großereignis des Untergangs von Atlantis, gelegen im Atlantik, dargestellt im „Atlantikos" betitelten Dialog „Kritias" von Plato? (Auf den Namen „Atlantis" kommen wir später zu sprechen).

All dies muss man sich fragen, zumal alles, was Plato vorbringt, sich geophysikalisch, wie O. H. Muck zeigt, eindeutig erklären lässt und logisch ist.

7.) Siegfried Schoppe: „Atlantis und die Sintflut" greift einen auch bei Muck auftauchenden Gedanken auf, dass durch die erdverändernde Sintflut das „Schwarze Meer" entstanden sei, und sagt, dass Atlantis unter der Wasserfläche, unter dem Boden dieses neuentstandenen „Schwarzen Meeres" liege; wie übrigens auch die „Sahara" durch die

Überflutung zu einem Meer wurde, das aber wegen der Hitze der Äquatornähe wieder austrocknete.[12]
Die Ereignisse im „Schwarzen Meer“ und „Sahara“ mögen der Wirklichkeit entsprechen, haben ja auch manche Theorie aufblühen lassen, aber das hat nichts zu tun mit „Atlantis jenseits der Säulen des Herakles“.

8.) Eberhard Zangger: „Atlantis. Eine Legende wird entziffert“, betrachtet Troja als Atlantis.
Abgesehen davon, dass dieses ganze Vorgehen so ein bisschen anmutet wie: „Wer bietet mehr?“, sollen hier die weiteren Verrenkungen, die Zangger machen muss, um seine These „Troja = Atlantis“ zu festigen, dargestellt werden.
Zangger täuscht sich in folgenden Punkten:
1.) Troja liegt nicht „jenseits der Säulen des Herakles“.
2.) Troja ist keine Insel, Atlantis war eine Insel.
3.) Troja liegt nicht im Atlantischen Ozean, Atlantis lag dort.
4.) Wenn Zangger, sich darauf stützend, dass Aristoteles nach Aussage Strabos (62 v. - 26 n. Chr.) einmal Platos Atlantis mit den Verteidigungswällen der Griechen bei Troja verglichen habe, wenn Zangger sich also darauf stützt, um Troja mit Atlantis gleichzusetzen, so ist auch hier daran zu erinnern, dass „Vergleich“ nicht „Gleichsetzung“ ist (wie oben in dem „Vergleich“ Donnellys „Thera und Atlantis“ keine Gleichsetzung Theras mit Atlantis vorzunehmen ist).
5.) Verwechslung nach Zangger von „Sonnen-“ und „Mondjahren“ (s.o.) (wie bei Herrmann).
6.) Der Krieg der Seevölker hat nichts zu tun mit dem vom Saïs-Priester berichteten Krieg Atlantis‘ gegen den gesamten Mittelmeerraum unter der Führung Athens (wie bei Spanuth).
7.) Die etymologische Ableitung des Begriffes „Atlantik“ von „antlos“ oder „antlant“ = „starke, schäumende Strömung“ ist allein schon durch die Hinzuziehung von „-n-“ im Wortinnern

[12] S. Pierre Benoit, „L'Atlantide“ und seine völlig abstruse Etymologisierung von „Antinea“ als Nea-Atlantis.

von „antlos“ als unwissenschaftlich zu betrachten und lässt für „Atlas“ als „Allesträger“, „Träger der Erdkugel“ keinen Platz (s. vor allem unsere spätere Etymologisierung des Begriffes „Atlas“).

8.) Es ist auch zu vermerken, dass der Saïs-Priester gar nicht von der Gründung der Stadt Saïs spricht, als er von „vor 8000 Jahren“, 1000 Jahre später als die Gründung Athens, spricht, sondern von Ägypten im Allgemeinen und dass kein Dolmetscher „Sonnen-“ und „Mondjahre“ verwechselt hat; oder will Zangger (wie Spanuth) die Errichtung des ägyptischen Staates im Jahre 1100 v. Chr. festlegen? (s.o.)

9.) Die Aggression gegen den Mittelmeerraum ging von Atlantis aus; Atlantis war also der Aggressor; nach Zangger aber wäre „Atlantis/Troja“ der Aggressor gewesen.

10.) Griechenlands Heeresmacht und Atlantis versanken „an einem schlimmen Tag und in einer Nacht“; dass die Argolis und Troja versanken, ist im Saïs-Text nicht gesagt.

11.) Ansonsten liegen bei Zangger zu viele Vermutungen vor: „es könnte sein...“ und der häufig von ihm gebrauchte Begriff „Verwechslung“ und „falsche Übersetzung“, wenn das angesprochene Ereignis nicht in sein chronologisches Konzept passt, sprechen für sich; auch bei den Abmessungen (ähnlich wie bei Herrmann, s.o.).

12.) Alles dies spricht gegen das Konzept Zanggers, doch wird am Ende zu sprechen sein über die nach unserer Meinung geschaffenen kolonialen atlantischen Ableger Troja, Atland, Tartessos, etc. und die vielen von Zangger angesprochenen „Atlas-Berge“

9.) <u>Heinz-Günther Nesselrath</u>: „Plato und die Erfindung von Atlantis“ sieht in Atlantis eine Utopie (οὐ τόπος = „kein Ort“ auf der Erde) im Gegensatz zu dem von Plato auf Atlantis angewandten Begriff ἄτοπος (Tim. 20d). Auf „οὐ τόπος“ im Gegensatz zu „ἄτοπος“ kommen wir später zu sprechen (s. auch S.153f.).

Was die Argumentation der Utopisten, z.B. von Nesselrath und Pierre Vidal-Naquet, „L'Atlantide. Petite histoire d'un mythe platonicien" betrifft, die eine „ausgesprochene Konkurrenz zwischen den verschiedenen Versionen der Erfindungshypothesen" (so der Pseudonymos „Cicero" im Internet, Stichwort: Nesselrath – Videl-Naquet) erkennen lässt, so kommt „Cicero" zu dem Schluss, dass die Gültigkeit aller Argumente Nesselraths in seinem Werk „Plato und die Erfindung von Atlantis" stark bezweifelt werden kann, dass die „pauschale Abkanzlung" der Nichtutopisten durch Vidal-Naquet über das Maß hinausschießt, dass „Atlantis vielleicht ja doch noch eine Chance auf Existenz hat."

Die o.a. „ausgesprochene Konkurrenz", die Kontroverse, würde ich sagen, zwischen Nesselrath und Vidal-Naquet, die den letzteren sagen lässt, dass Nesselrath mit seinen Argumenten in „seinem kleinen Werk offene Türen einrennt", was dieser als ein „harsh judgement" empfindet, und die Nesselrath antworten lässt: „In der Tat glaubt er (Vidal-Naquet), die Auslegung, Atlantis sei eine ‚Fiction', sei heute völlig unumstritten" mit dem Zusatz; „Wie kann man das annehmen, wenn jedes Jahr Hypothesen über die lokale Position von Atlantis entwickelt werden?", dieses jüngst aufgetretene kontroverse Verhalten der beiden Verfechter des Utopismus lassen zumindest eine gewisse Unsicherheit der Argumentation der Vertreter dieser Richtung durchblicken.

Nachdem Nesselrath behauptet im weiteren Verlauf der Kontroverse, die Auslegung der „Fiktion von Atlantis" bei Vidal-Naquet sei der seinen aus seinem Werk „Plato und die Erfindung von Atlantis", 2002,24 entnommen, lautet sein abschließendes Urteil über Vidal-Naquets Werk: „This book is written in a casual and conversionable tone… If I were … not familiar with the natural philosophers and geographers discussed here, I am not sure I would have been able to fellow the progression Vidal-Naquet makes."

Von uns ist abschließend zu dieser Kontroverse hinzuzufügen: Die einfachste Art, das Problem "Atlantis" zu lösen, ist, in Atlantis eine Utopie zu sehen. Doch sei dazu die Frage erlaubt: „Macht diese Theorie es sich nicht zu leicht?" –

Doch sehen wir uns die Überlegungen Nesselraths einmal detailliert an.

Zu: Platon und die Erfindung von Atlantis

a.) A la recherche de l'île perdue: Die zwei grundsätzlichen Fehler der modernen Atlantis-Sucher.

Mit Nesselrath lehnen wir die Theorien über die lokale Position von Altantis bei folgenden Atlantis-Theoretikern ab:

1.) James Peter: Atlantis-Geschichte aus Lydien, Lokalisation: n.ö. von Smyrna.
2.) Rand & Rose Flem Arth: Atlantis in der Antarktis, unter ewigem Eis.
3.) J.M. Allen: Atlantis in Bolivien (abwegige Etymologisierung: Atl-Antis = Kupfer-Wasser).
4.) Sp. Marinatos und A.G. Galanopoulos: Atlantis = Thera/Santorin.
5.) David Mc. Mullen: Atlantis westlich der afrikanischen Küste.
6.) Andrew Collins: Atlantis in der Karibik (Kuba).
7.) Alan F. Alford: „Die Atlantis-Geschichte ist die sublimierte Wiedergabe eines vorderasiatischen Mythos von einem explodierten Planeten, mit dem Plato…" (S. 12, Ness.)

(s. weitere Behandlung von Atlantis-Theorien in unseren Überlegungen, S.26-68: „Einige Theorien zu Atlantis".)
Von allen nichtutopistischen Theoretikern sagt Nesselrath, dass sie nicht „einen vermeintlichen einst realen Ort irgendwo auf der irdischen Land- (oder Seen-)karte angeben können, auf den Platos Beschreibung von Atlantis paßt, ohne gewichtige Details dieser Beschreibung abzuändern."
Hier ist festzuhalten dass diese Äußerung Nesselraths für einen „untergegangenen Ort" nur bedingt gelten kann.
Doch nun zu den 2 Fehlern, von denen Nesselrath (S.13) spricht:

Zu 1.) Fehler:
a.) Die Zeitangaben (S. 13, Ness.)
b.) Die Lokalisierung der Insel (S.14)
c.) Die Größe der Insel (S.14) und

Zu 2.) die Frage, ob die Überlieferung der Geschichte von Atlantis, wie bei Plato in der Einleitung des Timaios dargestellt, überhaupt real sein kann oder ob sie vielleicht nur eine raffinierte Fiktion Platos ist.

Dazu unsere folgenden Antworten:

Zu 1.) a.) Zeitangaben: Zu dieser Problematik verweisen wir u.a. auf die „Datumskorrektur" (S.285-288) in unseren Ausführungen. Außerdem lehnen wir ebenfalls die Spielerei mit dem Faktor 10 ab.

Zu 1.) b.) Lokalisierung: Hier stimmen wir mit Nesselraths Hinweisen überein; außer, dass es jenseits der „Säulen des Herakles" (Gibraltar) niemals Land gegeben haben könnte. – Was Alfred Wegeners – er glaubte nicht an die Existenz einer atlantischen Sperrinsel – Kontinentaldrifttheorie betrifft, so ist die „verdienstvolle, in ihrer Grundkonzeption bewundernswerte Theorie" (so O.H. Muck) zu berichtigen. Denn: entgegen den Darstellungen Wegeners passen die Schelfe (= Festlandsockel) nur im Südatlantik – Südamerika und Afrika –, nicht aber in dem für das Atlantis-Problem ungleich wichtigeren Nordatlantik zusammen. Denn dort, im Nordatlantik gibt es zwischen Kanada auf der einen Seite und Europa und Afrika auf der anderen Seite kein Zusammenpassen der Schelfe, sondern es liegt hier ein nicht von Schelfen ausgefülltes Loch, ein „schwarzer Fleck", wie Muck sagt, nordöstlich des mexikanischen Einbruchbeckens vor. Eine Übereinstimmung der Festlandssockel aber ist ohne Annahme und Berücksichtigung eines dort eingetretenen Landeinbruchs (sc. Untergang von Atlantis) nicht möglich (Muck, S.185).

Dies nur der wesentliche Grund, der Ausgangspunkt für den Beweis einer ehemaligen Sperrinsel, sc. Atlantis, im Nordatlantik. Weitere geographische Begründung, s. die betreffenden Stellen in Mucks Werk, „Alles über Atlantis"; s.o.; s. auch W. Fonsèques Theorie der Existenz von Atlantis, S.20-25 unserer Überlegungen.

Zu 1.) c.) Größe der Insel Atlantis („größer als Libyen und Asien zusammen"). Wir lehnen eine Abänderung des Textes μεῖζον („größer") in μέσον („zwischen") ab; ebenso auch hier den Verkleinerungsfaktor 10. – Die Inspiration Platos für „Atlantis" durch

das „Perserreich“ und/oder das „Imperium von Karthago“ ist eine reine Vermutung. Genau so gut könnte man nämlich alle Darstellungen gewichtiger historischer Ereignisse ähnlichen Fragen unterwerfen, wie es hier mit Atlantis und seinem Krieg gegen den Mittelmeerraum gemacht wird; z.B. die Darstellung der Perserkriege oder des peloponnesischen Krieges durch Thukydides, oder die Eroberungszüge Alexanders d. Gr. etc. –
Dass hier keiner der „modernen Atlantis-Sucher“ die stimmigen Angaben Platos stehen lassen möchte, wie Plato sie angibt, „weil sie eben die so sehr gewünschte Lokalisierung und Identifizierung des ‚eigenen‘ Atlantis schlichtweg verunmöglichen, ist eine Behauptung Nesselraths, die zumindest nicht grundsätzlich stimmt. O.H. Muck (a.a.O.) z.B. sagt, dass alles, was bei Plato geschrieben steht, geophysikalisch logisch nachvollziehbar ist (s.47 und S.90), und beweist dies.

Zu 2.) Ein noch gravierenderes Defizit sieht Nesselrath darin, dass kein einziger der „Atlantis-Sucher“ die Frage stellt, ob die Überlieferungsgeschichte von Atlantis so, wie sie bei Plato im Einleitungsteil des Timaios dargestellt ist, überhaupt real sein kann, oder ob sie vielleicht eine „raffinierte Fiktion Platos“ ist.

Dazu ist folgendes zu sagen: Die älteste Quelle der Atlantis-Geschichte sind nicht, wie Nesselrath deutet, die Priester von Saïs. Richtig ist: Die Priester sind nur die Übermittler der „ältesten Quelle“, sc. der Archive der Ägypter (ἐκ παλαιοῦ σεσωμένα etc.), die letztlich aus Theben stammen und von den Priestern bei der Verlegung ihres Wohnsitzes von Theben nach Saïs mitgenommen wurden.

Nicht Saïs ist, wie Nesselrath deutet, nach dem Saïs-Priester, nach Solon und Platon, 8000 Jahre vor Solon gegründet worden, sondern das „ägyptische Staatswesen“.
Was den Krieg zwischen Atlantis und Ur-Athen betrifft, der nach dem „Timaios“ 9000 Jahre vor Solon stattgefunden hat, nach dem „Kritias“ aber 1000 Jahre vor Gründung des „ägyptischen Staates“, so verweisen

wir auf die von O.H. Muck vorgebrachte Datumskorrektur in unseren Überlegungen (S.285-288).
Was Nesselraths Frage betrifft, wie die Nachricht von Ur-Athens großem Sieg über Atlantis und die Nachricht des Untergangs von Atlantis und der folgenden Flutkatastrophe gemäß Plato nach Ägypten gelangt sein soll, so ist zu antworten: sie gelangten über die vom Saïs-Priester berichteten und von Plato erwähnten σκοτειναὶ ἀκοαί (ein Begriff, der bei Nesselrath gar nicht auftaucht) in einem Jahrtausende dauernden Prozess im Anschluss an die Atlantiskatastrophe nach Ägypten (ebenso nach Sumer).
Nesselrath sagt: Plato ist der einzige Gewährsmann dafür, dass Solon von dem Saïs-Priester die Atlantisgeschichte mitgeteilt bekommen habe. Dazu ist zu sagen: Die Überlieferungskette der Atlantisgeschichte ist mit L. Brisson „Critias" in R. Goulet, Dictionnaire des philosophes antiques II, Paris 1994, 513-515, durch die Annahme eines noch weiteren Vermittlers in der Überlieferungskette, eines „Critias III" (s. Ramage „Atlantis, Fact or Fiction?", Appendix, S.76 zu „Critias III") zu erweitern (ein langer Streit der Klassischen Philologie, wie Nesselrath selbst sagt).

Die Frage Nesselraths, ob es irgendeinen Grund gab, die Geschichte von Atlantis aus der aristokratischen Familie Platos nicht ans Licht Athens kommen zu lassen, also zu verschweigen, kann, außer dass die Geschichte zeitlich schon lange zurücklag (Wer denkt z.B. heute, ohne daran erinnert zu werden, noch an Stalingrad, von dem H. Göring behauptete: „Noch in 1000 Jahren…"?), nur darin liegen, dass diese Geschichte wirklich als derart ἄτοπον, so seltsam, behaftet mit einem so großen Maß an Seltsamkeit, von der Gesamtheit des Volkes empfunden worden wäre wie von den heutigen Utopisten, und Plato es deshalb nicht für zweckmäßig hielt, sie in Umlauf zu bringen.

Was die „Leichenreden" betrifft (Thukydides, Isokrates, Plato selbst), so ist zu sagen, dass sie immer eine zeit- und situationsbedingte Thematik zur Sprache brachten, vor allem kein ἄτοπον. – Insofern dürfen wir aus Platos schweigendem Verhalten, was die Atlantisgeschichte betrifft, keine „Erfindung von Atlantis" durch Plato konstruieren. Eben gegen diese Vorstellung wehrt sich Plato mehrmals in prägnantester Form mit seiner Formulierung, dass seine Darstellung ein ἀλήθινος λόγος und kein πλασθεὶς μῦθος sei (Tim. 26c).

Eigenartig finde ich es, Platos Dialoge mit Theaterstücken in Verbindung zu bringen und zu vergleichen, sie so als fiktiv zu kennzeichnen und als „pseudodokumentarische Exaktheit" abzutun; denn Plato unterscheidet genau zwischen λόγος (wahre Geschichte) und μῦθος (legendäre Geschichte).

Zu: Platon und die Erfindung von Atlantis

b.) Et Plato dixit: Fiat Atlantis!
Platons Inspirationen zur Erfindung von Atlantis.

Die folgenden Überlegungen F. Schachermeyers und die 2 folgenden fragmentarischen Textstellen aus Pindar und Hellanikos von Lesbos, die herangezogen werden sollten, um eine Lokalisierung von Atlantis (im Sinne Schachermeyers) festzulegen, lehnt Nesselrath u.E. zu Recht ab, obwohl nach seiner Meinung frg. 19b aus Pindars Paean eine „gewisse Anregung" für Plato dargestellt haben könnte.

Sehen wir uns die 3 Probleme näher an!

1.) Fritz Schachermeyer, Die Ägäische Frühzeit II, „Thera und Platos Atlantis", 1976, 86-90:
Nachfahren der aus Thera oder Kreta nach Saïs in Ägypten geflohenen Minoer hätten vielleicht (!) in Saïs Kunde von der Thera-Katastrophe hinterlegt, die über Solon auf Plato gelangt sei. – Von Nesselrath, da es nicht den geringsten Beleg darüber gibt, als „phantasievolle Kombination sehr vager Möglichkeiten" abgelehnt. Wir sagen dazu: allein schon deshalb abzulehnen, weil die Bedingung „Jenseits der Säulen des Herakles" nicht erfüllt ist.

2.) Ein Paean Pindars (frg. 52d Sn. M), in dessen Inhalt F. Schachermeyer einen Reflex der Thera-Katastrophe sieht, der bei Plato weitergewirkt haben könnte: Der këische Fürst Euxantius lehnt die

Übernahme einer mächtigen Stellung auf Kreta ab, denn er fürchte einen Krieg des Zeus und Poseidons, die ein Land und zahlreiches Heer in den Tartarus gesandt hatten. – Von Nesselrath abgelehnt, da „Plato nicht auf solche vagen Hinweise angewiesen war, um Atlantis in den Fluten versinken zu lassen“. Wir sagen dazu noch: Auch hier ist die Bedingung „Jenseits der Säulen des Herakles“ nicht erfüllt.
3.) Hellanikos von Lesbos (Mythograph, spätes 5. Jh. v. Chr.), „Atlantis“ (auch „Atlantias“ und „Atlantika“), vgl. J.V. Luce in E.S. Ramage (Hrsg.), „Atlantis, Fact or Fiction?”, Bloomington 1978, 72:
Der Titel “Atlantis” etc. in dem Werk des Mythographen Hellanikos erklärt sich (so Luce) daraus, dass es in dem Werke um die Töchter des Titanen Atlas, Sohn des Japetos, ging (der mit Platos Poseidon-Sohn Atlas nichts zu tun hat).[13] Von den 3 aus dem Werk des Hellanikos erhaltenen Fragmenten (frg. 19-21 bei R.L. Fowler, Greek mythography I: Texts, Oxford 2000,161 f.) könne, so Nesselrath, nur frg. 19b eine gewisse Anregung für Plato dargestellt haben, „denn hier verbindet sich Poseidon mit der Atlas-Tochter Kelaino und siedelt dann Lykos, den Sohn aus dieser Verbindung, auf den ‚Inseln der Seligen im westlichen Meer‘ an, wo er ihn auch ‚unsterblich‘ macht.“ – Nesselrath dazu: „Man erkennt sofort eine literarische Anregung, eine ‚Quelle‘ für Platos Atlantis-Geschichte liegt hier gleichwohl nicht vor.“ – Wir stimmen dem zu, verweisen aber auf unseren Versuch einer Erklärung der Nichtidentität von Atlas (=Titan) und Atlas (= König von Atlantis). (S.344-352).

Im weiteren Verlauf seines Werkes kommt Nesselrath (unter Ablehnung der Planetoïdentheorie von Carli, Braghine, Donnelly, Kaminski, Velikowski und O.H. Muck) auf…

> weitere Inspirationen, Anregungen und Ideengeber für die „Erfindung von Atlantis“ zu sprechen, die Plato verleitet hätten, Atlantis erfinderisch in den Fluten versinken zu lassen.

---

[13] Auf die Nichtidentität des Titanen „Atlas“ mit Platos Poseidon-Sohn „Atlas“, die bei Nesselrath zu Recht betont wird, kommen wir später zu sprechen; s. S.345-354.

Über Platos „Verschweigen“ des ruhmreichen Sieges Ur-Athens über Atlantis, über die „Theaterstückhaftigkeit“ der platonischen Dialoge ist im Vorausgehenden gesprochen. Kommen wir also zu den Inspirationen!

Inspirationen zur „Erfindung von Atlantis“ lieferten Plato gemäß Nesselrath auch ein Bericht des Karthagers Himilco (Tang, Schlamm, Seeungeheuer, Unbefahrbarkeit des Meeres jenseits der „Säulen des Herakles“) sowie ein Bericht des Aristoteles über den Untergang einer Landmasse, der Plato dazu verleitet habe, die Existenz eines großen Inselreiches daraus abzuleiten. Hinzu kommen als Plato inspirierende Ereignisse der Untergang der Stadt Helike (und Bura) im Winter des Jahres 373/372 v. Chr., sowie eines Teiles von Euböa (426 v. Chr.), einer Halbinsel im Gebiet des opuntischen Lokris, die durch Überschwemmungen zu einer Insel wurde, die fürderhin den Namen „Atalante“ trug. Dieser Name, „Atalante“, brachte für Plato eine „entscheidende Inspiration“ für sein „Atlantis“, so Nesselrath, mit sich.

Die Gesamtfolgerung, die Nesselrath aus den o.a. Ereignissen zieht, ist, dass das, „was die Griechen vom Atlantischen Ozean wussten, Plato genügend Anhaltspunkte liefern konnte, um sich eine Insel im westlichen Meer vorzustellen.“

Aber wieso, musste Plato sich doch fragen, so Nesselrath, gab es auf der (beachte: zunächst nach Nesselrath nur in der Vorstellung Platos existierenden) Insel eine gewaltige imperialistische Macht? – Dies anzunehmen verleitete Plato (so Nesselrath) die imperialistische Großmacht der Perser in den zu Platos Zeiten schon etwas zurückliegenden Perserkriegen, mit dem gewaltigen bei Marathon geschlagenen Perserheer, wobei natürlich die bewundernswerte Reichsorganisation der Perser mit Oberkönig und den Satrapen, den Führern der Teilherrschaften, die Anregung für Atlas als Oberkönig und die 9 Bruderkönige in Platos Phantasie abgegeben haben (s. Kritias 114a ff.).
Nicht zu vergessen die „großen Städte des Perserreiches“, Ekbatana und Babylon (Hügel, Farben, innerer Ring, Repräsentationsgebäude), die

durch Herodot Plato „umfangreiche Schilderungen“ für die Beschreibung der Königsstadt von Atlantis geliefert hätten, Schilderungen, die Plato „in leichter Abwandlung“ für seine Darstellung verwertete, so Nesselrath.

Jedoch: Atlantis war in Platos Vorstellung als Seemacht konzipiert, die Perser aber waren eine Landmacht, vermerkt Nesselrath. Dazu Nesselrath: Hier lieferte die Inspiration für Plato die Seemacht Karthago, das 409 v. Chr., zu Platos Jugendzeit, einen Großangriff auf Sizilien startete, wobei große Städte den Griechen verlorengingen und Syrakus nur durch den Umstand einer Seuche im Karthagerheer der Eroberung entging. Wie Atlantis, das – dies ist zu beachten – erst in der Vorstellung Platos nach Nesselrath besteht, herrscht Karthago, betont Nesselrath, über große Seegebiete, bis in den Atlantik hinein. Was bleibt da anderes übrig, so Nesselraths Folgerung, als „Atlantis“ als eine Kombination der Seemacht Karthago und der Landmacht Persien zu deuten und anzusehen?
Der kreisrunde Kriegshafen Karthagos (Diodor, Strabon, Appian) lieferte das Vorbild für das Herzstück von Atlantis, eine kreisrunde Insel im Innern der Gesamtinsel, sagt Nesselrath. – Doch ist hier zu sagen, dass der besagte Hafen Karthagos archäologisch erst für das 2. vorchristliche Jahrhundert nachgewiesen ist, dass Plato selbst ihn also noch gar nicht gesehen haben kann, räumt Nesselrath ein. – Dennoch folgert er, dass die „Topographie der Königsstadt Atlantis als eine ingeniöse, aber insgesamt gut erkennbare Kombination von Ekbatana und Karthago darstellt.“

Zu all dem oben Dargestellten und von Nesselrath Vermuteten ist u.E. zu fragen: Warum sollen wir all dies Plato unterstellen, wo wir doch als historisch interessierte Klassische Philologen froh darüber sein sollten, dass einerseits die Archive der Ägypter (ἐκ παλαιοῦ σεσωμένα etc.), andererseits die „dunklen Gerüchte“ (σκοτειναὶ ἀκοαὶ), wie der Saïs-Priester die am Anfang stehende Überlieferung charakterisiert, uns, wenn auch nur oral, überkommen sind und uns unseren historischen Blick weit über das bislang vorliegende Maß hinaus ausweiten lassen auf Dinge, die nach Plato selbst einem ἄτοπον, „seltsam“ vorkommen, aber dennoch ein „ἀλήθινος λόγος“ sind und nicht ein „πλασθεὶς μῦθος“? Es ist zu fragen:

Kommen diese Dinge uns vielleicht deshalb als ein „πλασθεὶς μῦθος", also als eine „Erfindung" vor, weil sie unserer Denk- und Sehensweise wegen ihres hohen Alters fremdartig, eben „seltsam" erscheinen? – U.E. sind wir heutzutage zu schnell dabei, die aus der Antike vorliegenden Texte, wenn das eine oder andere nicht sofort verständlich erscheint, einem Skeptizismus zu unterwerfen, der (auch) die Weiterentwicklung unserer Disziplin – dessen sollten wir uns bewusst sein – behindert, wo wir doch schon einige Male vorgemacht, vorexerziert bekamen, dass unter einfacher Anwendung und Beobachtung vorliegender antiker Texte interessante Erkenntnisse bis in die Frühgeschichte hinein gewonnen wurden, auch wenn diese Erkenntnisse in Teilaspekten zuweilen korrigiert werden mussten (Schliemann, Troja; Mykene, „Totenmaske des Agamemnon".)

Abschließend möchten wir sagen: das gesamte oben dargestellte Vorgehen, alles nur als einen Anreiz für Plato zu deuten, um „Atlantis zu erfinden", widerspricht dem Grundsatz des Realisten und pragmatischen Historikers des 5. Jh. V. Chr., Thukydides, sc. dem Grundsatz, dass alles in der Geschichte sich wiederholt, „Wiederholungen" dann aber als Grundlage von „Erfindungen" auszulegen, entspricht nicht der Lehre des großen Historikers Thukydides.

<u>Zu: Platon und die Erfindung von Atlantis</u>

c.) Cui bono?
Gründe und Hintergründe für Platos Erfindung von Atlantis.

Die Plato zeitgenössischen Phänomene, die Nesselrath ins Feld führt, um die Gründe und Hintergründe für Platos „Erfindung von Atlantis" zu untermauern, sind also Phänomene, die in der Historie nach der Lehre des pragmatischen Historikers Thukydides „immer wieder vorkommen", „sich immer wieder so oder so ähnlich gemäß der menschlichen Natur wiederholen." (s. Thukydides, Pelop. Krieg I 22 [Methodenkapitel]: τῶν τε γενομένων τὸ σαφὲς σκοπεῖν καὶ τῶν μελλόντων ποτὲ αὖθις κατὰ ἀνθρώπινον τοιούτων καὶ παραπλησίων ἔσεσθαι.)

Solche historische Wiederholungen dann aber als Grundlage von „Erfindungen“, z.B. Platos, auszulegen, entspricht nicht der historischen Lehre des großen, Plato sicherlich bekannten Historikers, dessen Werk als κτῆμα ἐς αἰεί, als „Besitz für immer“, in der Geschichtswissenschaft Gültigkeit gewonnen hat.
Daran ändert nichts sogar der bei Krantor erwähnte Vorwurf des Plagiats, den man Plato gegenüber glaubt machen zu können, ausgerechnet bei Krantor, der (nach Proklos, Kommentar zu Platos „Timaios“) behauptete, dass er noch Dokumente über die von dem Saïs-Priester Solon berichteten Ereignisse um Atlantis selbst mit eigenen Augen in Ägypten gesehen habe.

Wenn Isokrates in „einer im übrigen nicht ganz ernstgemeinten Schrift“ eines obendrein „nur im griechischen Mythos“ zu findenden ägyptischen Königs Busiris, diesen Busiris anführt, dessen „mustergültige Gesellschaftsordnung“ in seinem Land Ägypten als „Vorwegnahme“ (so Nesselrath) des platonischen „Staates“ (Πολιτεία) gedient habe, welche Plagiats-Unterstellung dann Plato beantwortet habe mit der Erfindung seiner Atlantisgeschichte, mit der „Erfindung von Atlantis“, um darzutun, dass sein „Staat“ eben doch etwas Athenisches ist, da er 9000 Jahre vor Solon in Athen (und 1000 Jahre früher als etwas Ähnliches in Ägypten!) bereits existent gewesen war, so ist ein jeder Leser dieser Vermutung dazu aufgerufen und aufgefordert, zu bedenken, was er von dieser „nicht ernstgemeinten“, obendrein auf einem „Mythos“ beruhenden Notiz des Isokrates zu halten hat. Wir halten die Notiz des Isokrates jedenfalls wegen ihres „Unernstes“ und ihrer „Mythenhaftigkeit“ nicht für „vertrauenswürdig“, wie sich Nesselrath ausdrückt. Wir halten nichts davon, zu sagen, die Atlantis-Geschichte gebe es gar nicht ohne Platos vorhergehendes Hauptwerk, die Πολιτεία.

Dazu folgendes: „Die „konstruierte Reihenfolge“

1.) „nicht ganz ernstgemeinte“, „mythenhafte“ Busiris-Gesellschaftsordnung,

2.) Platos Πολιτεία (als Plagiat dieser Busiris-Gesellschaftsordnung),

3.) Platos Atlantis-Geschichte als Argumentation dafür, dass die Πολιτεία kein Plagiat ist (aber nach Nesselrath doch bleibt),

diese „konstruierte Reihenfolge" findet unsere Zustimmung nicht, auch nicht, wenn man damit glaubt argumentieren zu können, „Plato habe die Atlantis-Geschichte nur deshalb auf ägyptische Quellen (sc. den Saïs-Priester) zurückgeführt, um auf diese Weise – also mit ausdrücklicher Bestätigung durch die Ägypter! – nachzuweisen, dass die alten Athener nach den Gesetzen seines Idealstaates gelebt hätten und dieser mithin nichts Ägyptisches, sondern etwas Urathenisches gewesen sei," so Nesselrath.
All dies, diese ganze Interpretation, muss man sich doch sagen, würde nichts Anderes bedeuten als: Plato hat ein Plagiat begangen an der „mustergültigen" mythenhaften „Gesellschaftsordnung" des ägyptischen, historisch nicht bekannten Königs Busiris, um seine Πολιτεία zu konzipieren, und danach hat er, Plato, „Atlantis erfunden", um die von Busiris „gestohlene Gesellschaftsordnung" in seiner Πολιτεία als Nichtplagiat zu beweisen. – Was bleibt da überhaupt noch von Plato übrig? – Ein Abschreiber? Ein Lügner? Ein Plagiator, der den Inhalt des Plagiats entgegen der Wahrheit durch eine „Erfindung" als von ihm erdacht hinzustellen bestrebt ist? –

Zur Antwort Nr. 2 (S.33) von Nesselrath.
Der Analyse Nesselraths über das Staatswesen Athens im 5. Jh. v. Chr. [a.) die ihrer selbst so sichere, optimistisch in die Zukunft blickende, kühn auftretende Demokratie eines Perikles, b.) die verheerende außenpolitische Niederlage im Peloponnesischen Krieg, c.) die blutrünstige Junta von 30 Aristokraten, d.) die nur kurzfristige Wiederherstellung der Demokratie, e.) die Hinrichtung des Sokrates und dadurch f.) die Verleidung Platos an der aktiven Mitwirkung am Staat] all dem stimmen wir zu; auch dem weiteren exakten Durchblick Nesselraths durch die folgende Geschichte Athens im 4. Jh. v. Chr. [a.)

das Verhältnis Athen zu Sparta und Theben, b.) der neue Seebund 376 v. Chr., c.) der Bundesgenossenkrieg, d.) das Auftreten Philipps II.]. Auch geben wir zu, dass die Beschreibung des zu seiner Zeit florierenden Athens des 5. Jh. v. Chr. mit seinen Prachtbauten, den 3 Häfen, der Kriegs- und Handelsflotte und dem Drang nach weiterer Machtausdehnung der Athener in der sog. Sizilischen Expedition davon träumen ließ, Syrakus, danach ganz Sizilien und dann gar Karthago zu erobern, schließlich das völlige Desaster dieses imperialistischen, hybrishaften Expansionswillens und die am Ende herrschende Demütigung, der „Untergang" gegenüber dem Gegner Sparta, dass all dies Parallelen aufweist zu dem Vorgehen des blühenden Atlantis gegen den Mittelmeerraum, wie es bei Plato im „Timaios" und „Kritias" beschrieben ist. Diese Parallelen aber – und dieses „aber" ist hier stark zu betonen – als Inspiration zu betrachten für die Beschreibung des Vorgehens des blühenden Atlantis gegen den gesamten Mittelmeerraum, lehnen wir als herbeigezogen ab und sehen keinen Grund gemäß der thukydideischen Lehre, dass in der Historie „sich alles immer wieder so oder so ähnlich wiederholt." Die „menschliche Natur" bringt immer wieder historische Gegebenheiten zustande und mit sich, die man vergleichen kann, aber diese Vergleiche sind nicht immer als eine Gleichsetzung zu deuten, die man dann zur Grundlage einer Erfindung macht.

Auch dass Sparta, der Sieger im Peloponnesischen Krieg, Charakteristika aufweist, passend zu dem Ur-Athen Platos, stimmt außer im Falle der „Kriegerkaste" nicht. Ein Widerspruch in der Argumentation Nesselraths liegt z.B. vor, wenn er die von ihm herausgestrichenen, „von kostbaren Materialien strotzenden Repräsentationsbauten" in Atlantis (S.36) mit den „Bauten von keinerlei Prachtentfaltung" in Sparta (S.37) vergleicht, die wiederum auch in Ur-Athen vorkämen.

Dennoch glaubt Nesselrath, was die von ihm angenommene Inspiration betrifft, dass in Platos Atlantis-Krieg die Konstellation des Peloponnesischen Krieges als vorgezeichnetes Bild, als Vorbild, wieder aufgegriffen ist. Die Kombination von Athen und Sparta als „Vorbild" für Ur-Athen erinnert an die oben schon kritisch unter die Lupe genommene „ingeniöse und insgesamt gut erkennbare Kombination von

Ekbatana und Karthago“, die die Topographie der Königsstadt Atlantis darstelle, oder auch an die ebenfalls zu kritisierende Vorstellung einer „Kombination von Babylon und Ekbatana“, deren Schilderungen bei Herodot Plato die Anregung lieferten, sie „in leichter Abwandlung“ für seine Darstellung der Königsstadt Atlantis zu verwerten (s.o.).

Unsere Antwort darauf: Der von Nesselrath oftmals angewandte, letztlich aus parallelen in der Geschichte vorkommenden Gegebenheiten resultierende Begriff „Konstellation“ ist ja gerade der Begriff, der die thukydideische Lehre (s. Methodenkapitel in Pelop. Krieg I 22), in der Geschichte geschähen so oder so ähnliche Dinge infolge der menschlichen Natur immer wieder, in sich zusammenfasst, sie exakt beschreibt. –
Ziehen wir also unsere Folgerung auf die Vermutungen Nesselraths.

Wir betrachten weder die Konstellation des Peloponnesischen Krieges von 415 v. Chr., noch die Konfliktkonstellation des Jahres 490 v. Chr. (mit dem Sieg der Griechen in der Schlacht bei Marathon) trotz möglicher Parallelen zu dem Krieg von Atlantis gegen den Mittelmeerraum als Anregung, die Plato bei der Konzipierung seiner Atlantis-Geschichte vor Augen hatte und Platos „erfinderische“ Beschreibung des Atlantis-Krieges hervorriefen.

Auch die Situation der Athener in den 350er Jahren, die Isokrates seinen athenischen Mitbürgern gegenüber in der Schrift „Für den Frieden“ eine Warnung vor erneuten, hybrishaften Machtgelüsten erheben lässt, ist nicht für Plato eine Inspiration für eine „in die ferne Vorzeit verlegte Geschichte eines idealen Ur-Athen“. Dass Plato bei der vom Saïs-Priester überlieferten Beschreibung des imperialistischen Angriffs der Atlanter auf den Mittelmeerraum als Philosoph der Zeit des ἄνθρωπος μέτρον ἁπάντων nach der Naturphilosophie in seiner Atlantis-Geschichte den ethischen Zeigefinger erhebt, um den athenischen Mitbürgern seiner Zeit auch eine Warnung vor hybrishaftem Verhalten auszusprechen, betrachten wir, entsprechend der Zeit der nötigen ethischen Aufklärung des ἄνθρωπος μέτρον ἁπάντων, als selbstverständlich, scheint uns aber auch – das sei hier in diesem Zusammenhang erwähnt – eine der von Plato nicht beabsichtigten Ursachen zu sein für den Zweifel an Platos Integrität in der Atlantis-Geschichte. Dabei aber ist das als reine Naturkatastrophe zu deutende Megaereignis infolge des Planetoïdeneinschlages durch das „blinde Wüten der Natur" gegenüber schuldigen Atlantern und unschuldigen Athenern gerade ein Beweis dafür, dass Plato bei allem ihn drängenden Warnungsbewusstsein, Warnung vor Hybris an die Mitbürger seiner Zeit, mit der Atlantis-Katastrophe ein gemäß den ägyptischen Archiven real erscheinendes Ereignis darstellt und insofern nicht auf eine Inspiration zurückzugreifen braucht (S.356-357).

Zu: Platon und die Erfindung von Atlantis

d.) Platos ‚Unvollendete' –
Warum der „Kritias" nicht fertiggeschrieben wurde.

Der „Kritias" wurde nach Nesselrath nicht „vollendet", nicht fertiggeschrieben, abgebrochen, weil das Hauptanliegen Platos in seiner Atlantis-Geschichte, erkennbar an der allzu großen Detailfreude Platos, die ihn sozusagen wie einen Romanschriftsteller von seiner eigenen Schöpfung fasziniert sein ließ, das eigentliche Hauptanliegen Platos, den „Charakter der moralischen und warnenden Parabel immer mehr zu verlieren und nur noch eine spannende Geschichte zu werden drohte." – Das ist nach Nesselrath der erste Grund für den Abbruch des „Kritias" durch Plato.

Der zweite Grund, der „in noch einer anderen Weise" das Hauptanliegen Platos und den Charakter der Atlantis-Geschichte veränderte, war das Eingreifen der Götter bei der Bestrafung der hybrishaften Atlanter durch den großen Krieg zwischen Ur-Athen und Atlantis, dessen Ausgang als Strafgericht der Götter an den Atlantern nicht zweifelhaft sein konnte, dessen derartiger unzweifelhafter Ausgang aber auch gleichzeitig die großartige Abwehrleistung von Ur-Athen gegen Atlantis voll und ganz gemindert, ja den Gedanken daran beseitigt hätte, sodass Platos eigentliches „Hauptanliegen", seinen Idealstaat in einer Stunde äußerster

Bewährung vorzuführen, nicht mehr erfüllt worden wäre. Die Ur-Athener wären nur noch „zu Marionetten der Götter ‚herabfunktionalisiert' gewesen“, ein „Instrument zur Züchtigung der Atlanter“, „während sie doch ursprünglich das Hauptthema der Geschichte sein sollten“, so Nesselrath.
Da die Geschichte also nicht mehr den von Plato ursprünglich erdachten und vorgesehenen Zweck erfüllen konnte, „könnte“ Plato also gemäß Nesselrath den „Kritias“ abgebrochen haben. –

Ein weiterer Dialog (neben „Kritias“ und „Timaios“), dessen Titel „Hermokrates“, wie Andeutungen im „Timaios“ und „Kritias“ zeigen, sein sollte, war noch von Palto geplant, worin Hermokrates, der 4. Teilnehmer an der Gesprächsrunde über das Atlantis-Projekt die Aufgabe zufallen sollte, „nach dem Verschwinden von Atlantis und Ur-Athen infolge der großen Flutkatastrophe die historische Entwicklung menschlicher staatlicher Gemeinschaften bis in die Gegenwart weiter zu skizzieren“ (s. Kritias 108a 5ff; s. auch Anm. zu Tim. 27 a in der Ausgabe der „Wissenschaftl. Buchgesellschaft“, 1990, Bd. 7, S.29 [bearbeitet von Klaus Widdra]). Dieser ursprünglich geplante Dialog „Hermokrates“ wurde aber dann nicht mehr ausgeführt, und das für Hermokrates angedachte Anliegen „Neuentwicklung menschlicher staatlicher Gemeinschaften nach der weitestgehenden Zerstörung aller vorangehenden Zivilisationen“ durch die große Flutkatastrophe wurde in den „Nomoi“, Buch III (Nomoi, 676a ff.; Ausgabe: Wissenschaftliche Buchgesellschaft, Darmstadt 1990, [bearbeitet von Klaus Schöpsdau]), behandelt.
Durch den Abbruch des „Kritias“, folgert Nesselrath schlussendlich, blieb der „Kritias“ ein Torso und mit ihm die Atlantis-Geschichte, jedoch einer der faszinierendsten Torsi der Weltliteratur, aber ohne dass er über ein „wirkliches Vorzeitgeschehen“ berichtet hätte, sondern lediglich ein Produkt der Phantasie Platos wäre.

Zu dieser Gesamtinterpretation des „Kritias“ durch Nesselrath und seinen Schlussfolerungen möchten wir folgendes sagen:

Hauptanliegen Platos im „Kritias“ war es u.E. nicht, „seinen Idealstaat in einer Stunde äußerster Bewährung (soll heißen: in seinem Abwehrkampf gegen Atlantis) vorzuführen“, Hauptanliegen war u.E. für Plato der gleichzeitige Untergang der schuldigen Atlanter und der schuldlosen Athener, sozusagen der „Untergang der Welt“, der Welt des Quartärs, was allein schon hervorgeht aus der dem Hermokrates zugedachten Aufgabe, die historische Neu-Entwicklung „der nach der großen Flutkatastrophe entstehenden menschlichen staatlichen Gemeinschaften bis in die Gegenwart zu skizzieren“. Wenn diese Aufgabe dann auch nicht in dem zwar geplanten, aber nicht geschriebenen Dialog „Hermokrates“ ausgeführt wurde, sondern erst (sinngemäß) in Platos letztem Werk „Nomoi“, so ändert das nichts an der Sichtweise, dass es Plato in dem ganzen „Atlantis-Projekt“, zu dem der „Timaios“, der „Kritias“ und der geplante „Hermokrates“ gehörten, um wirklich geschehene, historische Dinge ging, mag es die Atlantiskatastrophe sein (nach O.H. Muck wegen ihrer Plötzlichkeit [1 Tag, 1 Nacht] durch einen Planetoïdeneinschlag verursacht, was geophysikalisch exakt begründet wird) – über die Begründung der von Nesselrath nur gegen Ende seiner Argumentation (S.41-42) erwähnten „großen Flutkatastrophe“ findet sich übrigens bei ihm kein Wort –, oder die nach der großen historisch gesicherten Flutkatastrophe (Ende der Eiszeit) notwendige Neu-Entwicklung der weitestgehend durch die Flutkatastrophe vernichteten vorangehenden Zivilisationen (s. die Behandlung dieser ganzen Problematik in unserer Gesamtdarstellung).
Große Flutkatastrophe infolge eines interstellaren Megaereignisses, Untergang der Atlanter und Athener, Untergang der Welt des Quartärs und daraufhin Beginn der neuen Weltepoche Quintär mit der notwendigen Neu-Entwicklung der vorangegangenen vernichteten Zivilisationen, das ist u.E. das Hauptanliegen von Platos „weltgeschichtlichen Betrachtungen“ (wie ich es nennen möchte), von Platos „Atlantis-Projekt“, ein Projekt, das nur aus der inneren Zusammengehörigkeit der Dialoge „Timaios“, „Kritias“ und dem geplanten, aber aus welchen Gründen auch immer erst in den „Nomoi“ sinngemäß ausgeführten Dialog „Hermokrates“ ersehen werden kann.

Auf die Deutung des platonischen Hauptanliegens in dem Atlantis-Projekt als „Theaterstück", „romanhafte" Darstellung, „moralische Parabel", „Phantasie", „Torso" kann man u.E. nur kommen, wenn man von der Prämisse ausgeht, die besagt: Hauptanliegen Platos in seinem Atlantis-Projekt ist die Verherrlichung des Idealstaates Ur-Athen, sc. damit er, Plato, eine Begründung hat, den Plagiatsvorwurf seiner Πολιτεία gegenüber zu entschärfen, ihm zu widersprechen, wobei dann als mahnendes Merkmal dieser falschen Ausdeutung noch hinzukommt, dass dieses Plagiat Platos obendrein einer „nicht ernstgemeinten", „mythenhaften Gesellschaftsorganisation" einer obendrein nicht historischen Gestalt namens Busiris entnommen ist.

Ich möchte an dieser Stelle unserer Überlegungen – als beiläufige Zwischenerkenntnis – den Gedanken anschließen: Ein zufällig geschehenes interplanetarisches Megaereignis am Ende des Quartärs liefert den Stoff und die Begründung für den seit dem Beginn des neuen Zeitalters, nach der Atlantiskatastrophe, seit dem Beginn des Quintärs, immer wieder in allen sich neuentwickelnden Zivilisationen erhobenen ethischen Zeigefinger, für die in allen diesen Zivilisationen immer wieder (immer vergeblich!) vorgetragene Warnung vor Hybris, was also zu einem allgemeinmenschlichen Paradigma geworden ist und was den Charakter von Platos Atlantisgeschichte als „weltgeschichtliche Betrachtungen im großen Rahmen der Suche nach Gerechtigkeit" unterstreicht. Es liegt damit eine Erkenntnis vor dafür, dass und wie ein natürliches Ereignis, ein Naturereignis, eine ethische Dimension, eine ethische Formung, in Gang setzen kann.

Doch, was uns noch wichtiger als dieser oben dargelegte Gedanke erscheint, ist die Feststellung, dass wir dem ἀλήθινος λόγος des Plato betreffs dem aus den Archiven der Ägypter überlieferten „Atlantisbericht" Glauben schenken und nicht einen πλασθεὶς μῦθος, eine „Erfindung" Platos, darin sehen, also nicht eine „Utopie", ein οὐ τόπος, sondern höchstens ein ἄτοπον, also einen aus den Archiven Ägyptens vom Saïs-Priester überlieferten ἀλήθινος λόγος, dessen Hauptanliegen war:

1. Die Beschreibung des blühenden frühgeschichtlichen Atlantis in Gegenüberstellung zu dem wehrfähigen frühgeschichtlichen Ur-Athen (Timaios),
2. der Untergang dieses schuldig gewordenen Atlantis und des unschuldigen Athen, damit sozusagen der „Untergang der gesamten Welt", ein Weltuntergang, der ethisch begründet wird mit der Hybris der Atlanter, geophysikalisch begründet wird mit der interstellaren Megakatastrophe (Planetoïdeneinschlag und Flutkatastrophe) (Kritias) und
3. die nötige Neu-Entwicklung nach dem „Weltuntergang", Neuentwicklung menschlicher staatlicher Gemeinschaften nach der alles vernichtenden Katastrophe (Hermokrates → Nomoi).

Ich glaube, mit dieser Deutung werden wir dem „Weisen" Solon, dem großen Staatsmann Athens, und dem integren Philosophen, Plato, in höherem Maße gerecht als dadurch, zu vermuten,

1. Platos großes Werk über die „Gerechtigkeit", die Πολιτεία, über die Gerechtigkeit, die Platos Anliegen zeit seines Lebens war, dieses großartige Werk der Zeit des ἄνθρωπος μέτρον ἁπάντων, sei ein Plagiat einer „nicht ernstgemeinten" Schrift über eine „mustergültige" Gesellschaftsordnung, eine „Gesellschaftsordnung", geschaffen von einem nur im Mythos zu findenden, also nicht historischen ägyptischen König, namens Busiris, und obendrein...
2. Platos Atlantis-Geschichte, Platos Atlantis-Projekt, sei nur zu verstehen als Verteidigungsschrift Platos gegen den o.a. Plagiatsvorwurf, nur zu verstehen als eine „Erfindung von Atlantis", die für Platos Πολιτεία durch den Glanz des vor 10.000 Jahren schon bestehenden Ur-Athens und seiner großen Abwehrfähigkeit gegen Atlantis, eine Anregung, eine Inspiration, eine Vorwegnahme, ein vorgezeichnetes Bild, ein Vorbild geliefert habe.

Zum Abschluss: Platos „Atlantis-Geschichte" ist u.E. also nur zu erklären als ein großangelegter Versuch Platos, als ein „Projekt" Platos, das ihm

die Möglichkeit verschafft, mit seinen Überlegungen, mit seinen „weltgeschichtlichen Betrachtungen auf der Suche nach Gerechtigkeit", wie ich es nennen möchte, der Lösung seines ihn ständig beschäftigenden Hauptproblems, sc. der Lösung des Problems „ Gerechtigkeit", näher zu kommen.
(Über die weitere Argumentation unserer Gesamtdeutung des Atlantis-Projekts Platos verweisen wir auf die Gesamtausarbeitung unserer Überlegungen.)
Noch eins: Zur Frage des Abbruchs des „Kritias". – Wie wäre es, dabei einmal an eine „damnatio memoriae" zu denken? Über den Grund dieser angedachten „damnatio memoriae" müsste allerdings noch nachgedacht werden.

9.) Jean-Albert Foëx: „Histoire sous-marine des Hommes" (1975) = „Der Unterwassermensch" greift die von O. H. Muck gemachten Überlegungen über Atlantis auf und sagt (sinngemäß): Das Ansteigen der Meere infolge des Abschmelzens der letzten Nordgletscher etwa ab 10 000 v. Chr. ging zu der damaligen Zeit viel schneller vor sich, so dass zu dieser Zeit der Meeresspiegel 170 m tiefer lag als heute (gegenwärtiger Anstieg etwa 30 cm pro Jahrhundert).
„170 m tieferer Meeresspiegel" bedeutet in der Konsequenz: Zu der damaligen Zeit, 10 000 v. Chr., waren die Landflächen und Inseln viel größer und zahlreicher (z.B. auch die Bahama-Bänke waren Landstriche). Alle Küsten ragten weiter ins Meer hinaus, alle Inseln wiesen viel größere Landflächen auf, die „Landkarte wäre also eine gänzlich andere" gewesen (so der Klimaforscher und Geologe Latif, Universität Kiel in einer TV-Sendung mit Hinblick auf heute infolge dem Klimawechsel zu erwartenden geologischen Veränderungen).
Alles dies wird, wie schon O. H. Muck herausstellte, von Plato vorgebracht, wenn er berichtet, dass es westlich von Atlantis viele Inseln gab, auf denen man von der einen zur anderen ohne größere Schwierigkeiten gelangen konnte, und von diesen dann auf das gegenüberliegende Festland (ἤπειρος). Auch die Stelle des Saïs-Berichtes über „Urathen", dessen Fläche zur damaligen Zeit viel

größer war und dessen fruchtbare Ebenen „jetzt", d.h. zu Platos Zeit, als Sandbänke unter dem Meer liegen, deuten auf denselben Sachverhalt hin (Plato, Krit. 110d: τῆς χώρας ... ἀλεθὴ τὰ νῦν λέγεται).

Foëx erkennt auch den von Plato angegebenen Zeitpunkt des Versinkens von Atlantis (etwa 10 000 v. Chr.) mit dem Zeitpunkt der folgenden Eisschmelze und folgender Meeresspiegelerhöhung (vor etwa 11.250 Jahren) als identisch, (was bei Muck exakt geophysikalisch begründet wird,) und spricht - weitergehend - von einem dadurch verursachten Exodus von kulturell schon hochstehenden „Crômagnon-Völkern" (auch „Azilien-Völker" genannt) aus Atlantis auf das europäische Festland, worin er den Anfang der Megalith-Kultur glaubt erkennen zu können, ein Exodus, der ausgeht über den dem vermuteten Atlantis nahe gelegenen Golf von Biskaya, ein Exodus also, der die These von den Basken als Nachfahren der Atlanter bekräftigen würde.

In einem Punkt eigentlich nur ist die Meinung von Foëx von der Mucks verschieden. Foëx sagt: die Landmassen von Atlantis sind nicht versunken, sondern durch die Überflutungen unter dem Wasser begraben. Das entspricht nur bedingt

1.) dem Platonischen Text: δῦσα ἠφανίσθη (s.o.) und
2.) dem von Muck logisch herausgearbeiteten Vorkommen einer Magmadelle unter dem versunkenen Atlantis infolge des Planetoïdeneinschlages und des daraufhin einsetzenden isostatischen Absinkens der Insel Atlantis (δῦσα) unter den Meeresspiegel.

Während Foëx also nur die Überflutungen als Ursache für das Verschwinden Atlantis' ansieht, also als Folge der Eisschmelze, werden von Muck als Hauptgründe angegeben:

1.) Absinken, und natürlich auch
2.) Überflutung.

Die geophysikalischen Überlegungen von Muck haben hier für mich eindeutig den Vorrang vor Foëxens reiner Überflutungstheorie.

In der Endkonsequenz, was von dem versunkenen und überfluteten Atlantis übrigblieb, liegen beide Forscher wieder auf einer Ebene: Nur die höchsten Gebirge des ehemals von Atlantis beherrschten Raumes ragen noch aus dem Meer (vgl. hierzu auch W. Fonsèque, s.o.): Azoren, Kanaren (Teide von Teneriffa), Madeira, Bahamas, Bermudas, (Antillen).
Dass Foëx als Scubataucher zu dem Ratschlag kommt: „Die Überreste von Atlantis liegen auf den unterseeischen Sandbänken und müssen dort gesucht werden", mag nicht verwundern.

Zum Abschluss der Behandlung der einzelnen o. a. Theorien noch folgende Bemerkungen zu Berlitz, Spanuth etc.

Berlitz sieht in dem von ihm vermuteten „Atlantis im Atlantik" „kaum", wie er sagt, das Weltimperium, noch in der Zeit seiner Existenz das „Goldene Zeitalter" (s. Ovid, Metam.). Unentschieden lässt Berlitz auch, ob Atlantis die „Superzivilisation" mit uns, den modernen Menschen, noch unbekannten Erfindungen und Errungenschaften war. Hier scheint mir ein Widerspruch in Berlitzens Ansicht vorzuliegen, denkt man an seine nichtgeophysikalische sondern zum Mysteriösen neigende Ausdeutung des tödlichen Bermuda-Dreiecks, wo Berlitz mit Gewissheit von den mysteriösen Erfindungen spricht, die wir Heutige nicht mehr verstehen, (von O. H. Muck mit wissenschaftlicher Stringenz richtiggestellt, s.o.).
Wir müssen an dieser Stelle auch noch einmal auf Spanuths Gedanken zurückkommen, der da besagt: Die Datierung 9569 v. Chr. für den Untergang von Atlantis ist „völlig unmöglich". Es gab nach Spanuth noch keinen ägyptischen Staat, es gab noch keinen athenischen Staat, wie ihn der Saïs-Priester beschreibt, es müsse eine Verwechslung „Sonnen-" mit „Mondjahren" vorliegen (s.o.). Dass Spanuth selbst damit für die Errichtung des ägyptischen Staates auf das Jahr 1100 v. Chr. kommen müsse, wird von ihm geflissentlich unerwähnt gelassen.
Zur Antwort auf Spanuths obige Überlegungen zur „Unmöglichkeit" ist zu sagen: Was den geographischen Raum, was den athenischen

Staat betrifft, so macht der Bericht des Saïs-Priesters klar, dass vor den durch die Katastrophe von Atlantis verursachten Sintfluten (s.o.) die Landflächen des athenischen Imperiums viel größer, ebenso die Inseln westlich von Atlantis viel größer und zahlreicher waren.
Der hohe Stand der Zivilisation Athens in der Zeit um 10 000 v. Chr. wird mit der von den Mittelmeervölkern beauftragten Macht Athens im Krieg gegen Atlantis, (ein Auftrag, den der Saïs-Priester, der sich auf die geweihten Archive der Ägypter beruft, bestätigt), als selbstverständlich vorausgesetzt. Man wählt nur den Stärksten und Besten zur Führung aus.
Der hohe Stand der Zivilisation von Atlantis wird mit dem 1550 km - Umfang des Wassergrabens, der 1 200 000 Mann- Stärke der Armee von Atlantis und den 1200 Schiffen der Atlanter als gegeben vorausgesetzt.[14] Ein Imperium in der Art des angedeuteten Atlantis lässt einen bei diesen Zahlen nicht in Zweifel geraten.
Die Größe Atlantis' und Athens, wie der Saïs-Priester sie darstellt, müsste also den Zweifel Spanuths an der Macht der Imperien Atlantis und Athen beseitigen. Und es ist auch noch einmal zurückzukommen auf den Widerspruch Berlitzens in sich, dass er, Berlitz, zwar spricht von den Erfindungen und Errungenschaften der Atlanter, die wir heutigen Menschen nicht mehr verstehen können, dass er sich also somit dem o. a. Gedanken der Größe Atlantis', vorgebracht von dem Saïs-Priester über den Zivilisationsstand der Atlanter, anschließt, andererseits aber mit „kaum ... die Superzivilisation“ einen Zweifel an der Größe und Macht des Imperiums Atlantis anmeldet.
Dieser Widerspruch Berlitzens in sich selbst lässt uns den Plato-Text noch etwas genauer unter die Lupe nehmen: Der Saïs-Priester charakterisiert gegenüber Solon die Athener als „immer νέοι“, „immer jung“, weil sie nach einer Katastrophe – „von denen es im Laufe der Geschichte schon viele gab“ – „immer wieder von neuem“ begannen, eine Zivilisation und Kultur aufzubauen und zu entwickeln, mühsam zuweilen, ausgehend von den nach einer Katastrophe (gleich ob κατακλυσμὸς oder ἐκπύρωσις) oftmals nur

[14] Zum Vergleich s. Homer, Ilias: Schiffskatalog.

zurückgebliebenen ἀγράμματοι, von Leuten also, die der Schrift ermangelten. So hätten sich die Athener, sagt der Priester, „immer jung in der Seele“ gehalten, weil die Entwicklung einer neuen Zivilisation sie dazu zwang, das so mit sich brachte, im Gegensatz zu den Ägyptern, die alles in Archiven und Tempelinschriften aufbewahrt haben und somit auf „alte“ Kenntnisse zurückgreifen könnten.

Die Athener also im obigen Sinne „immer jung“, die Ägypter immer auf „alte“ Dinge zurückgreifend, weil ihr, der Ägypter, Land ja auch immer von schweren Katastrophen verschont geblieben sei. (Das beste Beispiel für diese νέοι-Darstellung der Athener ist ja gerade der Lehrbericht des Saïs-Priesters an Solon.)

Was wollen wir mit dieser ganzen Interpretation der „νέοι-Stelle“ sagen? – Wir wollen zeigen, dass im Grunde schon während der Zeit des Saïs-Priesters und auch schon vorher, da sich der Priester ja auf alte Archive beruft, man sich Gedanken machte über die Entwicklung der Weltgeschichte, dass man sich Gedanken darüber machte und den Inhalt dieser Gedanken als gegeben ansah, Gedanken, die einen im Laufe der Weltgeschichte mehrmals schon, jeweils nach einer Katastrophe, vorgekommenen Kulturneuanfang und Kulturentwicklung nötig machten, d.h. mit anderen Worten, wie es später O. Spengler („Der Untergang des Abendlandes“) in der Nachfolge von Giovanni Battista Vico, der „Geschichte“ definiert als „Abfolge kulturellen Wachstums und Zerfalls“ (und später Toynbee), etwa sagt, dass Kulturen immer (wie eine Pflanze) schlichte Anfangszeiten bis hin zum erhabenen Höhepunkt der Blütezeit der Kultur haben und dann wieder über die Phase der kulturschwachen Zivilisation hin einen Niedergang erleiden, eine Dekadenz, dies infolge einer Katastrophe, ob geologischer Art, wie beim Weltenbrand und Kataklysmos, oder begründet durch Hybris, einer ethischen Kategorie, wie die Griechen es zu nennen pflegten, und andere ebenso: Gilgamesch-Epos, Bibel, Römer, Inka, Maya und Azteken, oder durch beides zugleich, sc. Hybris und ihre Bestrafung durch geologische Katastrophen, Bestrafung durch die Götter. (Ich

möchte hier schon hinweisen auf die spätere Deutung des Begriffes „ἐξίτηλος“ [Krit. 121a] S. 333f. und 340)
Was uns an diesen Überlegungen interessiert, ist die Tatsache, dass also im Laufe der Erdgeschichte schon viele „Neu-Entwicklungen“ von Zivilisationen, weil viele Sintfluten und Weltenbrände es nötig machten, vorkamen, und das heißt: Man sollte nicht egozentrisch annehmen, dass es in der Kulturentwicklung der Erdgeschichte immer nur eine „linienhafte Entwicklung von unten nach oben“ gegeben habe, sondern dass Brüche, Abbrüche in der Entwicklung vorkamen, zeichnerisch etwa folgendermaßen darstellbar:

1. „Auf“ und „Ab“ der Kulturen

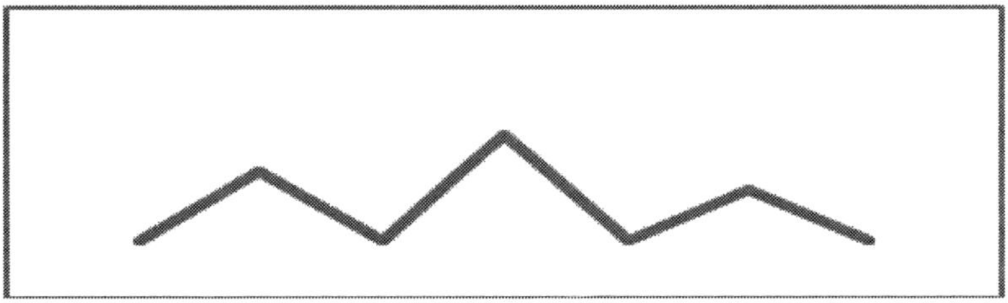

2. immer nur ein „Auf“

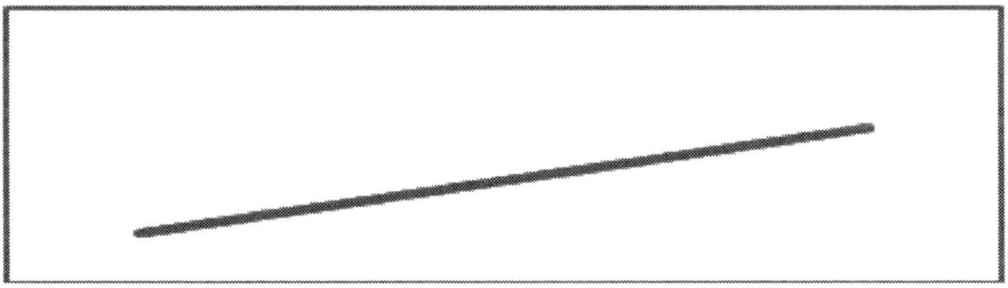

All dies lässt uns zu folgender Schlussfolgerung kommen, was die Aussagen des Saïs-Priesters über die Größe Atlantis' und Athens und ihre Anzweiflung durch einige Atlantis-Theoretiker betrifft: Zu sagen, und das ohne jegliche exakte Begründung, dass Athens Macht und Kultur in der Zeit vor der Weltkatastrophe, im ausgehenden Quartär, etwa 9560 v. Chr., vor 11 560 Jahren, „völlig unmöglich“ den von Saïs-Priester beschriebenen Stand gehabt haben könne, ist

eine reine Vermutung Spanuths, die mit nichts begründet wird. - Die Argumentation für den vom Saïs-Priester beschriebenen Stand der Kulturhöhe Athens und Atlantis' könnte genau umgekehrt laufen, indem man sagt: Alles, alle Kulturgüter, waren durch die Katastrophe abhanden gekommen, waren verschwunden. Wie will man da behaupten und beweisen: „Es gab alles dies noch nicht"?
Warum sollten wir nicht den Archiven der Ägypter, diesen „heiligen Überlieferungen" in der „Sprache der Götter", wie die Ägypter ihre Hieroglyphen bezeichneten (s. u.), warum sollten wir ihnen nicht Vertrauen und den Aussagen Platos Glauben schenken? - Dies, zumal bei exaktem Hinschauen auf den Text Platos sich alles aus dem Text heraus als „logisch und wirklich gegeben" interpretieren lässt (s. auch Muck).
Zu der Bemerkung Spanuths „völlig unmöglich" für den Kulturstand Athens und Atlantis' in dieser Frühzeit kann man u. E. nur kommen, wenn man in der Kulturentwicklung immer nur ein „Auf" in der Entwicklungsgeschichte des Kulturgeschehens gelten lässt, was aber genau dem Gedanken schon oftmalig vorgekommener Weltenbrände und erdverändernder Sintfluten, die immer einen Neuanfang erforderten, widerspricht.
Denken wir hierbei doch einmal an einen Atomkrieg heutigen Tags, einen Weltenbrand (ἐκπύρωσις) oder an die Folgen des heute in aller Munde vorhandenen Begriffs „Klimawandel" (climate change), der ja auch mit einer Sintflut enden kann (Gletschersterben, Eisschmelze z.B. in Grönland).

Kommen wir zum Abschluss der Beurteilung der Theorien über Atlantis auf die „Bestrafung" durch eine Katastrophe zurück!
Was die Bestrafung der Atlanter für ihre Hybris betrifft, so liegen Muck und Berlitz wieder auf einer Ebene (Hier verweise ich schon jetzt auf die Deutung des Kritias 121a erscheinenden Begriffes ἐξίτηλος hin [s.340], der, auch aufbauend auf allen obigen Überlegungen - entgegen den Aussagen etlicher Wörterbücher - etymologisch eindeutig erschließbar ist.)

Kehren wir zurück zu dem Gedanken: Atlantis, ein Zivilisations- und Kulturzentrum mit Ausstrahlung in alle Richtungen (Donnelly). Der Ausstrahlung der Kultur durch die auf hoher Kulturstufe stehenden Crômagnons-Menschen bei ihrer Ausbreitung von Atlantis aus nach Europa, schon vor der Katastrophe, liegt die Gedankenkette Donnelly-Muck-Fonsèque-Berlitz-Foëx zugrunde, und dieser Gedankenkette möchten wir unsere Zustimmung geben.

Die Crômagnons als dem Neandertaler überlegener Menschentyp werden vornehmlich als eine aus dem Westen in Europa eindringende Menschenrasse dargestellt, die in die Flusstäler der Garonne und Dordogne vorstießen und kulturell hochstehende Höhlenmalereien gestalteten und hinterließen, und dies, wie Graf Bégouën für den von ihm beobachteten und unter seiner Aufsicht stehenden Teil des Dordognegebietes, schon für die Zeit etwa 12 000 v. Chr., feststellte, aus welcher Zeit er in den hochqualitativen Malereien an den Höhlenwänden auch einen „Speerschleuderer“ (sic!) entdeckte, der offenbar eine gewisse Verwandtschaft mit dem „Atl-atl“ des Quetzacoatl der Azteken aufzuweisen hat; lange also vor der Zeit vor der Atlantiskatastrophe, 12 000 v. Chr. (Zu „Atl-atl“ als „Speerschleuderer“ bei den Azteken s. S.247-249).

Eine Frage, die sich daraus ergibt: Waren die Crômagnons von Atlantis aus einwandernde Immigranten in Europa, vergleichbar den in Amerika einwandernden Europäern in späterer Zeit? - Wenn dem so wäre - und es sieht danach aus -, müssten wir dann nicht die Basken und Iberer und ihre Vorfahren als Crômagnons betrachten, aus welchen Vorläufern dann später nach der Atlantiskatastrophe die ersten nennenswerten „Wissensträger“, was der Name „Iberer“ ja bedeutet (s. weiter unten, S.86; S.88-89, die linguistisch herausgearbeitete „tr̥ -/tl̥- Wortwurzel“ und die mit Hilfe von ihr herausgearbeitete Bedeutung des Namens „Iberer“ als „Wissensträger“), Iberer als „Träger eines Wissens“ aus der Zeit der Hochblüte von Atlantis, Vermittler der von dem Saïs-Priester angesprochenen βραχέα σπέρματα, „winziger Samenkerne“ (Tim.23c und 23e), „Urideen“ früherer Gegebenheiten aus der Hochkultur von Atlantis?

Aus den Crômagnons hätten sich auch die Vorläufer der Gŭanchen auf den Kanaren (Teneriffa), der Tuaregs, Berber und Garamanten in der Wüste Afrikas, der Etrusker, vielleicht auch religiöser Formationen wie der Druiden in Nord- und Mitteleuropa entwickelt, alles letzten Endes Träger des ursprunglischen atlantischen Wissens, des Wissens von Atlantis, das dann nach der langjährigen Dunkelheit (9560 v. bis 7560 v. Chr.) infolge der Weltkatastrophe von Atlantis, und nach der immer noch dunklen Zeit (7560 v. bis etwa 3500 v. Chr.), mit dem Wiederaufkommen der Schrift, etwa Mitte des 4. Jahrtausends v. Chr., wieder zu keimen begann und im Laufe der Zeit zu einer Renaissance von Atlantis und seiner Größe entwickelt wurde.
Hier sind wir an dem Punkte angelangt, wo wir über die Crômagnons und ihren Ursprung im Vergleich mit dem Neandertaler sprechen müssen.
Bei den Neandertalern, benannt nach ihrem Fundort nahe Düsseldorf im Jahre 1858, spricht man von dem archaischen „homo sapiens", dem „homo sapiens Neandertalensis", der durch seinen kräftigen Körperbau und seine charakteristische Schädelform „einen an das Eiszeitklima angepassten Seitenzweig der Menschheitsentwicklung" darstellte und dessen Ablösung durch „modernere" Menschen vor 30.000 Jahren begann. Die Hauptzeit des Neandertalers war also die Epoche der letzten Warmzeit (der Riss-Würm-Zwischeneiszeit) und der Zeit der Vorstoßphase der letzten Eiszeit (= frühe Würmeiszeit), also etwa 150.000 v. Chr. bis 30.000 v. Chr.
Das lokale Vorkommen der Neandertaler in dieser Würmeiszeit lag südlich der Eisgrenze, also südlich der Höhe von Berlin, was für den Fundort des Neandertalers bei Düsseldorf genau zutrifft und auch für alle Fundorte von Neandertalerknochen, die Rückschlüsse über die Verbreitung des Neandertalers zulassen. (s., Dirk Husemann, Der Neandertaler, S. 33)
Die „moderneren" Menschen, die den Neandertaler ab 30.000 v. Chr. bis etwa 10.000 v. Chr., in der Zeit des Jungpaläolithikums also, verdrängten, gehörten der Rasse des „homo sapiens sapiens" an; es waren die Crômagnons, benannt nach dem Fundort von 5

menschlichen Skeletten der jüngeren Altsteinzeit im Vézère-Tal (Südfrankreich) im Jahre 1898, dem Aurignacien.
Das lokale Vorkommen der Crômagnons liegt also ganz im Süden Frankreichs, Crô Magnon, ein Ort im Tal der Vézère. Ein beginnendes Verdrängen der Neandertaler ab 30.000 v. Chr. infolge größerer geistiger Beweglichkeit der Crômagnons aus dem südlicheren Raum, bis zu dem die Neandertaler ursprünglich vorgedrungen waren, nach Norden liegt auf der Hand, bis schließlich die Neandertaler völlig ausstarben.
Die Crômagnons waren also die überlegene Rasse in der Menschheitsentwicklung, und es fragt sich, wo ihr lokales Beginnen anzusetzen ist.
Zwei Alternativen ihrer Herkunft stehen zur Wahl, soweit die Wissenschaft bislang sieht.
Die erste Alternative besagt: Die Crômagnons kamen von Atlantis und kolonisierten u.a. die gesamten circummediterranen Küstengebiete mit Städten und Handelsknotenpunkten, und von Atlantis drangen sie auch über den Golf von Biskaya in den Raum der Neandertaler, damals noch Südwest-Frankreich, ein, wo sie die ehemaligen Höhlen der Neandertaler mit ihren kunstvollen Malereien ausschmückten (s. Höhle von Lascaux, auch Altamira in Spanien etc.) und so eine Marke ihrer fortgeschrittenen Kultur hinterließen, jedoch ohne eine Anlage von Städten. (s. auch den Fund des Gemäldes eines „Speerschleuderers“ durch den Grafen Bégouën [s.o.]); die Malereien und Gravierungen an den Felswänden in der Wüste Sahara (im Hoggar Tibesti, Tassili N'Ajjer und bei den Garamanten) sind dabei als das südliche Pendant zum nördlichen Pendant „Höhle von Lascaux“ und Altamira in Spanien zu betrachten, (s.u.).
Die zweite Alternative wäre: Die Crômagnons kamen nicht aus Atlantis, - wo es sie aber auch gab -, sondern waren im gesamten circummediterranen Raum schon seit langer Zeit überall vorhanden, wo sie schon in früher Zeit Städte gegründet hatten, wie z.B. auch Athen etc.. In diesem zweiten Fall wäre die Frage der Herkunft der Crômagnons ungeklärt.

Aber wie bei den Neandertalern braucht uns die Herkunft der seit Jahrtausenden vorhandenen Menschenrasse der Crômagnons nicht zu irritieren.
Für die erste Alternative, - das soll hier gesagt sein - spräche, dass der Einfluss der „Crômagnons aus Atlantis“ in dem circummediterranen Küstengebieten wegen der Möglichkeiten der atlantischen Seemacht bis hin zur Anlage von Städten und Kolonien (auch Tartessos, das aber noch außerhalb des Mittelmeerraumes liegt) naturgemäß größer war als beim Eindringen der Crômagnons in das Landesinnere über den Golf von Biskaya (Dordogne, Vézère) in Südwestfrankreich, wo deshalb keine von den Crômagnons angelegten Städte etc. vorzufinden sind – wir neigen eher der ersten Alternative zu.
Man könnte sogar eine Gründung Athens durch die „atlantischen Crômagnons“ aufgrund folgender Überlegungen bedenken:
Ogyges (ὠγύγης = „uralt“, ein vorgriechisches Wort) war nach der attischen Legende der Vater des Eleusis, Ogyges war der Urkönig von Athen (Pausanias I 38,7). Ogygia lag nach Plutarch (Plut., De facie in orbe lunae 26, p. 941a) 5 Tagesreisen westlich von Britannien also im „Raum Atlantis“. Kalypso (Homer I 51-54), die Tochter des Atlas, bewohnte die Insel Ogygia (Gozo?). Thallos, 1. Jh. n. Chr., nennt Ogyges den „König der Titanen und Götter“ (Myth. Lex. III 684ff.). Schließlich: Die von den Griechen erwähnte Ogyges-Sintflut ist mit der atlantischen Megasintflut gleichzusetzen (s.u., S.297ff.). – Das würde also wegen der Namensgleichheit „Ogyges- Ogygia etc.“ bedeuten, dass der älteste König von Athen, der Urkönig von Athen, ein Atlanter war, Athen also eine atlantische Gründung.
Das würde auch den Krieg der Atlanter gegen Athen in einem ganz anderen Licht erscheinen lassen, etwa als Disziplinierung einer ehemals abhängigen Kolonie, die immer selbständiger wurde (ähnlich Tartessos), die sich dann aber gegen Atlantis behauptete (wie Tartessos).
Abschließend: Alle vorausgehenden Überlegungen sprechen für eine „atlantische“ und „athenische“ Hochkultur auch schon etwa 10.000 v. Chr., was Spanuth, ohne dass es begründet wird, als „unmöglich“ bezeichnet. Diese Hochkultur mag in manchen Aspekten eine andere

gewesen sein als wir uns heute eine Hochkultur vorstellen, eine Hochkultur aber war es.
Nach der Chronologie der offiziellen Kulturgeschichte war das letzte Vorkommen der Neandertaler etwa 10.000 v. Chr. festzustellen. Das war die Zeit, in der die Crômagnons das Sagen hatten, das war die Zeit, erdgeschichtlich gesprochen, „kurz“ vor der Atlantiskatastrophe. Hier gilt es, die Feststellung „kurz vor der Atlantiskatastrophe“ näher zu beleuchten: Bei Zeitangaben, die in der Chronologie der Erdgeschichte für den Neandertaler zwischen 150.000 v. Chr. und 30.000 v. Chr. und für die Crômagnons ab 30.000 v. Chr. angesetzt werden mit einer Dauer bis 10.000 v. Chr. (und darüber hinaus), der endgültigen Ablösung der Neandertaler und bis zur endgültigen Dominanz der Crômagnons, bei solchen Zeitangaben kann „kurz“ einen Zeitraum von Jahrtausenden heißen und meinen.
Setzen wir einmal an, dass die Crômagnons, der „homo sapiens sapiens“, etwa ab 15.000 v. Chr. die völlige Dominanz über den „homo sapiens Neandertalensis“ erreicht hatte und der „homo sapiens sapiens“ seine Entwicklung von „geringerer“ zu „größerer“ und „größten“ geistigen Beweglichkeit durchgemacht hatte – diese Entwicklung müssen wir auch beim Crômagnon-Menschen ins Kalkül mit einbeziehen – ,dann kann man ohne weiteres annehmen, dass die vom Saïs-Priester vorgelegte, aus den Archiven Ägyptens stammende Beschreibung der Kulturhöhe eines von den Crômagnons gegründeten Athens – ob nun von „atlantischen Crômagnons“ oder „Crômagnons des Mittelmeerraumes“, spielt dabei keine Rolle – zutrifft.
Setzen wir einmal an, die „größte“ geistige Beweglichkeit der Crômagnons sei etwa 20.000 v. Chr. erreicht gewesen, dann stand ein Zeitraum für die Entwicklung bis hin zu der vom Saïs-Priester beschriebenen Kulturhöhe Athens von 10.000 Jahren zur Verfügung, in dem sich die Kulturhöhe entwickeln konnte. Zieht man nun zum Vergleich fürs uns Heutige die etwa 5.000 Jahre seit dem Bau der ägyptischen Pyramiden bis heute heran und betrachtet man die Kulturleistungen in diesen 5.000 Jahren, so scheint uns die von Spanuth behauptete „Unmöglichkeit“ der Kulturhöhe Athens vor der

Weltkatastrophe von Atlantis sich zumindest in eine „Möglichkeit“ zu verwandeln. Und nach allen Überlegungen, die wir oben angestellt haben, mag es nicht verwundern, wenn wir behaupten, dass es eine Tatsache ist.

Dass diese tatsächliche Hochkultur dann durch die Atlantis-Katastrophe völlig verschwand (ἠφανίσθη) und, wie schon so oft in der Menschheitsgeschichte nach Weltkatastrophen, ein völliger Neuanfang einer Kulturentwicklung einsetzen musste, die sich seit der Zeit der Katastrophe bis etwa 3.500 v. Chr. erstreckte, als die von Plato erwähnten βραχέα σπέρματα der alten Hochkultur wieder zu keimen begannen, tut der oben behaupteten Kulturhöhe aus der Zeit um etwa 10.000 v. Chr. keinen Abbruch, bestätigt sie sogar.

Eine Bestätigung könnte auch damit begründet werden, dass z.B. die kulturellen Höchstleistungen der ägyptischen Pyramiden nicht aus dem Nichts entstanden sein können, sondern, wie wir meinen, aus den βραχέα σπέρματα, Urideen, zurückgehend auf die Hochkultur von Atlantis, sich entwickelt haben.

Doch nun zur Sprache der Crômagnons.

Was die Sprache der Crômagnon-Menschen betrifft, die als identisch mit der Sprache der Atlanter vermutet wird, so ist sie uns noch unbekannt.

Doch ein Versuch auch hierbei näher an Atlantis heranzurücken, soll im Folgenden gemacht werden.

Atlas, im Atlantik gelegen, zivilisatorisch-kulturelles Ausstrahlungszentrum nach Ost und West

Einfluss von Atlantis im Osten:

Aspekt Sprache: Die Sprache der Atlanter

Zum weiteren Verlauf unserer Bemühungen um „Atlantis“ zunächst folgende Vorbemerkung:
Mit den Problemen „Atlantis“ und „Etrusker“, zunächst unabhängig voneinander, bin ich seit sehr langer Zeit befasst, seit meiner Studienzeit, wo wir als Studenten in einem Seminar des Sprachwissenschaftlichen Instituts von Herrn Prof. Hofmann, 1954, Saarbrücken, später Universität Erlangen/ München, zum 1. Mal mit der „tr̥ -/ tl̥- Wortwurzel“ konfrontiert wurden.
Zunächst war meine Beschäftigung mit dem „Etruskischen“ näher und eingehender. Dann ist die eingehendere Beschäftigung mit „Atlantis“ aus dem Bemühen um die etruskische Sprache erwachsen, wobei mein Ziel war, darzulegen, dass das Etruskische auf Anhieb zwar als nichtindogermanische Sprache anmutet (wie andere Sprachen auch: Baskisch, Ungarisch, Ugro-Finnisch, Altai-Sprachen), dass es aber indogermanische Spurenelemente aufweist. Dies habe ich in dem (s.u.) dargelegten Essay vor längerer Zeit schon herausgearbeitet, und diese Überlegungen möchte ich hier zunächst wieder zur Sprache bringen.
So möge der Leser dieser folgenden Zeilen sich nicht wundern, dass es in dem folgenden Teil meiner Überlegungen zunächst um scheinbar „atlantisferne“ Dinge geht. Man wird im weiteren Verlauf der Darstellung und in später dargestellten sprachlichen Vergleichen die Zusammenhänge zwischen dem Etruskischen und dem Indoeuropäischen und zwischen dem Etruskischen und Atlantischen feststellen können.
Wir gehen bei diesen Überlegungen aus von der Bemerkung des Saïs-Priesters (Tim. 25b):
Ἐν δὲ δὴ τῇ Ἀτλαντίδι νήσῳ ταύτῃ μεγάλη συνέστη καὶ θαυμαστὴ δύναμις βασιλέων κρατοῦσα μὲν ἁπάσης τῆς νήσου, πολλῶν δὲ ἄλλων νήσων καὶ μερῶν τῆς ἠπείρου· πρὸς μὲν τούτους ἔτι τῶν ἔντος τῇδε

Λιβύης μὲν ἦρχον μέχρι πρὸς Αἴγυπτον, τῆς δὲ Εὐρώπης μέχρι Τυρρηνίας.

Übersetzung: Auf dieser Insel Atlantis also bestand eine große, in Staunen versetzende Macht von Königen, die die ganze Insel beherrschte, sowie viele andere Inseln und Teile des Festlandes, außerdem herrschten sie noch über Gebiete diesseits der „Säulen des Herakles", und zwar über Libyen bis nach Ägypten, über Europa bis Tyrrhenien.

Wir halten fest: Die Macht der Könige von Atlantis ging also über

1.) die gesamte Insel Atlantis,
2.) viele andere Inseln,
3.) Teile des Festlandes (außerhalb der „Säulen des Herakles") und
4.) das Festland (innerhalb der „Säulen des Herakles") und zwar
    a.) über Libyen bis Ägypten und
    b.) über Europa bis Tyrrhenien.

Hier ergeben sich für den aufmerksamen Leser zwei Fragen:
1. Frage: Welche Inseln sind mit den „vielen Inseln" gemeint? -
Antwort: Die Azoren, Kanaren etc. und im Westen von Atlantis wohl die Bahamas etc.
2. Frage: Welche Teile des Festlands (hier ist gemeint: des europäischen Festlandes, und zwar außerhalb der „Säulen des Herakles") sind gemeint? –
Antwort: Die Westküste des heutigen Spanien und Portugals bis in den Golf von Biskaya und darüber hinaus (Garonne, Dordogne), bis in den Nordseeraum.
Drittens ist eine Feststellung getroffen: „Libyen bis Ägypten" und „Europa bis Tyrrhenien", dem Land der Etrusker, sind eindeutige Aussagen.
Machtausübung (ἦρχον, Tim. 25b) besagt, so folgern wir, dass „die große, Staunen erregende Macht" der Atlanter also das Sagen in den o.a. Räumen hatte, und zwar in jeglicher Hinsicht. D.h. mit anderen Worten: Auch die Sprache dieser Atlanter muss eine Hinterlassenschaft in den

Sprachen der regierten Gebiete, d.h. im Etruskischen und Libyschen, mit sich gebracht haben. (Zwischenfrage: Ist mit dem Libyschen die Vorläufersprache des Tifinagh der Berber gemeint?)
Es könnte vielleicht für die von Atlantis beherrschten Gebiete dasselbe Problem vorgelegen haben, wie wir Heutigen es infolge der Sprache der Weltmacht USA in unseren europäischen Sprachen feststellen können, nämlich die Bewusstwerdung zu vieler Anglizismen, die ja heute in einigen Ländern bis hin zum Verbot dieser Fremdidiome führen kann (s. Frankreich und die Reinhaltung der französische Sprache).
Wir halten fest: Eine Hinterlassenschaft der atlantischen Sprache im Etruskischen und Libyschen (Tifinagh) ist höchstwahrscheinlich und auch vielleicht feststellbar.
Gehen wir also auf die Suche nach dieser Hinterlassenschaft!
Wir wollen uns hier zunächst befassen mit dem Verhältnis des Etruskischen zum Indoeuropäischen und kommen später auf die Zusammenhänge zwischen dem Atlantischen, der atlantischen Sprache, und dem Etruskischen zu sprechen.[15]
Zuerst also das vor einigen Jahren von uns verfasste Essay, das wortwörtlich mit geringen, wenn nötigen Abänderungen hier dargelegt wird.

---

[15] Die Beschäftigung mit der etruskischen Sprache und dem Ergebnis der Deutung des Begriffes „Etrusker" etc. soll hier, wie ursprünglich in dem Essay konzipiert, wörtlich, mit geringen Abänderungen, dargestellt werden, bevor wir zu weiteren Schritten gelangen werden. Was das Tifinagh betrifft, so sehen wir uns selbst außerstande, das Problem zu behandeln; aber vielleicht ist jemand mit Kenntnissen in dieser Sprache bereit, es zu tun.

DAS ESSAY:
DAS ETRUSKISCHE UND DAS INDOGERMANISCHE[16]

Unsere Absicht ist es, auf dem Weg über die etymologische Erschließung des Wortes „Etrusker“, was bislang m. E. noch nicht versucht wurde, weitere Aufschlüsse über die etruskische Sprache zu gewinnen.

Während die Etrusker nach Dionys von Halikarnassos, „Antichità Romane“, I 25-30 sich selbst „Rasena, Rasna“ nannten (auch sprachlich bezeugt auf dem Cippus von Cortona: „tular rasnal = „Grenze, Land Etruriens“), werden sie von den Römern, ihren unmittelbaren Nachbarn, „Etrusci“ oder „Tusci“ genannt (Tusci = Tursci, s.u.). Von einem Griechen, Hekataios von Milet (5.Jh. v. Chr.), werden sie Τυρσῆνοι genannt; dies schon vor Herodot, der nach der Bezwingung der Etrusker, des offenbar geschätzten Volkes, durch die unteritalischen Griechen bei Cumae 524 v. und 474 v. Chr. der gerade zu diesem Zeitpunkt interessierten griechischen Leserschaft eine novellistische Erklärung (wie so oft bei Herodot) des Wortes Τυρσῆνοι nachgeliefert hat (Herodot, I 94); von einem weiteren Griechen, Antikleides, 4. Jh. v. Chr., werden die Τυρσῆνοι mit den Pelasgern in Verbindung gebracht, die von den ägäischen Inseln Imbros und Lemnos (die Sprache der Pelasger von Lemnos zeigt die größte Verwandtschaft mit der etruskischen Sprache; s. die Stele von Lemnos, sowie Staccioli, „Il mistero della lingua etrusca“, Rom 1978², S.49) nach Ägypten aufgebrochen seien und sich Tyrsener

[16] Ziel unseres schon vor längerer Zeit erarbeiteten Essays „Das Etruskische und das Indogermanische“ war also, weitere Aufschlüsse über die etruskische Sprache zu gewinnen. Die Verfolgung dieses Ziels brachte, sozusagen als Nebenprodukt, mit sich die Erkenntnis, dass „Etrusker“ heißt „Wissensträger“, „Träger des Wissens aus prähistorischer Zeit“, aus der Zeit der Hochblüte von Atlantis.
Mit dieser Erkenntnis, wie wir nach der gesamten Argumentation des Essays feststellen werden, wird das Wort „Etrusker“ (neben den Worten „Iberer“, „Italer“, „Hebräer“), obwohl im Essay Nebenprodukt, zu einem der Hauptargumente für den Beweis der Existenz (und den Untergang) von Atlantis.
Die Einbettung des Etruskischen in die Sprachen des mediterranen Raumes (s. Staccioli und M. Pallottino, Etruskologie: „proto-, prae- und periindogermanisch“), diese Erkenntnis wächst uns natürlich aus dem Essay ebenfalls zu.
Doch zunächst hier die Niederschrift des Essays „Das Etruskische und das Indogermanische“.

genannt hätten. Schließlich ist in gewissen ägyptischen Texten in Medinet Habu von „Meeresvölkern“ die Rede, Pelasgern also, die zwischen 1230 und 1170 v. Chr. Ägypten angriffen und unter denen sich nach Staccioli , „Gli Etrusci , mito e realtà“ , Roma 1985[3], S.9: „I Turuscia“ (Tr̥ š.w) befanden, in denen man die Vorfahren der Etrusker sehen will, die, aus Ägypten vertrieben, nach Italien gelangten.

Was uns an all dem auffällt, ist die Tatsache, dass die lateinische Wortwurzel „tur- (= tru-)“ und die von den Griechen gebrauchte Wortwurzel „τυρ-“ und die in den ägyptischen Texten verwendete Wortwurzel „tr̥ (= Schwundstufe) = tur-“ offenbar identisch sind.

Das erlaubt es uns für die etymologische Erschließung des Wortes „Etrusker“ das prothetische „E-“ im Wort „Etrusker“ zunächst einmal wegzulassen.

Die Wurzel des Wortes „Etrusker“ ist also:

tru- (= tur-; τυρ-)

Welchen Sinngehalt hat nun die Wortwurzel „tur- (τυρ-)“? – Das zu erklären, muss man weiter ausholen.

Zunächst gehe ich hier von der (teilweise immer noch zu Unrecht bestrittenen) Tatsache aus, dass die Geburt des etruskischen Volkes zu sehen ist in einem langen und komplexen Bildungsprozess ..., „der sich in dem damaligen Etrurien vollzogen hat“, und „an dem auf verschiedene Weise präindoeuropäische und indoeuropäische Elemente“ ihren Anteil hatten (Staccioli, „Il mistero“, S.11), d.h., dass auch der etruskischen Sprache „nicht Ähnlichkeiten und Berührungen fehlen mit einzelnen Sprachen der circummediterranen Welt, einbegriffen mit indoeuropäischen Sprachen“ (Staccioli, ebda, S.19).

Dies also zunächst vorausgesetzt, gehen wir jetzt an die Erklärung der Wortwurzel „tur-“ heran.

Die Schwundstufe (eine häufig im etruskischen angewandte sprachliche Erscheinung, s. Staccioli, ebda, S.111: „arnθ“ statt „aranθ“, „ramθa“ statt „ramuθa“, „rasna“ statt „rasena“) die Schwundstufe von „tur-“ lautet also „tr̥-“.

Welcher Sinngehalt steckt nun hinter der Wurzel „tr̥-“ (t plus r sonans)? – Zunächst einmal: Nach sprachwissenschaftlichen Erkenntnissen kann folgendes als gesichert gelten:

tr̥- = tru- = tur-[17]

Fernerhin gilt: Die Vokale der Wortwurzel tr̥ - können je nach Sprache, also von einer indoeuropäischen Sprache zur anderen, ja sogar nach Dialekt, wechseln, sodass das ergibt:

tr̥-	=	tru-	=	tur-
tr̥-	=	tra-	=	tar-
tr̥-	=	tre-	=	ter-
tr̥-	=	tro-	=	tor-
tr̥-	=	tri-	=	tir-

Welcher Sinngehalt, greifen wir die Frage nochmals auf, steckt nun hinter Wortwurzel tr̥-? –

Greifen wir z.B. „tra-“ und „tor-“ aus dem obigen Schema heraus, so haben wir die Wurzel „tra-“ z.B. im deutschen Wort „tra-“gen; die Wurzel „tor-“ im deutschen Wort: „Tor“ (Portal).

Was aber hat nun „tragen“ und „Tor“ miteinander zu tun? - Antwort: Das „Tor“ ist u.a. der „Träger“ des Hauses, und man muss sich dabei der fast religiösen Bedeutung z.B. eines Wortes wie des lateinischen Wortes „porta“ bewusst sein, wie z.B. „porta triumphalis“ etc.[18], um mitzuempfinden, dass dem lateinischen Worte „porta“ wirklich eine solch wichtige Bedeutung zukommt.

Was aber hat nun, - die weitergehende Frage -, lateinisch „porta“ sprachlich mit dem deutschen Wort „tragen“ oder „Tor“ zu tun? - Zur Beantwortung dieser Frage folgendes: Man könnte genauso gut fragen: Was hat lateinisch „portare“ mit dem deutschen „tragen“ zu tun? - Nun, so lernt es - zunächst - einmal jeder ABC-Schütze des Latein:

portare = tragen

---

[17] Damit haben wir schon eine Erklärung für das Wort „Tusci“ = „Tu(r)sci“ (s.o.); s. dazu auch Hekataios' „Turuscia“. Vgl. dazu A. Walde, „Lateinisches etymologisches Wörterbuch“, Heidelberg 1910, S.800, Stichwort: turris. Die Etrusci = Tusci = Tursci als „Türme-“ bauer. [besteht ein Zusammenhang zwischen den „Türmen“ von San Gimignano und dem Wort „Etrusker“?]

[18] s. hierzu auch die Stelle, wo die „Porta“ bei der Stadtgründung der Römer (Livius) eine wichtige Rolle spielt; s. auch die Bedeutung der „Sonnentore“ von Malta und der Inka; Man spricht zuweilen auch von der „Hohen Pforte“ (Türkei) und von den „Pforten der Hölle“.

Wir müssen aber noch einige Schritte weitergehen, um zu unserer endgültigen etymologischen Erklärung des Wortes „Etrusker“ zu kommen. - Es ist sprachwissenschaftlich unbestritten, dass das lateinische Wort „portare“ wurzelverwandt ist mit dem griechischen Wort „φέρειν“ (s. Franz Bopp, Glossarium Comparativum Linguae Sanscrittae, S.198 und 270), wegen der Labialen p und φ und wegen der Liquiden r und ρ; s. z.B. den Namen Christophoros = Christusträger.
Für uns ergibt sich daraus folgendes: Denjenigen Sinngehalt (sc.: „tragen“), den die eine indoeuropäische Sprache (Deutsch) mit der Wurzel „tr̥ -“ ausdrückt, den drückt die andere indogermanische Sprache (Latein) mit der Wurzel „pr̥ -“ oder die dritte indoeuopäische Sprache (Griechisch) mit der Aspirata „φρ̥-“ aus. D.h.: Auch die Wurzel „pr̥ -“ („φρ̥-“) kann den Sinngehalt „tragen“ haben.
Das ergibt nun folgendes unter Berücksichtigung, dass die Vokale dabei auswechselbar sind:

pr̥-	=	pru-	=	pur-
pr̥-	=	pra-	=	par-
pr̥-	=	pre-	=	per-
pr̥-	=	pro-	=	por-
pr̥-	=	pri-	=	pir-

Was aber für die Dentale (tr̥-) und Labiale (pr̥-) gilt, gilt auch für die Gutturale (cr̥-). Es ergibt sich also folgendes:

cr̥-	=	cru-	=	cur-
cr̥-	=	cra-	=	car-
cr̥-	=	cre-	=	cer-
cr̥-	=	cro-	=	cor-
cr̥-	=	cri-	=	cir-

Fernerhin kann man weiterfolgern: Was für die harten Dentale, Labiale und Gutturale gilt, gilt auch für die weichen Dentale , Labiale und Gutturale (dr̥-, br̥-, gr̥-), und, weiterhin, was für diese weichen gilt, gilt genauso für die aspirierten Dentale, Labiale und Gutturale.

Stellen wir also alle Schemata zusammen, deren Wurzel den Sinngehalt „tragen“ haben, ein offenbar wichtiges Wort im Weltgeschehen![19]

Dentale (hart)	Labiale (hart)	Gutturale (hart)
tr̥- = tru- = tur- tr̥- = tra- = tar- tr̥- = tre- = ter- [1] tr̥- = tro- = tor- [2] tr̥- = tri- = tir- [14]	pr̥- = pru- = pur- pr̥- = pra- = par- pr̥- = pre- = per- [a] pr̥- = pro- = por- pr̥- = pri- = pir-	cr̥- = cru- = cur- [3] cr̥- = cra- = car- [4] cr̥- = cre- = cer- cr̥- = cro- = cor- [b] cr̥- = cri- = cir- [5]
Dentale (weich)	**Labiale (weich)**	**Gutturale (weich)**
dr̥- = dru- = dur- dr̥- = dra- = dar- dr̥- = dre- = der- dr̥- = dro- = dor- [d] dr̥- = dri- = dir-	br̥- = bru- = bur- br̥- = bra- = bar- [11] br̥- = bre- = ber- [12] br̥- = bro- = bor- br̥- = bri- = bir-	gr̥- = gru- = gur- gr̥- = gra- = gar- gr̥- = gre- = ger- [13] gr̥- = gro- = gor- gr̥- = gri- = gir-
Dentale (aspiriert)	**Labiale (aspiriert)**	**Gutturale (aspiriert)**
thr̥- = thru- = thur- thr̥- = thra- = thar- thr̥- = thre- = ther- [c] thr̥- = thro- = thor- thr̥- = thri- = thir-	phr̥- = phru- = phur- phr̥- = phra- = phar- [6] phr̥- = phre- = pher- [7] phr̥- = phro- = phor- [8] phr̥- = phri- = phir-	chr̥- = chru- = chur- chr̥- = chra- = char- [9] chr̥- = chre- = cher- chr̥- = chro- = chor- [10] chr̥- = chri- = chir-

Fassen wir zusammen: Alle diese oben angeführten Wortwurzeln müssten in allen indoeuropäischen Sprachen den Sinngehalt „tragen“ ausdrücken können; das aber heißt nicht, dass sie alle in der Wirklichkeit, in der Praxis aller Sprachen, auch formal vorkommen, vorliegen.

[19] Die „Ziffern“ oberhalb der Wortwurzeln und die „Buchstaben“ geben die Reihenfolge der für die jeweiligen Wortwurzeln herangezogenen Wörter mit dem Sinngehalt „tragen“ an. - Wir sind der Ansicht, dass das Wort „Tragen“ die große Bedeutung im Weltgeschehen gewonnen hat, weil „terra“ (Bsp. für die Wortwurzel „ter-“) in Zeiten der Sintfluten als „Trägerin“ von größter Bedeutung war.

Nehmen wir uns aber einmal die vor, die uns auf Anhieb sofort ins Auge fallen:

Erklärungen zu den oben herausgezogenen Wortwurzeln:

1.) ter-: terra (= Trägerin der Menschen, im Gegensatz zum Wasser) z.B.; s. dazu auch tellus (Wandel von r zu l in terra und tellus, s. später, S.78-79)
2.) tor-: Tor (s. obige Erklärung)
3.) car-: Kar|re (Trägerin der Last) (engl.: to carry = tragen)
4.) cer-: ker = Haus, bretonisch; „Haus“ als Trägerin der Familie, wobei die Verwandtschaft von „Haus“ und „Kar-re“ auf Zeiten des Nomadentums zurückgeht; s. auch casa (lat.) = Haus und ca' (rätoromanisch) = Haus[20]
5.) cir-: κύριος = „Herr“, Träger der Macht; deutsch „Herr“, ist direkt verwandt mit griechisch κύριος; (k → h kennen wir aus casa → Haus, caput → Haupt, car-pere → Herbst)
6.) phar-: Pharaon (eigentl.: „Großes Haus“; er ist der Träger der Macht), s. auch französisch: le phare = Leuchtturm = Träger des Lichts
7.) pher-: φέρειν (griech.) = tragen, lat.: ferre; Luzifer
8.) phor-: Phosphor = Lichtträger; s. auch den Namen Christophoros = Christusträger
9.) char-: charette (frz.) = kleine Karre (s.o.)
10.) chor-: χώρα = Land (griech.), s. terra
11.) bar-: fruchtbar = fruchttragend; lat.: frugifer
12.) ber-: berry (engl.) = Beere als Trägerin des Lebens, wie der Kern
13.) ger-: Ger-mane = „Träger“ des Geistes, des Wissens; ich bringe letztlich „-mane“ mit lateinisch „mens“ = Geist zusammen, und „ger-“ mit lat. „gerere“ = tragen; s. F. Bopp, Glossarium. - „Lanzenträger“ für „Germane“ ist fallenzulassen. (beachte die Umdrehung der Wortsegmente!)

---

[20] Das lateinische Wort „casa“ = Haus hat sich wahrscheinlich aus „carsa“ entwickelt und hat die Bedeutung „Haus“ angenommen (c → h, s. auch caput → Haupt), obwohl es von Hause „Kar-re“ zu bedeuten scheint, worauf vielleicht noch das rätische Wort „ca'“ hindeutet, das auch „Haus“ heißt und der Apostroph in „ca'“ ein Ersatz für das ausgefallene -r ist.

14.) tir-: τύρ|αννος (griechisch) = Herr, Träger der Macht, verwandt mit κύρ|ιος, wahrscheinlich auch mit deutsch „Tier“ = Träger der Last; s. auch die übertragene Bedeutung des deutschen Wortes „Tier“ in „hohes Tier“

<u>Zu untersuchen sind hier u.a. noch:</u>
a.) per-: aper = Eber
b.) cor-: cor = Herz, Träger des Lebens
c.) θηρ-: θήρ (griech.) = Träger der Last (s.o.: κύριος und τύραννος)
d.) dor-: δῶρον (griech.) = Geschenk; „Herbeigetragenes“, „Herbeigebrachtes“, wobei die Verwandtschaft von „tragen“ und „bringen“ deutlich wird.
e.) bri-: bringen = tragen, wie in portare und ferre und φέρειν
f.) bur-: ebur (lat.) = Elfenbein, Träger des „Weißen“
g.) Begriffe wie drawidisch
(Nach späterer Erkenntnis wäre eine grundsätzliche Durchforstung eines Wörterbuches vorzunehmen).

Verbleiben wir bei dem Wort „tragen“! Lateinisch heißt „tragen“, „bringen“ = „portare“ oder „ferre“, griechisch heißen beide deutschen Bedeutungen „φέρειν“. Die Verwandtschaft untereinander dürfte aus den oben gemachten Ausführungen hervorgehen.

Wir müssen nun aber noch einen Schritt weitergehen, um möglichst einleuchtend unsere später vorzunehmende endgültige Deutung des Wortes „Etrusker“ zu untermauern.
Dazu folgendes:
Jeder Lateinschüler fragt sich verblüfft beim Lernen der sog. „unregelmäßigen Verben“: Wieso heißen die Stammformen von ferre:

ferre, fero, tuli, latum?

An diesen Stammformen sind 3 scheinbar verschiedene Wurzeln beteiligt. - Wieso nur scheinbar? - Weil die indoeuropäische Liquide „r“ oft in die Liquide „l“ abwandelt, z.B. auch in dem oben schon vorgebrachten „terra“, das auch als „tellus“ erscheint.

Um diese „Abwandlung“ zu erläutern, möchten wir heranziehen: A. Wadler, „Der Turm zu Babel“, Fourier-Verlag, Wiesbaden, und darin: Kapitel VIII, 1 (S. 249ff., vor allem S. 256-267), wo Wadler von den „R-Sprachen“ und den „L-Sprachen“ spricht. Wir zitieren: „Immer weben geheime und sinnfällige Beziehungen zwischen den Lauten, die im Wechsel sich ablösen, mag diese Verwandtschaft auch nicht an der Oberfläche liegen und erkennbar sein. Solch geheimnisvolles Band entdecken wir zunächst zwischen dem 'R-Laut' und dem 'L-Laut',„. (Zitat Ende)[21]

Das heißt, kurzgefasst für unsere Überlegungen: Der „R-Laut“ in der Wortwurzel „tr̥ -“ kann auch als „L-Laut“ auftreten und damit die Wortwurzel „tr̥-“ in „tl̥-“ abwandeln.

Zur kurzen Erläuterung folgende Beispiele:

1.) lobe|bär|e (im Nibelungenlied) = lob|bar, löblich
laudabilis (Latein) = lob|bar, löblich

In dem germanischen Wort finden wir also ein „r“ vor, wo wir im Lateinischen mit „-bil-“ ein „l“ haben.

2.) terra = tellus, d.h.: Wechsel von r → l in der gleichen Sprache (s. Fr. Bopp, Gloss. ... S. 169)

3.) ταραχὴ (griech.) = Verwirrung, Trug (deutsch), D-l-ch (hebräisch), t-l-ch (arabisch) = trüben, verwirren. Das ρ des griech. ταρ- erscheint also als l im hebräischen D-l-ch und ebenso als l im arabischen T-l-ch. (s. A. Wadler, a.a.O.)

4.) Auf den Azoren heißt das deutsche Wort „Platz“ = „Praça“.

Für uns heißt das, um nach dieser Abschweife wieder auf unseren Hauptpfad bei unserer Etymologisierung des Wortes „Etrusker“ zurückzukommen:

„tul-i“ = „tur-i“,

und wir stellen die Verwandtschaft von „tul-“ und „tur-“ nach dem oben Gesagten fest und damit auch die Verwandtschaft von „tuli“= „turi“ mit „fer|re“ (s. Wortwurzelschemata).

---

[21] S. auch Franz Bopp, Glossarium Comparativum Linguae Sanscrittae, Berlin 1867, S. 169: gr. ἀστήρ, ἄστρον, praefix α; goth. stairnô fem.; lat. aster, astrum, stella, quod e sterna ortum esse videtur, mutato r in l, cui se assimilaverit sequens n.

Weitere Frage: Wieso aber ist auch „latum“ verwandt mit „ferre“ ? – Hierzu muss man die Stammformen des griechischen Verbums φέρειν und eines dem φέρειν sinnverwandten Verbs heranziehen. Sie lauten:

φέρω, οἴσω, ἤνεγκον, ἐνήνοχα etc.

und für den Aorist ἤνεγκον gibt es von dem meist poetisch gebrauchten defektiven Verbum τλῆναι = „tragen“, also sinnverwandt mit φέρειν, den Aorist:

ἔτλην = ich habe getragen.

Wir haben in ἔ|τλ|ην die Schwundstufe „τλ̥-“, die identisch ist mit der im Lateinischen vorliegenden Vollstufe „tul-i“ und die unter Ausfall des Anfangs-“t-“ identisch ist mit „la|tum“, welches ursprünglich sicher einmal „tla|tum“ hieß. (Vermutlich wurde das Anfangs-“t-“ wegen Dissimilation zu dem -t- apokopiert. Die weitere exakte Begründung dieser Erkenntnis, s.u., S. 157-163).
Damit wäre die Verwandtschaft von „latum“ (=„tlatum“) mit „tul-i“ (= ich habe getragen) und damit auch mit „tur-“ als gegeben anzusehen. Zusammengefasst gesagt: tul-i (= tur-i) ist dieselbe Wurzel wie tla-tum, wobei das Anfangs-“t-“ nur apokopiert wurde und die Form dann eben „la-tum“ hieß.

Was bringt all dies für unseren Zweck der Etymologisierung des Wortes „Etrusker“ mit sich? – Es bringt mit sich, dass auch alle Wortwurzeln „tl̥-“, „pl̥-“ und „cl̥-“ den Sinngehalt „tragen“ haben; und dies gilt für die harten, die weichen und die aspirierten Muta (Dentale, Labiale, Guttu-rale) in gleicher Weise.
Stellen wir also alle Schemata der Wortwurzeln wieder zusammen![22]

[22] Die Ziffern und Buchstaben oberhalb der Wortwurzeln geben wieder die Reihenfolge der für die jeweiligen Wortwurzeln herangezogenen Wörter mit dem Sinngehalt „tragen“ an.

Dentale (hart)	Labiale (hart)	Gutturale (hart)
tl̥- = tlu- = tul-[1] tl̥- = tla- = tal- tl̥- = tle- = tel-[2] tl̥- = tlo- = tol-[3] tl̥- = tli- = til-[a]	pl̥- = plu- = pul- pl̥- = pla- = pal- pl̥- = ple- = pel-[5] pl̥- = plo- = pol-[4] pl̥- = pli- = pil-	cl̥- = clu- = cul- cl̥- = cla- = cal- cl̥- = cle- = cel-[7/b] cl̥- = clo- = col-[6] cl̥- = cli- = cil-
Dentale (weich)	Labiale (weich)	Gutturale (weich)
dl̥- = dlu- = dul- dl̥- = dla- = dal- dl̥- = dle- = del- dl̥- = dlo- = dol-[11] dl̥- = dli- = dil-	bl̥- = blu- = bul- bl̥- = bla- = bal-[d] bl̥- = ble- = bel- bl̥- = blo- = bol-[e] bl̥- = bli- = bil-[12]	gl̥- = glu- = gul- gl̥- = gla- = gal- gl̥- = gle- = gel- gl̥- = glo- = gol- gl̥- = gli- = gil-
Dentale (aspiriert)	Labiale (aspiriert)	Gutturale (aspiriert)
thl̥- = thlu- = thul-[8] thl̥- = thla- = thal- thl̥- = thle- = thel- thl̥- = thlo- = thol-[9] thl̥- = thli- = thil-	phl̥- = phlu- = phul- phl̥- = phla- = phal-[10] phl̥- = phle- = phel- phl̥- = phlo- = phol- phl̥- = phli- = phil-	chl̥- = chlu- = chul- chl̥- = chla- = chal- chl̥- = chle- = chel- chl̥- = chlo- = chol- chl̥- = chli- = chil-

Auch alle diese Wortwurzeln müssten in allen indoeuropäischen Sprachen den Sinngehalt „tragen“, „bringen“ ausdrücken können; was aber – darauf sei wieder hingewiesen – nicht automatisch heißen muss, dass sie in der Praxis der einzelnen Sprachen auch alle formal vorkommen, vorliegen.

Erläuterungen zu den oben herangezogenen Wortwurzeln:

1.) tul-: tul-i (= ich habe getragen); tul-ar (etruskisch) = Grenze, Land als Träger der Menschen; vis-|tul|a = Weichsel, Fluss, über den sich die illyrische Wanderung vollzogen hat (vis-tul-... = Vis-tul- = „Trägerin des Wissens von Norden nach Süden). Der Name der „Weichsel“ ist offenbar stammverwandt mit „weiß", das seinerseits mit „wissen" verwandt ist, wie wir ja auch sagen: jemandem etwas weismachen" = „wissen machen". In diesem Zusammenhang wären auch die Flussnamen der „Weser", „Elbe" (=Alba = weiß), „Werra"(?), „Liger" (Loire), „Matrona" (=Maas) und „Ister" (= Donau) zu untersuchen. Wäre mit der illyrischen Wanderung das „Wissen" von Norden nach Süden gekommen, so wäre die Trägerfunktion aller o.a. Flüsse einleuchtend.

2.) tel-: tel|lus = Erde als Trägerin des Lebens, s. Ara pacis in Rom. „Tel" (hebr.) = Hügel, s. Tel Aviv; Tell (ägypt.), s. Tell El Amarna.

3.) tol-: tol|lere (= emporheben, hochtragen; Zusammenhang mit tul-i hier deutlich, s. auch tol|erare = ertragen); (s. Fr. Bopp, Gloss.).

4.) pol-: πόλις (griech.) = Stadt als Trägerin des Volkes; s. auch <u>Pol.</u>

5.) pel-: Archi|pel, Konstantino|pel.

6.) col-: collis (lat.) = Hügel, hochgehoben, hochgetragen, vgl. Tel (hebr.), Tell (ägypt.); wahrscheinlich liegt auch eine Verwandtschaft zwischen „Berg" und „Burg", über φέρειν und ferre erklärbar, vor.

7.) cel-: cella (lat.), cela (etrusk.) = Zelle als Trägerin des Gottes im Tempel.

8.) thul-: Thule = Name der Insel, die als Trägerin des Wissens früherer Zeiten gilt; mit Atlantis zuweilen gleichgesetzt.

9.) thol-: θόλος, Tholos (Rundtempel als Träger der Gottheit).

10.) phal-: φάλ|λος (griech.) = männliches Glied als Träger der Manneskraft.

11.) dol-: Dol|men, Träger des Toten.

12.) -bil-: z.B. lauda|<u>bil</u>|is = „lobbar" wie im Mittelhochdeutschen „lobe|<u>bär</u>|e", „lobenswert"; wahrscheinlich ist - nebenbei bemerkt in diesem Zusammenhang - das deutsche Suffix „-wert" von φερ- abzuleiten. Vergl. hier auch „vir-"tus, mit „Wer|t".

13.) bul-: Istan|<u>bul</u>; -bul = πόλις = Stadt (s.o.); vgl. auch Ka|<u>bul</u>.

Zu untersuchen sind hier noch:

a.) til-: z.B. Til Châtel, Stadt in Frankreich. Til = Berg; vgl. Tel (hebr.), Tell (ägypt.).

b.) cel-: ex|cel|sior = erhaben; s. caelum.

c.) phil-: φίλος = Freund als „Träger" seines Freundes.
d.) bal-: βάλ-λειν = werfen, tragen; s. „Träger"-rakete.
e.) bol-: bowle (engl.) als Trägerin des Geschöpften.
f.) -gal: Portu|gal = Hafenträger (?); s. auch portus = Hafen, sowie ἐμπόριον und den Namen der spanischen Stadt Ampurias, gr. ἐμπόριον.

Halten wir ein! Was soll dies alles? - Sind wir nicht dazu aufgebrochen, das Wort „Etrusci" zu etymologisieren? - Doch, und genau auf dieser Fährte befinden wir uns auch weiterhin. Denn wir wollen jetzt aus all dem vorher Aufgeführten unsere Konsequenz ziehen für die etymologische Bedeutung des Wortes „Etrusci".

Was also bedeutet denn nun das Wort „Etrusci"? - Antwort: Es setzt sich zusammen aus 3 Bestandteilen:

1.) -tru = Träger (s.o.)
2.) e- = Wissen, Licht (s.u.)
3.) -sci (lediglich Endung)

Dieses „e", das wir hier als „Wissen" deuten, tritt auch, wie wir im weiteren Verlauf unserer Erörterungen sehen werden, auf als:

i-, is-, s-. sa-, vis-, as-, ha- (zu a- weitere Erläuterung später).

Die Wortwurzel des „e-", in dem offenbar eine Verkümmerung (wohl wegen des häufigen Gebrauchs) vorliegt, ist „ Ϝis-", das wir im lateinischen „vid-"ere und im griechischen „εἰδ-"έναι und „ἰδ-"έα (=Ϝιδέα) haben, sowie im deutschen „wis-"sen, auch in deutsch „weiß", und in „weis-"machen (s.o.).

Auf alle hiermit aufgestellten Behauptungen möchten wir hier gleich zu sprechen kommen:
Also zunächst: Die Behauptung, dass das „e-" im Worte „E-"trusker als „Wissen" zu deuten ist, und dass dieses „e-" in den aufgeführten Erscheinungsformen (i-, is-, s-. sa-, vis-, as-, ha-) auftreten kann, stützt sich außer auf die oben dargelegte Erklärung über die Wortwurzel „Ϝis-" = „ισ-", „wissen", „vid-"ere, Ϝειδέναι, ἰδέα, „weiß-", „weis-machen",

auch auf folgende Bemerkungen bekannter Wörterbücher der altgriechischen Sprache wie Benseler und Menge-Güthling zu dem „α-protheticum“ im Zusammenhang mit der Erklärung auch für das „α-copulativum“ oder „α-intensivum“.

Benseler sagt, - wir bringen ihn zuerst, obwohl wir mit seiner Deutung nicht einverstanden sind, und zwar wegen der Vollständigkeit der über den Sachverhalt gemachten Überlegungen -, Benseler sagt also:

> Das „α-protheticum“ oder „α-formativum“ ist „ein rein lautlicher Vorschlag (vgl. frz. établir und provenzalisch establir mit lat. stabilire)“. (Zitat Ende)

Dazu ist zu sagen: „Rein lautlicher Vorschlag“ im Sinne Benselers soll also heißen: „bedeutungslos“, nur aus Gründen der „lautlichen Besserung“, des schönen Klanges, hinzugefügt.

Diese Meinung Benselers kann so nicht stehenbleiben, und Menge-Güthling bringt u.E. den Sachverhalt besser auf den Punkt, indem Menge-Güthling zum sogenannten „α-protheticum“ folgende Bemerkung macht (Zitat):

> „Das α-protheticum ist in den wenigsten Fällen ein prothetischer Vokal oder gar aus Rücksicht auf den Wohllaut gesetzt worden, sondern hat seine Wurzel entweder in ursprünglichen (indogermanischen) Vokalverhältnissen oder in einem Präfix, dessen Deutung unsicher ist.“ (Zitat Ende)

Dieses Präfix, dessen „Deutung“ nach Menge-Güthling „unsicher“ ist, ist in dem Falle „E-trusker“, wo es also um das Präfix „e-“ geht, letztlich ein verkümmertes ϝειδ-, das unter Ausfall des ϝ- (im Griechischen) zunächst εἰδ- wurde, welches dieselbe Wurzel wie lat. „vid-“ere hat, (wo der aspirierte Labial „v-“ noch erhalten ist), eine Wurzel, die über ϝειδ- auch in „ἰδ-“έα vorliegt und in deutsch „wis-“sen (wo der asprierte Labial „w-“ ebenfalls noch erhalten ist.) (s.o.).

Die Verkümmerung des „(ϝ)ειδ-“ in „e-“ mag durch den häufigen Gebrauch des Wortes eingetreten sein. Das „δ“ von ειδ- fiel weg wegen des „-t“ von „-tru“ (Dissimilation).

Wir sagen also: in allen oben angeführten Präfixen liegt die Bedeutung „Wissen“ zugrunde, und wollen diese Behauptung anhand folgender Wortbeispiele begründen:

Für das „i-“ (am Anfang des Wortes) im Sinne „wissen“ haben wir als Beispiele: Die Begriffe: „I-ber-er“ und „I-tal-er“, Begriffe, die beide dasselbe wie „Etrusker“, sc. „Wissensträger“, bedeuten; „I-sis“ (ägypt.) (s.u., S. 88)

Für das „is-“ haben wir als Beispiel den Begriff: „Isch-“tar (babyl.) und „Is-krá“ (russisch: der Funke), sowie mag-is-ter.

Für das „s-“ haben wir als Beispiele die Begriffe „s-“tel-la = Stern = Lichtträger, d.h.: Licht = Wissen, wobei der metaphorische Weg von „Licht“ zu „Wissen“ kein allzu weiter ist (s. dazu „Illuminaten“, worin „lumen“ = „Licht“ dasselbe bedeutet wie „Wissen“.); als Beispiel haben wir auch das deutsche Wort „S-ter-n“, für dessen Deutung als „Lichtträger“ etc. dasselbe gilt wie für lat. „stella“.

Für das „si-“ haben wir als Beispiel das lat. si-deris (Gen. von sidus = Stern).

Für das „sa-“ haben wir als Beispiel das lat. „sá-“pere und ital. „sa-“pére, das griech. σαφής (σοφός)

Für das „vid-“ haben wir als Beispiel das lat. Wort „vid-“ere, das griech. Wort (Ϝ)ειδ|έναι, ἰδ|έα.

Für das „as-“ haben wir als Beispiel das phönizische Wort „Asch-“toret (= Venus, Stern des Lichts); as-trum (ἀσ-τήρ)

Für das „ha-“ haben wir als Beispiel das ägyptische Wort „Ha-“thor.

Für das „vis-“ haben wir als Beispiele das deutsche Wort „wis-“sen und deutsch „weiß“.

Für das „a-“ (oben nicht aufgeführt, weil bei „a-“ zwei verschiedene Bedeutungen anstehen, sc. 1. „Licht“ und 2. „Alles“, wie im Namen „A-tla-s“, s.u.) haben wir das lat. Wort a-trium = Lichthof.

Ich möchte schon hier darauf aufmerksam machen, dass ich für das „A-“ im Wortanlaut „A-tlas“ später wieder auf die Bemerkungen Menge-Güthlings und Benselers zum „α-copulativum“ = „α-intensivum“ zurückkommen werde (S. 115-117)

Was die oben an Beispielen exemplifizierte Liste der Präfixe betrifft, so scheint mir eindeutig bewiesen zu sein, dass allen diesen „Präfixen“ nicht nur ein „lautlicher Wohlklang“ zugrunde liegt, sondern dass in allen die Bedeutung „Wissen“ (= „Licht“) enthalten ist, Präfixe, deren Deutung auch für Menge-Güthling „unsicher“ ist.

Doch kommen wir jetzt endlich zu einer fassbaren Deutung und Übersetzung des Wortes „Etrusker“.
Das Wort „Etrusker“ bedeutet also m.E. nichts anderes als:

„Wissensträger“, in dem Sinne:

„Träger eines Wissens aus der prähistorischen Zeit“,

wie ja auch die „Sprache der Etrusker“ offenbar prähistorische Elemente in sich birgt, ebenso das „Wissen der Etrusker“ um religiöse Riten, um Eingeweide-, Leber- und Vogelschau, um Blitzerklärung uns die Etrusker so mysteriös erscheinen lässt (μυσ|τήρ = „Geheimnisträger“) (s. ab S. 88ff. die weitere Begründung der Deutung „Wissensträger“).
Doch zur weiteren Begründung der Deutung des prothetischen „e-“ als „Wissen“ (=„Licht“), wollen wir zunächst auf das hinweisen, was Staccioli, „Il mistero...“, S. 117ff., an sprachlichem Material aus dem Etruskischen (auf mühevollem Wege) entdeckt und zusammengestellt hat.
Da gibt es das etruskische Wort

„e-tr“ (= „eθr-“),

das nach Staccioli ein Wort ist für „azioni sacri“, „heilige Handlungen“.
Zerlegen wir zunächst einmal „sacer“ (= heilig) in seine Bestandteile, so haben wir

„sa-cer“

und diese beiden lateinischen Elemente (sa- und -cer) besagen das gleiche wie das etruskische

„e-tr“.

Also: sa-cer = e-tr.
Meines Erachtens handelt es sich letztlich um das gleiche Wort.
Wir müssen nun aber noch sagen, was „sa-cer“ und „e-tr“ vom Ursprung her bedeuten. Dazu folgendes:

1.) sa-, verwandt mit lat. sa-pientia, sowie vorkommend in griech. σα|φής (σο|φός), heißt nichts anderes als „Wissen"; vgl. dazu lat. sápere, ital. sapére = sa + φέρειν (σα-φής), (frz.): sa-voir etc. (s.o.)

2.) -cer = „Träger"; s. dazu unsere oben aufgeführten Wortwurzelschemata!

Also heißt „sacer" (=„etr") nichts anderes als „Wissensträger" im o.a. Sinne, das heißt eben: „heilig"; denn alles, was ein wichtiges Wissen aus Urzeiten weiterträgt, ist „heilig" (eine Definition des Begriffes „heilig").

Da gibt es neben dem abstrakten Wort „etr" im Etruskischen auch das viel plastischere Wort „aθr". „Aθr" = „a-θr" = atrio = Atrium im Lateinischen. Dieses von den Römern aus dem Etruskischen übernommene Wort „Atrium" ist in dem römischen Hause nichts anderes als der „Lichthof", d.h. der „Lichtträger" des Hauses, da es ja nach außen im römischen Hause keine Fenster gab (s. Pompeji). Der metaphorische Weg von dem plastisch konkreten Wort „Licht" zu dem geistig abstrakten Wort „Wissen" ist nicht weit (vgl. Illuminaten; lumen = Licht, Wissen).

<u>Fassen wir zusammen:</u>

Es dürfte mit den obigen Überlegungen bewiesen sein, dass das Etruskische sprachlich indoeuropäische Elemente in sich birgt. Denn das lateinische Wort „Etrusci" entspricht gedanklich und sprachlich dem etruskischen Wort „etr" und es entspricht, sprachlich vergleichbar, auch wortstrukturell dem etruskischen Wort „aθr".

Es dürfte damit auch eine zweite Erkenntnis vorliegen, nämlich dass das „E-" des Wortes „Etrusker" die Bedeutung „Wissen" hat.

Was nun diese von uns erschlossene Bedeutung „Etrusci" = „Träger des Wissens" betrifft, so soll diese These durch folgende Überlegungen noch weiter untermauert werden, womit natürlich wiederum selbstredend der Beweis verbunden sein dürfte, dass das Etruskische gleiche Elemente wie die jeweils herangezogenen (meist indoeuropäischen) Sprachen aufweist, also gar nicht so isoliert dasteht, wie man es von vorneherein annehmen könnte.

Ich darf nach den Überlegungen, die zu den obigen Wortwurzelschemata führten, davon ausgehen, dass das Wort „Etrusker" in der Bedeutung „Wissensträger" als bewiesen gilt. Ich darf jetzt weiterhin davon ausgehen, dass auch das Wort „Italer" dasselbe bedeutet, wie „Etrusker" = „Wissensträger" (zu dem prothetischen i- in I-taler, siehe oben: die 8 Erscheinungsformen des Präfixes mit der Bedeutung „Wissen"). Ich darf weiterhin davon ausgehen, dass auch das Wort „Iberer" dasselbe bedeutet wie „Etrusker" und auch das Wort „Hebräer" dasselbe bedeutet wie „Etrusker" (s.u.).
Es entsprechen sich also in ihrem sprachlichen Aufbau, wortstrukturell, die Wörter

E-tru-sci
I-ber-er
I-tal-er
He-brä-er (I-vr-im) (s.u.)

Und sowohl E- wie I- wie (H)e- haben jeweils die Bedeutung „Wissen" (s. Liste der Präfixe s.o.) als auch -tru-, -ber-, -tal-, -brä- jeweils (entsprechend den oben S.72-81 entwickelten Wortwurzelschemata) die Bedeutung „Träger"; sie bedeuten also alle 4: „Wissensträger".

Zu untermauern wären diese Überlegungen auch damit, dass die Worte „S-tern", „s-tella", étoile, estrella, astrum, ἄστρον, ἀστήρ, star, setere (patagonisch: Stern), ostirala (baskisch), ostara (germanisch), iskrá (russisch: der Funke), dass weiterhin Tur|an (etrusk.), As|tarte (phönizsch- syrisch), Isch|-tar (babylonisch), Asch|toret (hebr.) und Ha|thor (ägypt.), dass diese Worte alle im Grunde das Gleiche bedeuten, sc. „Träger des Wissens (=des „Lichts")". (s. „Wissen" = „Licht" im Wort „Illuminaten").
Und dass der „Stern" ein „Träger des Lichts" ist, wird man wohl nicht bezweifeln, und dass Turan, Astarte, Ischtar, Aschtoret und Hathor, alle mit Venus identifiziert, den Inbegriff eines Sterns überhaupt darstellen, wird man wohl auch nicht bezweifeln (für die Bedeutung der in den angeführten Namen vorliegenden Wortwurzeln -ter-, -tel-, -tre-, -toil-, -

τρο-, -τηρ-, -τρ-, -tru-, -tar-, -tur-, und -kra = „tragen“ s. wieder die oben herausgearbeiteten Wortwurzelschemata (S. 72-81).[23]
Das aber nun heißt, so ist zu folgern: Die Begriffe „Italer“, „Iberer“, „Etrusker“, „Hebräer“ etc. sind gar keine Namen im eigentlichen Sinne (die Etrusker selbst nannten sich ja auch gar nicht „Etrusker“, sondern „Rasena“), sondern es sind Ausdrücke, funktionale Bezeichnungen für Volksgruppen, Menschen, die alle als „Träger des Wissens von Dingen aus prähistorischer Zeit“ gelten. Die identische Bedeutung der 3 Wortwurzeln „-tru-“, „-tal-“, „-ber-“ (= „-brä-“) in den Begriffen „Etrusker“, „Italer“, „Iberer“, „Hebräer“ haben wir in den obigen Wortwurzelschemata (S.72ff.) dargelegt.
In diesem Zusammenhang ist darauf hinzuweisen, dass, sofern sie nicht oben schon herangezogen wurden, zur Untersuchung ihrer etymologischen Bedeutung herangezogen werden sollten…

1.) <u>alle „Namen“ von Völkern, Volksstämmen und Volksgruppen, wie:</u>
Kel|ten (= Gal|lier), Bri|tannier (Bre|tonen), Hispa(r)nier, Al|ger|ier, Syr|er, Dor|er, Tuar|egs (tar|gi), Tur|detanen, Ai|tol|er, Si|bir|ier, Lusitanier (← Lusi|tal|ier) [Dissimilation], Kar|elier, Aus|tri|er, Alemannen (← A|tla|mannen), Elsässer (← Alt-sässer), Basken (← Bar|sken), (die baskische Flagge heißt: Is|kor|ina, das Baskenland: Eus|kal|eria); Thür|inger, Turkestaner, Türken, Kurden, Ta(r)taren, Cherusker, Ligurer;

[23] Auch das Wort „Stier“ (= S-tier) ist u.E. letztlich zu deuten als „Träger des Lichts“, in diesem Falle natürlich des Mondlichtes, trägt der Stier doch als Stirnschmuck die Mondsichel: ☽. Die Mondreligion, die immer noch dunkle Religion des Hiats, wurde durch die Sonnenreligion überwunden. Liegt darin - heute vielleicht unbewusst - der historische Kern der mediterranen Stierkämpfe? - Vergleichen Sie auch die gewaltige Hochschätzung des Stieres in den frühen Religionsformen des mediterranen Raums und des Nahen Ostens. - In diesem Zusammenhang ist auch die Etymologie, die A. Walde (a.a.O., S.805: „Italia“) von „Italia“ gibt, als verwandt mit „vi|tel|lus = Kalb, welche Etymologisierung ein römischer Schriftsteller auch anwendet bei dem Namen eines sehr alten italienischen Stammes. (vi-tel-). - Zu erwähnen ist hier auch, dass Maria als „Mutter Gottes“, des Gottes des Kreuzes, als „Stella Maris“ (=Meerstern) symbolisch auf der Mondsichel stehend, dargestellt wird (z.B. in Mantua, aber auch passim) als Mondsichel-Madonna, dem u.E. eine symbolische Deutung für die Überwindung der Mondreligion zugrundeliegt. Diana trägt die Mondsichel noch auf der Stirn.

2.) <u>alle Städtenamen</u> (zu beachten, dass sich viele um das Mittelmeer herum gruppieren): Astura, Asteria (= Delos), Agram, Agra (indisch), Troja, Troyes, Tyros, Tartessos, Tarquimia, Tarent (= Taras), Tarsos, Tarascon, Teheran, Kairo (Al Qahira), Karnak (ägypt.), Carnac (breton.), Karthago, Karatschi, Kertsch, Khartum, Kerkyra, Katár (pakist.), Krein (= Cerniola), Karie (Athos), Carrara, Carcasonne, Cortona, Corduba, Tarragona, Tiryus, Turin, Zürich (= Theria), Chur, Winterthur, Tours, Tournus, Tournon, Tournai, Delos, Delphi, Neu Delhi, Paris (= Pher- + Isis), Sparta, Styra (Griechenland), Trapezunt, Tusku (finnisch), Cherbourg, Belgrad, Nowgorod, Barcelona, Bari, Barletta, Saragossa (wobei Sar- eine Verballhornung von „Caesar" ist, der Name „Caesar" aber wurzelverwandt mit car = Träger ist; s. auch Caesar als Abkömmling von Venus = Astarte; s. Vergil VI), Eboracum (York), Eboli; Thule, Tollan, Tula (Städte in Mexiko), Tulum (Mexiko), Caere.

3.) <u>Bezeichnungen für Herrscher:</u> Caesar = Καῖσαρ, Kaiser, Zar, Schah, Khan etc.

4.) <u>Geographische Begriffe:</u> Vistula (=Weichsel, entstanden aus: Ϝis-tul-a = „Trägerin des Wissens" nach Süden; Urstromtal. Hier ist an die Trägerfunktion des Flusses Weichsel bei der illyrischen Wanderung zu denken. - Dann ist der Weg der Wanderung weitergegangen über die Is|ter (= Donau), vgl. auch Isar, S|tir|ia (Steiermark), Tir|ol, Is|tri|en, Is|tres (Stadt in Südfrankreich). Vgl. dazu auch den Namen der Flüsse: Weser, Elbe (= Alba = weiß), Li|ger (Loire), Ma|tro|na (= Maas); „Albion" (= England) und den Begriff „<u>Weißes</u> Meer". Weitere Begriffe: Tel (hebr.), Til (franz.), Tell (ägypt.), Berg, Burg (→ Burgunder), Atlas-Gebirge; Thür|ingen, As|tur|ien, Karakorum (Gebirge), Thera (= Santorin), Korsika, Sardinien, Kyrenaika, Tra|sim. See; (zu Sardinien vgl. den Tanz) „Sardana", (für Tarent) die „Tarantella"; Burgund (← Bornholm), Ebro (← Iberer).

5.) <u>allgemeine Bezeichnungen:</u> κύριος (= Herr), τύραννος (=Tyrann, Herrscher), Thor (germ.).

6.) Namen von Tieren: S|tie|r, A|dl|er, Dra|che, Löwe (Leu = Licht), Vi|per.

7.) religiöse und magische Begriffe: Tal|mud, Thor|a, Kor|an, Kar|ma(n), Tal|is|man, Scha|mane, Tiar|a, Dra|wid|e etc.

8.) Begriffe, die das Gleiche bedeuten: Haus, ca|sa, ca', ker, Tru|lli, Bor|ies, Jur|te, Kra|l.

9.) berühmte Namen: I|bri, A|bra|ham (= I|bra|him), Zoro|as|ter, Caesar (s.o.), A|ttil|a (Etzel), König Ar|thur, Hamil|kar Bar|kas, Tur|ms (etrusc.; = Her|mes ← Ther|mes = Mer|kur), Herkules (← Ther|kules?), Horus (← Thorus?) Mi|thra|s, Cyr|os (= κύριος), Thor (germ.)

10.) Begriffe wie: Adel, edel, Krone, corona etc.

Wie weit diese o.a. Begriffe, die nicht alle schon verifiziert sind, die also nur einen Anstoß zu ihrer etymologischen Untersuchung geben sollen, auch auf den mittelamerikanischen Raum auszudehnen sind, s. später.
Auf jeden Fall scheinen mir in Namen wie Popocatep|e|tl, Quetzaco|a|tl, Tol|teken letztlich dieselbe Wortwurzel vorzuliegen wie in hebr. „tel“, lat. „tol-“, franz. „til“, Tul|a, Tul|um (=Städte in Mexiko).[24]
Die Herausarbeitung, dass „Iberer“, „Italer“, „Etrusker“, „Hebräer“, dass alle diese Begriffe eigentlich keine Namen sind, sondern alle lediglich die Bedeutung „Wissensträger“ haben, „Träger des Wissens von Dingen aus der prähistorischen Zeit“, führte uns zu der weiteren Frage:

> Wo ist denn nun die Heimat des „vorgeschichtlichen Wissens“ anzusetzen?

---

[24] Hier ist daran zu erinnern, dass diese Zeilen, Worte und Namen, schon vor der eingehenden Beschäftigung mit „Atlantis“ geschrieben wurden und darum später, bei der eingehenden Beschäftigung mit „Atlantis“, wieder auftauchen.

Hierzu müssen wir auf einen Bericht zurückgreifen, den Plato aufgrund der Überlieferung altägyptischer Priester in Saïs auf dem Wege über Solon u.s.w. vermittelt wurde und den Plato in seinen Dialogen Timaios und Kritias dargestellt hat. Doch deuten wir gleich schon einmal an, was u.E. gilt; nämlich:

Die Heimat des vorgeschichtlichen Wissens ist: Atlantis.

Und dass wir berechtigt sind, das Wort „Atlantis" und den Namen ihrer Bewohner, sc. „Atlanter", nach allen obigen Überlegungen (s.o., die herausgearbeiteten Wortwurzelschemata [S.72-81]) den Namen Iberer, Italer, Etrusker, Hebräer linguistisch-wortstrukturell an die Seite zu stellen, dürfte wohl nicht bezweifelt werden.[25]

---

[25] Was die Etymologie des Wortes „Hebräer" betrifft, sei hier folgende Anmerkung angebracht: Der Name „Habirou" wird in El-Amarna schon 2 oder 3 Jahrhunderte vor dem ersten Vorkommen des Namens „Israels" (1219 v. Chr.) auf einer Stele in Merneptah angewandt, und auch der Name „Hapirou" ist bezeugt im Ägypten des 16. und 15. Jahrhunderts v. Chr. Der Name „Hebräer" wird Abraham (Ibrahim), in der Bibel schriftlich dokumentiert, 1000 vor unserer Zeitrechnung gegeben. Abraham (Ibrahim), als erster also Hebräer genannt, war ein Abkömmling von Sem, dieser seinerseits ein Sohn Noahs. Die 3. Generation nach Sem trägt dann das Patronym „Eber" (so auch Luther in seiner Bibelübersetzung).
Ferner wird der Ausdruck „Hebräer" zuweilen abgeleitet von Apiron (Hapiron), gedeutet als „Plündernder Nomade". Die ersten Übersetzer der Bibel (2. Jh. v. Chr.) leiten das Wort „Hebräer" von der hebräischen Wurzel „ABER" ab, was im Griechischen „pératés" bedeutet, also: „die von sonstwo kommen". Die in dem von den Ägyptern eroberten Kanaan für die Ägypter Frondienst leistenden Hebräer wurden von diesen APERU (oder Schapirou) genannt, wohl als identisch zu betrachten mit APIROU.
Die Hebräer wandten auf sich selbst den Namen „IVRIM" an.
Folgende Zusammenstellung dürfte im Hinblick auf und gemäß der von uns dargestellten Wortwurzelschemata (S. 72ff.) klarmachen, dass eine Übersetzung des Wortes „Hebräer" genau wie im Falle des Wortes „Iberer", „Italer", „Etrusker" mit „Wissensträger" berechtigt ist.

He	-	brä	-	er
Ha	-	bir	-	u
Ha	-	pir	-	u
E	-	ber		
A	-	pir	-	ou
A	-	ber	-	
A	-	per	-	u
I	-	vr	-	im

He-, Ha-, E-, A-, I- bedeuten jeweils „Wissen", -brä-. -bir-, -pir-, -ber-, -per-, -vr- bedeuten jeweils „tragen". (s. f. Seite: Fortsetzung).

Wir stellen also folgende sprachwissenschaftliche wortstrukturelle Parallelität auf:

A	-	tla	-	nter
E	-	tru	-	sker
I	-	ber	-	er
I	-	tal	-	er
He	-	brä	-	er

Alle diese Stämme, Volksgruppen und weitere, wie wir später noch feststellen werden, „tragen" das „Wissen" von prähistorischen Dingen, d.h. über Atlantis, weiter, sind also alle „Wissensträger eines Wissens aus prähistorischen Zeiten".[26]

Mit A-, E-, I-, I-, He- liegt die Bedeutung „Wissen" vor, mit -tla-, -tru-, -ber-, -tal- und -brä- liegt der Gedanke des „Tragens" vor. (s.o.)[27]

Inwiefern der „vorgeschichtliche Licht- und Wissensträger" von bestimmten Zeitströmungen im Laufe der Geschichte als lästig, ja sogar als „böses Wesen" betrachtet und empfunden und deshalb abgelehnt wurde, sehen wir darin, dass ...

1.) der Titan Prometheus, u.E. zu etymologisieren mit „Pro-" = φερ und „-meth" = „mens" (s. auch „Metis", griech. „Klugheit", Tochter des Okeanos und der Thetys.), also „Verstandes-", „Feuer-", „Licht-"bringer, Aufklärer der Menschen, also „Wissensträger", „Wissensbringer" und

---

Und dass wir diese sprachliche Erkenntnis (s.o.) durch die Hebräer bestätigt finden mit folgender Anmerkung, die auf die Hebräer selbst als Zeugen zurückgeht, macht uns in unserer Erkenntnis: „Hebräer" = „Wissensträger" vollends sicher.

Die Anmerkung lautet: Der von den Hebräern auf sich selbst angewandte Name „IVRIM" ist zu übersetzen als:

1.) Wanderer und (vor allem auch)

2.) Überbringer des Wissens aus früheren Zeiten, bei den Hebräern in erster Linie gedacht als Übermittler, d.h. „Wissensträger" des Gedankens an den „einen, einzigen Gott".

Damit dürfte die Deutung „Hebräer" = „Wissensträger" bestätigt sein.

[26] Wir verweisen in diesem Zusammenhang auf unsere Bemerkung über die „Cromagnons", die wir auf S.63ff. angebracht haben.

[27] Nach späterer Erkenntnis ist das „A-" des Wortes „Atlanter" zwar sprachlich strukturell parallel zu setzen dem E-, I-, I- und He-, aber gedanklich setzt es sich von diesen insofern ab, als es nicht nur „Wissen" bedeutet, sondern letztlich die Bedeutung „Alles" hat, wie wir später feststellen werden. (S.114-118)

nicht wie die bisherige Etymologisierung es deuten zu müssen pflegte: Prometheus = Vordenker, Epimetheus = Nachdenker (Man muss hierbei bedenken, dass das „Pro-" des Namens Prometheus nichts mit lat. „pro" = „vor" zu tun hat, sondern auf ein griechisches Wort zurückgeht, das mit φέρειν verwandt ist), Prometheus also, der Bruder des Atlas, wegen des „Raubes des Feuers, des Lichtes der Menschheit aus dem Himmel" schwer bestraft wurde. (Die Etrusker z.B. benennen „Prometheus" mit dem Namen „Pru-maθ".)

2.) Atlas (A-tla-s) selbst mit dem Tragen des Himmelsgewölbes bestraft wurde (welche Strafe allerdings später in eine „ehrenvolle Aufgabe" umgewandelt wurde [s. aber auch die neue Erkenntnis über Atlas I und II, S.344ff.])

3.) der Mensch, als er vom „Baume der Erkenntnis", d.h. des „Wissens" gegessen hatte, schuldig geworden war und das Paradies verlassen musste (Adam und Eva)

4.) Ikarus (I-car-us) allein schon dafür bestraft wurde, dass er der Sonne, dem Lichte, zu nahe gekommen war,

5.) Zeus Porphyrios (s. Pergamon-Altar in Berlin), den „Lichtträger", was sein Name besagt, bestraft, und schließlich, last not least,

6.) Luci-fer, der „Lichtträger" mit dem Teufel, dem Satan (Sa-tan) identifiziert und bestraft wurde.[28]

Der „Lichtträger", d.h. der „Träger des Wissens einer früheren Zeit" brachte eben die Gefahr mit sich, die „Lehre", das „Dogma" der jeweils gegenwärtig bedrohten Epoche zu „verwirren", weil er vielleicht Anderes, Besseres „wusste" als die offizielle dogmatische Lehre jeweils besagt. Er, der „Lichtträger" im o.a. Sinne, konnte ein großes Durcheinander, eine turbatio, eine ταραχή, anrichten, eine Ver-"wirr"-ung (welche Wortwurzeln, sc. tur-, wirr- [= phir-] sich auch unter den oben von uns zusammengestellten befinden; s. auch deutsch: „Wirren", frz.: la guerre, engl.: war, ital.: guerra.) Der „Lichtträger" im o.a. Sinne

[28] Auf solche Vorstellungen gehen auch die Vorstellung des „Drachentöters" Georg und Michael zurück, sowie die in vielen Regionen sich vollziehenden „Drachen"-umzüge wie „La Vivre" in Frankreich, „Tarasque" in Frankreich etc. (s.u.).

war eben ein „Verwirrer", der alles „durcheinanderwirft", ein διάβολος, ein Teufel.[29]
Deshalb musste er zu Fall gebracht werden (vgl. Galilei und G. Bruno, beide wegen ihres „Wissens" zu Ketzern gemacht).
In gewisser Hinsicht müssen die Etrusker für die Römer auch „Verwirrer" gewesen sein, und wenn nicht alles täuscht, ist von den Römern aus diesem Grunde eine sog. „damnatio memoriae" an den Etruskern vollzogen worden; denn wie sollte man es sich erklären, dass außer den „funerischen" und „rituellen" Inschriften der Etrusker nicht eine einzige Inschrift oder Bilingue (lateinisch-etruskisch) mit administrativen oder sozialen Texten etc. bislang gefunden wurde, und dies trotz der jahrhundertelangen Verflechtung zwischen Römern und Etruskern auf allen Gebieten? Auch Kaiser Claudius' vielbändiges Werk ist vollkommen untergegangen. - Oder sah gar das Christentum in den Etruskern den bösen Feind?
Es könnte aber auch sein, dass das Wort „Etrusci" - für die Römer schon gar nicht mehr bewusst - den Sinngehalt der von uns vorgeschlagenen Etymologie hatte, und dass es nur noch als ein verworrenes Schimpfwort empfunden wurde, so ein bisschen in dem Sinne, wie man einmal zu bestimmten Zeiten verächtlich von der „Intelligenz" sprach. Man denke nur daran, wie verachtet, ja verhasst, der Begriff „rex" den Römern war, nachdem sie mit Tarquinius Superbus den letzten König, den „stolzen Tarquinier", einen Etrusker, vom Throne gestoßen hatten. Der Begriff „rex" wurde überhaupt nur noch für den „Pontifex maximus" als Ausüber bestimmter Rituale gebraucht.
Würden die Etrusker damit ganz aus dem Rahmen der von uns bislang über die Sumerer, Ägypter, Griechen gewonnen kulturellen Erkenntnisse herausfallen? - Es sieht nur so aus; denn außer in den Etruskern haben wir, wie oben gezeigt, auch in anderen Volksgruppen (Italer, Iberer, Hebräer, etc.), was bislang nur noch nicht deutlich herausgestellt wurde, „Wissensträger" erkannt, und ihre jeweilige Geschichte mag aufzeigen, welches Schicksal sie jeweils zu erleiden hatten, wie z.B. das

---

[29] Wer würde heute noch hinter der Endsilbe des deutschen Wortes Teu-fel das griechische „-βολ-" vermuten, abzuleiten von βάλλειν = werfen, διαβάλλειν also „durcheinanderwerfen", „verwirren"?

„auserwählte Volk“. Es war oftmals in der Geschichte der Fall, dass „altes Wissen“ als lästig empfunden wurde, dann verächtlich gemacht wurde, dann verteufelt wurde, und dann auf diesem Wege beseitigt wurde.

Fassen wir zusammen:

Alle die Bezeichnungen der oben genannten Volksgruppen, von den Etruskern angefangen, über Iberer, Italer, Hebräer etc., wie wir feststellten, sind also Synonyme mit dem Sinngehalt „Träger des vorgeschichtlichen Wissens“, d.h. es sind dies gar keine „Namen“ dieser Volksgruppen, sondern diese Volksgruppen, Stämme, waren alle „Träger des Wissens der Vorzeit“, und insofern waren sie alle untereinander „verwandt“, hatten sie alle den selben geistigen Ursprung; ihr „Familienname“ war sozusagen „Träger des Wissens aus der Zeit der Hochblüte von Atlantis“, ihr „Familienname“ war: „Atlanter“.
Insofern ist es auch nicht verwunderlich, dass Staccioli für die etruskische Sprache Anklänge in dem gesamten Substrat des mediterranen Raumes vorfindet, eben überall da, wo, wie wir meinen, die Atlanter (Crômagnons) schon vor der Katastrophe von Atlantis gelandet waren und sich niedergelassen hatten; lediglich hatte sich also der ursprüngliche „Familienname“, sc. „Atlanter“, je nach Gegend, wo die einzelnen Volksgruppen ansässig wurden, sprachlich verschieden gestaltet, wobei die Begriffe „I-tal-er“ und „A-tla-nter“ sprachlich noch am ähnlichsten sind. Vorauszusetzen wäre damit also eine ursprüngliche Monogenese der Sprache des gesamten Mittelmeerraumes, deren Mutter also die Sprache von Atlantis war (s. auch A. Wadler, Der Sturm zu Babel, Wiesbaden 1935).

Uns ist klar, dass diese These in ihrer Gesamtheit auf dem manchmal noch in seinem Wahrheitsgehalt angezweifelten Bericht altägyptischer Priester über Atlantis und dessen Untergang beruht, von dem Plato in

seinen Dialogen Timaios und Kritias berichtet.[30] Bislang aber hat noch niemand Beweise gegen die Wahrheit dieses Berichtes vorgebracht. (s. Plato, Timaios 25a: μέχρι Τυρρηνίας = bis nach Tyrrhenien).
Und dass es gerade Priester waren, die über Atlantis berichteten, lässt uns daran denken, dass, wie ja bei den Etruskern selbst (s. Stacciolo, Il mistero, S. 86) es Priester waren, die das Wissen vermittelten, wie es in christlicher Zeit die Mönche (s. Cluny, „le phare de l'Occident", d.h. der „Leuchtturm des Westens") und Priester waren und sind, dass es auch heute noch Priester oder priesterähnliche Personen sind, die dem Volke das Wissen vermitteln - und gerade bei dieser Überlegung stoßen wir auf sprachwissenschaftliche Erscheinungen und Erkenntnisse, die alles Obengesagte über „Wissensträger" voll und ganz untermauern.

So sind bei den Kelten die „Druiden" nach sprachwissenschaftlicher Erkenntnis die „Wissensträger". Das Wort „Druide" besteht aus folgenden 3 Bestandteilen:

1.) dru- = Träger (s.o., Schemata) und
2.) -id = Ϝid- = vid- = Wissen (Ϝειδέναι)
3.) -e = Endung

(In diesem Zusammenhang möchte der Autor hinweisen auch auf einen wortstrukturell genau parallelen Begriff wie „Dra-wid-e".)
Bei Ϝid- ist das Ϝ- natürlich (ähnlich wie im Griechischen) weggefallen. Die Plinius d.Ä. zugeschriebene Etymologie: „Druide" mit δρύς = „Eiche" ist fallenzulassen (s.u., S.134ff.).
So bei den Indern: das Wort „Brah-mane" besteht aus 3 Bestandteilen:

1.) Bra(h)- = Träger (s.o., Schemata) und
2.) -man- = verwandt mit „mens" = Geist, Verstand, Wissen (s. Veda; auch der Begriff „Ger-mane" ist zu deuten als „Wissensträger", s.u., nicht als „Lanzenträger")
3.) -e = Endung

„Brah-man-e" heißt von Hause aus also „Wissensträger".

---

[30] Zu beachten ist hier wieder, dass diese Zeilen lange vor der schlussendlichen Erkenntnis über Atlantis geschrieben wurden (s.u.).

Ob der Fluss „Brahmaputra“ eine ähnliche Bedeutung hatte, wie die von uns für die „Vis-tula“ (=Weichsel) herausgearbeitete?

So bei den Hebräern das Wort „Phar-is-äer“:

1.) Phar- = Träger

2.) -is- = Wissen (-äer = Endung)

So in Tibet das Wort „Tulcu“:

1.) Tul- = Träger

2.) -cu = ?, Wissen (?)

Der Dalai Lhama gilt als der größte Tulcu.

So bei den Persern: das Wort „Der-wisch“ besteht aus den Bestandteilen:

1.) Der- = Träger (s.o., Schemata) und

2.) -wisch = „Wissen“

Schließlich das deutsche Wort „Priester“ selbst: Es leitet sich u.E. nicht von griech. πρεσβύτερος ab, sondern enthält die folgenden 3 Bestandteile:

1.) Pr̥- = Träger

2.) -i[e]s- = Wissen

3.) -ter = Träger (?) oder nur Endung (?)

Wäre der Sinngehalt „Träger“ durch „ -ter“ ein zweites Mal (also in „pr̥-“ und in „-ter“) ausgedrückt, täte das keinen Abbruch, da dies auch für andere Fälle sprachlich belegt ist.

Gerade bei dem Wort „Priester“ denke ich vergleichsweise (!) an ein etruskisches Wort, sc.:

„macstrna“ = magister = Meister[31],

[31] Zu der Deutung der „historischen“ Gestalt des „Macstrna“ in dem halblegendären „Zyklus“ der Abenteuer der Brüder Caelius (oder Caele) und Aulus Vibenna (etruskisch: „Caile“ und „Aule Vipina“) sowie von Mastarna oder Maxtarna (etruskisch: „Macstrna“), die in den Malereien der Tomba François von Vulci dargestellt sind und in deren Verlauf die Brüder Caelius und Aulus Vibenna sich am Stradtrand von Rom auf dem nach Caelius benannten Hügel „Caelius“ niederließen, in deren Verlauf dann nach dem Tode des Caelius Vibenna die Herrschaft über Rom auf Aulus Vibenna überging und danach den Quellen des Kaisers Claudius zufolge (s. Ansprache des Kaisers

wobei „macstrna“ in folgende 4 Bestandteile zu zerlegen ist:

1.) mac- = (groß?) = mag- = Vorsilbe

2.) -s- = Wissen = -is-

3.) -tr̥- = Träger = -ter

4.) -na = lediglich Endung

Danach würde „macstrna“ also bedeuten: „Träger großen Wissens“ = „Meister,“ welches deutsche Wort offenbar dieselbe Struktur wie „macstr-na“ aufweist. „Mac-“ = „mag-“ in „magister“ weist darauf hin, dass dieses „mac-“ = „mag-“ höchstwahrscheinlich etwas mit „mag-nus“ zu tun hat, gibt es doch auch das Gegenteil, den „min-ister“.
Der Bestandteil -is- im lateinischen Wort „magister“ bedeutet natürlich, wie das „-s-“ im etruskischen Wort „macstrna“: „Wissen“; der Bestandteil „ -ter“ im lat . Wort bedeutet wie das etruskische „ -tr̥-“ (Schwundstufe) = „Träger“. Schließlich: Das lateinische Wort weist kein Suffix auf wie das etrusk. „-na“. Die Endung „-na“ erinnert allerdings an den Ausgang des lat. Wortes mag-“nus“.

Folgende Bemerkung sollte nach den obigen Überlegungen angebracht werden. Wenn wir oben herausgearbeitet haben (S.88), dass die Begriffe „Iberer“, „Etrusker“, „Italer“, „Hebräer“ etc. „Wissensträger“ bedeuten, so ist damit nicht gemeint, „alle“ Iberer etc. waren Wissensträger, sondern offenbar war nur eine Elite dieser Volksgruppen „wahre Wissensträger“, was ja auch aus Druide, Brahmane, Pharisäer, Tulku, Derwisch, Priester, Macstrna als Elitegestalten hervorgeht.

An dieser Stelle möchten wir noch einmal darauf hinweisen und betonen, dass nach allen obigen Überlegungen und Erkenntnissen es bewiesen sein dürfte, dass das <u>Etruskische eine Sprache ist, die sehr viel Indoeuropäisches in sich birgt</u>, man muss es nur sehen. - Dies zu

---

Claudius an den Senat, festgehalten auf den Tafeln von Lyon; CIL XIII, 1668) auf Mastarna, d.h. Kaiser Claudius zufolge auf den König Servius Tullius, zu all dem vgl. M. Pallottino, Etruskologie S. 135-138; auch S. 161, S. 164, S. 179, S. 440, S. 500f.

hinterfragen, waren wir ja von vorneherein in unserem Essay aufgebrochen.[32]

Dass das Etruskische viel „Indoeuropäisches“ in sich birgt und aufweist, wollen wir jedoch im Folgenden an dem von Staccioli (a.a.O.) vorgelegten sprachlichen Material noch weiter aufzeigen.

Dazu zunächst folgende Vorbemerkung:

Die Schwierigkeit des Etruskischen liegt für uns darin begründet, dass die vom „Indoeuropäischen“ (ich würde lieber sagen: Von einer „gemeinsamen Ursprache“) her kommenden Wörter nicht nur im Verlaufe der Sprachentfaltung eine andere Formentwicklung durchgemacht haben als z.B. im Latein oder Griechischen (vgl. dazu die grammatikalischen Erläuterungen bei Staccioli, a.a.O., S. 88 - 94: Zur Morphologie), sondern dass sie auch zuweilen einen, wenn auch nur geringen Bedeutungswandel aufweisen. Ich denke hier an Beispiele wie: 1.) puia = Frau, puella = Mädchen; 2.) papa (etrusk.) = Opa (lat.); 3.) murs (etrusk.) = Sarkophag, mors (lat.) = Tod; 4.) lup- (etrusk.) = sterben, λύπη (griech.) = Trauer.

Trotz des Bedeutungswandels, können wir also feststellen, gehört die etruskische Bedeutung in den vorgeführten Beispielen immer noch in das gleiche Sinnfeld; denn „Frau“ und „Mächen“, „Papa“ und „Opa“, „Sarkophag“ und „Tod“, „Tod“ und „Trauer“ liegen in gedanklicher Hinsicht nie weit auseinander.

Vor allem darf man die Parallelitäten zum Etruskischen nicht nur im Lateinischen und Griechischen suchen, sondern auch in anderen Sprachen, selbst in modernen Sprachen (z.B.: „mi“ (etrusk.) = „ich“ entspricht französisch: „moi“ = „ich“ oder „mini“ (etrusk.) = „me“ = „mich“ entspricht „menja“ = „mich“ (russisch).

---

[32] Die Entschlüsselung des Begriffes „Wissensträger“, im Zusammenhang mit der aus Muck zu erschließenden Zeitaufteilung nach der Katastrophe von Atlantis, und andere später erscheinende Begriffe, die sich im Gefolge der Katastrophe ergaben (z.B. σπέρμα, λόγος σπερματικός), gehen über die Hinterfragung des Indoeuropäischen im Etruskischen hinaus und werden in der späteren Beweisführung, dass es Atlantis gab und dass es untergegangen ist, mitentscheidende Faktoren sein. (=Anmerkung der 2. Phase der Beschäftigung mit den Etruskern, der Phase der Hauptbeschäftigung mit den Atlantern.)

Man könnte hier jegliche Argumentation sofort aufgeben, wenn man vorneherein davon ausgeht, dass Ähnlichkeiten im Etruskischen und (z.B.) im Lateinischen einfach immer nur aus dem Latein in das Etruskische übernommen worden seien. Warum sollte nicht auch umgekehrt, wie im Falle „Atrium" und „vinum", „magister", das Latein aus dem Etruskischen öfter befruchtet worden sein? - „Wer hat es von wem übernommen?" wäre die richtige Frage. Oder noch besser: „Gibt es Worte, die in beiden Sprachen 'ab origine' vorkamen und nur eine andere Sinnentwicklung durchgemacht haben?"

Auf diesem Hintergrund nun kommen wir zu dem von Staccioli vorgelegten sprachlichen Material, wobei wir als Grundlage das Dizionarietto seines Werkes „Il mistero della lingua etrusca" nehmen: Eindeutige Verwandtschaft zwischen etruskischen und (sog.) indoeuropäischen Wörtern scheint uns – nach etymologischer Betrachtung – in folgenden Fällen vorzuliegen:

I.) <u>Vokabel im Allgemeinen:</u>
1.) avil = anno; verwandt mit avus (Großvater), ἀεί = ἀϜεί, „ewig", Äon← aevum. 2.) ais = Gott; s. dazu Asen (germ.). 3.) aska s. ἀσκός (=Weinschlauch). 4.) -c (enklitisch) = -que (enklitisch) = und. 5.) cela = cella (lat.) = Zelle (deutsch). 6.) clan (etrusk.) = Sohn; s. „Clan" im Schottischen. 7.) eitva, etva = grande?, alt?; s. vetus, Ϝέτος → ἔτος (griech.) = bejahrt. 8.) etera, eteri = Fremder, s. ἕτερος, étranger (frz.), ceteri. 9.) etnam (etr.) = etiam (lateinisch) = auch. 10.) vinum (etr.) = vinum (lat.). 11.) zerririto; s. Zeremonie. 12.) zix- (= zic-) = schreiben, ziχŭ= scriba (lat.), verwandt mit „Zeich-"en, Sprachzeichen, sig-num, sig-nieren, δείκ-νυμι, digitus, doigt, Zeiger (Zeigefinger), dic-ere. 13.) hec-, heχ, = machen; s. hac-er (spanisch) = machen; f → h. 14.) hus = Sohn, s. ὑός (gr.) = Sohn. 15.) θam = stellen; s. die Wurzel θη-, ta- wie in τί|θη|μι (gr.) = ich stelle. 16.) θeuru = Stier = tauro = taurus = Stier. 17.) θez- = Opfer, s. Ana|the|ma, ἀνά|θη|μα. 18.) θυ-ί = lokatives -i, wie in allen idg. Sprachen: hum-i, χαμα-ί, ici, ibi, hic etc. 19. ic = wie; s. „item <u>ac</u>" = „ebenso <u>wie</u>" 20.) ica = questo = is|t<u>e</u> = dieser. 21.) ilŭ, u.E.

verwandt letztlich mit „Ilus“, dem Stammvater der Julier (s. Vergil VI) und Caesars; verwandt mit „heilig“ s. auch „Ilion“. 22.) itu- = di[v]id|ere = teilen; s. „Iden“ (des März) = Datum der Teilung des Monats. 23.) kape, kapi (cape, capi) = Vase, von capere = fassen, aufnehmen. 24.) laŭtn|eteri = liberto, cliente (?), s. „Leute“, „andere Leute“, s. ἐ|λεύθ|ερος (gr.) = frei. 25.) lautun (lavtn) = Familie, gens; s. „Leute“. 26.) lauc-, lauχ(u)me, luχum, lucumone, Lukumone = Herrscher, verwandt mit lux = Licht, also: im Licht stehend; s. auch „er|lauch|t“. 27.) Lauχvie = Lucvies; lauχumna = reggia. 28.) leu = Löwe = leo; 29.) leχtum- = λέκυθος (gr.). 30.) lu-cair = regnare (Lichtträger), von „lu“ = „lux“ und „car“ = tragen 31.) lup = morire, lupu = tot; s. λύπη = Trauer. 32.) macstrev = magister (lat.); s.o.: macstrna). 33.) mani = defunti = Manen, Geister. 34.) maru, marunu = maro. 35.) meχnazione (populus?), verwandt mit μέγ-εθος. 36.) mi (etr.) = moi (frz.). 37.) mini (etr.) = menja = mich (russisch). 38.) mul- = opfern; s. im|mol|are, ebenso bei den Worten m(u)lax, mlac; s. auch Moloch (im Alten Testament der Gott, dem Menschen geopfert wurden.) 39.) mun-, muni- (munθ) = unterirdische Stelle, Grab; s. mundus. 40.) murs = Urne, Sarkophag; s. mors = Tod. 41.) mur = verweilen; s. mor|ari (lat.) = verweilen. 42.) mutana = Sarkophag; s. mutus = stumm. 43.) mutu-timo = mutus = stumm. 44.) nets|vis = haru|spex, s. videre und „Leber|beschauer“. 45.) nefis, nefts = nepos, s. Neffe (Bedeutungswandel, wie so oft gerade bei Verwandtschaftsbezeichnungen, s. papa ≠ Opa, puia ≠ puella, clan = filio ≠ Clan). 46.) patna = patena. 47.) paχana, paχic = bacchisch; s. paganus, „zum (pagus =) Gau gehörig“, heidnisch; s. dazu auch Tuflun (etr.) = (populus) = Gott des Volkes, Volksgott Bacchus; „heidnisch“, weil das Volk auf dem Gau im Gegensatz zur Stadt erst zu allerletzt seinen alten Glauben aufgibt; s. auch païen (fr.). 48.) Pru-maθe = Prometheus, m.E. zu zerlegen in: Φερ- + μαθ-, wobei fer- = tragen, μαθ- die Wurzel ist, die wir von μανθάνειν, μάθημα (= Mathematik“, „Lehre“, „Wissen“) kennen; s. auch mens = Verstand, Wissen. 49.)prumts = pronipote (ital.), dabei i-Ausfall und n-Assimilation → m. 50.) pruχum = brocca. 51.) pui, puia = Frau, s. puella = Mädchen. 52.) Pupluna = Φuφluna = Populonia, s.o. zu Nr. 47. 53.) purθ, purθne = Diktator, Träger der Macht, pur- = Stadt (indisch). 54.) put- (puθ-) = pozzo (ital.), Pfütze (dtsch.) puits (frz.). 55.) qutun = brocca. 56.) sa|c|ni = con|se|cr|ato. 57.) saθ, sat = setzen, s. auch „set“ (engl.) etc. 59.) spanti = piatto, Teller; s. σπένδω, spenden, Speise. 60.) spet = libare; s. spenden. 61.) s|pur = cittá zu deuten als s- + pur... (s,o. Nr. 53) entspricht πόλ-ις, gilt auch für spurana, spureni, spuriaze. 62.) suθ-, sut- = stare; s. „set“ (engl.) = setzen. 63.) suθi = tomba; s. „sedes“, vor allem bei röm. Dichtern im Sinne „tomba“ angewandt; gilt auch für suθina. 64.) suplu = fleutista, verwandt mit frz. „souffle“ = Hauch, Atem. 65.) taquesto = dieser; s. „is-te“. 66.) tamera; s. ταμίας = Schatzmeister, Quaestor, Gebieter. 67.) te|ce = er stellte; s. τί|θη|μι. 68.) tev- = videre (?); s. θεϝάομαι (griech.) = sehen; gilt auch für: tevaraθ. 69.) ten-, verwandt mit „tun“ = ausüben. 70.) Tin-, Tin. Tina, Tinia, verwandt mit di-es, Δι|ος etc. 71.) tivr = luna; hat es etwas mit „Tiber“ zu tun? ti-vr = „Ti“ + Träger; s. auch Tiberius. 72.) Tla|mu = Telamon; s. die Telamonen am Zeus-Tempel von Agrigent (Telamon = Atlant); Tla|mu, s. tl̥- (Schwundstufe). 73.) tmia = heiliger Ort, heiliges Gebäude, „abgeschnitten“ von den umliegenden profanen Örtlichkeiten, s. τέμενος = ἀπότομος = Tempel, „heiliger Bezirk“ und templum , tmia, s. tm̥- (Schwundstufe). 74.) -tnam = etnam (lat.). 75.) Truia = Troja. 76.) tru|fna = Macht, Regierung, Trägerin der Macht; s. tru- = Stadt. 77.) trutnuθ, trutnvt = veggente (ital.) = „Seher“, divinatore, weil er das „Wissen“ in sich trägt (s.o.). 78.) tuθi, tuti = Stadt, Gemeinschaft; s. totus (lat.), tous (frz.) etc.; gilt auch für: tuθin (tutin), tuθina-. 79.) tul|ar (tularu) = Grenze; s.o. Trägerin des Gebietes, des Landes. 80.) tur- = dare (lat.), dedicare =herbeibringen, -tragen zum Weihen (s.o.). 81.) Tur|an = Venus (s.o.) = Astarte, Ischtar etc. (s.o.). 82.) tur|za = Of|fer|te, Opfer. 83.) Tur|nus = Her|mes, Mer|kur: Her-mes ← Ther-mens, Mer-kur ← Mens + cur; dabei ist Ther- = φερ- und ms = mes oder -mens zu deuten, im Falle Mer-cur ist mer- als „mens“ und cur- als „tragen“ zu deuten, entsprechend unseren Wortwurzelschemata; Hermes (=Merkur) heißt also letztlich: „Überbringer des (göttlichen) Wissens“, „Götterbote“. 84.) tur|-u = dato (ital.); eigentlich: gebracht, herbeigetragen, ähnlich δῶρον = Geschenk. 85.) tus, s. tumulus, Grabhügel, s. Kur|gom (skythisch). 86.) φer|su = Maskenträger; s. per-sona (lat.), dabei auch: per- = φερ-. 87.) Xaire =

Caere = Cer|veteri (ital.). sprachlich verwandt mit Karnak, Carnac (bret.), Kairo (Al Quahira); s. ker = Haus etc. (s.o.). 88.) fan- = consacrare; s. fanum (lat.) = heilig, im Gegensatz zu „profanum"; gilt auch für „fanu" = fanum (lat.). 89.) frontac = Blitzesausleger; s. βρονταί (gr.) = Gewitter. 90.) Fuflun (Fufluna, s. Nr. 52) = Baccho. Gott des „populus" = fuflun, Gott des Volkes.

II.) Verbformen:

1.) -ke (-ce); s. griech.: -κα, Perfektendung wie in πεποίηκα. 2.) -sa; s. griech.: -σα, Aoristendung wie in ἐποίησα. 3.) -as (-θas); s. griech.: -ας. 4.) Reiner Stamm als Imperativ im Lateinischen und Italienischen: tur! = da! = dá (ital.)! = gib!.

III.) Kasuslehre:

1.) -s = Genitiv-Endung wie im Deutschen und Englischen; s. auch lat. pater familia|s. 2.) i- Formen (= Lokativ), die regelrecht (zuweilen) die Funktionen des lat ACP einnehmen; s. dazu die Übersetzungen Stacciolis von den Inschriften Nr.11 und Nr.12 in „Il mistero...". 3.) rumaχ = römisch; etrusk. (-χ) entspricht deutsch: „-sch" als Adjektivausgang. 4.) unialθi = „im Heiligtum der Juno"; der Ausdruck „unialθi" ist sprachlich ähnlich strukturiert wie griechisch: „ἐν Ἅιδου" = ἐν τῷ ναῷ τῷ τοῦ Ἅιδου = „im Tempel des Hades"; denn „unial" ist der Genitiv von „Uni" und „-θi" ist eine lokale Angabe, die dem griechischen „ἐν" entspricht.

IV.) Zahlzeichen:

	etruskisch	lateinisch
1.)	I = 1	I
2.)	Λ = 5	V; hierbei nimmt der Lateiner die obere Hälfte von X = 10, also V = 5
3.)	+ = 10	X; etwas gedreht, im Wesentlichen gleich (2 x V)
4.)	↑ = 50	D (keine Übereinstimmung)
5.)	✱ = 100; 2 Mal je 50, einmal von unten: ↑ und einmal von oben: ↓	C (keine Übereinstimmung)

V.) Onomastisches System:
(s. Staccioli, „Il mistero della lingua etrusca, S.107ff.).

Hier endet die Darstellung unseres vor längerer Zeit geschriebenen Essays. (die angeführten Begriffe – vor allem die „Vokabel im Allgemeinen“ – sollen zur weiteren Nachforschung eine Anregung geben.)

[Essay Ende]

ATLANTISCHE SPRACHE (FORTSETZUNG)
„ATLAS“ IST EIN ORIGINÄR ATLANTISCHES WORT

Aus unseren obigen Überlegungen und Zusammenstellungen (Staccioli, Dizionarietto) haben wir erschlossen und festgestellt, dass das Etruskische nicht so isoliert als Sprache dasteht, wie lange angenommen, dass also

1.) das Etruskische indoeuropäische Spurenelemente enthält, die ihren Niederschlag natürlich auch im Griechischen und Lateinischen aufweisen,

2.) das Etruskische aber auch aus den sprachlichen Substraten der im Mittelmeerraum vor derAusbreitung der indoeuropäischen Sprache gesprochenen Idiome sowie aus den Reaktionen und Einflüssen dieser Idiome auf die indoeuropäische Sprachen bei seiner und für seine Entwicklung schöpfte (M. Pallottino, „Etruskologie“, S.388),

Überlegungen, die dann zu den 3 Hauptthesen führten (M. Pallottino, ebda. S.388):

1.) Etruskisch gehört zu einem präindoeuropäischen mediterranen Substrat, nicht weit entfernt vom Indoeuropäischen (A. Trombetti),

2.) Etruskisch leitet sich ab von einer protoindoeuropäischen Wurzel, d.h. von der Sprache einer prähistorischen ethnischen Gruppierung mit völlig fremdem Vokabularbestand, der durch die Kontakte mit dem südlichen indoeuropäischen Bereich und die

Übernahme von Substrat- und Adstratelementen vornehmlich in der Onomastik stark bereichert wurde (P. Kretschmer),

3.) Etruskisch ist eine periindoeuropäische Sprache, die im Sinne einer allmählichen marginalen Veränderung der präindoeuropäischen Substrate unter dem Einfluss der Ausbreitung der indoeuropäischen Sprachen zu verstehen ist (G. Devoto).

Wie auch immer, für uns dienten bei der Entschlüsselung der o.a. Spurenelemente das Griechische und das Lateinische als naheliegendste Forschungsunterlagen, wobei uns bei dem Bemühen um Atlantis vor allem auch die von dem Saïs-Priester gemachte Aussage: τῶν ἔντος τῇδε (sc. „innerhalb der Säulen des Herakles") Λιβύης μὲν ἦρχον μέχρι πρὸς Αἴγυπτον, τῆς δὲ Εὐρώπης μέχρι Τυρρηνίας beflügelte und leitete.

So hoffen wir als Ergebnis unserer vorausgehenden Überlegungen 2 wichtige Erkenntnisse gewonnen zu haben:

1.) Aufschlüsse über das Etruskische im Rahmen indoeuropäischer Sprachen, und

2.) mit der in diesem ersten Punkt impliziten etymologischen Entschlüsselung des Wortes „Etrusker" als „Wissensträger von Dingen aus prähistorischer Zeit" einen wesentlichen Faktor entdeckt zu haben dafür, dass die Existenz von Atlantis auch von der (linguistisch-) sprachwissenschaftlichen Seite einleuchtet, (wie wir auch noch im weiteren sehen werden).

Wir haben bislang also die Beziehung des Etruskischen zum Indoeuropäischen (s. auch Pallottino, a.a.O., S. 384, S.388) herausgestellt und lehnen mit Recht den Gedanken einer völligen Isolierung des Etruskischen ab.

Wir müssen jetzt zu der Frage kommen:

Inwiefern besteht eine Beziehung zwischen der atlantischen Sprache und dem Etruskischen?

und damit auch die Frage der Existenz von Atlantis implizit angehen.

Dazu zunächst: O.H. Muck macht in seinem von mir geschätzten Werke „Alles über Atlantis“ (S.148) eine Aussage, die bei aller Akribie seiner Überlegungen eine gewisse Ratlosigkeit bei der Deutung des Wortes „Atlas“ zeigt.
Muck sagt: „Der Name ‘Atlas‘ ist ‘vermutlich ein hellenisierter Name‘, eine Form, die Namensgeber für die Insel ‘Atlantis‘ und den Hochberg auf Atlantis geworden ist, der Name ‘Atlantis‘ dann Namensgeber für das die Insel umgebende Meer, sc. ‘Atlantik‘, und nach dem Untergang von ‘Atlantis‘ oder auch schon vorher sei der Name auf das Hochgebirge im NW Afrikas, auf das ‘Atlas-‘gebirge, übertragen worden.“ (Zur Deutung des Wortes "Atlas" kommen wir gleich, s.u.).

Zunächst ist hier zu sagen: Die hier vorgelegte Namenskette: „Atlas – Atlantis – Atlantik – Atlas- Gebirge ist einleuchtend (überzeugender als die von Zangger aufgestellte These, der Name „Atlantis“ sei der Mädchenname der Tochter des Atlas mit eben der Bedeutung „Tochter des Atlas“).
Mucks obige Namenskette ist u.E. als einleuchtend anzuerkennen
Doch – und hier die fundamentale Frage – : Warum will Muck in dem Worte „Atlas“ nur einen „vermutlich hellenisierten Namen“ sehen? –
Wir sagen entgegen dieser Vorstellung Mucks:

> „Atlas“ ist ein originär atlantisches Wort, ein Wort der Sprache der Insel Atlantis, das sich über Jahrtausende als βραχὺ σπέρμα (s.u.: Plato, Tim. 23c, 23e) erhalten hat.

Dazu: Zunächst zu dem hier neu auftauchenden Begriff „βραχὺ σπέρμα“.
Der Begriff „βραχὺ σπέρμα“ , übersetzt: „winziger Samenkern“, dessen Kerngehalt aus der Zeit vor der Katastrophe von Atlantis sich erhalten hat und von vielleicht sogar anfangs nur schriftunkundigen, die Katastrophe überlebenden Menschen, von ἀγράμματοι, wie Plato sie nennt, oral weitergetragen wurde, wird vom Saïs-Priester auf den athenischen Staat der Urzeit angewandt, von dem die Athener der Zeit Solons wegen des Fehlens von Archiven bei ihnen nichts wissen, d.h.: nicht wissen, dass „das unter den Menschen schönste und trefflichste Geschlecht in einem Lande entspross, dem du entstammst (gerichtet vom

Saïs-Priester an Solon), und ebenso euer jetzig bestehender Staat, indem ein einziger Samenkern (σπέρμα) davon übriggeblieben war."

Also: „ein winziger überlebender Samenkern" aus der Zeit vor der Katastrophe von Atlantis, dessen Kerngehalt sich dann im Laufe der Jahre zu dem Staat der Athener entwickelt hat.

Der Gedanke also, dass am Anfang einer neuentstehenden Welt, hier nach der Katastrophe von Atlantis, beim Übergang des Quartärs in das Quintär, in unsere jetzige Zeit, ein σπέρμα der alten Zeit, sc. des Quartärs, sich zu neuem Leben entwickelt hat, dieser Gedanke steht hinter der gesamten von Plato als Wahrheit anerkannten Vorstellung von der Existenz von Atlantis, der Einflussnahme von Atlantis auf die von ihm dominierten Völkerschaften und dem Untergang von Atlantis.

Dieser Gedanke beschränkt sich aber nicht – das ist hier gleich hinzuzufügen – auf das σπέρμα des athenischen Staates vor der Katastrophe, sondern er gilt insgesamt auch für alle von Atlantis ausgehenden Beeinflussungen der von ihm tangierten Völkerschaften im Osten und im Westen des Großimperiums Atlantis.

Interessant in diesem Zusammenhang ist die Vorstellung „du développement du germe chrétien", eine Entwicklung, die zu einem „renouvellement... de la pensée humaine" („zur Erneuerung des menschlichen Denkens") geführt hat, wie sie J. Chevalier, „Histoire de la pensée II, La pensée chrétienne", Ernest Flammarion 1956, S.23ff. dargestellt hat, ausgehend von dem „Senfkorn" (grain de sénevé, Math. XIII 31), dessen Vorläufer nach unserer Meinung in dem ägyptisch-platonischen βραχὺ σπέρμα vorliegt und dessen „praktische" Ausgestaltung in der Akt-Potenz-Lehre des Aristoteles zu finden ist.

Auffallend ist, dass bei den ersten christlichen Apologeten, den Nachfolgern der Apostel, und da vor allem bei Justin (100-165 n. Chr.), der Platonische Begriff σπέρμα als Ausgangspunkt seiner Apologetik wieder auftaucht und Justin mit dem Begriff λόγος σπερματικός (also derselbe Begriff wie bei Plato: σπέρμα/ λόγος σπερματικός) dieselbe Vorstellung zum Ausdruck bringt, die nach Justin bedeuten soll: „Teilnahme des Wortes" als: „ samenstreuendes Wort" im Sinne des Johannes-Evangeliums „Im Anfang war das Wort", also: „die

Weltvernunft = λόγος“, die ihre sich später entwickelnden Samen ausstreut.“

Bei aller Interessantheit dieser Darstellung J. Chevaliers kommt die christliche Apologetik zu der übertriebenen Folgerung (J. Chevalier, ebda., S.39), dass Plato und die Griechen alles Gute, was sich bei ihnen befindet, der Bibel entnommen und von Moses ausgeliehen hätten, dass Plato, wie Eusebius von Caesarea (v. 260-339 n. Chr.) sagt, aus der Philosophie der Hebräer die fundamentalen Wahrheiten über Gott gezogen hätte, dass Plato mit seinem Meister Sokrates das Wesentliche seiner Lehre über Gott aus Moses entnommen hätte.

Wir bezweifeln die Richtigkeit dieser Meinung. Zweifelsfrei geht jedenfalls das bei Plato angewandte, aus den uralten Archiven Ägyptens stammende βραχὺ σπέρμα dem Justinischen λόγος σπερματικός voraus und geht wegen seiner Quelle (die Archive Ägyptens) auch Moses und den Propheten voraus.

Doch zurück zum βραχὺ σπέρμα des Saïs-Priesters und Platos: Das βραχὺ σπέρμα gilt nicht nur für das Beispiel des athenischen Staates, das im Timaios vom Saïs-Priester vorgeführt wird, sondern es gilt auch allgemein und insgesamt für alle von Atlantis ausgehenden Beeinflussungen in allen Bereichen.

Wichtig ist: Es kommt jeweils bei dem einzelnen Beispiel einer Beeinflussung darauf an, das βραχὺ σπέρμα zu „finden“, „herauszufinden“, wo es vorliegt. Dieses Auffinden entspricht der Platonischen idealistischen Denkweise, denn beim „Finden“ bleibt Gott der Schöpfer, der Mensch eben ist nur der „Finder“, beim „Erfinden“ eines βραχὺ σπέρμα wäre der Mensch selbst der Schöpfer der Sache, das wäre materialistisch gedacht und entgegengesetzt dem idealistischen Ansatz der Platonischen „'Ανάμνησις-Lehre“ und Platos Vergleich mit der „Hebammenkunst“, der Hebamme dessen, was es als Idee immer schon gab. (Das „Erfinden“ eines βραχὺ σπέρμα kann man sich also mit Plato gar nicht vorstellen. Für ihn gibt es lediglich ein „Finden“, ein „Wiederauffinden“ eines βραχὺ σπέρμα).

Nach der vorangegangenen Darstellung, gemäß den o.a. Überlegungen, ist es nun verständlich, dass es für uns von Bedeutung war, auch den Namen „Atlas", einen Namen der Sprache der Insel Atlantis, als ein βραχὺ σπέρμα zu finden. Wie es also nach Aussage des Saïs-Priesters das βραχὺ σπέρμα des athenischen Staates gibt, so sind wir der Ansicht, dass es auch für den Gegenpol Athens, nämlich für Atlantis, hier manifestiert in Atlas, dem Herrscher von Atlantis, das βραχὺ σπέρμα gibt und somit in dem Wort „Atlas" ein originär atlantisches Wort vorliegt.
Wir wollen und müssen jetzt die Behauptung, „Atlas" sei ein originär atlantisches Wort noch weiter begründen, und zwar wollen wir das auf linguistische Weise tun.

Zuvor aber noch einige weitere Gedanken über das βραχὺ σπέρμα zur endgültigen Verdeutlichung dessen, was darunter zu verstehen ist.
Zu dem Begriff βραχὺ σπέρμα: Athene hat mit dem von Gaia und Hephaistos übernommenen βραχὺ σπέρμα den athenischen Staat geschaffen, und genau so den ägyptischen Staat 1000 Jahre später. Die Schaffung beider Staaten geschah schon vor der Katastrophe. Was aber wichtig hierbei ist, ist die Tatsache, dass es ein solches βραχὺ σπέρμα auch nach der Katastrophe, und zwar für alle Bereiche gibt. (Im Plural: βραχέα σπέρματα).
Wenn es die βραχέα σπέρματα in der dargestellten Art gibt, so gibt es sie also auch in Bezug auf die Zeit nach der Katastrophe, d.h. dass alle nach der Katastrophe, also in der Zeit der von Muck erwähnten 2000-jährigen Dunkelheit und dem gesamten „Hiat", aufgetretenen Phänomene (Erscheinungen) genauso wie alle vor der Katastrophe schon vorhandenen Erscheinungen als βραχέα σπέρματα vorliegen und vorhanden sind. Βραχέα σπέρματα in diesem Sinne sind also „winzige Samenkerne", die das später entstehende, sich vollendende und vollendendete Phänomen „in nuce" in sich schon enthalten, ähnliche wie es die aristotelische Akt- Potenz- Lehre besagt, wobei wir uns den Samenkern (z.B. eines Baumes) als Potenz, als Möglichkeit, vorstellen können und den vollendeten Baum als geschaffene Wirklichkeit, als Akt (actum).

Für Plato stehen diese βραχέα σπέρματα am Anfang, und sie sind die Keimlinge von Phänomenen aus früherer Zeit, im Beispiel des athenischen Staates aus der Zeit vor der Katastrophe.

Frage nun: Wie werden diese βραχέα σπέρματα übermittelt, tradiert? – Antwort: Durch „Wissensträger", ein von uns erschlossenes Phänomen (s. S.86ff.). Und diese „Wissensträger" stützten sich, oft als ἀγράμματοι, wie Plato sagt, als schriftunkundige Menschen also, im Falle der nach der Atlantiskatastrophe vorliegenden Situation, auf σκοτειναὶ ἀκοαί, auf „dunkle Gerüchte", „verschwommene Gedanken", die sie vom Hörensagen kennen und die sie dann auch als „dunkle Gerüchte" weitervermitteln, tradieren, also: oral, nicht schriftlich, d.h. auf dem Weg des ἀκούειν, wie Plato (Krit. 109c) sagt, noch nicht auf dem Weg des γράφειν, der schriftlichen Fixierung, weil ja auch die Schrift durch die Katastrophe abhanden gekommen, verloren gegangen ist.
Deshalb war das Wiederaufkommen der Schrift nach dem „Hiat", etwa in der Mitte des 4, vorchristlichen Jahrtausends so wichtig, weil damit die Bewusstwerdung des Menschen, die „Entdeckung des Geistes", wie Bruno Snell das später in seinem gleichnamigen Werk, aber im Bezug auf eine andere geschichtliche Wahrnehmung (sc. Griechenland ohne Schrift vor Homer), formulierte, von so großer Bedeutung. (Deshalb auch die große Bedeutung des SCRIBA bei den Ägyptern, Römern, etc. im Gegensatz zu den Druiden, die ja sogar ein Niederschreiben zu lernender Gegebenheiten ihren Schülern verboten).
Wir sagten: tradiert wurden die βραχέα σπέρματα durch die „Wissensträger", die aber anfänglich – dessen müssen wir uns bewusst sein – ohne Schrift, in der Zeit des „Hiats" bei 2000 jähriger Dunkelheit und folgender Düsternis bis etwa Mitte des 4. Jahrtausends v. Chr. nur ein kümmerliches, dürftiges Wissen von den früheren Ereignissen und eine noch kümmerlichere Fähigkeit, dieses kümmerliche Wissen zu tradieren, hatten, von den früheren Ereignissen, von denen nur noch βραχέα σπέρματα nach der Katastrophe übriggeblieben waren. Später dann entwickelte sich das „kümmerliche", dürftige Wissen immer mehr zu einem festen, exakten Wissen. Das war die Zeit, in der man dann

sukzessiv von den „Wissensträgern“ als „Wissenden“ und am Ende gar von „Weisen“ sprach. (man beachte die sukzessive Klimax von „Wissensträgern kümmerlichen Wissens“ über „Wissensträger“ und „Wissende“ bis hin zu den „Weisen“, z.B.: die 7 Weisen der Griechen, von denen als einer Solon selbst ja gilt; man denkt auch an die „Weisen aus dem Morgenland“.)
Aber nicht nur im griechischen Raum, dem Raum geistiger Hochblüte vom 6. bis ins 3. Jahrhundert v. Chr. zeigt sich die oben beschriebene Entwicklung, „die Entwicklung des Geistes“, sondern wir stellen sie auch fest außer in dem von der Stoa propagierten „Weltengeist“, dem λόγος, und am Anfang des Johannes- Evangeliums: „’Εν ἀρχῇ ἦν ὁ λόγος“, „im Anfang war das Wort, und das Wort war bei Gott, und Gott war das Wort.“
Hier kommt einem der von Justin in der christlichen Apologetik vorkommende Begriff des λόγος σπερματικός in den Sinn (s.o.). Gemeint ist bei Justin: der „die Samen ausstreuende Weltengeist“, die Samen, die sich dann später zu entsprechenden Formen (μορφαί), Erscheinungen, Phänomenen entwickeln. Auffallend also ist, dass von Justin derselbe Begriff wie von Plato angewandt wird, λόγος σπερματικός entsprechend dem platonischen, ja eigentlich aus den uralten ägyptischen Archiven stammende Begriff σπέρμα.

Die Vorstellung, dass nach einer Megakatastrophe, bei der die „ganze Welt hinweggeschwemmt“ wird, wie die Maya das mit ihrem Begriff „Haiyococab“ = „Wasser über der Erde“ ausdrückten (s.S. 322), aus den früheren blühenden Phänomenen nur „winzige Samenkerne“ (βραχέα σπέρματα) erhalten blieben und dass dies gerade auch bei der Megakatastrophe und dem Untergang von Atlantis und aufgrund des folgenden Megatsunami, der weltumspannend gewesen sein muss, der Fall war, liegt auf der Hand, Und diese Vorstellung ergab sich nicht nur für den ägyptischen Saïs-Priester und Solon und den Griechen Plato, sondern hat ihren Widerhall gefunden in allen Sintflutgeschichten, vornehmlich, bis in die Wortwahl hinein, auch in der sumerischen Sintflut im Gilgamesch-Epos. Dort rät Ea, der oberste Gott, dem Utnapischtim, eine Arche

zu bauen, Frau und Anhang mit in die Arche zu nehmen, um sie vor der kommenden Flut zu retten, und was dabei das Auffälligste ist, ist die Tatsache, dass der Gott Ea Utnapischtim auch rät, „beseelte Samen“ (also σπέρματα) mit in die Arche zu nehmen, was hier u. E. nicht nur als Samen von Pflanzen gedeutet werden kann, sondern als Samenkerne von Phänomenen, die aus der Vorzeit vor der Katastrophe in die Nachzeit nach der Flutkatastrophe gerettet werden sollen, ähnlich den βραχέα σπέρματα des athenischen Staates beim Saïs-Priester und Plato.
Denn das „Gute“ sollte gemäß dem Gott Ea erhalten bleiben, nicht nur die „guten Menschen“, wie Utnapischtim, auch die „guten Ideen“ der Zeit vor der Katastrophe, damit ein Neuanfang wieder einsetzen kann.

Zusammenfassung:

Wir stellen also das Vorkommen des Begriffes σπέρμα fest:

1.) In den uralten Archiven der Ägypter, auf die sich der Saïs-Priester beruft und bei Solon, dem Weisen,
2.) Im sumerischen Raum, dem Gilgamesch-Epos: „beseelte Samen“,
3.) In der Sintfluterzählung der Bibel und im Anfang des Joh.-Evangeliums,
4.) Bei Plato: βραχὺ σπέρμα und
5.) In der Stoa: λόγος (Weltvernunft)
6.) bei Justin, in der christlichen Apologeik: λόγος σπερματικός.

Dies lässt uns folgern, dass dieser Gedanke des βραχὺ σπέρμα ein in aller Welt bekannter, weltumspannender Gedanke ist, der zu allen Zeiten Bestand hatte und der also auch für die Nachfolgezeit von Atlantis seine Gültigkeit hat.
Es liegt im Grunde diesem Gedanken eine Vorstellung zugrunde, die besagt, dass alles immer wieder vergeht und immer wieder aufblüht, dass also, um auf unser Thema zu sprechen zu kommen, Atlantis die Wiege der Kultur der (heutigen) Menschheit war, was aber – das sei gleich

bemerkt – keineswegs ausschließt, dass es auch vor Atlantis und seiner Katastrophe schon andere Hochkulturen gab, deren Geschichtlichkeit wir nur nicht mehr darlegen können.
Wir sind also eben keine ἱστορικοί dieser Kulturen mehr:

ἱσ-τορ-ικός = „Wissensträger“,

wir sind keine „Wissensträger“ von Hochkulturen, die früher als Atlantis liegen, für Atlantis aber beanspruchen wir, unter Hintanstellung der vielfach heute wieder grassierenden Egozentrik, „ἱστορικοί“, „Wissensträger“, Wissende, Weise in „unseren“ Reihen, z.B. Utnapischtim, den Saïs-Priester, Solon, Platon, die Bibel, Johannes und Justin etc. zu haben.

Begründung für die Erkenntnis:
„Atlas“ ist ein originär atlantisches Wort

Nach der Deutung des βραχὺ σπέρμα nun also endlich zu der Begründung für die Behauptung: „Atlas“ ist ein originär atlantisches Wort, ein βραχὺ σπέρμα aus atlantischer Zeit.
Wir gehen bei dieser Begründung aus von der oben (S. 72-81) erschlossenen Wortwurzel „tl̥-“, erschlossen durch die Heranziehung

1.) der seltsam anmutenden und jeden Lateinschüler in Staunen versetzende Stammformenreihe
ferre, fero, tuli, latum = „tragen“, sowie

2.) der seltsam anmutenden und jeden Griechischschüler in Staunen versetzenden Stammformenreihe
φέρειν, φέρω, οἴσω, ἤνεγκον, ἐνήνοχα... und dem mit dem Aorist sinngleichen ἔτλην (abgeleitet vom defektiven Aorist τλῆναι, der meist episch- poetisch angewandt wird.)

In dem Falle des lat. „tuli“ und „latum“ sowohl, als auch in dem Falle „ἔτλην“ liegen Formen der von uns erschlossenen „tl̥ -Wortwurzel“ vor. In allen 3 Fällen haben wir es also schon wegen der Unregelmäßigkeit der jeweiligen Stammformen mit in diesen Sprachen etwas befremdenden Formen zu tun.

Doch nicht nur im Lateinischen und Griechischen, auch im Etruskischen taucht diese Wortwurzel -tl̥- in bedeutenden Worten des Etruskischen wurzelgleich auf:

1.) dem cippus von Cortona: tular rasnal = Grenze, „Land" (=tellus) der Etrusker oder

2.) in dem Namen „Tullius" (= Caelius, Hauptgestalt in der auf den Malereien der Tomba François von Vulci erzählten Geschichte des Caelius Vibenna und des „macstrna", mit Tullius also, dem König mit etruskischem Namen, dem König etruskischer Herkunft und vor allem – was „macstrna" betrifft – in der der „tl̥ - Wortwurzel" als identisch geltenden „tr̥ - Wortwurzel" (s.o., S. 73f.), und

3.) mit dem Namen Tarchon (von den Römern Tarquinius genannt), dem Namen des letzten Königs der Römer, einem Etrusker, der vertrieben wurde,

aber auch in etlichen anderen etruskischen Worten, wie:

4.) etr = sacer = heilig

5.) aθr = atrium

und vor allem eben auch in:

6.) macstrna (s.o., Punkt 2: Tullius),

für dessen genaue Deutung wir auf S.98-99 verweisen, wo eine genaue Etymologisierung des Wortes vorgenommen ist.

Wir stellen diese Wortwurzeln „tl̥-/ tr̥-" also fest im:

1.) Etruskischen,

2.) Griechischen,

3.) Lateinischen, und wir haben dieselbe Wortwurzel – was von größter Bedeutung ist – in der

4.) Atlantischen Sprache,

deren phonale Auslegung uns ansonsten unbekannt ist, von der wir aber annehmen können, dass sie in der Urzeit gesprochen worden sein musste, und zwar stellen wir sie fest in dem originär atlantischen Wort: „Atlas".
Um unsere Gedanken weiterzuführen, wollen wir nun zuerst das Wort „Atlas" in seine etymologischen Bestandteile zerlegen.

Das Wort „Atlas“ hat folgende Bestandteile:
1.) „-tla“ = Wortwurzel tl̥- in der Vollstufe mit der Bedeutung „tragen“ (s. Fr. Bopp, Glossarium comparativum linguae Sanscrittae, Benseler-Wörterbuch, Kaegi- Wörterbuch etc.), s. „Atlas“ = „Träger des Himmelsgewölbes“, auch in der griechischen Mythologie, eine originär atlantische Vorstellung, die erst später von den Griechen übernommen wurde, originär atlantisch, weil der „Hochberg“ auf der Insel Atlantis, die höchste Erhöhung der Insel, des Herrschaftsbereiches von Atlas, der „Atlasberg“ nach der Beschreibung der ägyptischen Archive, vermittelt durch den Saïs-Priester, ein Vulkan war, dessen Eruptionssäule nach der Vorstellung der Inselbewohner den Himmel stützt und „trägt“, ein „Himmelsträger“ also, insofern von derart imminenter Bedeutung für die Inselbewohner, dass er namengebend wurde sowohl für die Insel, sc. Atlantis, als auch für das die Insel Atlantis umgebende Meer, sc. Atlantik, sowie für das Atlasgebirge in Marokko und die Atlasberge im Mittelmeerraum, was auch ein Beweis ist für die koloniale Großmacht Atlantis.

2.) „A-“ (Anfangsbuchstabe des Namens „Atlas“), das ein sog. „α-intensivum“ (auch α-copulativum” genannt) ist, „A-“ also, mit dem Sinn „σμ̥-“ = „sam-“ = „alles zusammen“ (s. A. Walde, Etymologisches Wörterbuch, S.712, Stichwort: similis; Präfix gr. „α-“/ ae. „sam-“) oder Fr. Bopp, (a.a.O.), „alles zusammen”, im Gegensatz zu dem sog. „α-privativum“ (s. hierzu die sich anschließenden Überlegungen), und

3.) „s-“ = Endung des Wortes „Atlas“.

Die 3 Bestandteile zusammengefasst:

„A-“ „-tla-“ „s“ = Atlas.

Hier zunächst die oben angekündigten Überlegungen: Wie wir (auf S.83 und S.85) für die 9 Präfixe jeweils den Sinn „Wissen“ anzunehmen uns aufgefordert sahen, so möchten wir auch hier für das Präfix „a-„ =

„Alles“ im Worte „Atlas“ = „A-tlas“ ebenfalls folgende Erklärung vorbringen:
Das Anfangs-A im Namen „Atlas“ ist auch nicht nur ein „lautlicher Vorschlag zum Wohlklang der Aussprache“ (s. Benseler, s.o.), sondern es ist ein „α-intensivum“ und hat im Gegensatz zum „α-privativum“ hier die Bedeutung „Alles“.

Wir sagen damit im Hinblick z.B. auf „Menge-Güthling-Wörterbuch“, und aufgrund der Deutung von Professor Hoffmann, Saarbrücken (später Erlangen und München) in einem sprachwissenschaftlichen Seminar des Jahres 1954, folgendes:
Das „α-intensivum“, entstanden aus „-σμ̥-, σαμ-, σα-, ἀ-“ = mit der Bedeutung „vereint, zusammen, zugleich“ oder, wie Benseler es deutet: „zugleich, zusammen“, wobei wir also das „σμ̥-“ = „sm̥-“ = „-sam-“ eindeutig im deutschen Wort „ge-<u>samt</u>“ vorfinden, dieses „α-intensivum“, auch als aspiriertes „ἁ-“ erscheinend, hat also die Bedeutung „<u>alles zusammen</u>“ = „<u>alles</u>“, wie wir es sonst auch aus den gar nicht so selten im Griechischen vorkommenden Wörtern kennen, z.B. aus:
Benseler und Menge-Güthling:
1.) Beispiele für aspiriertes „ἁ-“:
- a) ἅ-πας = alles, ganz, gesamt
- b) ἅ-μα = (ursprünglich sa-, sam-, ὁμοῦ und εἷς, lat. simul, semel) = zugleich, zusammen mit.
- c) ἁ-θρώος = versammelt.

2.) Beispiele für nicht aspiriertes „ἀ-“:
- a) ἄ-λοχος = sich zusammen bettend = Ehegatte
- b) ἀ- κοίτης = zusammenlagernd = Ehegatte
- c) ἀ- κόλουθος = zusammen den Weg machend, begleitend
- d) ἀ- τάλαντος = gleichwiegend.

Die Bedeutung „alles“ kommt am deutlichsten in dem oben angeführten Worte „ἅπας“ = „alles zusammen, ganz, gesamt“ zum Vorschein. Aber auch in den Fällen, wo wir das immer wieder in den Worten zugrundeliegende „zu-sam-men“ vorfinden, ist die Bedeutung des „alles“, der „Gesamtheit“, deutlich erkennbar.

Wir sind damit, um es abschließend zu sagen, der Überzeugung, dass das „Anfangs-A“ des Wortes „Atlas“ die Bedeutung „Alles“ hat, und wir kommen bei einer Deutung des Wortes Atlas zu dem Ergebnis:

„Atlas“ heißt: „Träger des Alls“,

kurz: „Allesträger“.

Die Wortwurzel tl̥ -, vorkommend in dem originär atlantischen Wort „Atlas“, ist also eine atlantische Wortwurzel, entnommen dem in Atlantis wohl bedeutendsten Wort, sc. „Atlas“, dem Namen des Königs und Herrschers von Atlantis, mit der Wortwurzel, die über das Etruskische in das Griechische und Lateinische eingedrungen zu sein scheint.

„Atlas“ ist also nicht, wie O.H. Muck (a.a.O., S.148) meint, eine „vermutlich hellenisierte Form“ im Griechischen, sondern ein originär atlantisches Wort, das sich als βραχὺ σπέρμα (s.o.) über die Jahrtausende mit dem Sinn „Allesträger“ erhalten hat, das namengebend wurde für die höchste Erhebung der Insel und die Insel selbst und für das mit Recht so heißende Meer, sc. Atlantik etc. (s.o.). Nach dem Untergang von Atlantis oder auch schon vorher, während der Blüte- und Kolonialzeit der Atlanter, war der „Hochberg Atlas“, der „Allesträger“, der „Himmelsträger“ auch Namensgeber z.B. für das Atlasgebirge in Marokko, atlantisnah gelegen, und auch für die vielen von Zangger erwähnten Atlasberge im mediterranen Raum, sowie auch für den nach Spanuth in dem nördlichen Bereich vorkommenden Namen „Atland“ etc. Alle diese Namen sind u.E. ein Beweis für die einstige in kolonialer Hinsicht bedeutende Großmacht Atlantis. (Vorausgreifend möchte ich in diesem Zusammenhang sagen, dass der Name „Atlas“, wie wir später sehen werden, auch Namensgeber z.B. für die altamerikanischen Gebirge Popocatépetl und Tonacatépetl wurde (s.u.), sowie den Begriff „Götterberg“ aufkommen ließ.)

Erwähnt sei hier noch einmal, dass Fr. Bopp und Fr. Schlegel, auf die die wissenschaftlich fundierte Etymologisierung (so M. Pallottino, Etruskologie, S.10) mit Hilfe der Wortwurzeln (hier: -tl̥- / -tr̥-)

zurückgeht, diese Wortwurzeln in ihrem verschiedenen Vorkommen als Vollstufe, Dehnstufe, Reduktionsstufe und Schwundstufe (s. A. Walde, Einleitung zu seinem o.a. „Etymologischen Wörterbuch") aus den indoeuropäischen Idiomen herausgearbeitet haben (so auch Prof. Hoffmann, in einem Seminar des Sprachwissenschaftlichen Instituts der Univ. Saarbrücken 1954, wo wir als Jungstudenten zum ersten Male mit dieser sprachwissenschaftlichen Erkenntnis konfrontiert wurden).

Doch nun zum Abschluss dieser Theorie. Wir fassen die vorausgehenden Überlegungen wie folgt zusammen:
Die Wortwurzeln „-tl̥-/ -tr̥-" sind also festgestellt

1.) in den indoeuropäischen Sprachen (Griechisch, Latein)
2.) in einer als nicht indoeuropäisch geltenden Sprache (Etruskisch), und wir stellen sie gleichzeitig fest
3.) in dem originär atlantischen Wort „Atlas" (Atlantische Sprache).

„Atlantische Sprache", d.h. in einer in ihrer phonalen Auslegung ansonsten unbekannten Sprache[33], dem „Atlantischen", von der wir allerdings annehmen können, und zwar als sehr wahrscheinlich annehmen können, dass diese Wortwurzeln irgendeinmal, und zwar bei der Bedeutung der Großmacht Atlantis, überall, wie z.B. im gesamten Mittelmeerraum, verstanden worden sein mussten (und die ihren Niederschlag – dies nur nebenbei bemerkt – gefunden und erhalten haben in den „Unregelmäßigen" Stammformen „tuli", „latum" und „ἔτλην". – (Hier also auch die Erklärung für die Griechisch- und Lateinschülern so befremdlich vorkommenden Stammformen.)

Eine zwangsläufige Frage, die sich hier ergibt, ist die Frage: Muss diese in ihrer phonalen Auslegung, außer in dem Wort „Atlas" ansonsten (bislang) unbekannte älteste Sprache nicht die Urheimat sowohl der sog.

[33] Oder gibt es außer dem Wort „Atlas" noch weitere atlantische Wurzelwörter, die uns vielleicht nur nicht als solche bewusst sind?

indoeuropäischen Sprachen als auch der sog. nichtindoeuropäischen Sprachen, ja allgemein der Sprache überhaupt, sein?
Wir stoßen damit auf die Frage der Monogenese aller Sprachen, also auf die Frage; Gab es ursprünglich, d.h. nach der Katastrophe von Atlantis, nur eine einzige Sprache?
Zur Untersuchung dieser Frage würden die von M. Pallottino, „Etruskologie", S. 388 herausgestellten Hypothesen der prae-, proto- und peri-indoeuropäischen Sprachen reichhaltige Nahrung liefern.

Weiter stoßen wir hier auf die Frage: Was hat es auf sich mit der Bestrafung der Völker durch Gott in Babylon wegen der Hybris der Völker, der Bestrafung durch „Sprachenverwirrung" (s. Bibel und A. Wadler, Der Turm von Babel)?
Wenn man bedenkt, dass durch den „Weltuntergang" bei der Katastrophe von Atlantis, bei dem Übergang eines weltgeschichtlichen Äons (Ovid nennt es „aetas") in das nächste weltgeschichtliche Äon, sc. bei dem Übergang des Quartärs in das Quintär, nach der letzten Eiszeit, vor etwa 10.000 Jahren ein völliger Neuanfang überall nötig war, einsetzen und geschaffen werden musste, wobei, wie der Saïs-Priester unter Berufung auf die uralten ägyptischen Archive sagt, in diesem Falle nur die ἀγράμματοι nach der Sintflut übriggeblieben waren, liegt der Gedanke auch einer notwendigen Neuschaffung einer Sprache, und zwar zunächst naturgemäß einer „einzigen" Sprache, nahe. Doch wollen wir diesen Gedanken an dieser Stelle nicht weiter verfolgen, obwohl wir bemerken möchten, dass mit den nach der Megasintflut von Atlantis einsetzenden Urverhältnissen die Situation eines nötigen allgemeinen Neuanfangs gegeben war.

Zusammenfassung:

Bevor wir nun einsteigen in die weitere Begründung der ehemaligen Existenz von Atlantis (und seines Untergangs) durch Vergleichsgegebenheiten in sprachlicher, kolonialer, architektonischer und religiöser Hinsicht aus den von Atlantis beeinflussten Räumen im Osten und im Westen von „Atlantis im Atlantik", möchten wir die

Ergebnisse unserer vorausgehenden Überlegungen noch einmal kurz zusammenfassen und darauf hinweisen, dass wir im Verlauf der weiteren Argumentation und Begründung immer wieder auf die „tr̥ -/tl̥-“-Wortwurzel aufmerksam machen wollen.

Kurze Zusammenstellung der vorausgehenden Überlegungen:

1.) die Integrität der Atlantis-Stellen in den Dialogen Timaios und Kritias,
2.) die Glaubwürdigkeit des Inhaltes des Berichtes von Solon (Saïs-Priester),
3.) der geologische Beweis für die Existenz der Großinsel Atlantis (O.H. Muck: Golfstromtheorie)
4.) der Untergang von Atlantis (Plato: „in einer schlimmen Nacht und an einem schlimmen Tag“),
5.) Die Ursache und das „Wie“ des Untergangs von Atlantis (O.H. Muck: die geophysikalische Begründung des Untergangs durch einen Planetoïdeneinschlag mit folgender Megasintflut.),
6.) Die Folgen des Untergangs von Atlantis (2000-jährige Dunkelheit, und schriftlose Zeit des „Hiats“ bis etwa Mitte des 4. vorchristlichen Jahrtausends [„Wissensträger“ und βραχέα σπέρματα]; erst ab etwa 3500 v. Chr. mit dem Wiederaufkommen der Schrift Wiederaufblühen kultureller Erscheinungen in Ost und West des ehemaligen Atlantis.)
7.) Die lokale Positionierung der ehemaligen Großinsel Atlantis (O.H. Muck: Golfstromdrift; Fonsèque: Am Treffpunkt der submarinen vulkanbesetzten Bergrücken (Reißlinien) zwischen der eurasischen und amerikanischen Platte einerseits und zwischen der afrikanischen und europäischen [eurasischen] Platte andererseits, die sich noch bis in den atlantischen Ozean erstreckt).
8.) Auseinandersetzung mit 10 Theorien über Atlantis.
9.) Die Wortwurzel „tl̥-/tr̥-“ und ihr Vorkommen im Griechischen, Lateinischen, Etruskischen und in der „atlantischen Sprache“. Begründung für die Aussage: Iberer, Etrusker, Italer, Hebräer etc. sind keine Namen von Völkern, sondern bedeuten nur

„Wissensträger“, „Träger eines Wissens aus prähistorischer Zeit“, eines zunächst kümmerlichen Wissens aus σκοτειναὶ ἀκοαὶ der βραχέα σπέρματα. Die sukzessive Weiterentwicklung des „Trägers eines durch σκοτειναὶ ἀκοαί kümmerlichen Wissens“ zu dem „echt Wissenden“ und schließlich zu dem „Weisen“ (im Sinne der „7 Weisen“).

Einschub: Die Frage der Monogenese der Sprache im Anschluss an die Überlegungen Massimo Pallottinos, „Etruskologie“ über das Etruskische als prae-, proto- und peri-indoeuropäische Sprache.

10.) Das Wort „Atlas“ als originär atlantisches Wort, ein βραχὺ σπέρμα aus vorhistorischer Zeit.

11.) Die Deutung des Begriffes βραχὺ σπέρμα im sumerischen Raum, beim Saïs-Priester (Archive Ägyptens), in der Sintflutgeschichte der Bibel, bei Plato (βραχὺ σπέρμα), der Stoa und in der christlichen Apologetik des Justin (λόγος σπερματικός) etc.

12.) Begründung für die Feststellung: „Atlas“ ist ein originär atlantisches Wort (Franz Bopp, Prof. Hoffmann, Saarbrücken): „tl̥-“ Wortwurzel im „tla-“ des Namens „Atlas“ sowie „A-“ am Beginn des Namens „A-tlas“, ein „α-intensivum“ mit der Bedeutung „Alles“, sind originär atlantische sprachliche Erscheinungen. [Daher letztlich das Befremden der Schüler beim Lernen der „unregelmäßigen“ Stammformen im Lateinischen mit „tuli“ und „(t)latum“ und im Griechischen mit „ἔτλην“)]

Das Imperium Atlantis

Die koloniale Ausstrahlung von Atlantis (Osten)

Nach dem vorausgehenden geologisch und linguistisch, was die Argumentation betrifft, geprägten Block unserer Überlegungen kommen wir jetzt auf die aus dem Bericht des Saïs-Priesters zu erschließenden Vorstellung des „Imperiums von Atlantis", zunächst in östlicher Richtung, zu sprechen.

Zunächst ist hier festzuhalten, dass der Bericht von dem Herrschaftsbereich (ἦρχον) von Atlantis in Europa bis Tyrrhenien (Etrurien) spricht, in Lybien bis Ägypten.

Was uns Heutige dabei ein wenig irritiert, ist die Tatsache, dass für uns das geographische Pendant zu „Europa" der Begriff „Afrika" wäre. Aber die Identifizierung mögen wir der geographischen Unerschlossenheit des afrikanischen Raumes in der damaligen Zeit zugutehalten; zu bedenken dabei ist auch, dass eigentlich die uralten ägyptischen Archive von „Libyen" statt „Afrika" sprechen, dass man also zur Zeit der Anfertigung dieser Archive das, was man später „Afrika" nannte, noch „Libyen" bezeichnete. Auf jeden Fall ist hier mit „Libyen" die „afrikanische Seite" des Mittelmeerraumes gemeint.

„Bis Ägypten und Tyrrhenien" also herrschten die Atlanter, was der Ausdruck ἦρχον eindeutig besagt.

Diese Beherrschung des angeführten Raumes brachte natürlich außer der sprachlichen Beeinflussung (s.o.) auch mit sich, dass in dem noch nicht von Atlantis besetzten Raume des Mittelmeergebietes, der ja letztlich, wie wir vom Saïs-Priester wissen, durch den Krieg der Atlanter gegen den unter Führung Athens stehenden gesamten Mittelmeerraum erobert werden sollte, zunächst in noch friedlicher Zeit, also vor dem Krieg, eine Handelsbeeinflussung durch die Großmacht Atlantis anzunehmen ist.

So ist es nicht verwunderlich, dass die Professoren Schulten, Herrmann, Jessen und Hennig (s.o.) in der Stadt Tartessos, obwohl ihre geographische Lage noch nicht genau festgelegt ist, aber doch wohl der SW Spaniens anzusetzen ist, eine Kolonie von Atlantis sehen, in dem Falle also eine im eigentlichen Herrschaftsbereich von Atlantis liegende

Stadt, die dann offenbar sich eine gewisse Selbstständigkeit gegenüber der Großmacht Atlantis bewahren konnte (Schulten sah in Tartessos gar eine germanische Kolonie).
Was den Namen „Tartessos“ betrifft, einer Stadt, die in der Bibel „Tarschisch“ genannt wird, so machen wir hier wieder Bekanntschaft mit der Wortwurzel „ -tr̥-“ in ihrer Vollstufe „tar-“. Der Blick wird von hier zugleich gelenkt auf Namen von Städten wie Tarent (=Taras, griech.), Tarsos, Tarquinia, wenn ihre Gründung jeweils auch späteren Datums als bei Tartessos ist.
Diese Städte scheinen mir alle „tragende“ Punkte, Kolonien von Atlantis, im ansonsten vom „nicht-tragenden“ Meer bestimmten Mittelmeerraum anzudeuten, wie überhaupt ein Nachdenken über Atlantis immer auf der Polarität „nichttragendes Wasser“/ „tragendes Land“ (terra, tellus) beruht. Einen leisen Nachklang einer solchen Vorstellung finden wir noch heute in Venedig, wo die Einwohner der auf dem „Meer“ lebenden Stadt von der „terra ferma“, ihrem Festlandbesitz, sprechen.
Die Frage sollte hier erlaubt sein, ob die Verfolgung der o.a. Theorien (S.26ff.) über Atlantis mit den zahlreichen von dem eigentlichen Namen „Atlantis“ abweichenden, aber sprachlich zuweilen dennoch verwandten Namen von Orten wie Troja (Zangger) (hethitisch: Truva) in dem noch von Atlantis zu erobernden Teil des Mittelmeerraumes (s.o.), Tyros (dito), ein Ort in Tunesien (Herrmann), ein Ort auf dem Grunde des Schwarzen Meeres (Schoppe), der geographische Raum vor Helgoland (Spanuth), auch „Atland“ genannt, außerhalb der Säulen des Herakles, Thule (s. Polybios), ob also die Verfolgung all dieser Theorien nicht von einem unbewussten Gespür der Vertreter dieser Theorien geleitet war, gerade in diesen Orten und Örtlichkeiten ihr „Atlantis“ zu suchen und zu finden; denn irgendetwas „Atlantisches“ haben alle diese Orte an sich trotz der grundsätzlich angebrachten Ablehnung der „Identität mit Atlantis“.
Unsere Meinung ist folgende: Diese Orte und Örtlichkeiten, gelegen jeweils in dem Raum der Handelsbeeinflussung durch die Kolonialmacht Atlantis, waren ursprünglich alle Kolonien, Stützpunkte von Atlantis, ähnlich wie wir das kennen aus Gegebenheiten der neuzeitlichen Kolonisierung, dies in der Neuzeit nur noch in stärkerem Maße.

Hier sind auch zu erwähnen die von Zangger bei der Begründung seiner Theorie (Troja) angeführten häufig vorkommenden Atlasberge im Mittelmeerraum. Auch diese mehrfach vorkommenden Atlasberge dienten u.E. als Absteckpunkte des atlantischen Imperiums; sie haben alle ihren Namen letztlich – genauso wie das bekannte Atlasgebirge in Marokko – von dem Uratlas auf der Insel Atlantis.
Wir weisen hier wieder hin auf die Namen Troja, Tyros, Thule, die alle in die obigen Wortwurzelschemata hineinpassen (tr̥-/tl̥-), und möchten es nicht versäumen, besonders auf den Namen „Atland" (bei Spanuth) hinzuweisen, der mit der Vollstufe „-tla-" seiner Wortwurzel eindeutig auf eine Abhängigkeit, welcher Art auch immer, von „Atlantis" hindeutet.

Wir haben bislang erst gesprochen über die koloniale Ausstrahlung des Großimperiums Atlantis, und zwar

1.) in nordöstlicher Richtung (immer von „Atlantis im Atlantik gelegen" aus gesehen), also vom Nordrand des Mittelmeeres (Schoppe),
2.) in östlicher Richtung: Iberer, Tartessos, Thera, Kreta, Tyros, und
3.) in nördlicher Richtung von Atlantis: Atland, Thule.

Zu erwähnen ist auch die südöstliche Ausstrahlungsflanke: Orte in Tunesien (Herrmann). Hinzuweisen ist in diesem Zusammenhang auf die Namen der „Tu(a)reg" und „Berber" (Barbari, Βάρβαροι) und ihre Sprache Ti|finagh[34], wo wir in den Namen mit „Tu(a)r-" und „Ber-" auch zwei in unsere oben entwickelten Wortwurzelschemata passende Wortwurzeln (tr̥- und br̥ -) vorfinden, zwei Volksstämme mit ihren Sprachen Tifinagh und ihrem berberischen Dialekt, wobei wir hinter dem Wort „Berber" das römische „barbari" und das griechische „βάρβαροι" erkennen, „Barbaren" im Sinne „Träger einer Sprache", die, weil man sie in Rom und Griechenland nicht so recht verstand, ähnlich wie das Etruskische, als „verwirrend" empfand. („Verwirrend" ist der

[34] Ich möchte an dieser Stelle darauf hinweisen, dass in der Berbersprache das Wort für „Wasser" ebenfalls „atl" lautet, genau wie in Mesoamerika.

ursprüngliche Sinn des Wortes „Barbari“; seine heute gängige negative Färbung hat das Wort erst viel später bekommen).

Um die oben angesprochene „Erweiterung“ des von Atlantis beeinflussten Gebietes übersichtlicher zu gestalten, wollen wir folgende Skizze anfertigen:

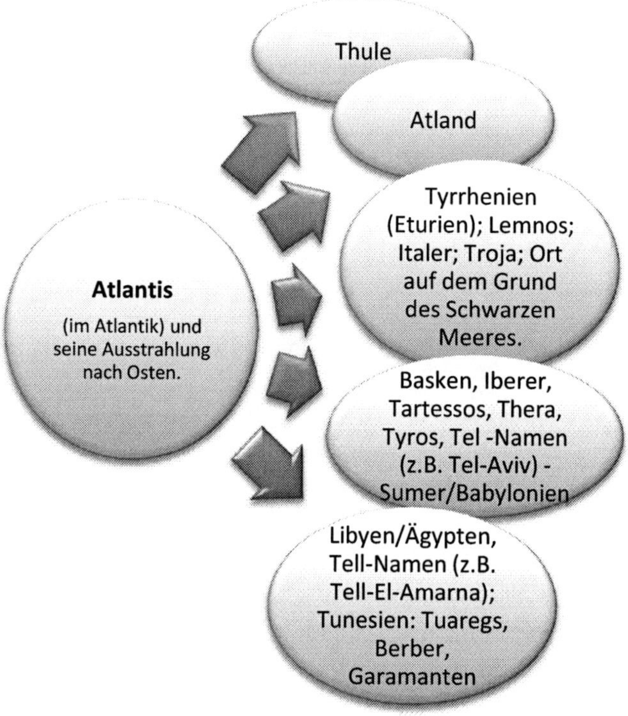

Augenfällig wird durch diese Zusammenstellung der Namen: Troja, Tyrrhener, Tyros, Tel-Namen, Tartessos, Tarent, (Taras), Tarquinia, Thule, Tuaregs (die sich selbst „tar|gi“ nannten), Berber, Atland, dass alle diese Namen in die oben entwickelten Wortwurzelschemata hineinpassen, also alle irgendwie etwas zu tun haben mit den Wortwurzeln tr̥ - und tl̥ -, die wir auch für die Deutung des Namens

„Atlas“ heranzuziehen uns aufgerufen fühlten. – Noch einmal die Frage: Waren sie alle in ihrem Ursprung koloniale Punkte von Atlantis? Vielleicht sogar manchmal mit Namen, die den späteren Namen nicht identisch waren?

Was die östliche Richtung der Beeinflussung von Atlantis betrifft, so müssen wir an dieser Stelle vor allem auch noch näher eingehen auf die Basken. Sie nennen sich selbst „Eskual“, „euskal“ und ihren Diktionär nennen sie „Euskara“, „Iskara“, ihre Flagge „Iskorina“.

Auf die Begriffe „Iberer“, „Etrusker“, „Italer“, „Hebräer“ sind wir schon oben zu sprechen gekommen. Wir haben oben entwickelt, dass die 4 genannten Begriffe „Iberer“, „Etrusker“, „Italer“ und „Hebräer“ keine Namen von Völkern sind, sondern schlicht die Bedeutung von „Wissensträgern“, „Träger eines Wissens aus prähistorischer Zeit“ haben. Diese Bedeutung müssen wir auch dem Begriff Eskual (Euskal) zusprechen; die Vorsilbe „Eus-“, „Es-“ tritt auch als „is-“ auf (s. Berlitz), bei dem Namen der Flagge der Basken. Die Zerlegung wäre also: es-(=is-) kal, und das erlaubt uns, auch in diesem Begriff keinen Namen zu sehen, sondern ihn zu deuten als „Wissensträger“ (s. auch Wortwurzelschemata für: „-cal“).

Es ist hierbei auch folgendes zu beachten: Wie sich die Etrusker selbst „rasna/ rasena“ nannten, also mit einem Namen sich benannten, der mit dem von ihren Nachbarn gebrauchten Namen keine Ähnlichkeit aufweist, so nennen sich die Basken heute noch „Es-kal“. Dementsprechend hatten also beide Volksgruppen ursprünglich andere Namen als man ihnen später gegeben hat: Die „rasna/ rasena“ nannte man später Tyrrhener, Etrusker oder Tusci, die „Eskual“ nannte man später Basken (wobei die Frage ist, ob der Name „Basken“ nicht durch sprachliche Verschleifung aus „Barisken“ entstanden ist, ähnlich wie die Römer – nur umgekehrt – die Tyrrhener oder Etrusker mit der Bezeichnung „Tusci“ versahen, wo wir eigentlich ein „Tursci“ (←Turisci) erwarten. „Basci“ und „Tusci“ aber wurden sie und werden sie bis heute genannt. In beiden Fällen vermissen wir das „-r-“.

Wie auch immer, sowohl in dem Begriff „Eskual“ als auch in dem Namen „Basci“ (←Barisci) haben wir auch den Sinngehalt

„Wissensträger“, wobei die vermutete Form „Barisci“ zu zerlegen wäre in:

Bar	-	Träger
i	-	Wissen
sci	-	(Endung) wie...,

Etrusci seinerseits zu zerlegen ist:

E	-	Wissen
tru	-	Träger
sci	-	(Endung) (s.o.)

Die Basken, die sich allein (heute noch) als die echten Nachkommen der Atlanter betrachten, hätten von ihrem uralten Namen „Eskual“ her gesehen, wohl die größte Berechtigung, sich als solche zu betrachten, und es ist hier zu fragen, ob ihr uralter Name „Escal“ nicht vielleicht sogar auch zum sprachlichen Vorbild für die Bezeichnungen „Iberer“, „Etrusker“, „Italer“, etc. geworden ist. D.h., die „Escal“ waren – so ist es zu vermuten – Atlanter, Cromagnons; auf jeden Fall waren sie aufgrund ihrer Nähe zu Atlantis die „ersten, hochrangigsten Wissensträger“, „Träger eines Wissens aus prähistorischer Zeit“, und von ihnen ausgehend, entwickelten sich dann, so vermuten wir, sprachlich je nach den Regionen verschieden, die Begriffe „Iberer“, „Etrusker“, „Italer“, etc. mit jeweils der gleichen Wortstruktur (s. Wortwurzelschemata) und mit jeweils dem gleichen Sinngehalt.

Eine auffällige Erscheinung ist es also, dass die von uns heute angwandten „Namen“ von diesen Volksgruppen gar nicht deren ursprüngliche Namen sind.

So nannten sich, um es zusammenzufassen, die Etrusker selbst „Rasena“, „Rasna“, die Basken „Eskal“, die Tuareg „Imohar“ oder „Targi“, die Azteken „Tenocha“, später: „Mexika“, etc.

Das alles spricht für unsere Erkenntnis, dass die Begriffe „Etrusker“, „Basken“, „Tuareg“, „Azteken“ ursprünglich <u>keine Namen</u> waren,

sondern nichts anderes als funktionale Bezeichnungen mit dem Sinne „Wissensträger eines Wissens aus prähistorischen Zeiten".[35]
Was den Lebensraum der Basken betrifft, so ist hier zu erwähnen, der Name der Landschaft „Asturien" (As-tur-ien), welche Bezeichnung auch ganz exakt in unsere oben entwickelten Wortwurzelschemata hineinpasst

---

[35] Es ist in diesem Zusammenhang interessant (s. Ernst Gamillscheg, „Romanen und Basken", Akademie der Wissenschaften und Literatur, Mainz 1950, Nr.2), auf die von W. von Humboldt veranlasste, „Prüfung der Untersuchungen über die Urbewohner Hispaniens, ermittelst der Vaskischen Sprache", 1821, zunächst allgemein anerkannte These hinzuweisen, dass die Basken die Nachfolger der alten Iberer seien. Hauptargument dafür: Auf sicherlich altiberischem Boden überlieferte Namen (wie z.B. „Iturissa", auch als „Itulissa" erscheinend) können z.T. aus dem Baskischen etymologisiert werden, „Iturissa" also, dessen Zugehörigkeit zu baskisch „iturri" = „Quelle" kaum bestritten werden kann. (Identisch damit ist der Standpunkt des späteren Baskologen Schuchardt).
Doch etwa seit den 70-er Jahren des 19. Jahrhunderts wurde die von Humboldt vertretene Theorie von Forschern wie Van Eys, Vinson, Philippos u.a. abgelehnt mit der Begründung, dass man auf Grund der Kenntnis „der baskischen Sprache allein" nicht imstande sei, die „sicher iberischen Inschriften" zu deuten.

Das Baskische wurde dann auch mit dem Ligurischen in Verbindung gebracht (z.B. von Kiepert und Schulten) unter Berufung auf Plinius III 3: In universam Hispaniam M. Varro pervenisse Iberos et Persas et Phoenices Celtasque et Poenos tradit. – Unter „Persas" meint Plinius dabei die eingewanderten Ligurer.
Kretschmer hält dann Baskisch für einen Zweig des Indogermanischen (nicht überzeugend).
Krahe vertritt die These: Das eigentlich Ligurische ist vorindogermanisch, später vom Indogermanischen überschichtet.
Vinson schließlich vertritt die These: Basken sind weder Iberer noch Ligurer, sondern eine autochthone Volksgruppe, die zu allen Zeiten in den Bergen ein Eigenleben geführt hätte.
Dabei ist nur auffällig, dass in diesem Falle den alten Historikern die Existenz einer besonderen zu den Ureinwohnern gehörigen Bevölkerung Hispaniens, die weder ligurisch noch iberisch war, entgangen wäre.
Dass im Zusammenhang dieser gesamten Überlegungen auch die Etymologie des Namens „I-tur-issa" von „Iturri" = Quelle" interessiert (s. unsere Wortwurzelschemata etc.), ist wohl verständlich. „Iturri" = „Quelle" = „Wissensträger" wäre bei der Deutung des Namens „Iturissa" denkbar, wie man ja auch heute noch sagt: „Aus welcher Quelle haben Sie Ihr Wissen?"
Wir neigen dazu, um es abschließend zu sagen, der o.a. Meinung Vinsons Recht zu geben, dass die Basken (als Cromagnons) eine autochthone Volksgruppe waren, die ihren Ursprung in Atlantis hatte oder aber autochthon seit Urzeiten, nach der Katastrophe von Atlantis in den Bergen lebte.

und nach unseren obigen Überlegungen nur bedeuten kann: „Land der Wissensträger“.

Inwiefern das? – Antwort: Wir zerlegen das griechische Wort ἀστήρ (gemeinhin mit „Stern“ übersetzt), von dem sich der Begriff „Asturien“ ableitet, in:

ἀσ-	=	Licht, Wissen (s.o.)
-τήρ	=	Träger.

„Asturien“ also: „Land der Träger des Lichts“, „Land der Träger des Wissens“, „Land der Wissensträger“.

Auch das lateinische Wort „stella“, das auch gemeinhin wie ἀστήρ = „Stern“ bedeutet, ist gemäß unseren Wortwurzelschemata aufzuschlüsseln in:

s-	=	Licht, Wissen
-tel-	=	Träger
-(l)a	=	Endung.

Zunächst: Dass der „Stern“ als „Träger des Lichtes“ zu deuten ist, wird wohl nicht bezweifelt werden. Und: Der metaphorische Weg von „Licht“ zu „Wissen“ ist kein weiter, (s.o.; s. die „Illuminaten“)
Doch um den Zusammenhang dieser „Stern“-Begriffe noch deutlciher zu machen, wollen wir das deutsche Wort „Stern“ selbst auch etymologisieren; und zwar:

s-	=	Licht
-ter	=	Träger
-n	=	(Endung).

Und um nun das Ganze noch weitergehend zu untermauern, ziehen wir das lat. Wort „sidus“ heran: sidus, sideris = Stern.

„Sidus“, besser erkennbar am Genitiv des Wortes, der „sideris“ lautet, ist aufzuschlüsseln in:

si-	=	Licht
-der-	=	Träger
-is	=	(Endung).

Heranzuziehen sind hierbei unsere oben erschlossenen Wortwurzelschemata, in die die Bestandteile der 4 oben erwähnten Wörter, sc. -τηρ- -tel-, -ter-, und -der- genau hineinpassen.
Was die Prothetica ἀσ-, s-, s- und si- betrifft, so weise ich auch hier hin auf die oben aufgestellten Überlegungen. Dass der metaphorische Weg von „Licht“ zu „Wissen“ kein weiter ist, dürfte einem jeden klar sein.
„Licht“ und „Wissen“ und die Farbe „weiß“ stehen in folgendem gedanklichen Zusammenhang: Erst da, wo „Licht“ in eine Sache gebracht ist, kann man sich diese Sache als „Wissen“ aneignen, und erst dann, wenn man dieses „Wissen“ besitzt, kann man einem anderen die Sache „weiß-machen“ = „erkennbar machen“, neudeutsch: „weismachen“.
Die Zusammenhänge der o.a. 3 Begriffe (Licht, Wissen, weiß) sind im Lateinischen und Griechischen noch deutlicher erkennbar:

εἰδ-έναι (←Ϝειδ-έναι) = vid-ere

Εἰδέναι (griech.) heißt “wissen“, „videre“ (lat.) heißt „sehen“, und doch wird niemand bezweifeln, dass sie beide vom selben indoeuropäischen Wortstamm abzuleiten sind (Ϝεἰδ- = vid-).
„Sehen“ kann man nur, wenn etwas „hell“ (=weiß), nicht „dunkel“ ist. In der Dunkelheit kann man nichts sehen.[36]

---

[36] Wie sehr gerade in den romanischen Sprachen die Bedeutung von „wissen“ und „sehen“ noch identifiziert wird, kann man aus folgender Episode deutlich erkennen: Gino, von Hause ein Italiener, der schon seit seiner Jugend in Frankreich lebt und mir bei täglichen Dingen in Burgund zur Hand geht, gab mir bei einer kniffligen Arbeit auf die Frage: „Wie sollen wir das machen?“ die Antwort: „C’est vous qui voyez.“ Dieses „voyez“, eigentlich ja „sehen“ („videtis“, lat.), in der unbestreitbaren Bedeutung „wissen“, ist ein eindeutiger Beweis dafür, wie „sehen“ und „wissen“ in dem romanischen Empfinden, und folglich in den romanischen Sprachen, noch als eine Einheit betrachtet wird.

Man ist geneigt, bei diesen Überlegungen an die späteren „Illuminaten" zu denken, die ihr „Wissen" offenbar auch mit dem lat. Wort „lumen" = „Licht" in Verbindung sehen.[37]

So möchte ich an dieser Stelle noch einmal hinweisen auf folgende Begriffe, die alle in den verschiedenen indoeuropäischen Sprachen die Bedeutung „Stern" (= „Träger des Lichts") haben und ein Beweis sind für die weite Streuung der atlantischen Wortwurzel „tl̥-/tr̥-" und damit für den sprachlichen Einfluss von Atlantis, die Begriffe: Stella, sidus, Stern, étoile, estrella, astrum, ἄστρον, ἀστήρ, star, iskrá (= russisch, der „Funke"), ostirala (baskisch), ostara (germanisch), setere (patagonisch). Die Bestandteile dieser Begriffe in der entsprechenden Reihenfolge: -tel-, -der-, (von si-der-is)[38], -toil-, -tre-, -tru-, -τρο-, τήρ, -tar-, -kra, -tir-, -tar-, -ter- sind alle, ausnahmslos, einfügbar in unsere oben entwickelten Wortwurzelschemata, und sie haben alle die Bedeutung „Träger", und mit den entsprechenden Präfixen zusammen, die Bedeutung: „Träger des Lichts", „Träger des Wissens".
Zu verweisen ist hier auch auf den sog. „Sternenweg" genannten Teil Nordspaniens mit den vielen von „Stern" abgeleiteten Ortsnamen, die vornehmlich im Wohngebiet der Basken liegen[39], und die in Santiago de

[37] Die ganze gedankliche Situation dieser Überlegungen lässt uns natürlich auch denken an die „2000-jährige Dunkelheit nach der Atlantiskatastrophe", auch an den noch immer dunklen „Hiat" und das Wiederaufblühen der Kultur mit dem Wiederaufkommen der „Schrift", d.h. des „Lichts", eine geistige Entwicklung, die, wie wir sehen werden, genauso im altamerikanischen Raum (bei den Inka, Maya und Azteken und ihren Vorläufern) vor sich ging.

[38] Benseler, Griech. Wörterbuch deutet die Endung „-der" von „Wachhol-der" als „tragend"; s. dazu unsere Wortwurzelschemata: „-der".

[39] Louis Charpentier „Les Jacques et le mystère de Compostelle », S.19ff. sieht in dem sog. « Sternenweg » 2 parallel verlaufende Wegstränge, die vom Mittelmeer zum Atlantik verlaufen und in Santiago de Compostella oder in der Nähe enden; in vorchristlichen Zeiten am „Finis terrae".
An dem einen dieser parallelen Wegstränge finden sich die Namen folgender Landschaftsformationen bzw. Städte: Tic d'Estelle, Puig de l'Estelle, Puig de tres Estelles („Berg der 3 Sterne"), dann nach dem Pyrenäengebirge: Estella (L'Etoile), Lizarra (die baskische Bezeichnung für „Stern"), Licharra (eine Verballhornung des

Compostella enden oder besser gesagt: am „Finis terrae“, dem Finistère Galiziens, dem „Ende der Terra“, d.h. dem „Ende des tragenden Teils der Erde“, bis zu dem man in der instinktiven Sehnsucht nach dem untergegangenen alten Zentrum der Welt, nach Atlantis, noch gelangen kann. U.E. ist in dieser vorchristlichen Auslegung der „Weg nach Santiago de Compostella“ zu deuten (vgl. im Bereich der Tierwelt den „Zug der Aale“!).

Doch damit nicht genug, müssen wir auch eingehen auf die religiöse Dimension, die letztlich von diesen „Stella“-Begriffen ausgeht. So ist es unverkennbar, dass mit jedem der o.a. Begriffe die Namen folgender Gottheiten in verschiedenen Ländern und Sprachen zusammenhängen:

1.) Isch-tar (sumerisch-babylonisch)
2.) Ha-thor (ägyptisch)
3.) Asch-tor-et (hebräisch)
4.) As-tar-te (phönizisch-syrisch)
5.) Tur-an (etr.)

Alle 5 hier angeführten Gottheiten werden als identisch interpretiert mit der griechischen Aphrodite und der römischen Venus und dem Morgen- und Abendstern (s. auch Quetzalcoatl bei den Maya.)
Wenn wir also annehmen, dass die Bestandteile der o.a. Götternamen – tar, -thor, -tor-, -tar- und -tur- auf die uratlantische Wortwurzel „tl̥ -/tr̥-“,

---

baskischen Lizarra), Astrey, Aster; dieser Strang endend bei Pontevedra auf der Insel Toja (Nähe Santiago) –
Ein weiterer 36 km weiter nördlich parallel verlaufender Wegstrang, von Katalonien kommend, zeigt die Namen auf: Estillon, Lizarra, Lizarroga („amas d’etoiles“), Lizarrusti, Liciella, Aster; von dort direkt nach Santiago de C.
Dazu Charpentier weiter: Une mémoire populaire qui remonte à la nuit des temps, l’avait transmis, puisque ce chemin portait le nom „chemin d’étoiles“.
Louis Charpentier findet weitere parallele Wegstränge; einen, beginnend am Odilienberg (Elsaß), verlaufend u.a. über Domrémy,..., Chartres etc. bis zum „Finistère“ in der Bretagne; den anderen, in Südengland, verlaufend von Canterbury über Stonehenge bis Barnstaple am Ozean.
Charpentier sieht in den 3 „fines terrae“, „Finistères“ also im Raum Santiago de C. , im „Finistère“ der Bretagne und im Endpunkt Barnstaple in Süd-West-England „Landepunkte der nach der von Plato erwähnten Katastrophe von Atlantis Überlebenden.“ – Beachte: „Finis terrae“ heißt: Ende des „tragenden Landes“.

die wir im Namen „Atlas“ haben (s.o.), zurückgehen, so können wir selbstverständlich einen religiösen Einfluss von Atlantis auf die Völkerschaften der Sumerer-Babylonier, der Ägypter, der Hebräer, der Phönizier, der Syrer und der Etrusker andenken, entsprechend der von Donnelly „The Antediluvian World“ vertretenen (bei ihm visionären) These, der Einfluss von Atlantis sei bis in den „Fernen Osten“ gegangen, also noch weiter als Babylon (worauf wir zu sprechen kommen werden bei der Behandlung der Stupas und Pagoden, den Bauwerken, dem architektonischen Einfluss von Atlantis auf die gesamte damalige Welt.)
Doch zunächst zurück zu dem „religiösen Einfluss“ von Atlantis.

Der religiöse Einfluss von Atlantis

Die Auswirkung der Ereignisse um Atlantis in puncto Religion (Osten)

Was hier also bei dem Gedanken des „religiösen Einflusses von Atlantis ansteht, ja mit besonderer Betonung wieder vorgebracht werden soll, ist ein Eingehen auf den Begriff „Druide“, ein Begriff, der u.E. in die religiöse Dimension des Einflusses von Atlantis unbedingt hineingehört. Denn in den großen Zusammenhang über den Einfluss auf religiöse Vorstellungen, wie er mit Ischtar, Hathor, Aschtoret, Astarte und Turan vorliegt, gehören u.E. auch die mit dem „Druidismus“ (ich sage eigens nicht: „mit dem Begriff „Druide“) verbundenen, oft sehr konträr vorgetragenen Vorstellungen.
Hier müssen wir zunächst auf eine seit 2000 Jahren, seit Plinius d.Ä., mitgeschleppte Etymologisierung des Begriffes „Druide“ eingehen, die bislang für viel Verwirrung gesorgt hat und keinen Bestand haben kann, wie wir gleich sehen werden.

Man sagt, Plinius d.Ä. deute das Wort „Druide“ folgendermaßen:

dru- =	δρυ- =	Eiche (von δρύς, ός [griech.] die Eiche, Laubbaum)
-(Ϝ)id- =	Wissen	

-e = (Endung)

Plinius berufe sich darauf, dass vorzüglich der „Eichenwald“ das Zeremonienfeld der Druiden gewesen sei.

Über Jahrhunderte, seit der Antike, wurde diese Deutung mitgeschleppt, und das Ganze kulminierte am Ende gar in Wortschöpfungen wie „Eichenwisser“ für den Begriff „Druide“, „Eichenwisser“, ein Wort, dessen Sinn unverständlich ist.

Mit diesen Überlegungen, beruhend auf der falschen Etymologisierung der Anfangssilbe „Dru-“ des Wortes „Druide“ muss u.E. ein für alle Male Schluss gemacht werden.

Die Verwirrung bei der Etymologisierung des Wortes „Druide“ geht aus – ob es richtig ist, dies zu sagen, oder nicht, darauf kommen wir später zu sprechen – von Plinius d.Ä., Naturalis Historia XVI 249, wo er schreibt, die Druiden verehrten die Mistel und den Baum, auf dem sie wächst, und niemals zelebrierten sie ein Ritual ohne einen Zweig dieses Baumes; der Name „Druide“ könnte also aus dem Griechischen abzuleiten sein.

Was also sagt Plinius in der o.a. Stelle? – Er sagt lediglich, dass die Druiden ihren Namen aus dem Griechischen haben könnten, er sagt nicht, dass das griechische Wort δρύς = Eiche bei der Etymologisierung des Wortes „Druide“ zu Grunde gelegt werden müsse.

Das sagen erst spätere Kommentatoren der Pliniusstelle, und diese Deutung des Wortes „Druide“, das gemäß dem oben Gesagten von Peter Beresford Ellis, „The Druids“, Michigan, 1995, bei all seinem bewundernswerten Detailwissen über die Druiden mit „die mit dem Wissen von den Eichen“ oder mit „die mit Wissen der Eichen“ übersetzt wird, hat sich bis in unsere Tage erhalten.

Von dieser seltsam anmutenden Übersetzung rückte, schon vor Beresford Ellis, Jean Markale, „Die Druiden…“, Weltbildverlag, Augsburg 1995, S.20 ab. Er sieht in dem ersten Segment des Wortes „Druide“, in „dru-“, ein Präfix mit superlativem Sinn der in dem französischen Adjektiv „dru-“ = „dicht“, „kräftig“, „prall“ wiederkehrt; über den zweiten Bestandteil des Wortes Dru-ide, also „-ide“, liegt bei beiden Autoren einheitliche Deutung vor, sc.: „Wissen“, verwandt mit der indoeuropäischen Wortwurzel des lat. videre und des griechischen εἰδέναι, entstanden unter Ausfall des Ϝ- aus Ϝειδέναι, dasselbe Wort wie videre (s.o.).

J. Markale kommt aufgrund seiner Deutung zu der Übersetzung des Wortes „Druide“: „besonders weit Sehende“ oder „besonders viel Wissende“.

Wem ist also die Schuld an der Verwirrung bei der Etymologisierung zuzuschreiben? – Nicht Plinius d.Ä., sondern den unbedachtsamen Kommentatoren.

Bei aller Bedeutung, die die Eiche als Baum für die Druiden gehabt haben mag, „Wissen von den Eichen“ oder „Wissen der Eichen“ bleiben unverständliche, nichtssagende Deutungen, und die Etymologisierung mit δρύς = Eiche ist endlich fallenzulassen.

Wie aber ist das Wort „Druide“ nach unserer Meinung zu deuten? Antwort: Wir haben auch bei dem Worte Dru-ide in der Anfangssilbe „Dru-“ die Vollstufe der Wortwurzel „dr̥-“, und dieses „dru-“ hat auch, wie im Begriff „Atlanter“ die Wortwurzel „-tla-“, in dem Begriff „Iberer“ die Wortwurzel „-ber-“, in dem Begriff „Italer“ die Wortwurzel „-tal-“ etc., die schlichte Bedeutung von „Tragen“, sodass das Wort „Druide“ u.E. also zu deuten ist als:

Dru-	=	Träger
(F)id-	=	Wissen und
e	=	(Endung)[40]

Das Wort „Druide“ bedeutet also schlicht:

„Wissensträger“,

„Träger eines Wissens [auch hier:] aus prähistorischer Zeit“.

[40] Die Wortbildung des Wortes „Druide“ ist wie z.B. auch bei „Germane“ in anderer Reihenfolge als z .B. bei „I -ber-er“ geschehen , insofern als der Bestandteil des „Tragens“ (=Dru-, dr̥-) hier am Beginn des Wortes steht und der Bestandteil des „Wissens“ (= -Ϝide, -vide) am Ende des Wortes. Bei dem Begriff „Iberer“ steht „I-“ (=„Wissen“) am Anfang und das Wortsegment „-ber“ (=Tragen) ist nachgestellt. Die Umstellung mag bedingt sein durch jeweils andere Sprachbetonung, ändert aber am Sinn des Begiffes nichts. Diese Umkehrung haben wir auch in den Worten „Ger-mane“; „Brah-mane“ und „Tur-an“.

Doch in diesem Fall – und das ist hier gleich hinzuzufügen – eines ganz bestimmten Wissens, nämlich eines „religiösen Wissens“, während die Begriffe Escal, Iberer, Etrusker, Italer etc. mehr auf das „allgemeine Wissen“ von Dingen der Prähistorie hindeuten.
Wir sagen also damit, dass das Druidentum ein religiöses Phänomen darstellt, das letztlich mindestens auf die Chthonik, eine Auswirkung der Atlantiskatastrophe zurückgeht, in die dunkle Zeit des „Hiats“, insofern also eine Auswirkung atlantischer Gegebenheiten ist.
Das entspricht ganz der Deutung von Dr. Julius Pokorny, Mitteilungen der anthrop. Gesellschaft in Wien XXXVIII (1908) (zitiert bei T.D. Kendrick, The Druids, Studio Edition Ltd 1994, S. 200), dass die Druiden einmal Priester eines Volkes waren, das den „Eichen-Kult“ nicht kannte, dass die Druiden also zu Beginn nicht eine keltische Priesterschaft gewesen sein können. Pokorny führt zu dieser Meinung als Begründung u.a. an: die Menschenopfer der Druiden, den Kannibalismus, das Matriarchat, Dinge, die auf den britischen Inseln, wo der Ursprung des Druidismus angesetzt wird und wo die „Eiche“ als Baum keine Rolle spielte und die „Esche“ als Baum heilige Verehrung genoss (s. Kendrick, a.a.O., S.200), vorkamen, Dinge, die dem indoeuropäischen Volk der Kelten fremd waren. Also muss der Druidismus <u>prä</u>keltisch sein, so Pokorny.
Diese Meinung Pokornys bringt Kendrick (a.a.O., S. 200, Anm.1) zu der (erstaunten) Frage: „Wenn Pokorny Recht hätte und die o.a. Erscheinungen eine prähistorische Religion repräsentierten, was soll es damit auf sich haben? – Nicht ein einziger Autor, so Kendrick, bestreitet, dass es eine präkeltische Religion gab, wir wissen nur nicht, ob die o.a. Erscheinungen in dem Druidismus vorkamen (eingeschlossen waren), und die Frage ist: gibt es etwas im Druidismus, das aus dem vorkeltischen Glauben kommen muss?“ – Antwort Pokornys: z.B. die Menschenopfer.

Kendrick (a.a.O., S.204) sagt dann selbst, dass Nordgallien und Südost- und Ostengland infolge des Handelsaustausches „prähistorische Provinzen einer religiösen Einheit“ waren, die zurückreicht bis in die Steinzeit (Feuersteinkultur) und bis in die Bronzezeit andauerte, sodass

das gemeinsame religiöse Band dieser Regionen von „hohem Alter“ ist (of high antiquity).
Nach Pokornys und Kendricks Ansicht gab es also einen „Druidismus“ schon lange, bevor sich dann später, über Britannien kommend, in Gallien der Begriff „Druide“ entwickelt und herausgebildet hat.

Der Druidismus ist also u.E. eine zwangsläufige Erscheinung der Auswirkung der Atlantiskatastrophe und des ihr folgenden „Hiats“; der Anfang des Druidismus geht also mindestens in die Zeit des „Hiats“ zurück, und die mysteriösen Riten, das mysteriöse Gebaren der später so genannten Druiden (s. Caesar, B.G.: Chartres als Zentrum) scheinen ihren Ursprung wahrlich ein einem für uns nicht mehr fassbaren religiösen Empfinden und Riten zu haben. Die grausamen Menschenopfer der Druiden, (s. Sueton, „Claudius, 25“ und Pomponius Mela, De situ orbis III, 2, 18 und 19, von Kendrick, a.a.O., S. 86-86 herangezogen und interpretiert) erinnern an die Opfer der späteren Inka, Maya und Azteken und deuten mit ihrem vermutlichen Ursprung in der Chthonik, der Zeit der Dunkelheit, auf den zeitlichen Ansatz des Druidismus in diese Zeit, also mindestens in die Zeit des „Hiats“, hin.
Wir sind ferner davon überzeugt, dass dieses o.a. mysteriöse Gebaren der Druiden den Ursprung bildete für die von uns als mysteriös empfundene Religiosität der etruskischen Haruspices mit ihrer Leberschau, Beobachtung des Vogelfluges, dem Deuten des Wieherns der Pferde, auch für die mysteriöse Religiosität und das Gebaren der Pythia in Delphi und die Deutung des Rauschens der Eiche in Dodona.
Geht man davon aus, dass die Zusammenhänge des Druidismus zu dem Gebaren der etruskischen Haruspices kausal zu deuten sind, ergäbe sich gar, was die Religion der Druiden betrifft, über die Kette Chthonik (Anfang) – Druidismus (Irland) – Druidentum (England) – Druiden (Gallien) – Haruspices (Etrurien) – Auguren und Pontifices maximi (Römer) bis hin zu den Römern ein unverkennbarer Zusammenhang.
Es wird ja nicht bestritten, dass sogar die christliche Religion von den Etruskern und Römern etliche Symbole übernommen hat, wie den Krummstab der Bischöfe, den Lituus der Auguren, das Purpurrot der Kardinäle, den Begriff „Pontifex maximus“ für den Papst etc.

Inwieweit dieser Einfluss der Druiden sich auch auf Griechenland (Dodona, Delphi etc.) und auf Sumer und Babylonien (Ischtar), auf das Gebiet der Hebräer (Aschtoret), auf Phönizien und Syrien (Astarte) und auf Ägypten (Hathor) sich ausweitete und noch weiter in den „Fernen Osten“ (s. Donnelly), diese Überlegung können wir hier nicht abschließend weiterverfolgen; sie wäre eine eigene Studie wert. Es sieht allerdings eher danach aus, dass der Venus-Astarte-Kult ein Ausfluss des Sonnenkultes der Hochblüte Atlantis war und nicht in der dunklen Chthonik gründet.

Wir wollen hier nur noch hinzufügen: Mysteriöse Praktiken wie bei den etruskischen Haruspices gab es auch in weiter östlich gelegenen Räumen, bei den Chaldäern. Man liest zuweilen, dass der Einfluss der Druiden bis auf die Perser und zu den Chaldäern sich ausdehnte in puncto „Magie“ und dass Pythagoras als Verfechter der Wiedergeburtslehre und der Metempsychosis, des Übergangs der Seele eines Verstorbenen in ein anderes Wesen, Schüler sowohl der Druiden wie der Brahmanen war.
So möchten wir an dieser Stelle auch die Etymologisierung des Begriffes „Brahmane“ noch einmal einflechten:

1.) Bra(h)	-	man - e :
Bra- (=br̥-)	=	Träger
man	=	Wissen (verwandt mit „mens“ = der Verstand, auch mit dem deutschen Wort „Mensch“, der Träger des Verstandes und damit „Wissensträger“ ist.
e	=	(Endung)

und des Begriffes „Derwisch“

2.) Der	-	wisch :
Der- (=dr̥-)	=	Träger
-wisch	=	Wissen.

Beide Worte also, sowohl „Brahmane“ wie „Derwisch“, bedeuten auch nichts anderes als „Wissensträger“.

Diogenes Laertius, Vitae I, bringt die „Druiden“ ebenfalls in eine Reihe mit den Chaldäern bei den Babyloniern und Assyrern, mit den „Magi“ bei den Persern, mit den Gymnosophisten bei den Indern, worüber auch Aristoteles in einem allerdings apokryphen, verschollenen Werk „Magie“, und Sotion (2. Jh. v. Chr.) im 23. Buch seiner „Folge der Philosophen“ schreibt. Der von Diogenes Laertios auf die „Druiden“ angewandte Begriff σεμνόθεοι ist bis heute ein ἅπαξ λεγόμενον (einmaliges Vorkommen in der gesamten bekannten Literatur), das in seiner Übersetzung „Gottesverehrer“ hier keinen Sinn ergibt. Die Meinung des französischen Historikers Jullian, „Recherches sur la religion Gauloise“, Bordeaux 1903, p.102 geht dahin, dass die σεμνόθεοι, der von Diogenes Laertios auf die „Druiden“ angewandte Begriff, ein unterscheidender Name für die Galater-Druiden sei.

Doch zurück zu unserer Deutung: „Druiden“ = „Wissensträger“, „Träger eines Wissens aus chthonischen Zeiten in religiösen Angelegenheiten“.
Um diese Deutung zu untermauern, müssen wir weitere Argumente beibringen:
Das erste ist Caesars Aussage, De bello Gallico VI 15: Disciplina (gemeint ist die druidische Lehre) in Britannia reperta atque inde in Galliam translata existimatur, also: „die druidische Lehre, der Druidismus, glaubt man, wurde in Britannien wieder zum Vorschein gebracht (das ist die exakte Übersetzung des reperire, hinter welchem Verb letztlich re + „parere“ steckt) und von dort nach Gallien überführt.“
„Wieder zum Vorschein gebracht“ – das ist die von der Etymologie her vorgegebene Übersetzung – kann nur heißen, dass es den Druidismus schon vor seiner Entdeckung in Gallien auf den britannischen Inseln gegeben hat; denn dort wurde er ja „wieder zum Vorschein gebracht“, „wiederentdeckt“.
Wann? – ist die Frage. Und die Antwort: In der dunklen Zeit des „Hiats“ (als βραχὺ σπέρμα), in der Zeit von 7.560 v. Chr. bis 3.500 v. Chr.
Das entspräche genau der Zeit, in der wir z.B. auch die „Iberer“ und „Basken“ als „Wissensträger eines Wissens aus prähistorischer Zeit“ ansetzen, die Iberer und Basken, die ohnehin von allen Autoren in der Prähistorie angesetzt werden.

Doch noch ein weiteres Argument spricht für unsere Deutung des obigen Sachverhalts: Caesar spricht in obiger Stelle nur von der „disciplina“, der Lehre, dem „Druidismus“, er spricht nicht von den „Druiden“, den Personen, die später nach der disciplina, sc. dem Druidismus, „Druiden“ genannt wurden.
Dass wir also eine Unterscheidung bei der Überlegung über die „Lehre“ und die „organisierte Priesterschaft“ vornehmen müssen, wird von Caesar klargelegt, und zwar auch mit dem direkt sich anschließenden Zusatz: „et nunc qui diligentius eam rem cognoscere volunt plerumque illo discendi causa proficiscuntur“, also: „und jetzt noch (sc. zu Caesars Zeiten) reisen diejenigen, die mit ziemlicher Sorgfalt diese Sache (sc. die Lehre, den Druidismus) kennenlernen wollen, meistens dorthin (sc. nach Britannien) des Studiums wegen.“

Fassen wir zusammen:
Das Ganze scheint mir die Deutung zuzulassen, dass in Britannien der Begriff „Druide“ gar nicht gang und gäbe war, dass aber das aus der prähistorischen Chthonik vorhandene Wissen, der Druidismus, dort, vielleicht sogar in einer Art „Universität“ und in Bildungsstätten (s. Kendrick), gelehrt wurde, und dass sich danach bei den Zöglingen aus Gallien der Begriff „Druide“ herausgebildet hat, der dann bis zur Eroberung Galliens durch die Römer seine Bedeutung für die Gallier behielt. (s. heute Begriffe wie: „Oxforder“.)

Wir setzen mit dem oben Gesagtem also eine Rückverfolgung des „Druidismus“ bis in die prähistorische Chthonik an, in die Prähistorik, eine Rückverfolgung, die vielleicht selbst bis in die Blütezeit der Zentrale Atlantis vor der Weltkatastrophe zurückreichen kann (s.o., die Deutung von J. Pokorny).

Die Anfänge der Begriffe „Druidismus“ (= disciplina) und „Druide“ sind also zeitlich zu unterscheiden. Druidismus, gedanklich aufgekommen (zumindest) im „Hiat“ (7.500 v.- 3.500 v. Chr.), (vielleicht auch aus Restelementen einer Form eines atlantischen Glaubens), setzte sich in

Irland und Britannien, „atlantisnahen“ Gebieten, fest, ging dann über auf Gallien, wo sich aus dem Gedanken und Begriff des „Druidismus“ der Begriff „Druide“ herausbildete, und von dort drang der Gedanke des Druidismus in Einzelaspekten auf die Etrusker etc., und von dort auf die Römer über.

In diesem Zusammenhang ist interessant, was Stuart Pigott, „Il mistero dei Druidi“, Newton Compton Editori, Marzo 1982/ Roma, S.157, sagt: Dietro ai Druidi vi è una longa preistoria: vixere fortes ante Diviciacum. Le culture basilari europee, dal tardo periodo glaciale fino a circa il sesto millenio a.C., si fondarono sull' economia derivate della cacia, della pesca e della recolta del cibo, che nel suo insieme comprendeva le culture progredite paleolitiche e mesolitiche.

Solche kulturellen Traditionen (fortgeschrittene paläolithische und mesolithische) hatten sich, so Pigott, bis ans Ende des 3. Jahrtausends v. Chr. (nach unserer Vorstellung also „bis Ende des Hiats“; so Pigott) gehalten. Im Wesentlichen sind es Kulturen, so Pigott weiter, die später liegen als die Ureinwohner der Neuen Welt, die über die Beringstraße von Asien herüberkamen.

Verschiedene Religionshistoriker haben die These vertreten, dass man Vergleiche anstellen kann, fährt Pigott fort, zwischen diesen Kulturen und dem archaischen und exstatischen Typ, der in der Alten und Neuen Welt bis in die neuesten Zeiten überlebt hat in dem Begriff „Schamanismus“.

Pigott weiter: Wir sind im unklaren über die vielen Variationen religiöser Einflüsse, unter denen die neolithischen europäischen Gemeinschaften (Pigott, S. 158) vom 6. bis zum 3. Jahrtausend v. Chr. (nach unserer Deutung: die Zeit des Hiats) standen, und ihr möglicher Beitrag zu den keltischen Religionen später ist ein noch völlig unbekannter Faktor.

Pigott erschließt aus den archäologischen und epigraphischen Vorlagen 3 Phasen für die Druidische Religion (zeitlich rückwärtsgehend):

1.) Prädominierende indoeuropäische Traditionen bis zum 2. Jahrtausend v. Chr. und vielleicht darüber hinaus,
2.) orientalische und okzidentalische Elemente, eingeflossen bis zum 4. Jahrtausend v. Chr. und

3.) die Riten und Glaubensvorstellungen der „Jäger" des voragrarischen Europa, die seit dem „Schamanismus" überlebten.

Pigott schließt diesen Gedanken ab: Es ist ein Stammbaum, der zurückreichen könnte vielleicht bis vor 20.000 Jahren.
Pigott kommt, um diese unsere Überlegung abzuschließen, also in etwa auf das hinaus, was auch wir für das Alter des „Druidismus" glauben annehmen zu müssen, nämlich zumindest zurückreichend bis in den „Hiat" (7.500 v. bis 3.500 v. Chr.), vielleicht sogar früher, gespeist mit Restelementen eines ursprünglich auch zur Blütezeit von Atlantis vorkommenden Glaubens.

DAS βραχὺ σπέρμα IM ZUSAMMENHANG MIT DEM DRUIDISMUS

An dieser Stelle unserer Überlegungen sei zunächst wieder ein kleiner Einschub über den von Plato (dem Saïs-Priester und Solon) gebrauchten Begriff des βραχὺ σπέρμα (= „winziger Samenkern") angeführt, da vorausgesetzt, der Druidismus reicht gar in die Blütezeit Atlantis' zurück, – aber nicht nur in dem Falle –, auch im „Druidismus" ein solches bereits entwickeltes βραχὺ σπέρμα u. E. vorliegt.
Der Saïs-Priester spricht davon, dass in den ägyptischen Archiven „alles „Schöne und Große" aus den vergangenen Zeiten aufgezeichnet und bewahrt sei" (Tim. 23a: πάντα γεγραμμένα ἐκ παλαιοῦ ... καὶ σεσωμένα), dass aber bei den Athenern, kaum dass sie mit der Schrift versehen seien, eine Flut vom Himmel über sie hereinbreche und nur „die der Schrift Unkundigen und Ungebildeten" (ἀγραμμάτους καὶ ἀμούσους) zurücklasse (das habe sich bei den Athenern schon immer so abgespielt), sodass sie (die Athener) wiederum zum Neuanfang, gewissermaßen zum Jugendalter (οἷον νέοι), zurückkehren, d.h. „jung" werden, ohne etwas von dem zu wissen, was sowohl hier (sc. in Ägypten) als auch bei ihnen „in alten Zeiten" (ἐν τοῖς παλαιοῖς χρόνοις) sich begab, Das habe sich bei den Athenern schon immer so ergeben. Deshalb seien sie immer „jung (in der Seele)".
Der Saïs-Priester fährt fort, Solons „genealogische Ausführungen (sc. über die Athener)" (γενεαλογηθέντα) unterschieden sich daher nur wenig

„von Kindergeschichten“ (παιδῶν ... μύθων). Deshalb sprächen die Athener auch immer nur von „einer“ Sintflut (ἕνα κατακλυσμόν), obwohl es „schon viele (in der Weltgeschichte) gegeben habe“. Und vor allem wüssten die Athener nicht, dass „ in ihrem Lande das schönste und trefflichste Geschlecht unter den Menschen entsprossen sei… und der gesamte jetzt bestehende athenische Staat deshalb entstanden sei, weil einst ein „winziger Samenkern“ davon zurückbelassen worden sei“(περιλειφθέντος ποτὲ σπέρματος βραχέος).

Das alles wüssten die Athener gar nicht. Letzte Ursache dafür sei „die größte Verheerung durch Überschwemmung“, sc. die Sintflut nach der Katastrophe von Atlantis (μεγίστην φθορὰν ὕδασιν), wobei nur die nach der Sintflut am Leben Erhaltenen, viele Menschengenerationen, verstorben seien, „ohne sich schriftlich äußern zu können“ (γράμμασιν ... ἀφώνους).

<u>Fassen wir zusammen:</u>

Keine schriftliche Tradition bei den Athenern, weil nach der Katastrophe von Atlantis auch die Schrift verlorengegangen sei. Aber erhalten blieb, und das gilt wie für das Beispiel des athenischen Staates auch allgemein – das ist hier zu betonen – nach der durch die Katastrophe ausgelösten Megasintflut ein βραχὺ σπέρμα (=ein winziger Samenkern), und zwar auch des Druidismus, wenn der Druidismus als eine religiöse Erscheinungsform mit seinen Anfängen in die vorkatastrophale Zeit zurückreicht, (jedoch nicht nur dann), man könnte auch sagen: eine Uridee des Druidismus, aus der sich dann, (wie im Falle der Uridee des athenischen Staates, eben der jetzt real existierende Staat in seiner Schönheit und Größe entwickelt hat), sich eben auch der „Druidismus“ entfaltet hat.

(Das verdeckte Vorkommen der βραχέα σπέρματα hat für den Saïs-Priester und Plato allgemeingültige Bedeutung. Solche βραχέα σπέρματα [hier im Plural angewandt] werden wir in den gesamten folgenden Überlegungen zugrundeliegend vorfinden, und zwar auf allen

anstehenden Gebieten, ob in puncto Architektur, Religion oder, wo auch immer).
Dass die Zeitspanne ab der Katastrophe von Atlantis bis zum ersten Auftauchen des Begriffes „Druide“ in Gallien, im 4. Jh. v. Chr., eine lange Zeitspanne ist, besagt nichts, wenn man sich bewusst ist, dass das βραχὺ σπέρμα des „Druidismus“ immer im Denken und Unterbewusstsein der Menschen vorhanden war, bis es sich im 4. Jh. v. Chr. in dem Begriff „Druide“ in Gallien manifestierte.

Im Rückblick auf die vorgetragenen Überlegungen und im Hinblick auf unsere weiteren Überlegungen halten wir es an dieser Stelle für angebracht, folgende chronologischen Aufgliederung und Übersicht über die Zeit nach der Katastrophe von Atlantis darzulegen.

Chronologische Aufgliederung:

1.) Die Katastrophe von Atlantis:	9.560 v. Chr.
2.) Die Folgen der Katastrophe (völlige Dunkelheit, ohne kulturelle Ansätze)	Bis 7.560 v. Chr.
3.) Die „dunkle Zeit der Kultur“ (ohne Schrift; chthonische Religiosität [Aufkommen der Vielgötterei, Menschenopfer, Druidismus] Zeit der einsetzenden Megalithkultur; Druidismus, vielleicht sogar in bestimmten Elementen zurückreichend bis in die Blütezeit des Imperium von Atlantis.) Zeit des „Hiats“[41]	Bis 3.500 v. Chr.
4.) Allgemeines erstes „Aufkeimen“ der Urideen, der βραχέα σπέρματα, im Zusammenhang mit dem Wiederaufkommen der Schrift und weitere Entwicklung der kulturellen Gegebenheiten im westlichen (Caral-Kultur) und östlichen Einflussbereich von Atlantis	Ab 3.500 v. Chr.
5.) Beginnende Blütezeit der Kulturen (Pyramiden, Paläste), beginnende Entwicklung des Monotheismus, d.h. Entwicklung hin zu dem religiösen Zustand vor der	Ab etwa 3.000 v. Chr.

[41] Die Zeit der „völligen Dunkelheit“ (9.560 v. Chr. bis 7.560 v. Chr.) und die „immer noch dunkle Zeit“ (7.560 – 3.500 v. Chr.) kann man auch als eine Einheit sehen, von der der 1.Teil den „tiefsten Hiat“, den „völligen Stillstand auf geistigem Gebiet“, darstellt.

Katastrophe, entgegen der polytheistischen Chthonik der Zeit des „Hiats"; teilweises Aufgeben der Menschenopfer, beginnend mit Theseus (Minotaurus) und Quetzalcoatl; jedoch Weiterbestehen des Druidismus	
6.) Kulturelle Blüte und Festigung des Monotheismus. Nachdenken über Abschaffung der Menschenopfer (griechische Philosophie, Seneca etc.)	Ab 500 v. Chr. bis Konstantin

Die architekturale Ausstrahlung von Atlantis
(Osten)

Ein weiterer Punkt des Einflusses von Atlantis im Bereich seines Imperiums und in den an das Imperium angrenzenden Räumen (außer der oben abgehandelten sprachlichen, kolonialen und religiösen Dimension) ist der Einfluss von Atlantis in architekturaler Hinsicht.
Zunächst wollen wir dabei die Ausstrahlung des in Atlantik gelegenen Atlantis in östlicher Richtung betrachten.
Was einem hier von vorneherein einfällt, sind die Pyramiden Ägyptens, und wenn wir Donnellys visionären Vorstellungen des Einflusses von Atlantis bis in den „Fernen Osten" folgen, auch die Stupas in Indien, die Pagoden Chinas; wir denken auch schon an die Pyramiden der Mayas und die Sonnentempel der Inkas, vor allem aber auch, was die profanen Bauten betrifft, an die ägyptischen Tempelanlagen (Ramesseum etc.), auch an den Palast des Minos auf Kreta, den Tempel des Salomon und den Potola-Palast in Tibet, um nur einige der bedeutenden Bauwerke der Geschichte zu nennen.

Die Pyramiden der Ägypter

Hier muss man von vornherein festhalten, dass in der Beschreibung der Insel Atlantis durch den Saïs-Priester nirgends von Pyramiden und ähnlichen Bauwerken die Rede ist. Der Königspalast auf Atlantis hingegen ist, beruhend auf seiner exponierten Stellung bei der

Beschreibung durch den Saïs-Priester, als ein Vorbild für alle späteren Palastanlagen leicht zu verstehen.

Was also „Pyramiden“ betrifft, so gibt es keine Erwähnung, und dennoch liefert Atlantis das Vorbild für die späteren gewaltigen Bauwerke der Ägypter. – Wie das?

Wir kommen zu folgendem Ergebnis, was die Pyramiden Ägyptens betrifft: U.E. wurde die „äußere Form“ der Pyramide in Ägypten (genauso, wie wir später sehen werden, in Altamerika) entwickelt; sie ist u.E. also eine ägyptische Schöpfung.

Doch hier ist sofort die Zusatzbemerkung zu machen: Die „Pyramide“ wurde zwar in ihrer „äußeren Form“ in Ägypten entwickelt, jedoch – und das ist hier herauszustellen – aus dem Bedürfnis „Empor zum Licht“, „Empor zu den Göttern“. Und für dieses Bedürfnis „Empor zum Licht“ war das Urbild der Uratlas auf Atlantis.

Dazu folgende Begründung :

Die Bedeutung des Uratlas-Berges auf Atlantis geht hervor auch aus der Angabe Herodots, die im Zusammenhang mit seiner geschichtlichen Darstellung von den Ataranten und Atlanten spricht, die sich nach einem Berg „Atlas“, wie Herodot sagt, Atlanten nennen, einem Berg, der, so Herodot, spitz und hoch ist, dass man ihn nie zu sehen bekommt, da die Wolken ihn weder sommers noch winters freigeben.

Die Bedeutung des Uratlas-Berges geht aber vor allem hervor aus dem auf ihn angewandten Begriff „ἀπότομος“ (Plato, Krit. 118a), dessen Idee aus den ägyptischen uralten Archiven stammt und der von dem ganzen Bergmassiv die Vorstellung eines „τέμενος“, eines „templum“ ausgehen lässt, eines „abgeschnittenen“ heiligen Bezirks (τέμενος und ἀπότομος leiten sich ab von dem griechischen Wort „τέμνειν“ = „schneiden“). Der Begriff „τέμενος“ hat gerade auch im griechischen und später auch im römischen Einflussgebiet mit dem von „τέμενος“ abzuleitenden lateinischen Begriff „templum“ die starke religiöse Bedeutung erlangt, dass er den von dem profanen Raum „abgeschnittenen“ heiligen Bezirk bezeichnet (s. z.B. Selinunt, Demeter-Malochoros-Heiligtum, oder, was Rom betrifft, wo jedes „templum“ dadurch seine Heiligkeit zur Schau trägt.)

Auch die Tempelpyramiden der Azteken (s. Thiemer-Sachse: Die Azteken, S. 12/S.27) – das möchten wir hier schon vorausgreifend andeuten – waren Nachbildungen der „Götterberge“ der Azteken; „Götterberg“, eine Idee, die letztlich auf den τέμενος des Atlasberges auf Atlantis zurückgeht. (s. weitere Überlegungen zu den hier angesprochenen Bemerkungen, S. 180ff.)
All dies erlaubt uns zu sagen: Der Uratlas, der „Allesträger“, man möchte fast sagen, der Pantokrator von Atlantis, gab letzten Endes für Djosers erstes Beginnen (~ 2600 v. Chr.), die Stufenpyramide, das Urbild ab. Es lässt sich förmlich das Bedürfnis nachempfinden, wenn man bedenkt, dass Djoser zunächst eine Mastaba bauen ließ, dann auf diese erste eine weitere kleinere Mastaba, dann darauf wieder eine kleinere, sodass die Statik des Bauwerkes gewährt war, bis die „Stufenpyramide“ ihren höchst möglichen Punkt erreicht hatte und die auf diese Weise entwickelte Pyramide letztendlich dem Vulkankegel des Uratlas, wie er durch das βραχὺ σπέρμα „Atlasberg“ zunächst oral weitergetragen und in den uralten Archiven Ägyptens beschrieben war, ähnlich sah. Dies gilt für die Pyramiden im Allgemeinen, auch die späteren klassischen ägyptischen Pyramiden, grundsätzlich. Sie stehen alle wie Vulkankegel in der Landschaft und können die ihnen zugrundeliegende Uridee nicht verleugnen; wobei die Uridee eigentlich nicht der Vulkankegel selbst ist, sondern mit ihm zusammen die Eruptionssäule des Vulkans, die den Himmel „trägt“ wobei die Eruptionssäule ihrerseits von den Ägyptern durch eine Vergoldung der Pyramidenspitze angedeutet wird (ähnlich bei den späteren „Spitzen der Obelisken“, den vergoldeten Pyramidia) oder, wie in Mexiko, durch die Anlage eines den Gott beherbergenden Tempels auf der Pyramidenspitze (vergleiche auch den US-Dollar-Schein mit dem Endstein der Pyramide).
Was Djosers Beginnen des Baus einer Pyramide betrifft, so ist vor allem auch folgende Überlegung zu beachten, obwohl wir, was die äußere Form der Pyramiden betrifft, von ägyptischen und altamerikanischen Schöpfungen sprechen, die Überlegung also: Niemand wird behaupten wollen, dass Djoser sich eines Tages hinsetzte und verkündete: „So, jetzt bauen wir mal eine Pyramide.“ – Nein, es waren Vorüberlegungen dazu nötig, und diese Vorüberlegungen schöpfte Djoser aus den in Ägypten

vorhandenen Archiven über Atlantis, von denen der Saïs-Priester ja auch spricht und die auf das „Naturbauwerk“ des Uratlasberges als Urbild für ein ersehntes „himmelstrebendes, künstliches Bauwerk“, am Ende auf eine Pyramide, hinwiesen; Archive, aus denen Djoser eben schöpfte.
So kann man abschließend sagen: Die äußere Gestaltung der Pyramide war ägyptisch, die Idee dazu war atlantisch. (s. die weitere Begründung für „Atlasberg“ = Vorbild für alle religiösen Bauwerke, S. 180-188.)
Interessant wäre es zu wissen, wie lange die Vorlaufszeit, die Vorüberlegungen gedauert haben, bevor Djoser und sein Stab sich an den Bau der ersten Stufenpyramide heranmachten. Waren es Jahrhunderte, die Leute vom Typ des Architekten Imhotep daran tüftelten? Etwa ab dem Zeitraum um 3.112 v. Chr.? – Die Frage ist deshalb so gezielt gestellt, da die Maya, deren Pyramidenbau ja verhältnismäßig spät begonnen hat, den Anfang ihrer Zeitrechnung auf dieses Datum, ihren „historischen Null-Tag“, festlegten, die Maya, die auch, nur eben viel später als die Ägypter, mit einer Stufenpyramide begannen. Das Aufkeimen des βραχὺ σπέρμα „Vulkankegel Atlasberg auf Atlantis“, eines der βραχέα σπέρματα, die, wie wir oben gesagt haben, alle etwa Mitte des 4, Jahrtausends v. Chr., zum Durchbruch kamen – weshalb auch viele Völkerschaften wie z.B. die Mayas den Anfang ihrer Geschichte, ihres „historischen Nulltages“ (im Gegensatz zu ihrem „Nulltag A“ [= Nulltag absolut]), in diesen Zeitraum verlegten –, dieses Aufkeimen ließ also bei den Maya eine gewaltige Zeitstrecke länger auf sich warten, war aber bei den Vorläufern der Maya, den Zeitgenossen des Djoser, sicherlich auch schon angedacht, nur wegen fehlender materieller Mittel noch nicht durchführbar.
Zu erwähnen ist hier allerdings, dass die Caral-Kultur, die Kultur der Vorläufer der Inka, von denen die Inka auch ihre Sprache Quechua und ihren Quipú ererbt haben, Vorläufer, die im altamerikanischen Raum immer in das chronologische Kalkül im Vergleich mit dem östlichen Einflussgebiet von Atlantis herangezogen werden müssen, die Bauform der Pyramide schon 3000 v. Chr. anwandten. Um die Stadt Caral herum 6 Fälle. „Zeitlich reiht sich Caral in die bekannten Ursprungszentren der menschlichen Zivilisation neben Mesopotamien, Ägypten und Indien ein,

ohne jedoch annähernd den Stellenwert dieser Hochkulturen zu erreichen“ (so „Wikipedia“ zum Stichwort „Caral“).

Wir beenden damit unsere bisherigen Überlegungen mit der abschließenden Feststellung des Einflusses des Großimperiums Atlantis auf sein Imperiumsgebiet und die an es angrenzenden Räume in

1.) sprachlicher Hinsicht
2.) kolonialer Hinsicht
3.) religiöser Hinsicht und
4.) architektonischer Hinsicht.

Doch bislang haben wir in erster Linie gesprochen von der Ausstrahlung der Insel Atlantis in

1.) nördlicher Richtung (Atland, Thule),
2.) nordöstlicher Richtung (Tyrrhenien; Lemnos mit der dem Etruskischen verwandten Stelen-Inschrift; Troja; einem Ort auf dem Meeresgrunde des Schwarzen Meeres)
3.) östlicher Richtung (Basken, Iberer, Tartessos, Thera, Kreta, Tyros, Tell El Amarna) und
4.) südöstlicher Richtung (Tuareg, Berber, Garamanten),

und wir haben in den Namen von Orten und Namen von Volksgruppen vor allem auch den sprachlichen Zusammenhang (tl̥-/tr̥-) mit der atlantischen Sprache aufgezeigt.

<u>DER ATLANTISCHE EINFLUSS IM WESTEN VON ATLANTIS</u>

<u>Vorbemerkung:</u> Jetzt ist es an der Zeit, den Blick zu wenden auf die westliche Ausstrahlung von dem „im Atlantik gelegenen Atlantis“.
Auch hierbei wollen wir die o.a. 4 Aspekte in Betracht ziehen.
Wir müssen dazu zunächst unsere oben angefertigte „Skizze über den Einfluss Atlantis‘ nach Osten“ ergänzen und vervollständigen über den „Einfluss nach Westen“, sodass die Skizze folgendes Aussehen hat:

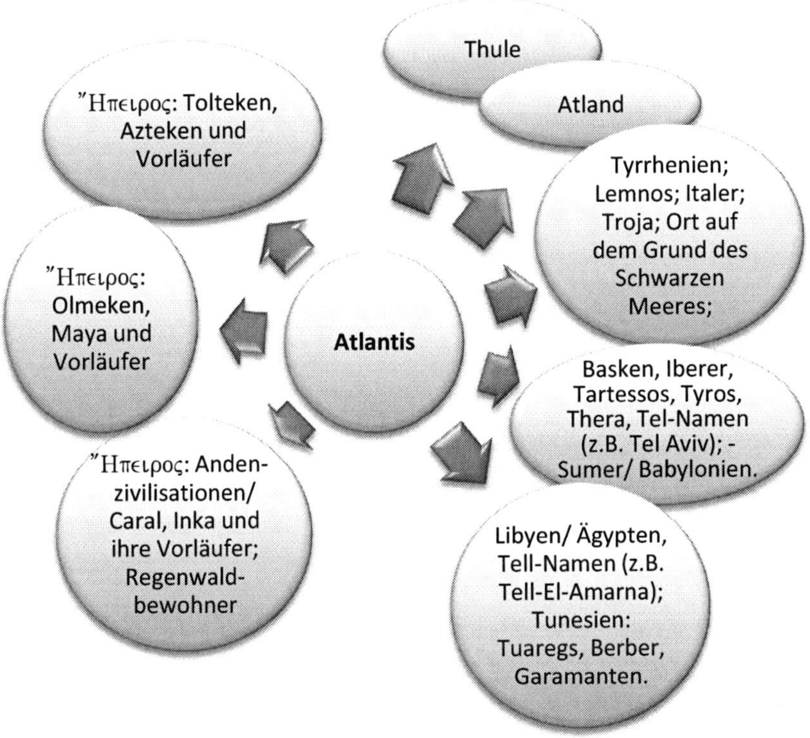

Vorausschicken möchten wir hier gleich die Beantwortung der eventuell auftretenden Frage: Warum hat der Saïs-Priester oder Solon nicht von der westlichen Ausstrahlung von Atlantis gesprochen? So, wie er es, was die östliche Ausstrahlung betrifft, eindeutig tat mit der Aussage: Timaios 25a:

> Λιβύης μὲν ἦρχον μέχρι πρός Αἴγυπτον, τῆς δὲ Εὐρώπης μέχρι Τυρρηνίας

Die Antwort: Denken wir bei der Beantwortung dieser Frage zunächst an Solon! Denn seine Aufgabe wäre es gewesen, der Vollständigkeit alles Gesagten halber vom Saïs-Priester die Beantwortung der Frage zu erbitten.

Beim Durchdenken dieser Frage kommen wir zu folgendem Ergebnis: Für uns Heutige, die wir darum ringen, die von dem Saïs-Priester behauptete Existenz von Atlantis und seiner Ausstrahlung zu beweisen, ist der Zielpunkt unserer Überlegungen ein ganz anderer als für Solon. Solon war einzig und allein durch seine eigens dafür durchgeführte Reise nach Ägypten darauf aus, möglichst viel zu lernen und möglichst viele Informationen über seine bedeutende Heimatstadt, Athen, zu erlangen, dies mit der inständigen Bitte an den Priester (πᾶσαν προθυμίαν σχεῖν δεόμενος τῶν ἱερῶν) πάντα δι᾿ἀκριβείας οἱ τὰ περὶ τῶν πάλαι πολιτῶν ἑξῆς διελθεῖν, d.h.: inständigste Bitte, „ihm alles akribisch genau (δι' ἀκριβείας) und, um ja nichts zu vergessen, ἑξῆς, der Reihe nach, zu berichten über seine einstigen Mitbürger."
Und Solon lässt nicht locker, bis der Priester ihm die Zusage zu allen o.a. Punkten macht und sagt: Φθόνος οὐδείς, d.h.: diesen Bericht in der oben von Solon verlangten Form, will der Priester ihm nicht vorenthalten [eigentl.: nicht missgönnen].

Ergebnis: Solons Ziel ist also ein ganz anderes als das von uns angestrebte Ziel. Für Solon war die Existenz dessen, was der Priester sagte, also auch die Existenz von Atlantis, nachdem er (Solon) sich dazu durchgerungen hatte, eine Selbstverständlichkeit. Solons Interesse als athenischer Staatsmann war also eindeutig auf Athen ausgerichtet; alles Weitere, ich möchte nicht sagen, interessierte ihn in diesem Moment nicht; aber für ihn war es zweitrangig; zweitrangig, ob jenseits von Atlantis, nach Westen gehend, es noch viele Inseln gab, bei denen man von der einen zur anderen gelangen konnte und am Ende gar auf ein echtes Festland (ἤπειρος).

Und trotzdem sollte auch folgende Überlegung uns hier noch beschäftigen, sc.: der leise Hauch von Zweifel (Platos und Solons) zu Beginn der Erzählung des Saïs-Priesters, dass die Geschichte (Tim, 20d: λόγου μὲν ἀτόπου, παντάπασίν γε μὴν ἀληθούς), dass die Geschichte „eine zwar seltsame, aber dennoch durchaus wahre" Geschichte sei.

Mit diesen Worten scheint bei Solon genau wie bei Plato ein leiser Hauch des Zweifels an der Geschichte durch, welcher Zweifel aber sofort durch das „μὴν ἀληθούς“ beiseitegeschoben wird.

Es lohnt sich, hier über den Begriff ἄτοπος, den Solon/ Plato anwenden, nachzudenken und ihm gegenüberzustellen den Begriff „Utopie“ (= οὐ τόπος), den Begriff der Gegner der Existenz von Atlantis.
Ἄτοπος, ein Wort, enthaltend ein „α-privativum“ und den Begriff τόπος, bedeutet, wie es ja auch die deutsche Übersetzung mit „seltsam“ zeigt, dass man vielleicht mit 100%iger Gewissheit die Existenz dieses τόπος, den Ort, noch nicht erkennt, dass man aber an der Wahrheit (ἀληθούς) der Existenz dieses Wortes nicht zweifelt, dass man also um den Beweis der Echtheit bemüht ist.
Οὐ τόπος, zwei Worte, bestehend aus οὐ, der absoluten Verneinung, und τόπος (Ort) bedeutet: es gibt einen solchen Ort nicht, dieser Ort ist eine Utopie (vgl. auch Thomas Morus, „Utopie“, sowie Tommaso di Campanella, „Sonnenstaat“ und Francis Bacon „Nova Atlantis“.); dieser Ort ist eine Utopie, dessen Verwirklichung vielleicht wünschenswert wäre, der aber auf keinen Fall existentiell vorhanden ist.
Sollte der o.a. leise Hauch des Zweifels in der Seele Solons und Platos anfänglich noch vorhanden gewesen sein, so müssen wir bedenken, dass die Erdscheibentheorie in der Geologie zu Solons und zu Platos Zeiten in ihrer Gültigkeit noch bekannt und anerkannt war. In der „ἀτόπος μὲν, ἀλλά μὴν ἀληθής“- Einstellung des Solon und Plato könnten wir also eine gewisse Scheu vonseiten des Staatsmannes und des Philosophen bei der impliziten Zustimmung zur Wahrheit der Existenz von Atlantis verspüren; diese aber wird sofort als nicht begründet weggeschoben. Die uralten Archive der Ägypter besitzen also das uneingeschränkte Vertrauen Solons und Platos.
Frage: Stand Plato in seinem Alterswerk in seiner Entwicklung vom Idealismus immer mehr hin zum Realismus, dessen Dominanz man dann auch in den Nomoi, einem weiteren Spätwerk Platos, verspürt, an der Schwelle einer weiterentwickelten Denkweise? – Der Timaios ist ja ein

sehr spätes Werk Platos, und man hat den Timaios genannt den „naturwissenschaftlichsten" Dialog Platos.
Denken wir z.B. in diesem Zusammenhang auch an die von Solon und auch von Plato akzeptierte Aussage des Saïs-Priesters, der Phaëton-Mythos sei zu deuten als eine παράλλαξις der Sterne, also der Versuch einer rein physikalischen Erklärung des Mythos „Phaëton", der die Zustimmung Platos hat und die der Naturwissenschaftler sicherlich anerkennt.

Fassen wir zusammen: Solon und Plato haben sich über die noch landläufige Vorstellung der Erdscheibentheorie hinweg durchgerungen zur Anerkennung der Echtheit und Wahrheit dessen, was der Saïs-Priester sagt, wenn auch ἀτόπου μὲν, so doch: μὴν ἀληθούς.

Doch zurück zu unserer Hauptfährte:
Nachdem wir, ausgehend von dem Gedanken einer Ausstrahlung Atlantis' auch nach dem Westen, erkannt haben, dass ein Ausbleiben dieses Gedankens bei dem Saïs-Priester und Solon im Gesamtaufbau des Werkes vornehmlich mit der Funktion Solons als athenischer Staatsmann zu begründen ist, der sich vor allem für die Angelegenheiten seiner bedeutenden Heimatstadt Athen interessiert, wollen wir nun eingehen auf die nach Westen gerichtete Ausstrahlung von Atlantis auf den mesoamerikanischen Raum, vornehmlich auf die Maya und Azteken, und den südamerikanischen Raum, die Inka und jeweils deren Vorläufer, also das westliche Ausstrahlungsgebiet von Atlantis.
Kommen wir also (nach der „Abschweifung" über Solon) zurück zu der von uns verfolgten Absicht, sc. die Darstellung des Einflusses von Atlantis in Richtung Westen, auf den meso- und südamerikanischen Raum. Auch hier wollen wir (wie in östlicher Richtung) den Einfluss von Atlantis unter den 4 Aspekten betrachten:

1.) Sprache
2.) Architektur
3.) Religion
4.) Kolonisation

Entsprechend der eindeutigen Richtungsangabe „Osten“ von Atlantis mit den Angaben über den Einfluss der Großinsel μέχρι Τυρρηνίας und μέχρι Αἰγύπτου, ist also auszugehen auch von einem Einfluss des Großimperiums Atlantis in Richtung „Westen“. Nach „Norden“ gab es nur Wasser und Eis, nach „Süden“ nur Wasser.

Über die Richtung „Westen“ werden Timaios 24e etliche Angaben gemacht, wenn auch nicht in einem Zusammenhang mit irgendeinem Einfluss. Die Gründe dafür haben wir oben geliefert mit der Funktion Solons als athenischer Staatsmann, den die fernliegenden, vom Saïs-Priester angedeuteten Gebiete (gar ein ἤπειρος) nicht so sehr interessierten.

Wir wollen also in diesem Zusammenhang dennoch im Verfolg unserer Absicht, den Einfluss Atlantis‘ auch nach Westen darzulegen, auf Folgendes hinweisen: Das mögliche „Inselhüpfen“ nach Westen, von dem der Saïs-Priester spricht, war zur Eiszeit, also vor 12.000 Jahren, weil gewaltige Wassermassen in Eis gebunden waren, viel leichter als heute, da der Meeresspiegel ja viel tiefer lag, die sich um Atlantis herum gruppierenden Inseln viel größere Landflächen aufwiesen (im Zusammenhang mit Athen spricht Solon davon auch; Kritias 110d-112d) und einige Inseln vielleicht sogar noch vorhanden waren, von denen wir heute gar nichts mehr wissen.

Rein geologisch war die Einflussnahme nach Westen dadurch für Atlantis also leichter, als wir es uns heute vorstellen.

Doch nun zur Darstellung der Einflussnahme:

DIE SPRACHLICHEN ZUSAMMENHÄNGE
(westliche Einflusssphäre)

Wir wollen hierbei zunächst ein Augenmerk werfen auf die sprachlichen Zusammenhänge zwischen Atlantis und Mesoamerika.

Wir haben oben (S.69ff.; S.105ff.) bei der Herausarbeitung der Wortwurzeln „ -tr̥-/-tl̥-“, ebenso im Anschluss an unsere Überlegungen über das „Indoeuropäische in der etruskischen Sprache“ (vgl. auch M.

Pallottino, „Etruskologie“: „prae-, proto- und periindoeuropäisch“; ebenso Staccioli „Il mistero della lingua etrusca“) sowie bei der Erschließung der atlantischen Wortwurzel „ -tl̥-“ im Worte „Atlas“ schon darauf hingewiesen, dass eine Menge Wörter (sog.) indoeuropäischer Sprachen auf ihre etymologischen Bestandteile hin untersucht werden müssten, um Bedeutungszusammenhänge zwischen dem Etruskischen und indoeuropäischen Sprachen festzustellen.

Eines dieser Wörter, die hierbei von vornherein ins Auge fallen, ist „TERRA“/„TELLUS“.
„Terra“/“Tellus“ = „Erde, Land“ im Gegensatz zu „Wasser“.
Die „Erde“, das „Land“, die „terra ferma“, wie später der Venezianer sagt, sind das „tragende Element“. Auf ihr, auf der „Erde“, auf dem „Land“ kann man festen Fußes stehen im Gegensatz zu dem – außer in Wundern – „nichttragenden Element“, dem „Wasser“.
Dass die Polarität: „tragende Erde“ und „nichttragendes Wasser“ gerade in den Vorzeiten, Zeiten und Folgezeiten der Sintfluten eine wichtige Rolle spielte, also vor allem auch nach dem Untergang von Atlantis, dürfte nicht verwundern.
Es dürfte auch einleuchten, dass gerade mit dem Gedanken des von dem Saïs-Priester behaupteten Untergangs von Atlantis, einer vom Wasser umgebenen Großinsel im Atlantik (δῦσα ἠφανίσθη), nichts Verwunderliches vorliegt. Die Folgen des Untergangs, wie wir sie oben dargestellt haben, waren das „völlige Verschwinden“ einer Insel (ἠφανίσθη), die inmitten der gewaltigen sie umgebenen Wassermassen des Ozeans auch eine „terra“, eine „Trägerin“, tragendes Element“ für die dort Lebenden gewesen war. Weitere Folgen waren vier Sintfluten (s.o.).

Da „terra“ = „Land“ eine so eminent wichtige Bedeutung als Gegenpol zum „Wasser“ (Sintfluten) in unseren Überlegungen einnimmt, möchten wir nach den oben vorgedachten Überlegungen über „Land“ und „Wasser“ hier die Etymologie des Wortes „Tellus/Terra“ vornehmen und wollen diese Worte „Tellus/Terra“ – darauf weisen wir an dieser Stelle schon hin – vornehmlich mit aztekischen Begriffen und Wörtern in eine offensichtlich berechtigte Beziehung setzen, wie sich herausstellen wird.

Zuerst also die Etymologie des Wortes „Tellus/Terra“ = „Land“, „Erde“:
Hierzu verweisen wir wieder auf die oben entwickelten Wortwurzelschemata, wo wir auch u.a. für die Wortwurzel „-ter-/-tel-“[42] den Sinngehalt „tragen“ festgestellt haben.
„Trägerin“ ist also vor allem für die vom Wasser Umgebenen die „Erde“, das „Land“, die „Terra/Tellus“, und wie wir oben für „Terra/Tellus“ den Sinngehalt „Trägerin“ herausgestellt haben, so halten wir es für angebracht darzulegen, dass wir mit der Etymologie des deutschen Wortes „Land“ aufzeigen können, dass auch das deutsche Wort „Land“ letztlich nichts anderes bedeutet als „Trägerin“ und dass auch das deutsche Wort „Land“ in unsere oben erschlossenen Wortwurzelschemata genau hineinpasst.
Am Ende werden wir dann aufzeigen, dass das lat. Wort „terra/tellus“, das deutsche Wort „Land“ und noch beizubringende aztekische Begriffe und Namen linguistisch verwandt sind.

Doch nun zuerst noch die Etymologie des deutschen Wortes „Land“:
Menge-Güthling, „Griechisches Wörterbuch“, KG Verlagsbuchhandlung Berlin 1962 (1913), bearbeitet von H. Menge, spricht bei der Behandlung des Wortes „τλῆναι“ von einem defektiven Aorist, weil man sonstige Tempusformen des dahinterstehenden Verbs nicht kennt; das von τλῆναι abzuleitende ἔτλην haben wir oben mit Heranziehung der „-tḷ̥-“-Wortwurzel genutzt (s.o.).

---

42 1.) Es ist hier angebracht, gleich darauf hinzuweisen, dass diese oben entwickelten Wortwurzelschemata „ter-/tel-“ den Sinngehalt des „Tragens“ sowohl
a.) im wortwörtlichen Sinne, z.B. der „tragenden Erde“ haben, auf der man festen Fußes stehen kann, als auch
b.) im übertragenen Sinne, z.B. der „Wissensträger“ (wie Iberer, Etrusker und Italer)
2.) Zur Abänderung der Liquide „r-“ in „l-“, s. Wadler und Walde (s.o.) und Fr. Bopp, Gloss., Sp.169.

Bei den etymologischen Zusammenhängen, die Menge-Güthling zu τλῆναι vorbringt, sagt er u.a.: Wortwurzel tla = „tragen“,
lat. tolerari, tuli (s.o., von uns behandelt),
tollo, latus = τλατός = „getragen”.

Also:

Lateinisch “latus” = griechisch “τλατός“.
Diese Erkenntnis hat A. Walde schon 1910 (Lateinisches Etymologisches Wörterbuch, S. 783) bei der Deutung von „tollere“ herausgefunden mit seiner Feststellung:

latus = tlatos = „getragen“

Wir stellen also fest, dass das „Anfangs-τ“ der griechischen Form „τλατός“ in der lat. Form „latus“ apokopiert ist (s.o., von uns dargestellt).
Bei den im Zusammenhang mit τλῆναι vorkommenden Formen zieht Menge-Güthling außer dem Indikativ Aorist ἔτλην (dorisch: ἔτλαν, episch: τλῆν) auch heran:

das Partizip τλάς = „tragend“

Der Genitiv dieses Partizips τλάς heißt: τλάντος. Ähnlich wie bei „si|deris“ (s.o.), wo wir nur in der Genitivform „si-der-is“ die Wortwurzel „-der-“ (s.o. unsere Schemata) deutlich erkennen konnten, können wir auch hier nur aus dem Genitiv der Form τλάς deutlich ersehen, dass das Wort τλάς die Bedeutung „tragend“, also aktive Bedeutung hat, also „tragend“ heißt.

Im weiteren Verfolg der Etymologie des Wortes „Land“ ziehen wir heran:
A. Walde, „Lat. etymol. Wörterbuch“, Heidelberg 1910, kommt bei den Begriffen „Latium“, „Latinus“ u.a. auf die Gegenüberstellung von „Latium“ mit der umbrischen Formulierung für „Latium“, sc. „Agre Tlatie“, zu sprechen.
Hier geht für uns, auch wenn Walde es 1910 noch in der Schwebe ließ, eindeutig hervor, dass in der Wortzusammenstellung „Agre Tlatie“ = „Lateinisches Gebiet“ das „Tlatie“ für „Latie“ = „Lateinisch“ steht.
D.h. also: Im Lateinischen ist das im umbrischen Wort „Tlatie“ einleitende „T-“ apokopiert.

Übertragen wir diesen Vorgang auf das griech. Wort τλάς, τλάντος, = "tragend" (s.o.), so haben wir im Genitiv „τλάντος" bei Apokopie des einleitenden „τ-", noch „λάντος" = „tragend" erschlossen. „Λάντος" = „tragend" ist synonym mit „Land" = „tragendes Element" (im Gegensatz zu „Wasser" [s.o.]).
Letztlich hat also griech. τλάντος = tlantis (lat.) eine synonyme Bedeutung mit „tellus" und „terra". Es ergibt sich:

τλάντος (gr.) = tlantis (lat.) = tellus (lat.) = terra (lat.) = Land[43] (dtsch.), entstanden aus (T)lant.

Folgende von Franz Bopp, dem „Erfinder der Wortwurzel", beigesteuerten Überlegungen für die Etymologie des Wortes „Land" bestätigen alle obigen Aussagen betreffs der Etymologie des Wortes „Land":

Fr. Bopp, „Glossarium Comparativum Linguae Sanscrittae" (Spalte 247a) sagt: Lateinisch "latus" ist nicht von „platus" = „breit" abzuleiten, sondern von (s)tlatus von dem Sanscrittwort (s)tar (s)tr̥ gemäß Festus , S.312.

Fr. Bopp (a.a.O., Spalte 168b) weiter: tellus = tala (scr.) =

1.) solum, fundus,
2.) ...
3.) ...

[43] Wir möchten in diesem Zusammenhang noch einmal hinweisen auf die Stammformen des Griechischen:

φέρω, οἴσω, ἤνεγκον (= ἔτλην) ...

sowie des Lateinischen:

ferre, fero, tuli, latum (← tlatum).

Es wird deutlich, dass für den ABC-Schützen der alten Sprachen das Lateinische ein wenig „leichter" ist wegen nur zweier Wortwurzeln („fer-" in „fero", „tl̥-" in „tuli" und „(t)latum" als das Griechische, das mit φέρω, οἴσω, ἤνεγκον = [ἔτλην] ... mindestens 4 verschiedene Wortwurzeln für die Stammformen aufweist.)

4.) superficies (rei, ut terrae) = Oberfläche einer Sache, wie der Erde, Erdoberfläche.

Das Sanscrittwort „tala“ = „Boden“, „Erde“ zeigt wie lat . „tellus“ eindeutig eine Vollstufe der Wortwurzel tl̥-, sc. „tal-“ (scr.) = „tel-“ (lat.).

Fr. Bopp weiter: Hib. (Gaëlicum dialecti Hibernicae):

talanch	=	the world, the earth, land, ground, soil, a country, nation; lat. tellus

Also auch das Gälische drückt mit der Wortwurzel „tl̥ -“ den Sinngehalt „tragende Erde“ aus.

Fr. Bopp weiterhin (a.a.O., Spalte 199a): terra = d^e ara (scr.) fem. τοῦ d^e ara = terra, cumbro-brit. daiaz. – Fortasse[44] etiam lat. terra huc pertinet.

Fr. Bopp (a.a.O., Spalte 172ff.) weiter: tul (scr.) = tollere, sublevare. – Vergleiche: dul, lat. tollo, tuli, gr. τλάω, τελάμων[45], τάλαντον (von tulâ), goth. thule, tolero, dtsch: ich dulde.

Aus all dem, was Fr. Bopp in den vorausgehenden Stellen des „Glossarium comparativum“ sagt, geht hervor, dass eine eindeutige Beziehung zwischen der Wortwurzel „tl̥ -“, manifestiert in „tellus“, und dem deutschen Wort „Land“ vorliegt.

Doch ziehen wir auch noch einen jüngeren Etymologen heran:
Auch Friedrich Kluge, „Etymologisches Wörterbuch“, Walter de Gruyter, Berlin, New York 1985, bestätigt unsere Überlegungen in dem obigen Zusammenhang. Kluge (a.a.O., S.501) sagt (ich zitiere): „Etymologie des Wortes ‚Land‘: „Land“ Mhd. lant, ahd. lant, as. land aus g.* landa-n. ‚Land‘ auch im got. land, anord. land, ae. land, afr. land, lond. Außergermanisch lässt sich air. ‚ithlann‘ vergleichen“ (Zitat Ende).

[44] Das „Fortasse“ würde Fr. Bopp heutzutage sicherlich weglassen.
[45] Die „Telamonen“ vom Zeus-Tempel in Agrigent sind die das gesamte Gebäude „tragenden Gestalten“, oftmals auch „Atlanten“ genannt“.

Wir halten fest: Im mhd. und ahd. ist das „End-t“ des lateinischen Genitivs tlantis und des griechischen Genitivs τλάντος noch erhalten als „-t“ statt des „-d“ im Neuhochdeutschen.
Doch, was hier noch wichtiger zu betonen ist, ist die Tatsache, dass im Altirischen, in dem Wort „ithlann“, genau wie im griech. Wort τλάς, τλάντος der Anfangsdental „τ-„ bzw. „(i)th-“ sich noch erhalten hat.

Warum der Anfangsdental im deutschen Wort „Land“, auch schon im ahd. lant und mhd. lant etc. apokopiert wurde, ist schwer zu sagen. Vielleicht wegen einer Art Dissimilation zu dem „-t“ im Auslaut des Wortes „tlantis“, das ein wenig schwieriger auszusprechen ist als „lantis“.

Wir fassen an dieser Stelle die obigen Überlegungen wie folgt zusammen:

1.) Die Wortwurzel „tl̥-/tr̥-“ (erschlossen aus dem Wort „Atlas“, also originär atlantisch),
2.) tellus / terra (lat.) und
3.) Land (entstanden aus „tlant“)

haben alle den gleichen Sinngehalt, nämlich: „Träger“.

Folgenden „zurückgreifenden Einschub“ über das Wort „Atlas“ halten wir an dieser Stelle für angebracht: Wir hatten oben Anstoß daran genommen, dass O. H. Muck in der Form „Atlas“ nur eine „vermutlich hellenisierte Form“ sah, und festgestellt, dass „Atlas“ ein originär atlantisches Wort ist, ein Wort der Sprache der Insel Atlantis, und dies auch dort begründet.
Wenn man nach unseren obigen Überlegungen bedenkt, wie schwer sich die Sprachen Griechisch, Latein und Deutsch damit taten, ein Wort für „Land“ zu entwickeln, so ist folgende Überlegung in Hinsicht auf das Wort „ATLAS“ von einem besonderen Interesse:
Die Griechen übernahmen das Wort „Atlas“ (auf das letztlich unser Wort „Land“ zurückgeht), weil durch die Symbolik des Tragens der Erdkugel“

sie zwar die Bedeutung des Wortes „Atlas“ erkannten, aber kein adäquates Wort dafür hatten und auch nicht zu bilden imstande waren, d.h. das sprachliche Material dazu nicht besaßen.
Die Griechen übernahmen das Wort „Atlas“ einfach und übernahmen damit auch die Symbolik des „Tragens der Erdkugel“, eine Symbolik, die in ihrem Ursprung auch originär atlantisch ist. Für die Griechen war „Atlas“ also immer nur ein Symbol „für die Tragkraft, die die Erde trägt“. Für „Land“ wendeten sie γή an, ein Wort, das jeden linguistischen Zusammenhang mit dem Wort „Atlas“ vermissen lässt.

Wenn man sich nun dessen bewusst ist, dass vom Worte „Atlas“ letztlich sich das deutsche Wort „Land“ (über Wortwurzel tl̥- hin, s.o.) ableitet, so können wir schön beobachten, dass sich im Deutschen das Wort „Land“ über die verschiedenen Zeiten der Sprachentwicklung hin (s. Kluge, a.a.O., S.501: Ahd. lant, mhd.lant etc.) mühsam herausgebildet hat.

Was die Römer betrifft, so ist zu sagen, dass auch sie ein Wort für „Land“, wenn auch unter großer Anstrengung, entwickelten, das die Form „tlans“ (Partizip zum Intensivverb „tlare“) als Ursprung hatte, und zwar mit den synonymen Wörtern „tellus“ und „terra“ , die beide letztlich wie „tlans“ selbst auch auf die Wortwurzel „tl̥ -/tr̥-“ zurückgehen, eine Wortwurzel, die ihrerseits auf das Wort „Atlas“ zurückgeht.

Last not least übernahmen auch die Griechen die Wortwurzel „tl̥ -/tr̥-“ (s. ἔτλην); ihre Übernahme aber beschränkte sich auf den „verbalen“ Bereich, während die Römer oder besser gesagt: die Italer aus der Wortwurzel „tl̥ -/tr̥-“ substantielle Begriffe wie „Latium“ (←Tlatium, s. Agre Tlatie im Umbrischen) und „Latinus“ (←Tlatinus) entwickelten.

Hier könnte man sagen, dass in dem umbrischen Begriff „Agre Tlatie“ = „Latinisches Land“ eine Art Duplizität vorliegt, da sowohl „Latinisch“ als auch „Agre“ (agre [umbr.] = ager [lat.] = Land) letztlich dasselbe besagen, sc. „Land“ (vgl hierzu die von uns vermutete Duplizität im Worte „Priester“; s.o., S.98). Die Römer haben diese sprachliche Duplizität in „Agre Tlatie“ bald empfunden und erkannt und sprachen dann anstelle des umbrischen zweiwörtigen „Agre Tlatie“ nur noch von „Latium“ mit einem Wort. (s. aber: „ager Tiburtinus“, „ager Picenus“.)

Trotz aller Entwicklungen des Wortes mit dem Sinngehalt „Land“ in den einzelnen Sprachen muss man sagen, dass für die Sprachen Griechisch, Latein und Deutsch das Wort „Atlas“, die Wortwurzel „-tl̥-“, immer etwas Fremdartiges behielt (was Griechisch und Latein betrifft, allein schon an den Stammformreihen erkennbar), obwohl man sich am Ende darüber im Klaren war, dass „Tlatie“ in der Formulierung „Agre Tlatie“ nicht, wie es bei A. Walde (a.a.O., S.417) noch steht, ein „Nicht-indogermanisches“ Wort ist, – ebenso wie dann ja auch das Wort „Latium“ nichtindogermanisch wäre –; nein, diese Worte, sc. „Tlatie“ und „Latium“, sind indogermanisch, aber eben in dem speziellen Sinne, dass sie beide auf die uralte atlantische Wortwurzel „tl̥-“ zurückgehen, und da wir oben glaubten feststellen zu müssen, das „Atlantische“, die „atlantische Sprache“, sei die Urheimat aller Sprachen, der sog. indogermanischen und der sog. nichtindogermanischen Sprachen, also auch des „Indogermanischen“, würde sich eine Unterscheidung „Indo-germanisch“ – „Nichtindogermanisch“ erübrigen, woraus sich die o.a. Formulierung der „indogermanischen Sprache in speziellem Sinn“ ergab. Zusammenfassend lässt sich sagen: Aus allem dem, was sprachlich um das Wort „Atlas“ herumrankt, geht hervor, dass „Atlas“, der Name des Königs von Atlantis, das bedeutendste Wort der Insel Atlantis war, sich über Jahrtausende hinweg wegen seiner großen Bedeutung als βραχὺ σπέρμα erhalten hat und sich deshalb auch für unsere obigen Darlegungen besonders gut eignete.

Wir haben im Vorausgehenden die Etymologie der Wörter „Land“, „tellus/ terra“ unter Hinzuziehung des „Glossarium Comparativum Linguae Sanscrittae“ und etymologischer sowie griechischer Wörter-bücher mit etymologischen Erklärungen deshalb in der dargestellten Weitläufigkeit vorgenommen, weil diese Wörter von Bedeutung sind für unser Vorhaben, die Wortwurzel „tl̥-“ und eben diese Wörter in Beziehung zu setzen zu aztekischen Begriffen, von denen wir überzeugt sind, dass auch bei ihnen die Wortwurzel „tl̥ -“ in der Bedeutung „Träger“, „tragen“, „Land“ vorliegt und insofern, wie in Richtung Osten, damit ein Beweis vorliegt für die Beeinflussung in Hinsicht „Sprache“ auch des altamerikanischen Raumes durch Atlantis, d.h. in Richtung Westen, vorliegt.

Die aztekischen Begriffe

Beginnen wir mit dem aztekischen Wort „**tlalill**“, das „Erde“, „Land“ bedeutet.
Hier liegt eine eindeutige Übereinstimmung vor des Wortbestandteiles „tla-“ (in „tlalill“) als Vollstufe von „tl̥ -“ z.B. mit dem umbrischen Begriff „Tlatie Agre“ (zu zerlegen in „Tla-tie Agre“) und dem griechischen Partizip τλάς (von τλάω = tragen), woraus sich aus dem Genitiv von τλάς, d.h. aus τλάντος, deutlich erkennbar, wie wir oben sahen, das Wort „tragendes Land“ entwickelt hat (s.o.), wobei obendrein auch eine Übereinstimmung von „tla-lill“ mit dem lat. Wort „tellus“ (Wortwurzel auch tl̥ -) offenbar ist. Diese 3 Wörter, sc. 1.) „tlalill“, 2.) τλάντος und 3.) tellus weisen alle die aus dem Wort „Atlas“ erschlossene Wortwurzel „tl̥ -“ auf und sind somit ein Beweis für den sprachlichen Einfluss von Atlantis auf seine östliche und westliche Einflusssphäre (s.o., s. Fr. Bopp, a.a.O. Spalte 172 ff.)
Diese Ww. „tla-“ in ihrer Vollstufe haben wir, wie in „tlalill“, auch in dem Namen des aztekischen Gottes „Tlaloc“, der gemeinhin als „Regengott“ bezeichnet wird, der aber in enger Beziehung zur „Erde“ steht, insofern er die Früchte der Erde mit seinem Wasser gedeihen lässt.

Nigel Davies, „Die Azteken, Meister der Staatskunst und Schöpfer hoher Kulturen“, S.393 schreibt unter dem Stichwort „**Tlaloc**“ in „die wichtigsten Götter des mexikanischen Pantheons“ (Zitat): „Tlaloc. Die wirkliche Bedeutung des Namens dieses Gottes ist ziemlich unklar; wahrscheinlich steht er in Beziehung zu dem Wort ‚tlalill‘, das ‚Erde‘ bedeutet und darauf hinweist, dass er vielleicht ursprünglich eine ‚Erdgottheit‘ war. Grundsätzlich jedoch ist er der Gott des Regens. Seine

Entsprechung bei den Mayas wird Chac genannt. Er wird von einer Reihe kleinerer Götter, den tlaloques, begleitet." (Zitatende)
Ursprünglich also „Erdgottheit", so gedeutet von N. Davies, einem der erfahrensten Kenner der Azteken; dies spricht also ganz und gar für unsere Deutung von „Tlaloc", wobei die Ww. „tl̥-" in der Vollstufe „tla-" vorliegt, als „tragendes Element", „tragende Erde", „Erde".

Eine Überlegung sei hier eingeschoben über die Gottheiten Quetzalcoatl und Tlaloc. Der Name „Quetzalcoatl" wird gewöhnlich übersetzt mit „Gefiederte Schlange". Doch sollte man vielleicht auch auf die Zusammensetzung des Namens einmal achten: „Quetzal-" = Vogel, „coatl-" = Schlange, also eigentlich „Vogelschlange", ein Mischwesen, wie so häufig auch bei den Azteken (und den Ägyptern).
Frage: Gehen wir in der Interpretation dieses Namens „Vogelschlange" zu weit, wenn wir dem Teil des Namens „Quetzal-" = „Vogel" den Luftraum als Wirkungsgebiet, den „Himmel", zuschreiben, und dem Teil des Namens „-coatl" = „Schlange" als Wirkungsgebiet das „Innere der Erde", das „Höhlenhafte", das Chthonische, zuweisen, wie wir das ja auch von Delphi mit der Pythonschlange, dem chthonischen Element in der Religionsgeschichte, her kennen?
Das hieße, dass sich schon im Namen „Quetzalcoatl" eine Entwicklung der mesoamerikanischen Religiosität abzeichnete: von der zuerst angebeteten Himmelserscheinung, sc. der Sonne, für die der in der Höhe fliegende Vogel das Symbol wäre, hin zu der religiös weniger abstrakten, konkreteren Erderscheinung, dem Gott Mais, für den die in der Erde als dem Entstehungsraum des Gottes „Mais" kriechende Schlange das Symbol wäre.
Diese Gegenüberstellung, diese Weiterentwicklung des religiösen Gedankens, wäre auch eine Erklärung dafür, dass der ursprüngliche Quetzalcoatl als zu abstrakter Gott am Ende von dem konkreteren Gott Tlaloc, dem Erd- und Regengott, der für die Fruchtbarkeit zuständig war, in seiner Bedeutung übertroffen wurde (s. in Chichén Itzá).

Eine ähnliche Erscheinung der religiösen Weiterentwicklung von dem abstrakten Gott zu dem konkreteren Gott haben wir im südamerikanischen Raum mit Viracocha und Inti. (s.u.)

Nach diesem Einschub über Quetzalcoatl und Tlaloc nun weiter mit der Beobachtung des Vorkommens der Ww. „tla-“ im mesoamerikanischen Raum.

Von „Tlaloc“ und „tlalill“ (=der Erdoberfläche) wird unser Blick fast zwangsläufig gerichtet auf das aztekische Wort **„Mictlan“** (=die Unterwelt). „Mic-“ = „unter“, „-tla-n“ = „Erde“, d.h. „Mictlan“ = „Unter der Erde“ = die „Unterwelt“. Also auch hier die Bestätigung für unsere Deutung von „tl̥-“ in der Vollstufe „tla-“ = „Erde“, „tragende Erde“.

Hier seien auch aufgeführt, um den eindeutigen Bezug der tl̥ -Wortwurzel auf die „Erde“ als „Trägerin des Daseins“ aufzuzeigen, außer den oben vorgebrachten Begriffen „tlalill“, „Mictlan“ und „Tlaloc“, u.a. etwa folgende weitere aztekischen Begriffe:

1.) Tlaltecuhtli	=	Erdherr
2.) Tlatipac	=	Erde
3.) Tlalliyollo	=	Herz der Erde
4.) Tlazolteotl	=	Name einer Erdgöttin
5.) A-tla-tonan	=	Name einer Erd- und Wassergöttin
6.) Tlaloca	=	Paradies des Tlaloc
7.) Tlalocs (Plural!)	=	Überbringer der Mais-Pflanze, der Nahrung an die Menschheit
8.) Tlatoani	=	Bezeichnung der Gemahlinnen der aztekischen Herrscher
9.) Uta-tla-n	=	Hauptstadt der Quiché-Maya
10.) Tenochti-tla-n	=	Hauptstadt der Azteken
11.) Tlaluica	=	einer der ursprünglichen 7 Aztekenstämme
12.) Tlaxcalteken	=	ein weiterer der 7 Aztekenstämme

Wir möchten an dieser Stelle, im weiteren Verfolg unserer Absicht, die sprachlichen Zusammenhänge des Atlantischen mit dem Meso- und Südamerikanischen (Nahuatl und Quechua) aufzuzeigen, zu sprechen kommen auf eine Spracherscheinung des Aztekischen, die sogar einem weniger Interessierten beim Lesen aztekischer (Götter-)Namen in die Augen sticht, und zwar denken wir an die sehr häufig vorkommenden Namensendungen:

- atl	- tli
- etl	- tla
- otl	- itl

Dazu folgende Zusammenstellungen:

Zu –atl: 1.) Ahuatl, 2.) Chinchihuatl, 3.) Petecatl, 4.) Tepoztecatl, 5.) Tezcatonécatl, 6.) Tecucitecatl, 7.) Tecahihuatl, 8.) Huixtocihuatl, 9.) Omacatl, 10.) Quetazlcoatl, 11.) Mixcoatl, 12.) Micoatl, 13.) Tecpatl, 14.) Cihuacoatl, 15.) Ehecatl, 16.) Ixtaccihuatl

Zu –etl: 1.) Popocatepetl, 2.) Tonacacatepetl (=Vulkan Iztaccihuatl)

Zu –otl: 1.) Ahinteotl, 2.) Cunteotl, 3.) Cuaxolotl, 4.) Itzpapalotl, 5.) Chelahinhtcocolotl, 6.) Huahuecolotl, 7.) Xolotl, 8.) Yaotl, 9.) Ometeotl, 10.) Tlazoliteotl, 11.) Tlazolteotl.

Zu –tli: 1.) Mictlatecuhtli, 2.) Atemazitli, 3.) Huizilopochtli, 4.) Ometecutli, 5.) Ilamatecuhtli, 6.) Quilaztli, 7.) Xiuhtecutli, 8.) Ometochtli, 9.) Camaxtli, 10.) Meztli, 11.) Piltzintecuhtli, 12.) Tlahuizcalpanpantecuhtli, 13.) Chalmecatecuhtli, 14.) Huanhuantli, 15.) Mictlantecuhtli, 16.) Tepogolohtli, 17.) Tlaltecuhtli, 18.) Yohualtecuhtli, 19.) Itztli, 20.) Opochtli, 21.) Yacatecuhtli, 22.) Tepecholohtli.

Zu tla-: 1.) Tlapallan, 2.) Tlacopan, 3.) Tlahuizcalpantecuhtli, 4.) Tlaltecuhtli, 5.) Tlaltipac, 6.) Tlachitonatiuh, 7.) Iztlacoliuhqui, 8.) Tlatoani, 9.) Utatlan, 10.) Tlalliyollo, 11.) Atlatonan, 12.) Cuantitlan, 13.) Tlahuica

Zu –itl: 1.) Maxucoitl, 2.) Tzitzimitl

Wir stellen bei dieser Zusammenstellung, die bei weiten keinen Anspruch auf Vollständigkeit erhebt, fest, dass bei einfachem Überblicken aztekischer Namen und Begriffe folgendes Vorkommen zu konstatieren ist: -atl (16 Mal), -otl (11 Mal), -etl (2 Mal), -tli (22 Mal), tla- (13 Mal), -itl (2 Mal)

Hier wäre es u.E. an der Zeit, sich genauer mit diesen Namensgebungen zu befassen; denn sie müssen – das geht schon aus der Häufigkeit gerade bei Namen hervor – etwas Bestimmtes bedeuten, und es wird den Leser hier nicht verwundern, wenn wir wegen der „tl̥ -“ Wortwurzel in allen diesen Wortauslauten und Wortanfängen auch hier den Blick lenken möchten auf „Atlas“.

Wir möchten also in diesem Zusammenhang zu überlegen geben, ob die häufigen Namenauslaute -atl, -otl, -etl, -itl, -tli und tla-, abgesehen davon, dass allein schon durch ihre Form ein Denken an „Atlas“ nicht fernliegt, sie den Leser der Namen nicht verleiten könnten, in den abschließenden Endsilben der Namen eine Patronymik zu sehen, wie wir das auch aus den modernen Sprachen mit den patronymischen Endungen kennen:

Etwa: -son (englisch): Williamson
-witsch (russisch): Zarewitsch
-willi (georgisch): Dschugaschwilli
-ung (germ.): Nibelung
-ski (polnisch): Jaruselski
-vič (serbisch): Ibiśevič

Was aber würde dann das häufige -atl, -otl etc. bedeuten? – Eine Vermutung ginge dahin, dass die Endsilben der Namen etwa bedeuten könnten: „Atlassohn“, „zu Atlas gehörig“, „Atlasanhänger“, „Atlasnachfolger“.

Hinter „Atlassohn“, „zu Atlas gehörig“ stünde z.B. die Vorstellung, dass alle Atlasberge, alle Vulkane der Erde, eine Familie bildeten, wie das ja auch die Griechen sich vorstellten, indem sie sich den Gott Vulkan als Schmied vorstellten, der nicht nur im Ätna, sondern in allen Vulkanen der Erde sein Handwerk ausübt und insofern der Vater aller Vulkane ist. Patronymik also hinter den häufig vorkommenden -atl, -etl, -itl, -otl etc.

am Ende der Namen scheint gar nicht so abwegig. – Oder wäre vielleicht eine Deutung „Atlasanhänger", „Atlasverehrer" sinnvoller als die patronymische Auslegung?

Einige Bemerkungen zu dem Namen „Quetzalcoatl"

Obwohl der Name „Quetzalcoatl", auf Anhieb gesehen, auch zu den oben angeführten (Götter)namen auf „-atl" zu gehören scheint, wird er landläufig gedeutet als „gefiederte Schlange" oder, wie N. Davies das Wort übersetzt, als „Grünfederschlange". Diese Deutung „Schlange" geht auf die Übersetzung des Wortauslauts „-coatl" zurück, welche Wortzusammenstellung auf Aztekisch „Schlange" heißt.
Der vordere Bestandteil des Namens „Quetzal-" ist der strahlend grüne Vogel der Bergwälder von Chiapas und Guatemalas, dessen Federn so begehrt und so teuer eingeschätzt waren wie Jade. – Soweit, so gut.
Was uns aber mehr an der „grünstrahlenden Schlange" Quetzalcoatl interessiert, ist die Funktion Quetzalcoatls als Gott. Da heißt es denn, dass Quetzalcoatl als Kind von Ometéotl in der Schöpfungsgeschichte eine große Rolle spielte, ferner, dass er die Landwirtschaft (deshalb häufig mit dem Erdgott und Regengott Tlaloc assoziiert) und die Kunst des Schreibens entdeckte (ähnlich dem ägyptischen Thot), also ein Kulturheros war. Als Gott des Planeten Venus, des Morgen- und Abendsterns, heißt er Tlahuizcalpantecuhtli, als Gott des Windes Ehecatl. Er ist der Gegenspieler von Tezcatlipoca, seinem Bruder.
Die jeweils anderen Funktionen Quetzalcoatls brachten es mit sich, dass er also „auch in anderer Gestalt" als der der „grüngefiederten Schlange" verehrt wurde. Für die Mayas hieß er „Kukulkán", für die Huaxteken „Éhecatl" und für die Quiché-Mayas „Gukumatz".
Als Vorläufer von Quetzalcoatl wird häufig der sehr alte Gott VII der Olmeken betrachtet, auch der Gott I, der die „Erde" und „Sonne" darstellte, und der Gott III, dem die Sonne und die Fruchtbarkeit der

Äcker unterstanden, weisen Ähnlichkeiten mit Quetzalcoatl auf[46]; der Gott IV der Olmeken, der auch mit Regen und Fruchtbarkeit in Verbindung gebracht wird, gilt als der „Vorfahr“ des aztekischen Gottes Tlaloc, der seinerseits häufig mit Quetzalcoatl assoziiert wird. Wie wir also sehen, auch Quetzalcoatl wird immer wie Tlaloc mit der „Erde“ in Verbindung gebracht, (vor allem unter dem Einfluss der weiterentwickelten Religionsauffassung) und in der Funktion dieser mit der „Erde“ verbundenen Gottheit gesehen und verehrt.

Im Gegensatz zu seinem Bruder Tezcatlipoca brachte Quetzalcoatl als wohlwollender Gott den Menschen Wissen und Wohlstand; er war also einer derer, die man auch als „Kulturheroen“ bezeichnen könnte, vergleichbar im griechischen Raum den εὐεργέτεις (s. Perge-Inschriften), den „Wissensträgern“, den „Weisen“.

Quetzalcoatl herrschte über die „zweite Sonne“ des aztekischen Schöpfungsmythos; dazu musste er vorher Tezcatlipoca besiegen.

In Teotihuacan zur Zeit der klassischen Periode (300 n. – 900 n. Chr.) der mesoamerikanischen Kulturepoche war dem Quetzalcoatl – zusammen mit Tlaloc – eine 6-stöckige Tempelpyramide gewidmet, auf der sich die Götter versammelten, als sie die jetzige Welt, die „5. Sonne“, schufen. Die ständige Assoziierung Quetzalcoatls mit Tlaloc, dem Erd- und Regengott, ist unverkennbar.

Sehr interessant sind auch die Attribute, mit denen man Quetzalcoatl als Gott darstellte, und unter diesen Attributen vor allem ein „Speerschleuderer“ mit der aztekischen Bezeichnung „atl-atl“, dem eigentlichen Symbol des Feuergottes. (Man denkt hier vergleichsweise sofort an den Dreizack des Poseidon und an die Blitze des Zeus).

Wie der auffällige aztekische Begriff „atl-atl“ (Speerschleuderer) sprachlich zu deuten ist, sieht man an dem Begriff „atl-atl“ von vorneherein nicht. „Speerschleuderer“ drückt ja nur die Funktion des

---

[46] Alle Angaben über die Götter der Olmeken, deren Blütezeit in die Präklassik zurückgeht (La Venta, 2250 v. – 500 v. Chr.), sind entnommen dem Werke: <u>David M. Jones und Brian L. Molyneaux, „Die Mythologie der Neuen Welt“</u>, Anness Publishing Limited, U.K. 2001 (Genehmigte Lizenzausgabe Edition XXI G.m.b.H., Reichelsheim 2002). – Weil man die eigentlichen Namen der Götter der Olmeken nicht kennt, hat man sie mit den römischen Ziffern gekennzeichnet. – Das Werk von Jones und Molyneaux hat <u>auch ansonsten</u> uns hilfreiche Dienste geleistet.

Gerätes aus, sagt aber nichts über die Etymologie des Wortes „atl-atl", oder soll es bedeuten, dass Quetzalcoatl mit diesem „getragenen Gerät" sozusagen die Macht über alles innehatte, im wahrsten Sinne des Wortes „die Macht bei sich trug". (Zu „atl-atl" s. vor allem unsere etymologischen Überlegungen im Kapitel „Symbole der Macht", s.u., S.247f..; s. auch: die TV-Sendung vom 3.7.2009, in der Graf Bégouën, Verwalter der Höhlen und Höhlenmalereien im Dordognedistrikt, davon spricht, dass er in einer der Höhlen das Bild eines „Speerschleuderers" aus der Zeit um 12.000 v. Chr., vorgefunden habe, den er nach dem gemalten Bilde rekonstruiert hatte und der seine Wirksamkeit noch heute beweist. 12.000 v. Chr., d.h. lange Zeit vor der Atlantiskatastrophe, also eine Zeit, in der die Cromagnons, von Atlantis kommend, im SW Europas eingedrungen sind.[47]

Eine seiner interessanten Funktionen liegt darin, dass Quetzalcoatl der Gott des Planeten Venus, des Abend- und Morgensterns, ist. Damit rückt er in die Nähe der Ischtar, Astarte, Aschtoreth, Hathor, Turan (s.o.), im nahöstlichen Raum, und da diese Göttinnen in Sumer, Ägypten, Judäa und Syrien auch die Funktionen (außer der „Liebe") der Wissensübermittlung und Wohlstandsvermittlung innehatten, ist die Parallelität der Funktion des Quetzalcoatl als Vermittler von Wissen und Wohlstand mit der Funktion der o.a. Göttinnen im östlichen Einflussbereich von Atlantis auch im westlichen Ausstrahlungsraum von Atlantis anzunehmen. Hinter den Göttinnen Ischtar (s. Gilgamesch-Epos), Astarte etc. steht auch eine, wie wir später sehen werden, von Atlantis beeinflusste Gottesvorstellung.

Es wäre u.E. hier ein Wort zu sagen über die oft blumige Bildhaftigkeit der Indianersprachen, zumal des Aztekischen. Ihren Ursprung hat sie sicherlich in der Bilderschrift der Azteken. Beispiele könnte man hierfür zu Hauf anführen, von „Gefiederter Schlange" über „Rauchender Spiegel" etc. Besser ist da ein Versuch der Etymologisierung zumal

---

[47] Was die Inka im Gegensatz zu den von uns hier breit abgehandelten Azteken betrifft, ist der sprachliche Einfluss von Atlantis so, wie er – hier dargelegt – im Raum der Azteken vorliegt, kaum feststellbar. Der Grund mag darin liegen, dass die Inka keine Schrift besaßen (s.u.).

wegen der Götternamen auf -atl, -otl, tli- etc. Denn erst dadurch gelangt man zu der Erkenntnis der Funktion des jeweiligen Gottes und seiner Aktivität, nach der er genannt ist, z.B.: Schöpfergott, Sonnengott, Erdgott, Kulturbringer, Wohlstandsvermittler, Regengott etc.
Den Nahuatl- und Quechua- sprechenden Völkern selbst kam die allzu starke Bildhaftigkeit ihrer Sprache auch schon zu ihrer Zeit übertrieben vor. Beweis dafür ist, dass z.B. eine Legende der Inka sogar von einem „Gott ohne Namen" sprach, dem Gott, der in Tiahuanaco die Welt in 4 Weltgegenden aufgeteilt hatte.
Es wird also kein großer Wert mehr gelegt auf die allzu blumige Bildhaftigkeit des Namens eines Gottes, sondern der betreffende Gott wird wegen seiner Funktion, wegen seiner Aktivität, wegen seines Tuns als Schöpfergott, Erdgott etc. erkannt und benannt.
Wir können also sagen, dass die Bezeichnungen auf Grund der sehr bildhaften Sprache der Indianer in der Spätzeit nur noch als Symbole für reale Gegebenheiten betrachtet werden müssen.
Wir können dies an folgender Beobachtung festmachen: Quetzalcoatl ging weg, in den Osten[48], und er versprach, wiederzurückzukehren als „bärtige, weiße Gestalt", und als solcher wurde er dann von den Azteken auch gleichsam als Messias, der die neue Aztekenordnung schaffen werde, zurückerwartet. Unter dem „zurückerwarteten Messias" verstanden Moctezuma und die Azteken aber gewiss nicht eine „gefiederte Schlange", also eine abstrakte Gottheit, dahinter musste für Moctezuma eine leibhaftige Person stehen – die eine der oben angesprochenen „anderen Formen der Verehrung" Quetzalcoatls begründete –, die die neue Ordnung im Sinne der Azteken wiederherstellen sollte.
Ein ganz ähnliches Ereignis spielte sich auch bei den Inka ab: Als die Spanier ankamen, um das Inka-Reich zu erobern, wurden sie noch als die wiederkehrenden Vorboten des heimkehrenden Viracocha betrachtet, und man bezeichnete sie als Viracochas (Plural!), ein Begriff, der den

[48] In den Osten. – Wohin? Es deutet alles auf die Richtung „Atlantis" hin (Tlapallan)

Übergang von einer Göttergestalt zur Menschengestalt andeutet und der noch im heutigen Quechua Respekt und Achtung ausdrückt.[49]
Überhaupt sorgte der Name „Viracocha“ für große Verwirrung, sodass die Inka selbst Viracocha gar als „Gott ohne Namen“ betrachteten.

Auch für die späteren spanischen Historiker sorgte der Name „Viracocha“ für eine derartige Verwirrung, dass sie am Ende nur noch einfach „Viracocha“ für die alle möglichen Aktivitäten ausübenden „Viracochas“ gebrauchten.

Dass die Azteken und Inkas leibhaftige Personen unter den Zurückkehrenden verstanden, zeigt sich ja gerade daran, dass Atahualpa und die „Bruta Gente“ Cortès als ihren Messias, bzw. die Inka Pizzaro und seine Kumpanen bei ihrer Landung als die Vorboten des Viracocha, als die vermenschlichten „Viracochas“ betrachteten, wobei Hernan Cortès in Kenntnis der aztekischen religiösen „Vorstellungen im Hinblick auf Quetzalcoatl“ (wie Pizzaro im Hinblick auf Viracocha), über die er sich vor seiner Ankunft in Mesoamerika kundig und schlau gemacht hatte, die Azteken trotz (jedoch nur) anfänglicher Bedenken Atahualpas, am Ende leicht hinters Licht führen konnte und somit letztlich erreichte, was er erreichen wollte, sc. am Ende den Untergang des Aztekenreiches. Spätestens da erkannten auch die „Bruta Gente“ der Azteken, die Realität eines Cortès. Cortès war auch für sie kein „Bild“ mehr.
Noch einmal zurück zur Bildhaftigkeit der aztekischen Sprache. Die starke Bildhaftigkeit der Sprachen der Indianer ist (leicht) zu erklären aus der Bilderschrift, die die Azteken in ihrer Naturverbundenheit täglich benutzten (die Inkas hatten ja noch gar keine Schrift, außer dem „quipú“, der Knotenschrift, die nur metaphorisch „Schrift“ genannt werden kann und im Grunde nur ein Knotenschnursystem war, auf das sich die Inka aber als Mittel zum Behalten bestimmter Dinge gut verstanden).

---

[49] Der Plural von „Viracocha“, also: „Viracochas“, ist eine Art „Rückvermenschlichung“, die auf die weiterentwickelte Religiosität auch im Raum der Inka vor sich gegangen ist. – Eine ähnlich Erscheinung haben wir bei den Azteken mit „Tlaloc“ und den „Tlaloques“.

Für den autochthonen Azteken ist das Bild als Wort, als Name, sofort verständlich. Der Azteke verknüpft mit dem Bild sofort einen bestimmten Sinn des Bildes. Das „Bild“ ist für ihn so gut wie für einen Schriftkundigen das geschriebene „Wort“. Wir Heutigen als Schriftkenner verstehen nur mit Hilfe eines geschriebenen Wortes das Wesen (die Funktion) einer Person oder Sache, wir kommen erst anhand eines echten Wortes hinter das „Wesen“ des Gottes, d.h. hinter das „Wesentliche“, was der betreffende Gott von seiner Funktion her bedeutet. D.h.: Das Bild der „gefiederten Schlange“ mutet uns von vorneherein fremdartig an; hören wir aber Quetzalcoatl = „Schöpfergott“, „oberster Gott“, „Kulturbringer“ oder Tlaloc = „Regengott“, „Erdgott“, so ist uns das vertrauter, und wir wissen anhand der Funktion, der Aktivität des betreffenden Gottes, was gemeint ist. (s. den Zusammenhang dieser Überlegungen mit dem Begriff „Hieroglyphe“.)
Das ist der Grund, warum der Kommentator der o.a. „Mythologie der Neuen Welt“ bei der Erläuterung des Namens Quetzalcoatl als „gefiederte Schlange“ sofort das Bedürfnis verspürte, hinzuzufügen, dass man Quetzalcoatl „auch in anderer Gestalt“ verehrte.

Die Azteken selbst scheinen mir auch schon das Bedürfnis – wie oben schon angedeutet – gehabt zu haben, die allzu große und auswuchernde Bildhaftigkeit ihrer Sprache zu unterlassen.
Es ist interessant, hier auch zu bedenken, dass, wie die Azteken der Bildhaftigkeit ihrer Sprache frönten, sich, zeitlich früher, im östlichen Einflussgebiet von Atlantis, im vorderasiatischen Raum, ebenfalls der Hang zur Bildhaftigkeit der Sprache feststellen lässt. Z.B.: die „Schlange“ als „schlaues Geschöpf“, das Adam und Eva verführt oder - auch in unseren Gefilden und in unseren Tagen (noch) – bei den so häufig aufgeführten Festumzügen, die „Viper“ im französischen Raum, in Burgund, die Viper, genannt „la Vivre“, in Tarascon „Tarasque“ genannt, in Niederbayern mit einem ähnlichen Namen benannt, und nicht nur als Schlange, sondern auch als Drache auftretend.[50]

---

[50] Interessante Überlegungen zu der „Vivre“ im französischen Raum liefert ein Dossier in den „Cahiers de la Sociéte d' Histoire de Saint-Sernin-du-Plain, Mazenay, Cromey et

Hier, vor allem im Zusammenhang mit den Sintfluten (s.u., S.288ff.), ist auch zu erinnern an unseren „carrus navalis", unseren „Karneval", eine Festkavalkade, deren Etymologie „carrus navalis" = „Schiffskarre" mir eine Reminiszenz an Zeiten zu sein scheint, als man auf ein „Boot", eine „Schiffskarre", besonders angewiesen war und sich darüber besonders freuen konnte, und diese Zeiten waren die Zeiten der Sintflut.

Doch zurück zur französischen „Vivre"!
Es ist interessant, dass z.B. das Wort „Viper", das französische Wort „Vivre", etymologisch zu zerlegen ist in:

1.) vi-	=	Ϝειδ-	=	Wissen (s.o.)	=	vi-
2.) -per	=	fer-	=	tragen	=	vre

dass also im Grunde das Wort „Vivre" nichts anderes bedeutet als „Wissensträger", jedoch hier – das ist gleich hinzuzufügen – als Träger eines Wissens, das nach den heute geltenden ethischen Vorstellungen abzulehnen ist, eines Wissens also, das verteufelt wurde und jetzt verteufelt ist. Bestes Beispiel dafür ist eben die Schlange, die Adam und Eva verführt, in den Apfel zu beißen und dadurch „sehend", „wissend" (videre) zu werden.

<u>Fassen wir zusammen:</u>

Bei den Azteken ist Quetzalcoatl, die „gefiederte Schlage", als „Wissens- und Wohlstandbringer" verherrlicht, in der Bibel, im christlich beeinflussten Raum, sind die böse Schlange die „Verführerin", und ebenso die „Viper", „la Vivre", die Schlange, das östliche Pendant des westlichen Quetzalcoatl, bei den Festkavalkaden als „böse Schlange" verteufelt, im fernöstlichen China aber als „Drache" wieder verherrlicht.
Der aztekische Quetzalcoatl war also die „Viper", der Wissensträger von guter und wohlmeinender Gesinnung, der dem Volk das Wissen, die Schrift und den Wohlstand brachte.
Trotzdem ist hier ein Vergleich zwischen der „bösen" und der „guten" Schlange angebracht, und wir können folgern und sagen, dass die Idee der „Schlange" in verschiedenen Räumen der Erde im geschichtlichen

---

Nion" (Cahiers 2007-2008) von Raymond Noulens: „La Vivre de Couches, les légendes, le mythe, les traditions", ebda. S. 3-30.

Ablauf und auf Grund religiös verschiedener Vorstellungen sich zuweilen in ihr jeweiliges Gegenteil verkehrte, also eine Bedeutungsumkehrung eingetreten ist; das aber heißt eben: Mutatis mutandis geht die Vorstellung der Schlange, ob gut oder böse, auf denselben Ursprung in Atlantis zurück. Meines Erachtens ist dieser Ursprung also in Atlantis zu suchen, und die Uridee der „Schlange" hat jeweils in den verschiedenen Einflusssphären eine andere Deutung erlangt. (Ähnlich, könnte man sagen, wie die ursprünglich „einzige Sprache" nach Raum und Gegebenheit sich jeweils anders entwickelte und zu der Vielzahl von Sprachen führte).

In diesem Fall der Bedeutungsumkehrung eines Wortes möchten wir nun hier zu sprechen kommen auf das Wort „atl" = „Wasser".
Mir scheint bei der Umkehrung des Wortes „atl" aus der sicherlich ursprünglichen Bedeutung des „atl" als „tragendes Land" (a-tl̥) in „nichttragendes Wasser" folgende Sinnveränderung bei den Altamerikanern vor sich gegangen zu sein.
„Atl" war u.E. auch für die Altamerikaner ursprünglich, wie das Wort es auch besagt (s.o.), das Symbol der „tragenden Erde", wie die Großinsel Atlantis, ihr Kulturzentrum. Doch nach dem Untergang von Atlantis war an der Stelle, wo früher „terra ferma", „festes Land", „tragendes Land" war, eben nach dem Untergang der Insel überall nur noch „Wasser", und so nahm im Laufe der Zeit der Raum, wo Atlantis war, eben die Bedeutung dessen an, was jetzt nur noch dort vorhanden war, nämlich „Wasser".
Ein völlig ähnlicher Vorgang ist auch für den Raum der Berber anzunehmen. Es ist hier darauf hinzuweisen, dass auch in der Sprache der Berber, deren Ursprung wir auch in der atlantischen Sprache vermuten, das Wort „atl" ebenfalls die Bedeutung „Wasser" angenommen hat; übrigens im Zusammenhang mit unserer Überzeugung, dass Atlantis nach Osten und nach Westen in sprachlicher Hinsicht ausstrahlte, eine wichtige Erkenntnis (s. Berlitz, „Das Atlantis Rätsel", S.177).
So etwa, wie oben dargestellt, könnte man den Bedeutungswandel, die Bedeutungsumkehrung, von „atl" = „tragende Erde" zu „atl" = „nichttragendes Wasser" erklären.

In diesem Zusammenhang müsste man sich auch fragen: Warum gibt es im mesoamerikanischen Raum 4 Worte für „Wasser“ –

1.) muluc (bei den Mayas),
2.) niza (bei den Zapoteken),
3.) quetza (bei den Zapoteken) und
4.) atl (bei den Azteken)?

Wie wir oben festgestellt haben, war Quetzalcoatl vor allem durch seine Funktion und Aktivität für die Azteken von Bedeutung (wie im südamerikanischen Raum Viracocha für die Inkas), weniger durch seinen blumig-bildhaften Namen; und der fortgeschrittene Azteke, der den Namen „Quetzalcoatl“ hörte, dachte u.E. nicht so sehr an die „gefiederte Schlange“ als an das, was Quetzalcoatl für die Menschen leistete, d.h. blumige Götternamen wie „Grünleuchtende Federschlange“ in ihrer funktionalen Abstraktheit waren in der Zeit der Betonung des als Gott viel konkreteren Tlaloc im Verblassen begriffen (s.o.).

Deshalb können wir folgern: Der Azteke hörte in der Zeit der fortgeschrittenen Konkretisierung der weiterentwickelten Religiosität unter Tlaloc, der ja auch wegen seines Konkretseins den abstrakten Quetzalcoatl in seiner Bedeutung übertraf und ablöste, bei dem Namen „Quetzalcoatl“ vor allem das „-atl“, weniger schon das“-coatl“ und am wenigstens das „Quetzal-“. Der Wortbestandteil „Quetzal-“ war für den Azteken in der religiösen Spätzeit, lediglich wegen seiner „Leuchtkraft“ des „strahlend grünen Vogels“, nach dem er benannt war, mehr oder weniger nur noch ein mnemotechnisches „Bild“, ein Symbol. Die Bedeutung Quetzalcoatls lag jetzt nur noch in seiner Funktion , und diese Funktion war vor allem ausgedrückt in dem letzten Bestandteil des Namens, nämlich „-atl“, und dieser Bestandteil scheint mir nach allem oben Gesagten eine eindeutige Reminiszenz letztlich an „Atlas“ zu sein.

Zu einem weiteren Problem der Azteken-Sprache – immer noch im Rahmen der Herausarbeitung der sprachlichen Beeinflussung der östlichen und westlichen Einflusssphären durch Atlantis – : Wir hatten oben herausgearbeitet: der „Atlasberg“ auf Atlantis, von dem der Saïs-Priester in bewundernder Weise spricht (τόπος σφόδρα ὑψηλός), der

Atlasberg als Vulkanberg ist Symbol geworden für die „himmelsstrebenden" Bauwerke der von Atlantis beeinflussten Völker, für die Pyramiden und Obelisken der Ägypter, für die Zikkurats der Babylonier (s. Stufenturm zu Babel), für die Stupas der Inder, für die Pagoden der Chinesen etc. im fernen Osten. Dasselbe, hatten wir oben festgestellt, gilt für die Pyramiden etc. der Maya, Azteken und Inka.
Wir möchten darum – immer noch im Rahmen der Herausarbeitung der sprachlichen Beeinflussung durch Atlantis – an dieser Stelle folgende Überlegungen zur Diskussion stellen:
Zwei Berge, in der Nähe der Hauptstadt der Azteken, Tenochtitlan, heißen:

1.) Popocatepetl und
2.) Tonacatepetl (ein mythischer Name für den identischen realen Vulkanberg Itzaccihuatl)

Wir zerlegen diese Bezeichnungen der Berge, deren Namen beide auf „-tepetl" enden, in ihre Bestandteile:

1.) Name: Popoca-/ Tonaca- (aztekischer Name)
2.) -tepe-: Berg (aztekisches Wort) und
3.) -etl: „Atlas" (atlantisches Lehnwort im Aztekischen)

Wir wissen also, dass „tepe(c)" = „Berg" auf Aztekisch bedeutet; die Wortzusammenstellung „-tepetl" am Ende der Bezeichnungen der beiden Berge, zerlegen wir in:

-tepe- und -etl → tep(e)etl = -tepetl.

Dieses „-tepetl" würde gemäß den obigen Zerlegungen also ohne weiteres heißen können

„Berg des Atlas" = „Atlasberg"

Dies, zumal das kennzeichnende Merkmal dieser zwei Berge, Popocatepetl und Tonacatepetl, darin besteht, dass sie allbekannte Vulkanberge sind und somit ein Vergleich mit dem „Atlasberg" auf Atlantis wahrlich gut vorstellbar, ja naheliegend ist. Sie gehörten offenbar auch zu den „Götterbergen" der Azteken, ähnlich wie die Berge Coantepec und Colhuacan (erwähnt bei Thiemer-Sachse, Die Azteken), „die Vorbild waren für die aztekischen Tempelpyramiden" (ebd.). (Ein

weiteres Überdenken des oben angesprochenen Problems halten wir für angebracht.)
Eines weiteren Überdenkens bedürften auch noch die Namen der Vorläufer der Maya, sc. der Tolteken, sowie die Städtenamen Tollan (Tula), Tulum.

Hiermit möchten wir unsere Überlegungen zu dem sprachlichen Einfluss Atlantis' auf die von ihm tangierten Gebiete in östlicher und westlicher Richtung, vom Zentrum Atlantis aus gesehen, obwohl vielleicht noch weiteres darüber gesagt werden könnte, abschließen.
Es treibt uns, abschließend 3 wesentliche, im Vorausgehenden behandelte Begriffe als zusammenfassendes Merkmal unserer obigen Überlegungen nebeneinanderzustellen:

3		1		2
Tla-loc	←	A-tla-s	→	I-tal-er
(Aztekisch)		(Atlantisch)		(Italisch)

In allen 3 Wörtern liegt, deutlich erkennbar, die „tl̥-"-Wortwurzel, jeweils in ihrer Vollstufe vor:

tla- ← -tla- → -tal-

Alle 3 Wortwurzeln haben den Sinngehalt „tragen". Damit ist für uns ein sprachlicher Zusammenhang und damit eine sprachliche Beeinflussung der von Atlantis tangierten Räume in Ost und West durch Atlantis unbestreitbar und erwiesen.
Anstelle der 3 o.a. mnemotechnischen Begriffe könnten die 3 Begriffe genau so gut auch lauten:

3		1		2
tla-lill	←	A-tla-s	→	Tel|lus, Ter-ra

oder sie könnten genau so gut lauten:

3	1	2
Mic-tla-n ←	A-tla-s	→ tal-a (scr.) etc.

Das Begriffstrio weist jeweils hin auf den oben herausgearbeiteten Namen “Atlas” als Nr.1, auf den Begriff aus dem östlichen beeinflussten Teil des atlantischen Imperiums als Nr.2, und auf den westlichen beeinflussten Teil des Atlantischen Imperiums als Nr.3.

Herangezogene Formen, Namen und Begriffe aus dem westlichen Einflussgebiet, von Atlantis aus gesehen, waren, um sie noch einmal abschließend zusammenzustellen: tla-lill, Tla-loc, Mic-tla-n, atl-atl (Speerschleuderer), atl (Wasser), -coatl (Schlange), alles Begriffe, die mit der atlantischen „tl̥ -/ tr̥-“ Wortwurzel in Zusammenhang stehen, der Wortwurzel, die wir aus dem Namen und Begriff „Atlas“ erschlossen haben.

Aus dem östlichen Einflussgebiet, von Atlantis aus gesehen, hatten wir herangezogen die Begriffe: terra, tellus, ἔτλη, „Land“ etc. sowie die Bezeichnungen für „Wissensträger“ aus prähistorischer Zeit wie Es-kal (Basken), Iberer, Etrusker, Italer, Hebräer, Berber, Tuareg etc. (s.o.)

DIE ARCHITEKTUR IM WESTLICHEN EINFLUSSBEREICH VON ATLANTIS

Nach den vorausgegangenen Überlegungen über die sprachlichen Zusammenhänge zwischen Atlantis und seinem östlichen Einflussbereich (Iberer, Etrusker, Italer, Hebräer etc.) sowie zwischen Atlantis und seinem westlichen Einflussbereich (Azteken, Maya, Inka; Begriffe: tlalill, Tlaloc, atl-atl, atl, -epetl-Berge; was die Inka betrifft, so liegt bei ihnen, wohl infolge eines ursprünglichen Mangels einer Schrift, wenig sprachlich „Atlantisches“ vor), nach all dem wären wir an dem Punkt angelangt, wo wir auch auf den Einfluss von Atlantis unter dem Aspekt Architektur, „Bauwerke“, auf seine im westlichen Einflussbereich tangierten Gebiete zu sprechen kommen. (östl. Einflussbereich, s.o., S.146ff.)

Hier denkt man sofort und zuerst, wie im östlichen Bereich an die Pyramiden und Obelisken etc. in Ägypten, so im meso- und südamerikanischen Raum an die Pyramiden und Bauwerke der Maya, Azteken und Inka und ihrer Vorläufer.

Was nun hier (s.o., S.146ff.) zunächst noch einmal wiederholt sei: Es kommt in den bei Plato vorliegenden Texten (Timaios und Kritias) keine Erwähnung einer Pyramide auf der Insel Atlantis vor.

Wie ist also unser Bemühen zu begründen, dennoch einen Einfluss zu behaupten? – Antwort: Auch hier, im Westen von Atlantis, gilt: Wie die Pyramide in Ägypten in ihrer äußeren Form eine originär ägyptische Formgestaltung ist, so ist sie auf der anderen Seite des Atlantiks auch eine originär, von den Maya, Azteken und Inka und ihren Vorläufern (die in der Chronologie immer wieder heranzuziehen sind,) entwickelte äußere Form eines Bauwerkes.

Zwangsläufige Frage: Wie lässt sich dann behaupten, dass Atlantis auch auf dem Gebiet der Architektur seine von ihm tangierten Gebiete beeinflusst hat? –

Wir sind wie oben (S.147-148) im Falle der ägyptischen Pyramiden folgender Meinung: Hier ist zu bedenken – und das gilt im Westen von Atlantis in noch stärkerem Maße als im Osten – , welch große Bedeutung (vornehmlich im westlichen Einflussbereich von Atlantis) einzelne Landschaftsformationen hatten. Das ging in diesem Einflussbereich so weit, dass man bestimmte Landschaftsformationen als „Heilige Orte", Huacas genannt, regelrecht vergöttlichte. Das waren im westlichen, (aber auch im östlichen Einflussbereich): Berggipfel, Quellen, Felsen, Höhlen, Felder, Pässe und sonstige landschaftliche Gegebenheiten. Denken wir hierbei nur an die Höhlen des Berges Tambo Toco, aus denen nach der Inkalegende die Inkas als erste Menschen hervorgekommen sind oder an den in seinem sakralen Charakter so bedeutenden Ausangate-Berg in Peru oder an die Heiligen Quellen und die Höhle, über denen der Templo Mayor in Teotihuacan (Mesoamerika) gebaut war! Denken wir im östlichen Bereich an Berge, z.B. das Parnassos-Gebirge, und die Quellen, die in Delphi dem ganzen Raum einen sakralen Charakter verliehen, oder an Dodona, wo ein Baum, eine Eiche, die Heiligkeit des Ortes ausmachte, oder auch an den Berg Maschu, den „Himmelsträger", in Sumer (s. Gilgamesch-Epos, 6. Buch). D.h.: Örtliche Gegebenheiten wurden vergöttlicht.

So war es auch schon im Ursprung mit dem Berggipfel des Hochbergs der Insel Atlantis. Hinter dem „Atlasberg“ der Insel Atlantis stand die Uridee eines „himmelstrebenden Bauwerks“, ein in seinen Ausmaßen sehr hoher Berggipfel, ein Vulkanberg, der den Himmel zu erreichen strebte, an den Himmel „kratzte“, („Wolkenkratzer“ wäre zu wenig gesagt), ja mit seiner Eruptionssäule den „Himmel“ stützte und „trug“, ein „Himmelsträger“, wie Atlas ja dann auch in der griechischen Mythologie dargestellt ist.[51]
Der „Atlasberg“, der Berg des Herrschaftsbereiches von Atlas, dem Sohn des Poseidon, war offenbar schon in der Zeit vor dem Untergang von Atlantis in aller Munde; er war der Berg, der für die Einflussgebiete der Großinsel zum Symbol für die ganze Insel geworden war, Der Atlasberg wurde zum Vorbild für alle „himmelstrebenden“ Bauwerke.
Platos Worte über den Berg lassen noch die Bewunderung des Saïs-Priesters und Solons für diesen Berg durchblicken, wenn der Berichterstatter der betreffenden Landschaftsformation, Plato, auf folgende Beschreibung einen großen Wert legt (Kritias, 118a):

ὁ τόπος σφόδρα ὑψηλὸς καὶ ἀπότομος ἐκ θαλάσσης.

Also: „Der Ort ... gewaltig hoch und, abgeschnitten, steil aus dem Meer aufragend.“
Erwähnt werden fernerhin von Plato auch die „Schönheit“ der Berge von Atlantis, deren besondere Erwähnung ja auch für den Atlasberg selbst, neben der umliegenden Bergen, gilt (Kritias 118b) und die Tatsache, dass der Berg die ganze tiefer liegende Ebene vor dem kalten Nordwind schützt (ebda.).
Höhe, Schönheit und Nutzen des Berges lassen also auch Plato schwärmen.
Die Sprache muss uns hier hellhörig machen, wenn Plato das Epitheton „ἀπότομος“ auf den Berg anwendet, ist dieses Wort ἀπότομος doch abzuleiten vom griechischen Wort τέμνειν = schneiden. Man denkt also

---

[51] „Tragen der Erdkugel, des Himmels zunächst als „Strafe“ für Atlas gedacht, änderte sich ab von „Strafe“ zu einer „bedeutenden Aufgabe“ (s.u.). [Zur Änderung dieser Deutung aufgrund der Nichtidentität von Atlas I und Atlas II s.u., S.344ff.]

zunächst an „schnittglatte“ Flächen, wie sie dem Berg, wie einem Baustein, hier zugeschreiben werden, und man denkt sofort an die „schnittglatten“ Flächen der klassischen Pyramiden Ägyptens (nach ihrer Verkleidung). Solche Berge, wie hier der beschriebene Atlasberg, wurden in späteren Zeiten sehr häufig mit Pyramiden vergleichen, z.B.: der Popocatépetl (s. der Blick vom Monte Sacro auf den Popocatépetl, abgebildet in Hans Helfritz, „Mexiko, Früher und Heute“, Berlin 1939, oder: der Teïde auf Teneriffa, der, aus einer bestimmten Richtung betrachtet, regelrecht das Bild einer Pyramide vermittelt, oder der Maschu-Berg im Gilgamesch-Epos, der auch „Himmelsträger“ genannt wird.)

Abgesehen von dem rein äußerlichen Vergleich dieser Berge mit Pyramiden liegt für die Azteken der gedanklich tiefer gehende Sachverhalt vor, dass z.B. die „Berg-Orts-Glyphe“ () in der aztekischen Bilderschrift das Zeichen für „Colhuacan“ (= „Ort des gekrümmten Berges“) war, welche Glyphe zum Ausdruck bringt, dass der Berg mit seinen Quellen für die „Altepetl“, die Siedlungen der Azteken, das lebenswichtige Trinkwasser spendete.

Ursula Thiemer-Sachse, „Die Azteken“, S.12 sagt darum: „Die Tempelpyramiden der Azteken waren die Nachbildungen der für die Azteken heiligen Orte, der Götterberge inmitten der Orte.“

Dasselbe gilt für „Coantepec“, den mythischen „Schlangenberg“ (nach einer aztekischen Bilderhandschrift), „der als ‚Götterberg‘ Vorbild für alle heiligen Bezirke mit ihren gestuften Tempelpyramiden war“ (Zitat Ende, ebda. S.27).

Auch in der Caral-Kultur (TV-Sendung vom 03.01.2010, Phoenix), der Vorläuferkultur der Inka, aus welcher die Inka ihr Quechua und ihr Quipú übernahmen, also schon 3.000 v. Chr., erscheint die Pyramide als Bauform (6 Fälle), und zwar als Nachbildung eines pyramidalen Berges.

Für die Olmeken (1.600 v. Chr.), die frühen Zivilisatoren des meso-amerikanischen Raumes waren Berge und Quellen besonders heilig. Berge wurden Pilgerstätten zu Ehren der Götter, zu welchen Stätten z.B. in El Manati (1.100 v. Chr.), südlich von San Lorenzo, Prozessionen

veranstaltet wurden, um den „Herrn des Berges“, den Gebieter über Regen, Blitz und Donner, zu ehren.
La Venta löste San Lorenzo (900 v. Chr.) als Folgezentrum der Olmeken ab. Und gerade auch hier zeigt sich in aller Deutlichkeit die Verehrung der Berge als heilige Stätten und, was für uns noch wichtiger ist, das Anlegen „künstlicher Erderhebungen”, deren Zweck dem Zweck der ägyptischen Pyramiden gleichkommt. – So sind in La Venta sämtliche Bauten nach Norden, in Richtung der 100 km entfernten vulkanischen Tuxtla-Berge ausgerichtet, aus deren Basaltgestein die 3 in La Venta gefundenen Kolossalköpfe von Herrschern hergestellt sind. La Venta ist in Richtung Norden auch überragt von einem „künstlichen Hügel“ mit einem Durchmesser von 128 m und einer Höhe von 30 m, „Hügel-C“ von den Archäologen genannt (Die Archäologie fragt sich hier: „Sollte ‚Hügel-C‘ einen bestimmten Vulkan der Tuxtla-Berge nachahmen? Ist ‚Hügel-C‘ eine Kunstpyramide?“ [s. Geo Epoche Nr. 15, S. 45-46]).

Zurück zu den „schnittglatten Flächen“.
Die „schnittglatten Flächen“ der Cheops-, Chefren- und Mykerinos-Pyramiden werden sehr häufig mit den „Strahlen der Sonne“ verglichen, und diese Pyramiden ragen, wie der Hochberg auf Atlantis aus dem Meer des Wassers, auch aus einem Meer heraus, aus dem Meer des Sandes, wie die Tuaregs noch heute die Wüste nennen, einen „Ozean des Sandes“.

Doch hier sei nun das wichtigste Argument noch einmal angebracht, um die Bedeutung des Atlasberges auf Atlantis zu unterstreichen. Der Begriff „ἀπότομος“, angewandt in der bewundernden Darstellung des Hochbergs von Atlantis durch den Saïs-Priester, gibt außer der Deutung „schnittglatte Flächen“ gerade auch zur folgenden, die Heiligkeit des Berges ganz besonders unterstreichenden Bedeutung Anlass: „’Απότομος“, ein Wort, das auf ἀποτέμνειν (=abschneiden) zurückgeht und eigentlich „abgeschnitten“ bedeutet, weckt bei dem aufmerksamen Leser die Vorstellung des bei den Griechen und Römern so geläufigen Begriffes „τέμενος“, des (vom profanen Land) „abgeschnittenen“, heiligen Bezirks für die Gottheit mit Tempelanlage, was die Römer, auch letztlich von τέμνειν ableitend, „templum“ nannten (s. auch oben, 147ff.). Danach zu urteilen wäre der Hochberg auf Atlantis als ein „τέμενος“, als ein heiliger Bezirk, empfunden und betrachtet worden, was genau seiner Funktion als Vorbild aller späteren heiligen Stätten, ob Pyramiden, Tempel, Zikkurats, Stupas, Pagoden, Kirchen und Minarette, entspräche.

Ein zweiter Aspekt des Atlasberges ist hier auch noch zu erwähnen: Aus der Idee des „Tragens des Himmels“, einer Vorstellung, die der Vulkanberg mit seiner Eruptionssäule hervorrief, ergab sich für die im ziemlichen Flachland lebenden, von Atlantis stark beeinflussten Ägypter die Vorstellung einer Stütze des Himmels, eines „Himmelsträgers“, eine Vorstellung, die etlichen Bergen im östlichen und westlichen Einflussbereich von Atlantis, ebenfalls zugeschrieben wird („Ausangate“ in Peru, „Maschu“ in Sumer sowie Berge bei den Olmeken, den Maya und Azteken, z.B. der Popocatépetl etc.)
Aus dieser Idee des „Himmelsträgers“ erwuchs für die Ägypter die Vorstellung eines Aufstiegs in den Himmel. Da die Ägypter aber in ihrem Flachland nicht eine vergleichbare Landschaftsformation wie den Atlasberg aufzuweisen hatten, ihrem Himmel jedoch nahezukommen trachteten, musste bei ihnen für den naturgegebenen Berggipfel, das „Naturbauwerk“ Atlasberg, ein architektonisch erzeugtes himmelstrebendes Bauwerk, Ersatz leisten. So kamen die Ägypter offenbar auf den Gedanken, den „Atlasberg“ durch eine Erhebung zu ersetzen, und diese „künstliche“ Erhebung wurde für sie dann die Pyramide, der τόπος σφόδρα ὑψηλὸς καὶ ἀπότομος ἐκ θαλάσσης, der „gewaltig hohe Berg, ein „abgeschnittener“ τέμενος, aus dem Meer herausragend“, bei ihnen, wie gesagt, aus dem Meer des Sandes.
Doch bauten sie nicht gleich die Pyramide in der vollendeten Form der Cheops-, Chefren- und Mykerinos-Pyramide, sondern sie bauten zuerst die Form, die sich ihnen, bei ihrem Herantasten an die Vollendung, auf Grund ihrer technischen und statischen Möglichkeiten und Kenntnisse anbot, wie das – mutatis mutandis – auch in Sumer, Babylon mit den Zikkurats vor sich ging, auch im Fernen Osten mit den Stupas der Inder und den Pagoden der Chinesen. Die erste sich anbietende Form der

Pyramide war für die Ägypter zu Beginn daher die Stufenpyramide (wie der Stufenturm bei den Zikkurats); Stufe für Stufe gelangten sie mit dem von ihnen ersonnenen Bauwerk, das sie aufgrund eines durch das βραχὺ σπέρμα sich ergebenden Vergleichs mit dem Atlasberg auf Atlantis ersannen, an einen Punkt, wo sie dem Himmel so nahe wie möglich waren.
So ersann also Djoser, der Pharaon der III. Dynastie, und sein Architektenstab unter Imhotep die erste Stufenpyramide von Saqquara[52] nach einer gewissen Vorlaufzeit. Die Pyramide (in ihrer groben Form) war erfunden, der Atlasberg „künstlich" hergestellt.

Die Idee der Pyramide, können wir also abschließend sagen, ging aus von der Uridee des „Atlasberges" auf Atlantis, eines zum Himmel strebenden „Naturbauwerks" und wurde über die Station „Stufenpyramide" bis zu ihrer vollkommenen Form in den Gizeh-Pyramiden hin weiterentwickelt. Dass zu dieser Entwicklung eine Vorlaufzeit, auch in der Entwicklung der Stufenpyramide schon – denn aus Nichts kommt Nichts – für Djoser vorausgesetzt werden muss, ist selbstverständlich. Djoser konnte nicht einfach den Bau einer Pyramide kommandieren und befehlen.
Es müssen von ihm und seinem Stab Vorüberlegungen durchgeführt worden sein und vor allem auch Vorkenntnisse vorhanden gewesen sein, und diese Vorkenntnisse waren einerseits durch die im Unterbewusstsein der Völker schlummernden Urideen, die „βραχέα σπέρματα" , wie Plato sie gemäß dem Saïs-Priester nennt, und andererseits in den Archiven der Ägypter vorhanden, so auch die Uridee „Himmelstrebendes Bauwerk".

Alles dies, was hier in unserer Argumentation gesagt wurde und für Ägypten teilweise wiederholt, teilweise näher begründet wurde (s. S.148), gilt in gleicher Weise für den meso- und südamerikanischen Raum, den westlichen Einflussbereich von Atlantis wie für den östlichen Einflussbereich. Was also für die Stufenpyramide und ihre Entwicklung auf Grund des βραχὺ σπέρμα „Himmelstragendes Bauwerk" für Ägypten gilt, gilt auch für die erste Tempelpyramide der Andenzivilisationen, für

[52] Wie lautet die Etymologie von Saqquara (Sa-qquar-a)?

die Inka und ihre Vorläufer, vor allem die Caral-Kultur in der präkeramischen Zeit, in der sog. „Präkeramik“ (schon 3.000 v. Chr.)
Das Gleiche gilt auch – zeitlich wesentlich später – für die Akapana-Pyramide in Tiahuanaco, die T-förmige Pyramide (Pumupanko-Tempel), die Stufenpyramide, auf der der Torgott des Sonnentores steht; es gilt in gleicher Weise für den gesamten Tempelbezirk „Coricancha“ in Cuzco, dem Nabel der Inkawelt (1.100 n. Chr.), mit dem Sonnentor und dem Bildnis des Inti, des Sonnengottes, und für den „Sacsahuaman“-Zeremonialbezirk bei Cuzco. Es gilt in gleicher Weise im mesoamerikanischen Raum für die Sonnenpyramide und die Mondpyramide in Teotihuacan, für seinen Zeremonialkomplex und ebenso für die Tempelpyramide des Kukulkán in Tollán (Tula) und die Tempelpyramide des Kukulkán in Chichén Itzá (el Castillo) sowie den „Tempel de las mil columnas“, für „Colhuacan“, „Coantepec“, für den Pyramidenhügel von La Venta etc. etc., um nur die bekanntesten Bauwerke zu nennen. – Auch sie alle konnten nicht aus dem Nichts sich erhoben haben; sie waren ebenfalls das Ergebnis einer langen „spermatischen“ Tradition, die sich erst zu ihrer Zeit in die Realität umsetzte.
Dass wir bei den obigen Überlegungen, sc. dass die Uridee des „Atlasberges“ ihre Verwirklichung in der Pyramide fand, in berechtigter Weise vorgehen, zeigt auch die Tatsache, dass der seit Urzeiten allseits bekannte „Atlasberg“ von Atlantis offenbar so sehr in aller Munde war, dass er im östlichen Einflussbereich seine Hauptmarke hinterlassen hat in dem Atlas-Gebirge von Marokko und weitere Marken in etlichen Atlasbergen (s. Zangger, s.o.) und in dem Berg „Maschu“ in Sumer, sowie im westlichen Einflussbereich in den Bergen Popocatépetl und Tonacatépetl, die wir, auch sprachlich mit „Atlas“ in Verbindung bringen (s.o.) und die offenbar auch das Vorbild lieferten für „Colhuacan“ und „Coantepec“ (s.o.), die ihrerseits auch ein Vorbild für die Tempelpyramiden bei den Azteken abgaben (s. Thiemer-Sachse, „Die Azteken“), sowie für den Pyramiden-Hügel von La Venta etc.
Der Tonacatépetl gilt als ein mythischer Berg, was auf eine gewisse Sonderstellung des Berges hinweist; sein profaner aztekischer Name ist

Itzaccihuatl. Dadurch, dass er Mythos wurde, zeigt sich die Bedeutung des Berges von den Anfängen an.

Mit allen diesen Beobachtungen scheinen mir ausreichende Hinweise, ja ein hinreichender Beweis für die Einflussnahme Atlantis‘ auf die östliche und westliche Architektur gegeben, zumal auch auf alle oben genannten Berge das Charakteristikum „Vulkanberg“ zutrifft.
Dass für Plato nach der so prägnant herausgestellten Beschreibung des Atlasberges als τόπος σφόδρα ὑψηλὸς καὶ ἀπότομος ἐκ θαλάσσης auch der letzte Hauch eines Zweifels an der ehemaligen Existenz von Atlantis beseitigt ist, zeigt sich gerade auch in dem hinter den gesamten Überlegungen Platos stehenden „Wortspiel“ mit dem Begriff τόπος.
Während nämlich Plato sich anfänglich (s.o.) dagegen wehrt, Atlantis sei eine „Utopie“ zu nennen und bei vielleicht noch minimaler Scheu vor der endgültigen Existenzbestätigung von einem ἄτοπος, etwas „Seltsamen“ spricht, ist diese minimale Scheu dann durch das „ἀληθὲς δέ“ beiseitegeschoben und mit dem τόπος σφόδρα ὑψηλὸς καὶ ἀπότομος ἐκ θαλάσσης, der „gewaltigen Erhöhung, dem abgesonderten Bezirk“, dem Atlasberg, ist dann jeder leiseste Hauch von Zweifel an der Existenz von Atlantis vollends beseitigt.
„Οὐ τόπος“ (=Utopie) wird von Plato abgelehnt, über „ἄτοπος“ wird noch gewissenhaft nachgedacht, mit „τόπος σφόδρα ὑψηλὸς καὶ ἀπότομος ἐκ θαλάσσης“ ist jeder Zweifel an der Existenz von Atlantis für Plato beseitigt.[53]

DAS PROBLEM DER VERSCHIEDENEN FORMEN DER PYRAMIDEN

Die verschiedenen Formen der Pyramiden in Ost und West („Spitzenpyramide im Osten, „Stumpfpyramide mit abschließender

[53] Mit allen obigen Überlegungen bestreiten wir also, dass die Völker Mesoamerikas und Südamerikas unter keinerlei äußerem Einfluss ... standen und dass schon vor Beginn der Jungsteinzeit zwischen den Bewohnern der Alten und Neuen Welt jede Beziehung abgebrochen war (s. Henri Stierling, Dietrich Wildung, „Weltarchitektur“, 2001 TASCHEN GmbH, Köln: Kapitel „Maya“, Einleitung S.7). – Dahinter steht die sog. Konvergenz-Theorie, die wir ablehnen (s.o.).

Plattform und Tempel“ im Westen) sollten uns nicht irritieren. Die große Entfernung von Ägypten bis Amerika, zumal in der Zeit der erst wieder entstehenden Kultur nach dem „Hiat“ und die zeitlich teilweise stark auseinanderliegenden Baubeginne der Pyramiden sowie verschiedene religiöse Vorstellungen in den zwei verschiedenen Räumen der Erde mögen die Gründe sein.[54] Der Grundsatz „mutatis mutandis“ muss bei Details immer wieder zugrundegelegt werden.
Das aber tut der Grundidee des „himmelstrebenden Bauwerks“ keinen Abbruch.
Die ägyptischen Pyramiden, abgesehen davon, dass sie u.a. als Grabstätten für die vergöttlichten Pharaonen dienten, auch die Obelisken, eine Weiterentwicklung des pyramidalen Gedankens, die Pyramiden also enthalten in ihrer vollendeten Form versteckte mathematische und astronomische Hinweise, und diese Hinweise dienten letztlich auch zu nichts anderem als dazu, ihren Göttern nahezukommen und somit das Wohlwollen der Götter zu erlangen, Hinweise, über die sich schon viele moderne Autoren in der sog. Pyramidologie ausgelassen haben. – Soweit zu den ägyptischen Pyramiden.

Im mesoamerikanischen Raum hingegen dienten die Tempel auf den Plattformen der Pyramiden ob in Palenque, Uxmal, Tikal oder wo immer – eine Änderung im Vergleich mit der ägyptischen Pyramide – als Stätten der betenden und äußerst blutige Opfer darbringeneden Priester, beides aber auch, bei aller Abscheulichkeit, Praktiken, die der Annäherung an ihre Gottheiten und dem Erlangen von deren Wohlwollen für die Menschen dienen sollten. Man nehme nur die als „Himmelsleiter“ interpretierten Axial-Treppen am „Castillo“ von Chichén Itzá und überhaupt die häufigen steilaufsteigenden Treppen anderer Bauwerke, um mit dem Bild der „Himmelsleiter“ zu verstehen, dass auch die Pyramiden des meso- und südamerikanischen Raumes wie die ägyptischen der Annäherung an die Götter dienten und nicht nur der Annäherung der Menschen an die Götter, sondern bei den Ägyptern,

---

[54] Der stark auseinanderliegende Baubeginn gilt nicht für die Pyramiden von La Venta, San Lorenzo in Mesoamerika und für die Pyramiden der Caral-Kultur in Südamerika, die als Vorläufer der Inka bis in die Zeit um 3000 v. Chr. zurückgehen.

nach den „Texten der Pyramiden", auch dem Aufstieg des toten Pharaons, z.B. Ounas oder Tetis, in den Himmel, auf den Thron, neben dem obersten Gott, der Sonne, dem „accès au ciel de Ré", wie es J. Ph. Lauer, „Le Mystère des Pyramides", S.388 ausdrückt und dabei die Stufenpyramide von Sakkara gemäß den „Texten der Pyramiden" im Zusammenhang mit dem Aufstieg des Pharaon Ounas eine „gigantische Treppe" („gigantesque escalier") nennt. Ja, man bat die Götter gar, für den „accès au ciel" des Pharaons Ounas „de tendre l'échelle ou de dresser l'escalier", „die Leiter zu halten oder die Treppe (zum Aufstieg in den Himmel) aufzurichten".

„Die Seele des Pharaon, dessen Grab die Pyramide war, glaubte man, erhebe sich in einer Barke auf einem Strahl der Sonne bis hinauf zu dem Gott Ré, seinem Vater.

Die Ägypter bezeichneten die Pyramiden mit dem Wort „mer", welches „Treppe" bedeutet und das die Funktion der Pyramide für den Aufstieg der Seele des Verstorbenen aufzeigt."

Diese Worte von Christine Guerre in „Egypte, Les Merveilles", bei MOLIERE Paris, 1997 S.52, machen nicht nur die Funktion der ägyptischen Pyramiden klar, sondern auch die Funktion der steilaufsteigenden Axialtreppen an den Pyramiden in Mesoamerika, womit wieder eine deutliche Vergleichsgegebenheit zwischen der östlichen und westlichen Einflusssphäre von Atlantis vorliegt. –

Was die Jakobsleiter (Gen. I 28) betrifft, die Jakob im Traum erschien, als „auf der Erde stehend und mit der Spitze an den Himmel rührend", eine Leiter, auf der Engel auf- und absteigen, wobei für Jakob an der betreffenden Stelle „nichts anderes als Gottes Haus" und die „Pforte des Himmels" waren, so haben wir in dieser kabbalistischen Auslegung des „Aufstiegs der Seele zu Gott" das jüdisch-christliche Pendant zu der Funktion der ägyptischen Pyramide, zu der Funktion des babylonischen Turmbaus (Zikkurat) und zu der Funktion der altamerikanischen hochaufsteigenden Axialtreppen ihrer Pyramiden.

Was hier gesagt ist für die Pyramiden und Obelisken in Ägypten und für die Pyramiden im altamerikanischen Raum gilt selbstverständlich später auch für die Tempel der Hebräer, die Kirchtürme der christlichen Epoche und für die Minarette des Islam etc.

Als Vorbild für die profanen Monumentalbauten z.B. in Tell El Amarna, von Echnaton geschaffen, für das Ramesseum von Ramses II. in Luxor und für die Bauwerke des Ramses III. in Medinet Habu etc., diente der vom Saïs-Priester als so prachtvoll beschriebene „Königspalast" auf Atlantis.
Neben den Bauwerken z.B. Echnatons in Tell El Amarna, des Ramses III. in Medinet Habu etc., waren auch der Palast von Knossos und letztlich auch, zeitlich später, die Tempel der Griechen und Römer, auch der Potala-Palast der Tibeter etc., die reale Ausführung der Uridee des Königspalastes von Atlantis, der also, ursprünglich selbst eine Realität, nach dem Untergang von Atlantis zur glanzvollen immer weiter tradierten Idee, einem βραχὺ σπέρμα, geworden war, und eben u.a. in den oben aufgeführten Bauwerken der Ägypter, Griechen und Römer, der Inka, Maya und Azteken etc. wieder zur Realität zurückfand.

Im Königspalast von Atlantis residierte Atlas, der Sohn des Poseidon, im Parthenon auf der Akropolis von Athen, Athene, die große Gegenspielerin des Poseidon, Athene, die (zeitlich natürlich verschoben) mit ihrem friedlichen und Wohlstand verheißenden Olivenbaum über das kämpferische, martialische Roß des seinen Dreizack schwingenden Poseidon den Sieg als Herrscherin über Athen, den ihr Poseidon streitig machen wollte, davontrug; – das Ganze vielleicht eine Reminiszenz (in der späteren griechischen Darstellung) an den Jahrtausende vor dem Bau des Parthenon sich real abspielenden (vom Saïs-Priester erwähnten) imperialen, jedoch gescheiterten Knechtungsversuch Athens und des gesamten Mittelmeerraumes durch Atlantis. Solch ein historisches Bewusstsein könnte man sich gut bei dem den Bau des Parthenon veranlassenden Perikles vorstellen.

Nach diesem kleinen Abstecher über die Reminiszenz der Athener, nun weiter zu den Bauwerken:
Zu nichts anderem denn als Vorbild auch für die profanen Bauwerke von Teotihuacan, für Palenque, Uxmal, für die Bauwerke später in

Tenochtitlan, in Tikal und Chichén Itzá etc., im mesoamerikanischen Raum, sowie in Tiahuanaco und dem späteren Cuzco im südamerikanischen Raum diente der Königspalast von Atlantis.

Die Parallelität zwischen den im östlichen und westlichen Einflussbereich von Atlantis erwähnten Bauwerken liegt – das sei noch einmal erwähnt – auch darin, dass sie oftmals an sog. „Heiligen Orten", im Westen „Huacas" genannt, gebaut wurden, über Höhlen und Quellen oder in der Nähe solcher Örtlichkeiten, wie u.a. das Heiligtum der „Mutter Erde" über einer Höhle in Delphi, in der nicht allzu großen Entfernung der Kastilischen Quelle, ferner die (in ihrer Funktion noch ungeklärte) Tholos von Delphi, der Apollotempel u.s.w. oder, um ein weiteres Beispiel im östlichen Bereich zu nennen, das „Sonnentor" auf Malta, (ein wörtlicher Anklang an das „Sonnentor" von Tiahuanaco). Auch christliche Kirchen wurden oftmals auf Stellen heidnischer Götter gebaut, zumal nach der Eroberung in Peru (Lima), ein Beweis, dass auch im christlichen Raum der Gedanke Fuß gefasst hatte, dass bestimmte Orte als „heilig" zu betrachten sind, entsprechend der Definition: „Heilig ist das, was die Erinnerung und das Wissen über alte Dinge in sich trägt (s.o.: sa-cer)".

Im westlichen Einflussbereich von Atlantis sind hier zu nennen in Tiahuanaco u.a. das berühmte Sonnentor, der Ponce-Monolith, sowie Tambo Toco, die „Höhle mit den 3 Fenstern" im Lande Pacaritambo; ebenfalls, ein entsprechendes Beispiel in Machu Pichu (südamerikanischer Bereich); in Mesoamerika entsprechend zu nennen ist u.a. Teotihuacan, die Stadt der Götter, wo man in den überwucherten Ruinen die Grabstätten der „Riesen" der „Ersten Sonne" (= 1.Welt) vermutete, sowie in dem Zeremonialkomplex der von Norden nach Süden verlaufenden Hauptstraße, wo sich seitlich außer den Pyramiden (darunter die Sonnenpyramide) über 2 km hin gewaltige profane Verwaltungsgebäude und Zeremonialstätten hinstrecken und angeordnet sind. Als zeitlich später denn Teotihuacan ist hier Tenochtitlan, die Hauptstadt der Mexiko-Azteken zu erwähnen, wohin Huitzilopochtli die Azteken aus einer Höhle in Aztlán, einer Wüstenregion im NW, ins zentrale Mesoamerika führte und ihnen sagt, sie sollten dort ihre Hauptstadt bauen und sich ab diesem Zeitpunkt mit dem neuen Namen

„Mexika“ benennen. Der Adler, der mit einer Schlange in den Klauen, auf einem Feigenkaktus sitzend, auf der Insel im Mondsee den Ort anzeigte, wo die Azteken ihre Hauptstadt, Tenochtitlan, errichten sollen, erinnert an die beiden von Zeus ausgesandten Adler, die sich in Delphi trafen und dort den Omphalos, den Nabel der Welt, die Mitte der Welt, anzeigten. Parallelitäten – mutatis mutandis – zwischen Ost und West sind also sehr häufig (alle o. a. Erkenntnisse sind der „Mythologie der Neuen Welt“ entnommen).
Die geringfügigen Unterschiede in den Pyramidenbauten des westlichen und östlichen Einflussbereiches von Atlantis, ob zeitliche Unterschiede ihres Baubeginns oder verschiedener Funktionsgegebenheiten der Bauwerke brauchen uns nicht zu irritieren. Sie mögen bedingt sein (auch) durch landschaftliche Gegebenheiten, durch noch fehlende materielle Mittel und technische Kenntnisse auf dieser oder jener Seite, durch eben eine schnellere oder weniger schnelle Entwicklung der tangierten Völker und ihrer Vorläufer. Es gibt Wissenschaftler, die deshalb im Hinblick auf die altamerikanischen Kulturen von „verspäteten“ Nationen sprechen. (s. aber die jeweiligen Vorläufer!)

Hinter allen Unterschieden steht und ist feststellbar eine gewisse Tradition, ein Weiterreichen der βραχέα σπέρματα, in den Entwicklungen von der Präkeramik der Andenzivilisationen (3.000 v. Chr., direkt nach dem „Hiat“) über die ägyptischen und griechisch-römischen Kulturepochen, über die Vorklassik und Klassik der meso- und südamerikanischen Kulturen im westlichen Einflussbereich von Atlantis bis hin im 16. Jahrhundert n. Chr., dem Jahrhundert gleichzeitig des Endes der meso- und südamerikanischen Reiche und der kulturellen „Wiedergeburt“ und Blüte des östlichen Einflussbereiches von Atlantis, in der Renaissance.
Diese Renaissance des 16. Jahrhunderts nach Chr. ist, wenn man alle obigen Überlegungen seit der Katastrophe von Atlantis miteinbezieht, eigentlich nicht (nur) eine Renaissance der griechisch-römischen Kultur, wie wir sie landläufig immer verstehen, sondern, da die griechisch-römische Kultur ihrerseits nur eine Etappe einer viel früheren und älteren Tradition, sc. der nach der Katastrophe von Atlantis, Mitte des 4.

Jahrtausends v. Chr., wiedereinsetzenden kulturellen Entwicklung, ist, müsste die Renaissance des 16. Jahrhunderts, da sie letztlich gespeist ist von den βραχέα σπέρματα der Blütezeit von Atlantis, eine „Renaissance von Atlantis“ genannt werden.
Denn die Entwicklung der βραχέα σπέρματα, die letztlich sogar ins Quartär zurückreichen, wie im Kritias dargestellt ist, war – wir sagen das, um einen Überblick zu verschaffen – direkt nach der Katastrophe von Atlantis mit 2.000 Jahren „Dunkelheit“ und Dumpfheit konfrontiert, war danach in der Zeit der Chthonik, des weiteren „Hiats“ (7.500 v. – 3.500 v. Chr.) mit nur kümmerlichen Wissen wegen der ἀγράμματοι versehen, leitete aber schließlich ab 3.500 v. Chr. mit dem Wiederaufkommen der Schrift eine neue Blütezeit ein, die sich auch über Meso- und Südamerika (zum Teil ohne Schrift, z.B. die Inka) zum Teil verhältnismäßig spät, früher aber über Sumer, Ägypten, Griechenland hin (mit einer leicht „dunklen“ Zeit vor Homer), über das Römische Reich, nach der „Dunkelheit“ des Mittelalters im 16. Jh. als Renaissance manifestierte.

<u>Wir möchten diese Überlegungen in folgendem Überblick zusammenfassen:</u>

Point zéro: Atlantiskatastrophe (9.560 v. Chr.)
1.) 6.000 Jahre „Hiat“ (bis 3.500 v. Chr., „tiefster Hiat“ und „Hiat“),
2.) Mitte des 4. Jahrtausends v. Chr. Aufkeimen der βραχέα σπέρματα; Aufkommen der Schrift,
3.) Sumerische und Ägyptische Epoche. Griechisch-römische Epoche,
4.) Renaissance nach dem „dunklen“ Mittelalter (15.-16. Jh.)
   a.) europäische Form der Renaissance: Hochblüte, echte „Wiedergeburt“,
   b.) altamerikanische Form der „Renaissance“: Untergang zweier Großreiche (Azteken und Inka durch Vertreter der europäischen Renaissance).

Zu beachten ist also in diesem Gesamtüberblick die verschiedenartige Auswirkung des ehemaligen atlantischen Einflusses auf seine Einflussgebiete in Ost und West.

Im Osten: Echte „Wiedergeburt".

Im Westen: „Mortifikation", das Gegenteil von „Wiedergeburt" durch Vertreter der östlichen Renaissance.

Kommen wir abschließend nach einmal zurück zu den Urideen des „himmelstrebenden" Bauwerkes „Atlasberg" und des Königspalastes auf Atlantis. Diese Urideen waren den Völkern immer immanent, „schlummerten" sozusagen in ihrem Unterbewusstsein als βραχέα σπέρματα, in ihrem „Chromosomengedächtnis", wie es manche ausdrücken (z.B. Robert Charroux, „Das Rätsel der Anden", Econ-Verlag, Düsseldorf und Wien, 1978), kamen nur wegen der o.a. Gründe in den verschiedenen Räumen der Erde zu verschiedenen Zeiten zum Durchbruch, gelangten nur in den verschiedenen Räumen zu verschiedenen Zeiten zur praktischen Ausführung.

Noch einmal folgender Hinweis:

Alles, was im Vorausgehenden zu den Bauwerken, zur Architektur, die auf atlantische Einflüsse zurückgehen, gesagt ist, gilt neben den Pyramiden, Obelisken Ägyptens und Altamerikas (s. auch den Tellos-Obelisk in Südamerika) auch für die Zikkurats (Stufentürme), die Turmbauten Sumers und Babylons, die Tempel der Ägypter, der Hebräer (Salomon, Herodes), auch der Altamerikaner, die Stupas der Inder, die Pagoden Chinas und Koreas, den Potala-Palast in Tibet, und nicht zuletzt ebenso für die Kirchtürme des christlichen Raumes sowie die Minarette des Islam. (s. Donnelly)

Hier zu fragen: Warum gab es bei den Vorläufern der Inka, um uns auf die naheliegendsten Vergleichsmomente zu beschränken, z.B. in der Caralkultur (TV-Sendung, 2010), 3.000 v. Chr., und in der präkeramischen Zeit, also schon etwa 3.200 v. Chr., die erste bekannte Tempelpyramide, bei Djoser hingegen, die Vorlaufzeit berücksichtigt, aber erst Jahrhunderte später die Stufenpyramide; in Gizeh, wieder

Jahrhunderte später die vollendeten Pyramiden; in Tiahuanaco etwa ab 200 n. Chr., über 2.000 Jahre später; in Teotihuacan wieder später die Sonnen- und Mondpyramide; in Cuzco wieder 500 bis 600 Jahre später; in Tollán und Chichén Itzá wieder einige Zeit später die Pyramidenbauten, um nur die Hauptetappen des Pyramidenbaus zu nennen, diese Frage zu stellen, ist müßig, wenn man sich bewusst ist, dass hinter all diesen Bauwerken immer wieder die Idee des „himmelstrebenden" Bauwerkes", ausgehend von der Uridee des „Atlasberges" auf Atlantis, des τόπος σφόδρα ὑψηλὸς, des ἀπότομος, des τέμενος, steht, eine Idee, die im Unterbewusstsein der Völker als βραχὺ σπέρμα seit den Urzeiten vorhanden war, weiterlebte, von den anfänglich seltenen „Wissensträgern" immer wieder ventiliert und, allerdings zunächst nur oral, ins Gedächtnis zurückgerufen wurde.
Man könnte genau so gut fragen: Warum z.B. setzten die Vorläufer der Inka z.B., die Schöpfer der Caral-Kultur (s. TV-Sendung vom 03.01.2010, Phoenix) und Djoser erst etwa 7.000 Jahre nach der Katastrophe von Atlantis ihre Werke in Gang? – Die Antwort: Die Menschen dieser 7000 Jahre, Jahre, in denen wir einen wissenschaftlichen und kulturellen „Hiatus" sehen, waren als ἀγράμματοι, auch infolge materieller und technischer Gegebenheiten, eben nicht in der Lage, die sicherlich von den „Wissensträgern" (wie Basken, Iberern etc.) im östlichen Einflussbereich von Atlantis oder von den ihnen entsprechenden „Kulturheroen" der meso- und südamerikanischen Kulturkreise, z.B. Quezalcoatl, tradierten Ideen in die Praxis umzusetzen. – Zu der Zahl der von den „Wissensträgern" und „Kulturheroen" tradierten Ideen, βραχέα σπέρματα, gehörten auf jeden Fall die Idee des „Atlasberges als himmelstrebendes Bauwerk" und die Idee des „Königspalastes von Atlantis."

Die Wissensträger

Hier wird die Bedeutung der „Wissensträger", deren erstes Auftreten in der Prähistorie anzusetzen ist, also in der Zeit des sog. „Hiats", wie wir oben im Verlauf unserer linguistischen Überlegungen dargelegt haben (Eskal, Iberer, Italer, Etrusker, Hebräer etc. gehören in die Prähistorie),

erst in ihrer ganzen Tragweite klar, waren sie es doch, die „Wissensträger“, die für die Tradition vom Geschehen des Untergangs von Atlantis über den sog. „Hiatus“ hinweg bis zum Wiederaufkommen der Schrift im 4. Jahrtausend, für die orale Weitergabe der Urideen sorgten. Einige dieser „Wissensträger“ wurden dann in der mit dem Wiederaufkommen der Schrift sich erneut bewusst werdenden „Historie“, der Bewusstwerdung der Menschen, später zu den sog. „Weisen“ umgetauft, z.B. die 7 Weisen im griechischen Raum, die „sapientes“ bei den Römern, (Man ist geneigt, auch an die „Weisen aus dem Morgenland“ zu denken).
Als einer der 7 Weisen, der uns die Idee von Atlantis über die Station der Saïs-Priester in Ägypten, deren Archive auch in die Prähistorie zurückreichten, weitergab, gilt Solon selbst. Solon hatte sich um Wissensvermehrung Zeit seines Lebens bemüht, z.B. gerade auch in Ägypten, wo er sich in Saïs sozusagen zum „vollendeten Wissensträger“ ausbilden wollte und ausbildete, sodass uns sein Streben, sich „alles, akribisch genau, der Reihe nach“ über seine Vaterstadt Athen und ihre Verquickung mit Atlantis berichten zu lassen, hier ganz und gar verständlich wird. Wegen seines ständigen Strebens nach „Wissen“ wurde er schließlich zu einem der 7 Weisen „hochgestuft“.

Interessant ist es, an dieser Stelle auch auf eine Persönlichkeit des 5. Jahrhunderts v. Chr. in Athen einzugehen, Sokrates, und vor allem auf seinen Schüler Plato, den direkten Vermittler der Atlantis-Ideen.
Warum bekämpfte Plato die sich selbst σοφοί, also „Weise“, nennenden Sophisten? Und warum kam der Begriff φιλόσοφοι = Philosophen = „Weisheitsliebhaber“ im Gegensatz zu dem Begriff σοφοί = „Weise“, „Weisheitsbesitzer“, gerade in dieser Zeit so stark in Gebrauch? Warum lehnte Sokrates für sich den Titel des „Weisesten aller Weisen“ ab, einen Titel, den ihm das Orakel von Delphi zubilligte? Warum sagte Sokrates (auch Plato) von sich selbst: „οἶδα οὐκ εἰδώς“, zu übersetzen: „Ich weiß, dass ich nicht (alles) weiß.“, soll heißen: „nicht weise bin“? Plato meinte in der Folge des Sokrates dies mit Blickrichtung auf die Sophisten, die von sich ja behaupteten, σοφοί zu sein, d.h.: alles zu wissen.

Der Satz: „οἶδα οὐκ εἰδώς“ wird meist unzulänglich, ja falsch interpretiert mit dem schon in sich widersprüchlichen Satz: „Ich weiß, dass ich nichts weiß.“ Dieser Sinngehalt liegt nicht in dem bekannten Satze vor. Denn gemeint ist mit dem Satze: „οἶδα οὐκ εἰδώς“, exakt auch nach der grammatikalischen Formulierung: „Ich weiß, dass ich nicht weiß“, d.h.: „Ich weiß, dass ich nicht vollkommend wissend bin“, im Sinne also: „Ich weiß, dass ich nicht (alles) weiß“, d.h. kein σοφός bin, wie die Sophisten es für sich beanspruchen.
Mit anderen Worten: Nur: „Wer immer sich bemüht, den können wir erlösen“, so wurde der in dem bekannten Satz vorliegende Gedanke dann später richtig gedeutet und formuliert.
Ein immerwährendes Streben ist also nach Plato nötig, ein „Lernen bis ins hohe Alter“, oder trivial ausgedrückt „Man lernt nie aus“.

Dass gerade auch Plato uns diese Maxime übermittelt, er, der Übermittler des Gedankens von Atlantis, macht die Sache für uns nur noch interessanter. Für Plato war – und daran sei an dieser Stelle noch einmal erinnert – „Atlantis“ kein οὐ τόπος, keine Utopie, wie in diesem Punkte bis zur Gedankenlosigkeit hin bequeme Leute es abtun, – ich möchte fast sagen: Aristoteles nicht ausgenommen (sit venia verbo!) – sondern ein ἄτοπον zwar, ἀλλὰ μὴν ἀληθές „ein zwar seltsam erscheinender Gedanke, aber durchaus wahr“, nach dessen Beweis zu streben sich lohnt.[55]

Nach diesem Ausflug über die Begriffe „Wissensträger“, „Weise“, φιλόσοφοι (= οἶδα οὐκ εἰδώς) und Sophisten wenden wir uns jetzt wieder unserem Bemühen zu, außer den oben abgehandelten sprachlichen und architektonischen Einflüssen des Großimperiums Atlantis auf seine östlichen und westlichen Einflussgebiete, auch die Einflüsse in Hinsicht Religion klarzulegen.

---

[55] Wie oben die ganze Überlegung über den Untergang von Atlantis vor der Kontrastkulisse „Tellus/Terra“ ↔ „Wasser“ („Träger“ ↔ „Nichtträger“) sich präsentierte, so präsentiert sich hier die ganze Überlegung über σοφοί ↔ φιλόσοφοι vor der Kontrastkulisse „Dunkelheit“ (2.000 Jahre und „Hiat“) ↔ „Licht, Wissen“ etwa ab Mitte des 4. Jahrtausends v. Chr.. Diese beiden Überlegungen stehen insofern in einem kausalen Konnex, als ohne die eine die andere gar nicht notwendig gewesen wäre.

Doch zuvor sei auch noch auf folgende aus dem östlichen Einflussbereich von Atlantis, dem (vor-)germanischen Raum, bekannte Vorstellung eines „Himmelsträgers“, eine Vorstellung, die also auch ihren Ursprung, sc. Atlasberg auf Atlantis, verrät, hingewiesen: wie Atlas, der König, der höchste Herrscher von Atlantis, der Pantokrator von Atlantis, durch den Atlasberg und seine Vulkansäule zum „Himmelsträger“ wurde, eine Deutung, die dann auf das in der Nähe von Atlantis gelegene „Atlasgebirge“ von Marokko in der griechischen Mythologie aufgegriffen und übertragen wurde, wie die Inka, Azteken und Maya mit den verehrten Bergen Popocatepetl und Tonacatepetl und mit ihren „Götterbergen“, mit den steilen Axialtreppen ihrer Pyramiden (s. Chichén Itzá, El Castillo etc.) die Vorstellung der „Himmelsleiter“, der „Himmelsstütze“, des „Himmelsträgers“ zum Ausdruck brachten, so kommt schon im vorgermanischen Raum mit „Irminsul“ derselbe Gedanke zum Durchbruch. Auch Irminsul ist ein „Himmelsträger“, genau wie Atlas, Irminsul, im Lande der Hyperboräer (Apollodoros, 2, 5.11). Bei Hesiod, „Theogonie“ heißt es:

> „Aufrecht vor der Heimstätte der Nacht (= der Westen), wo der Tag zu Ende geht und die Nacht beginnt, (also in Richtung Atlantis oder gar Atlantis selbst) trägt der Sohn des Japet (= Atlas) den immensen Himmel über seinem Kopf.“

„Die beiden über dem Kopf erhobenen Arme“, so Hesiod, mit denen Atlas den Himmel trägt, entsprechen offenbar der doppelten Volute der vorgermanischen „Irminsul“ (Vgl. auch den „Weltenbaum“ Yggdrasil bei den Nordgermanen; s. Hans Biedermann, Knaurs Lexikon der Symbole; C.A. Koch’s Nachf. Verlag, Wien 1989, daselbst der Vergleich Yggdrasils mit dem heiligen Ceiba- oder Yaxche-Baum der yukatekischen Maya).

So finden wir die Vorstellung des „Himmelsträgers“ also vor auf Atlantis, bei den Mayas, Azteken und Inkas und ihren Vorläufern, im Westen, und im östlichen Einflussbereich von Atlantis außer in den Pyramiden Ägyptens selbst etc. auch schon im vorgermanischen Raum mit der „Weltachse“, dem „Himmelsträger“ Irminsul und dem „Weltenbaum“ Yggdrasil. „Weltachse“, ein Begriff, der seinerseits auch bei den Inka, Maya und Azteken eine Rolle spielt. (s. auch M.d.N.W., S. 152, Stichwort: „Weltenbaum“.)

Wir möchten auch hier abschließend ein Vergleichstrio anbringen, das als mnemotechnisches Mittel alle obigen Überlegungen über die letztlich von Atlantis vermittelte Architektur und Bauwerke zusammenfasst:

	Atlantis (Zentrum) ↙ ↘		
Maya, Azteken, Inka und Vorläufer (Westen)		Ägypter und Germanen (Osten)	
Götterberge → Pyramiden: Himmelsträger, Himmelsstütze (Weltachse) Himmelsleiter	Atlasberg = Uridee der Pyramide: Himmelsträger, Himmelsstütze	Künstlicher Berg → Pyramide: Himmelsträger, Himmelsstütze	Irminsul Himmelsträger, Himmelsstütze (Weltachse)

Doch nun zu den Einflüssen von Atlantis auf seine östlichen und westlichen Einflussgebiete in Hinsicht: Religion. (Eine Besprechung der Auswirkung der Atlantiskatastrophe, was den Druidismus im östlichen Enflussbereich von Atlantis betrifft, haben wir auf S.134-145 vorgenommen; s.o.)

RELIGION

Die Tatsache, dass z.B. für die Griechen und Römer ihre Götter von denselben Leidenschaften und Passionen befallen werden können wie die Menschen selbst, nämlich, dass sie sich gegenseitig stritten, von Eifersucht getrieben wurden usw., deutet darauf hin, dass die Götter ursprünglich als real lebende Wesen zu betrachten sind, die durch irgendeine Wohltat für die Menschen oder eine Heldentat von den

Mitmenschen zu Göttern hochgestuft wurden, zu Göttern, die sich durch nichts von Menschen unterscheiden als dadurch, dass sie ewig leben, ewig und unsterblich sind.
Die Historizität der o.a. Wohltaten der Gottmenschen ging dabei mehr und mehr verloren, und endete oftmals in einem Mythos; entsprechend endeten die realen Gestalten der wohltätigen Menschen selbst in mythischen Gestalten, da man die reale Historie, in der diese Menschen ihre Großtaten vollbrachten, in einer Zeit, wie z.B. der nach dem Untergang von Atlantis, nach der Weltkatastrophe, nicht mehr nachvollziehen konnte und eben diese reale Historie in einen Mythos verwandelte.

Eine ähnliche Erscheinung wie die oben erwähnten aus der Antike des europäischen und fernöstlichen Raumes, können wir auch im meso- und südamerikanischen Raum feststellen.
Betrachten wir einmal die hier häufig vorkommenden Schutzgottheiten der Städte. Hier ist es manchmal schwierig, die Figur des Gottes von einem legendären Herrscher oder Staatsgründer, der als Dank für seine Wohltat den Menschen gegenüber zu einem Gott hochstilisiert wurde, zu unterscheiden. Oftmals als Zwillingspaare (wie nach dem Popol Vuh, dem Heiligen Buch der Quiché-Maya, Hun Hunahpú und Vucub Hunahpú) dienten diese Kulturheroen den Herrschern der Stadtstaaten[56] als Vorbilder und wurden so zuweilen vergöttlicht (s. „M.d.N.W.“). Oder andere gingen als Heroen aus den Stammesgeschichten hervor, die sich nach und nach in Mythen verwandelten, je länger die zugehörigen Ereignisse zurücklagen.
Bei der Gestalt des Herakles z.B. war sich die griechische Überlieferung schon nicht mehr sicher, ob er ein Gott oder ein Heros war; darum war er für die Griechen ein Zwischending /-wesen, man erfand den Begriff „Halbgott“;
Theseus hingegen war schon eher eine reale Gestalt, ein Heros.

---

[56] Was die Vorbilder der Herrscher der Stadtstaaten betrifft, so haben wir ein schönes Beispiel in den Inschriften am Rande der Säulenallee von Perge (Südtürkei). – Interessant in diesem Zusammenhang die sprachlich aufkommende Klimax: Gott, Halbgott, Gottmensch, Heros, Mensch.

Die noch vorhandenen Relikte, die heute bewunderten Bauwerke (z.B. die Pyramiden, Tempelanlagen wie Pantheon und Templo Mayor etc.) sind alleine die Beweise für die reale Existenz ehemaliger Historie, die sich in Mythos verwandelte und als Mythos wieder zur Realität zurückfand.
Immer, in allen Fällen, ist ein historisch bedeutendes, zum Mythos gewordenes Ereignis verbunden mit bestimmten Gestalten oder Ereignissen der realen Geschichte und dann der Mythologie: Die Götter des Olymp ↔ Titanen (Überwindung der chtonischen Religion); Apollo ↔ Pythonschlange (dito); Poseidon ↔ Athene bzw. Atlantis ↔ Athen (Besiegung des atlantischen Imperialismus); Theseus ↔ Minos (Abschüttelung des minoïschen Imperialismus); Herakles ↔ Geryon.

Wenn man die Dinge so sieht, wäre von jedem der oben erwähnten Ereignisse das jeweilige Ereignis darauf abzuklopfen, inwieweit es noch Geschichte und inwieweit es nur noch Mythos ist.

Von solchen historischen Ereignissen künden zuweilen nur noch die aus Urideen entwickelten heutigen realen Objekte, z.B. Bauwerke, manche mit Inschriften über historische Ereignisse versehen, wie in Medinet Habu, oder Archive, wie die von dem Saïs-Priester erwähnten, die auch aus Inschriften an Säulen und Bauwerken gewonnen wurden (s. Krantor). Atlantis selbst ist für immer versunken und verschwunden (δῦσα ἠφανίσθη). Das aber bedeutet nicht, dass es nicht irgendwann einmal existent gewesen war. Nach seinem Untergang setzte ein neues Weltzeitalter ein, das Quintär, und es bestanden nur wenige Dinge aus der Endzeit des vorausgehenden Weltzeitalters, des Quartärs, fort.
Wie Franz Bopp die rekonstruierten Wörter des Indogermanischen (wie er es noch nannte), die im Indogermanischen zur Zeit allerdings formal nicht mehr alle auffindbar sind, die es aber dort irgendwann gegeben haben muss, wie Fr. Bopp also die rekonstruierten Wörter mit einem „Sternchen" versah, so könnten wir das gesamte Thema „Atlantis", die Idee „Atlantis", auch mit einem „Sternchen" versehen und damit sagen: Nicht mehr sichtbar vorhanden, aber sicherlich früher existent gewesen,

d.h. nicht οὐ τόπος, Utopie, sondern ἄτοπος, ἀλλὰ μὴν ἀληθής, oder, um etwas zugespitzt mit Voltaire zu sprechen:

„Hätte es Atlantis nicht gegeben, man müsste es erfinden.“

Wir wenden also bei der Klärung des Atlantisproblems dieselbe Methode an, die Fr. Bopp bei der Entschlüsselung und vergleichenden Klärung des indogermanischen Sprachstrangs aus dem Sanskrit anwandte. D.h.: wir können nur noch aus den vorhandenen (realen) Bauwerken, „Göttern“ und heroischen Gestalten die Vorstellung, die Idee „Atlantis“ rekonstruieren, nur noch aus den Gegebenheiten der östlichen und westlichen Einflusssphäre des ehemaligen Atlantis.

Da dem so ist, darum ist es so wichtig, festzustellen, wo Vergleiche zwischen Ost und West, den Einflusszonen von Atlantis, möglich sind, wo vergleichbare Dinge zwischen Ost und West vorliegen. Denn diese „Vergleiche“ deuten gerade wegen der gewaltigen Entfernung, z.B. zwischen Ägypten und Altamerika, und dies zumal in Anbetracht der damaligen, weit zurückliegenden Zeit, darauf hin, dass ehemals „etwas“ vorhanden gewesen sein muss, von dem aus die vergleichbaren Dinge ausgingen, und dieses „Etwas“ war Atlantis.
Zu sagen: die „vergleichbaren Dinge“ haben sich in Ost und West autochthon in derselben Weise entwickelt, halte ich infolge der Vielzahl der vergleichbaren Erscheinungen höchstens für rein theoretisch denkbar, halte es aber wegen der vorhandenen Fülle für praktisch unmöglich.
(s. Problem: Konvergenz-Diffusion, s.u.)

Um uns nach diesem Vorspann jetzt dem anstehenden Problem: Religion, zuzuwenden, noch Folgendes:
Wie es u. E. in der Urzeit, vor der Katastrophe von Atlantis, in der Endphase des Quartärs, eine einzige Sprache (s.o.) gegeben hat und nach der Katastrophe sich wieder eine einzige aus den Urzuständen entwickelt hat (Monogenese der Sprache, s. Mythos vom Turmbau zu Babel), so gab es u. E. vor der Katastrophe von Atlantis, in der „aurea aetas“, auch ebenso einen Monotheismus, einen „einzigen Gott“ und eine einzige Religionsform, ein καθ‘ ὅλον, aus dem durch bestimmte Vorgänge und

Ereignisse die Vielzahl der „Götter“ und der Religionsformen später in der Zeit des „Hiats“, der dunklen Chtonik, sich herausgebildet hat, deren Überwindung wir dann in der Zeit ab 3500 v. Chr., in der Zeit des Wiederaufkommens der Schrift und damit der Bewusstwerdung des Menschen, nach dem „Hiat“, überall beobachten können.[57] (Wir neigen eher dazu, das Aufkommen des Druidismus in der Zeit des „Hiats“ zu belassen, und nicht, wie Pigott, seinen Stammbaum womöglich vor 20.000 Jahren anzusetzen).

Die Zeit der endgültigen Bewusstwerdung des Menschen nach dem Hiat, der „Entdeckung des Bewusstseins“ des Menschen mit der wiederaufkommenden Schrift (3500 v. Chr.) erinnert in ihrer strukturellen Position der allgemeinen Menschheitsentwicklung an die Zeit des von Bruno Snell in seinem Werk „Entdeckung des Geistes“ herausgearbeiteten Entwicklungsprozesses des Geistes bei den Griechen ab der Zeit Homers über Epik, Lyrik, Tragödie, Naturphilosophie und Geschichtsauffassung, d.h. an den Weg vom mythischen zum logischen Denken, wobei natürlich auf den Unterschied hinzuweisen ist, dass die Zeit nach dem „Hiat“ zunächst einmal lediglich wieder zum anfänglichen „Bewusstsein des Menschen“ führte, während im griechischen Raum ab Homer die „Entdeckung des Geistes“ demgegenüber eine gesteigerte Phase des menschlichen Bewusstseins, der Bewusstwerdung des Menschen, ausmacht.

Doch zurück: Den „einen“ Gott konnte die Menschheit nach der Katastrophe sich nur noch als Idee vorstellen, wie wieder einmal Plato

[57] Die Israeliten sehen den Anfang der Welt im Jahre 3760 v. Chr., die Christen setzen ein ähnliches Datum für den Weltenbeginn an (s. Franjo Terhart, Janina Schulze, „Weltreligionen“, Parragon Books; Bath, New York etc., S.240). Diese Ansätze stimmen alle in etwa überein mit dem, was wir „die Zeit nach dem Hiat“ nennen, also etwa Mitte des 4. Jahrtausends v. Chr. oder etwas früher.
Frage nun: Meinten die Israeliten mit „Entstehung, Anfang der Welt“ lediglich das erst zu dieser Zeit beginnende „Aufleuchten“ des neuen Weltzeitalters Quintär, etwa in der Mitte des 4. vorchristlichen Jahrtausends? – Wenn dem so wäre, nähme sich nämlich die unwissenschaftliche Datierung (3760 v. Chr.) anders aus, wie überhaupt bei allen unwissenschaftlichen Zeitansätzen, auch in der christlichen Lehre, die obige Frage geklärt werden müsste. S. auch „historischer Nulltag“ der Maya im Gegensatz zu dem absoluten Nulltag, dem „Nulltag A“ der Maya. S. auch Anm. 59

dies in seinem nach der Naturphilosophie einsetzenden Idealismus die Menschheit als Abschluss einer langen Diskussion mit den Sophisten mit seiner „höchsten Idee“ klarmachte, die für ihn der „eine Gott“ ist.
Einen erfolgreichen Versuch des monotheistischen Gedankens hat schon – nach einigen Historikern (z.B. Prof. Gérard Nectoux in einem Vortrag der Société d'Histoire in Burgund, 2010 über: Die Ägypter) – Osiris in Ägypten, zur Zeit seiner „irdischen“ (sic!) Herrschaft, die die o.a. Historiker mit 4200 v. Chr. angeben, gestartet und dabei auch die erste Einigung Unter- und Oberägyptens vollbracht, die aber keinen langen Bestand hatte (dies gemäß der Gesamtheit der „Texte der Pyramiden“).
Auch der mythische König Menes, oftmals identifiziert mit dem ersten historisch greifbaren König der Ägypter, Narmer, habe eine religiöse Revolution (ungefähr 3200 v. Chr.) durchgeführt, um auch, wie Osiris, durch die Betonung der Einzigartigkeit Gottes, des Monotheismus, das Argument für die Einheit Ägyptens zu liefern.
Eine weitere, auch historisch völlig greifbare religiöse Revolution fand dann vor allem in Heliopolis statt (s.u.).
An dieser Stelle ist Abraham zu nennen (Entstehung der Welt 3760 v. Chr.; ein „einziger“ Gott; s.u. weitere Behandlung).
Die bekannteste religiöse Revolution, die historisch ist, vollführte Amenophis IV. Echnaton mit Aton, der Sonne; wenn auch wegen der konservativen ägyptischen Priesterschaft nur von kurzem Bestand; (s.u.).
Auch Moses, von seinem „einen“ Gott geheißen, ist als markante Gestalt in diesem Zusammenhang zu nennen (s.u.).
Einige andere „philosophisch“ und theologisch beflissene Menschen (Propheten) haben Versuche gestartet, zuweilen mit Erfolg, zuweilen mit weniger Erfolg, den „einen“ Gott wiederzufinden. Der Weg all dieser den Versuch unternehmenden beflissenen historischen Gestalten ging also immer wieder hin zu dem „einen“ Gott, den es ursprünglich nur gegeben haben kann, heraus aus der Vielzahl der Götter der Zeit der „Dunkelheit“ und „Dumpfheit“, zurück zu dem Anfang des „einen“ Gottes des Lichts.

Während wir dazu neigen, das religiöse Phänomen „Druidismus“ in der Chtonik beginnen zu lassen, ist also der Beginn des Kultes des „Einen

Gottes" (Monotheismus) in dem ursprünglichen Sonnenkult der Hochblüte von Atlantis anzusetzen.
Nach diesen etwas vorgreifenden Überlegungen wollen wir jetzt anhand der vergleichbaren Dinge auf den Einfluss von Atlantis auf seine Interessenssphären in Ost und West in puncto Religion zu sprechen kommen. Dies werden wir mit Hilfe einer chronologischen Zusammenstellung all der Gestalten darlegen, die den „einen" Gott, die ursprüngliche religiöse Auffassung aus der Zeit vor der Katastrophe von Atlantis, propagierten.

Religion im östlichen Einflussbereich von Atlantis

Das Streben der von Atlantis in Ost und West beeinflussten Völkerschaften nach dem „einen" Gott, gedanklich letztlich ausgehend von der Uridee des „himmeltragenden" und „himmelstrebenden" Atlasberges, der Uridee, deren letztliches Ziel das Anstreben und Einssein mit dem „einen" Gott war, ist bei aller Vielgötterei der Völkerschaften nach der Atlantiskatastrophe, einer Erscheinung der Chtonik, unverkennbar.
Nach der langen Zeit des „Hiats", der etwa von 7500 v. Chr. (6500 v. Chr. nach der Datumskorrektur, s.S. 285) bis 3500 v. Chr. dauerte, der dunklen Chthonik, welcher auch schon eine 2000-jährige völlige Dunkelheit direkt nach der Katastrophe vorausging (der „tiefste Hiat"), nach dieser Dunkelheit und dem „Hiat", einer Zeit, in der die Völkerschaften der Schrift ermangelten, in der auch noch kein klärendes Licht in das dumpfe Leben der Menschen treten konnte, in der die von den Menschen als furchtsam venerierten Wesen, z.B. die Pythonschlange, verehrt wurden, in der die dunkle Mondreligion (die Druiden verehrten vor allem den Mond [s. Kendrick, a.a.O. S.141-142]) herrschte, nach dieser langen Zeit des Hiats setzte (etwa Mitte des 4. Jahrtausends v. Chr.) mit dem Wiederaufkommen der Schrift, die ja durch die Weltkatastrophe von Atlantis auch abhanden gekommen war, sodass außer wenigen „Wissensträgern", wie der Saïs-Priester sagt, die ἀγράμματοι das dumpfe Leben bestimmten, nach dieser langen Zeit also

setzten um die Mitte des 4. Jahrtausends v. Chr.[58] die ersten Lichtstrahlen in der Kulturentwicklung wieder ein, sah man am Ende des kulturellen Tunnels wieder Licht, und die von den zunächst nur sehr wenigen „Wissensträgern“ tradierten Urideen, die βραχέα σπέρματα = „winzige Samenkerne“ (Timaios 23 c und e) aus der Zeit vor der Weltkatastrophe, die so lange im Unterbewusstsein der Völkerschaften „schlummerten“, keimten auf und traten wieder zutage.

Das war die Zeit, in der die Israeliten, die Erschaffung der (neuen) Welt ansetzten (3760 v. Chr.), die Zeit, für die die Maya ihren „historischen“ Nulltag[59] errechneten (3373 v. Chr.), die Zeit, in der die vorinkaische Caral-Kultur ihre ersten Pyramiden errichtete, die Zeit, infolge derer in San Lorenzo, La Venta und Tres Zapotes die Olmeken ihre ersten Ritualbauten erstellten, die Zeit, infolge derer in Teotihuacan der erste Ritualkomplex erstand. Es war die Zeit, in der in On, der griechisch „Heliopolis“ genannten Stadt, der „Stadt der Sonne“ (von ἥλιος = die Sonne), das Hauptzentrum des Sonnenkultes in Ägypten entstand; wo Ra, der Sonnengott, der einzige Gott, sich zum ersten Male, also schon in der prädynastischen Zeit Ägyptens, (vor 3188 v. Chr.), manifestierte, Heliopolis, von wo, ausgehend ab der V. Dynastie, die die heliopolitanische genannt wird, sich alle Pharaonen „Söhne des Re“, „Söhne der

---

58 Darum halten wir den Ansatz der „irdischen“ Herrschaft des Osiris (4200 v. Chr.), wo er als Erster den „einzigen“ Gott propagiert habe, für zu früh.

59 Man muss in der Maya-Chronologie unterscheiden zwischen dem „historischen Nulltag“ der Maya 3373 v. Chr. nach Greg. und dem „Absoluten Nulltag“, „Nulltag A“ der Maya-Chronologie, 8498 v. Chr., nach Greg. Der „Nulltag A“ meint den Beginn der neuen Weltgeschichte, des Quintärs, direkt nach der Atlantiskatastrophe, der „historische Nulltag“ ist der „näher zu den historischen Zeiten gewählte“, „gewöhnliche“, eben „historische Nulltag“.
Der „historische Nulltag“ liegt für die Zivilisationen im westlichen Einflussbereich (z.B. Maya) wie im östlichen Einflussbereich (z.B. Israeliten) offenbar immer in der Zeit direkt nach oder kurz vor dem Ende des „Hiats“, also etwa 3500 v. Chr.
Unter „Nulltag A“ hätten die Israeliten, wenn sie ihn denn hätten bestimmen wollen, auch, ähnlich wie die Maya 8498 v. Chr., einen viel früheren Zeitpunkt, verstanden.
S. dazu Anmerkung 57 dieser Ausführungen und Muck a.a.O. S.338.

Sonne“ nannten[60], wo über das „Mittlere Reich“ hin bis ins „Neue Reich“ der Sonnenkult sich aufrecht erhielt und blühte.
In On, Heliopolis, soll auch der erste Obelisk gestanden haben, ein skulptierter Steinpfeiler, eine steinerne "Weltachse" (s. Inka, Azteken und die schon vorgermanische Irminsul), ein Monolith mit an der Spitze pyramidenförmigem Abschluss (="Pyramidion" genannt), der – bei Obelisken später im allgemeinen – mit Gold überzogen war, um seinen Glanz und Strahlkraft deutlich zum Ausdruck zu bringen.[61]
Der Obelisk, schon durch sein Äußeres den Blick in prägnanter Weise nach oben lenkend, war das Symbol einer himmelstrebenden Idee, vielleicht noch stärker als die Pyramide selbst, eines Strebens nach oben, zur Sonne hin, der „einzigartigen“ Erscheinung am Himmel, dem „einen“ Gott; seine Deutung verdankte der Obelisk, ähnlich wie die Pyramide selbst, der Vorstellung der „Vulkansäule“ des Atlasberges auf Atlantis, dem Atlasberg als „himmelstrebendem Naturbauwerk“, der „Weltenachse“ Irminsul und „Weltenbaum“ Yggdzasil im germanischen Raum vergleichbar.[62]
Nach der 2000-jährigen Dunkelheit im Anschluss an die Weltkatastrophe, über den immer noch dunklen „Hiat“ also zur Sonne hin, zum Licht, zu dem „einen“ Gott, dieser Gedanke steht hinter der Symbolik der Sonne. Die Sonne in ihrer Einzigartigkeit ist und bleibt ab dieser Zeit das Symbol für den „einen“ Gott im Gegensatz zur „dunklen Zeit“ des Hiats und dem in dieser Dunkelheit sich entwickelndem Aufkommen der chthonischen Vielgötterei.
Hier möchte ich, vorausgreifend, schon den Gedanken vorbringen, dass auch bei den Inka Manco Capac, der Führer, der Sonne, als diese sich nach der Schöpfung noch zu lange zurückhielt und infolgedessen noch zu lange Dunkelheit auf der Erde herrschte, befahl, aus dem Titicacasee aufzusteigen und die Erde endlich zu erhellen. (s. vor allem die große

[60] Die Etymologie des Wortes „Pharaon“: königliches, „großes Haus“; „Haus“ leitet sich u. E. letztlich ab von car- (→Karre), „Träger“; also wäre der „Pharaon der Träger der Macht; s. auch „ca' “ (rätisch)
[61] s. Dollarschein der USA.
[62] Man könnte auch den Atlasberg allein als Urbild der Pyramide betrachten und den Obelisken als Vulkansäule, die zum Himmelsträger wird.

Bedeutung der „Dunkelheit“ in allen Schöpfungsgeschichten der Inka, der Maya und Azteken, s.u. S. 321-324)

Doch zunächst zurück zu dem östlichen Einflussbereich von Atlantis: Die Zeit zwischen 3500 v. und Ende des 4. Jahrtausends v. Chr. war die Zeit, nach welcher Leute vom Schlage des ägyptischen Pharaons der III. Dynastie, Djoser (die etwa 300- bis 400-jährige Vorlaufzeit vor Beginn des Baues der ersten Mastaba muss hier mit einkalkuliert werden) zum ersten Male über die noch erdgebundene, man möchte fast sagen: „romanische“ Mastaba hinausgingen und in Stufen das „gotische“ Streben nach dem Höchsten, dem höchsten Gott, durch seinen genialen Baumeister Imhotep mit der „Stufenpyramide“ einleiten ließen.
Die Uridee, das βραχὺ σπέρμα des „himmelstrebenden“ Bauwerkes, strebend zu seinem Ziel, dem „einen“ Gott, hat, nach einem langen Schlummern im Unterbewusstsein der Menschen, in einem durchbrechenden Keimen den Gedanken des „Höchsten“, des höchsten Gottes, des „einen“ Gottes, „wieder zum Vorschein gebracht.“[63]

Nun war der Anfang gemacht, und es dauerte nicht lange, bis die Pharaonen der IV. Dynastie (2590 – 2470 v. Chr.), Cheops, Chefren und Mykerinos, in Gizeh ihre von uns noch heute bestaunten Pyramiden errichten ließen, einerseits Grabstätten für sich selbst als „vergöttlicht“ sich empfindende Wesen, zum anderen, wie besonders beim Obelisken, um den Blick zum Himmel zu lenken, strebend zu dem „einen“ Gott, dies trotz aller noch vorherrschenden Vielgötterei. Die unerklärte Sphinx als Beigabe.

Abraham, Isaac und Jakob verehrten zu ihrer Zeit den schon längst, seit Osiris und Narmer, verehrten „einzigen“ Gott, von den Hebräern „Jahwe“ genannt.

---

[63] s. Caesar, de b. G.: auch auf den Druidismus von Caesar angewandtes Wort: reperire (← re + parere) (s.o.).

Aufgegriffen wurde der monotheistische Gedanke auch von den in Ägypten zwischenzeitlich herrschenden fremdländischen Hyksos.

Im „Neuen Reich", da Ägypten durch die Eroberungen des Thutmosis III. (Nubien, Phönizien und Syrien) den Blick weitete, war es Echnaton (Amenophis IV.), der wieder den monotheistischen Sonnenkult ventilierte und prägnant in den Vordergrund rückte, seine Hauptstadt von Theben, wo Amun, der traditionell in Ägypten neben vielen Göttern venerierte Gott, verehrt wurde, nach Tell El Amarna verlegte, wo jetzt Aton, dem Gott der Sonne, dem einzigen Gott, besondere Verehrung zuteilwurde. (Echn- „aton"). Die konservative Amon-Priesterschaft machte aus Eigennutz das Werk Echnatons wieder zunichte, und es trat damit ein retardierendes Moment in der Entwicklung des Monotheismus ein.

Moses (1225 v. Chr.) erhielt von seinem „einen" Gott den Auftrag, sein zuweilen widerspenstiges Volk aus Ägypten ins „Gelobte Land" zu führen. Dies ist als eine weitere große Etappe in der Entwicklung des monotheistischen Gedankens zu interpretieren und zu sehen. Erst als der „eine" Gott über das die Hebräer zu Frondiensten zwingende Ägypten die 10 bekannten Plagen schickte, von denen erst die 10. Plage (der Tod aller Erstgeborenen in Ägypten) den Pharaon von der Macht des „einen" Gottes überzeugte und bei ihm einen Schock auslöste, der die Flucht der Hebräer ermöglichte, erst da war auch der Pharaon von der Macht des „einen" Gottes überzeugt.

In der Reihe der den „einen" Gott verkündenden Gestalten wären jetzt die Propheten der Hebräer mit ihrer Messias-Vorstellung zu nennen.
Nach dem Werk „Apologétique", publié sous la direction de Maurice Brillant et de M. l'Abbé M. Nédoncelle (30 collaborateurs), Librairie Blond & Gay, 1937, S,307, würde sich das Denken der Propheten dem Denken Amenophis IV. Echnatons am stärksten nähern, dem Denken also des Reformpharaons des 14. Jahrhunderts v. Chr., der sich bemühte, den Kult des Aton an die Stelle des Amun Re zu setzen.

Der „Turm zu Babel“ diente in seinen Anfängen auch der Idee des Strebens nach oben, dem Höchsten, endete aber schließlich durch die Hybris der Erbauer, und die Menschheit wurde von Gott mit der bekannten Strafe (Sprachenverwirrung) belegt.

Apollo, der Gott des Sonnenwagens, tötete in Delphi die dunkle Erdschlange Python und tat damit – religionsgeschichtlich betrachtet – einen weiteren Schritt aus der Chtonik, der dunklen „Erdgläubigkeit“, hin zur Sonne, zum Licht, zu dem „einen“ Gott.

Die ideelle Untermauerung des Gedankens an „einen“ Gott lieferte Plato mit seiner „Idee des Guten“. Hier tritt zum ersten Mal der gedankliche Triumph des „Einen“ religionsgeschichtlich zutage, ein Gedanke, den später auch Augustinus über Cicero hin in seinem „Gottesstaat“ sich zunutze machte.

Isis, die ägyptische Göttin, überwand, schon an ihrem Symbol, der in die Mondsichel gelegten Sonnenscheibe auf ihrem Kopf erkennbar, die Mondreligion endgültig und damit auch eine der Erscheinungsformen der griechischen Göttin Diana (Artemis), der Mondgöttin Diana, die als Symbol die Mondsichel auf ihrer Stirne trägt. Mit Isis war auch der uralte Stierkult zu Ende, der Kult des Stieres, auf dessen Stirn, ähnlich wie bei der Mondgöttin Diana, die Mondsichel als natürliches Gehörn thront. Restelemente des Kampfes gegen den Stierkult, gegen den Stier, haben sich bis heute in den spanischen Stierkämpfen erhalten etc. (Pamplona).[64]

Ähnlich dem Isis-Kult ist auch der Kult des Zoroastrimus, dessen Feuerkult auch dem Sonnenkult naheliegt und in dem Mithras der Dritthöchste Gott war neben Ahura Mazdah und Anahita.

Ähnlich wie der Isiskult ist auch der Kult des Mithras zu deuten, der immer in seiner Manifestation als „Stiertöter“ dargestellt ist.

---

[64] Erste Ansätze, den alten Stierkult zu überwinden, könnte man schon in dem symbolhaft als Sieg über den Stier zu deutenden „Stiersprung“ in der Minoik Kretas sehen.

Es ist religionsgeschichtlich höchst interessant zu sehen, wie Maria, die Mutter Gottes der christlichen Lehre, dargestellt ist, stehend auf der Mondsichel (s. Mantua, Stadtturm und passim als sog. „Mondsichel-madonna“). Maria trägt also die Mondsichel nicht wie Diana auf der Stirn, sondern steht als Überwinderin auf der Mondsichel. Zuweilen wird Maria auch als „Sonne“ dargestellt.

Christus, in der Dreifaltigkeit der Sohn Gottes, der „eine“ Gott selbst, ist die endgültige Manifestation des „Einen“, des „einen“ Gottes, des Monotheismus.

Mit Kaiser Konstantin geschah dann die staatliche Bestätigung des vorher ideell entwickelten Monotheismus christlicher Prägung.

Auch Christus wird zuweilen als die „Sonne“, „Sonne des Lebens“, „Licht der Welt“ bezeichnet.
Eine Abgrenzung, was die Symbolik der „Sonne“ betrifft zwischen Christentum und Sonnenkult gibt es u.E. nicht, wenn Christus und Maria mit der Sonne verglichen werden, Christus gar auf einem Mosaik des 4. Jahrhunderts mit „Helios im Strahlenkranz auf dem Sonnenwagen“ gleichgesetzt wird.[65]

Doch fahren wir mit unserer Zusammenstellung fort:

Julian Apostata, mit dem Versuch der Wiedereinführung der Vielgötterei (vergleichbar den Amon-Priestern in Ägypten), war wieder lediglich ein retardierendes Moment in der Weiterentwicklung des Monotheismus.

Einen weiteren Höhepunkt des monotheistischen Gedankens haben wir dann im Islam, wo „Allah“ der Name des „einzigen“ Gottes ist.[66]

---

[65] Anders noch im AT, wo die Sonne im deutlichen Gegensatz zum Sonnenkult der „Heiden“ lediglich als eine der beiden „Leuchten“, die Gott an den Himmel gesetzt hat, betrachtet wird.
[66] Wie ist die Etymologie des Wortes „Allah“?

Aus den Gedanken des Monotheismus ergaben sich dann für die Kaiser der ausgehenden Antike und des Mittelalters das „Gottesgnadentum“, und noch Ludwig XIV. ließ sich sogar als „Sonnenkönig“ feiern, als „einziger“ König, mit dem Anspruch: L‘ état, c’est moi.

Die Flagge Japans zeigt die „Sonne“ als Symbol.

Nach diesem schematischen Aufriss der Entwicklung des Monotheismus, der keinen Anspruch auf Vollständigkeit erhebt, müssen wir nun noch auf einzelne Details der Entwicklung zu sprechen kommen.
Die „vielen“ Götter, oft als Mischwesen, von der konservativen ägyptischen Priesterschaft in Theben wiedereingesetzt, bildeten natürlich ein retardierendes Moment in der Entwicklung zum Monotheismus hin; aber aufzuhalten war das Streben hin zu dem „einen“ Gott, zu dem Monotheismus, nicht mehr.
Echnaton als Pharaon, der ja für die Ägypter vergöttlicht war, hatte sich ja eigentlich durch seine Idee des „einen“ Gottes selbst in Frage gestellt, ebenso wie er es tat durch sein Vorgehen gegenüber den vielen Göttern. Aber es scheint, dass er die Idee des „einen“ Gottes über persönliche Interessen stellte, oder aber gar sich selbst als den „einen“ Gott betrachtete.
Von den vielen griechischen und römischen Göttern haben wir schon gehört, dass sie nur als „hochgestufte“ Menschen betrachtet waren, die genau wie die Menschen von Passionen befallen sein konnten, und dass ihr einziger Unterschied zu den „normalen“ Menschen in ihrer Unsterblichkeit bestand. U.E. ist es deshalb nicht erstaunlich, dass gerade im griechischen Raum, in der Blütezeit des Griechentums, im 5./4. Jh. v. Chr., sich eine Sehnsucht nach Wahrheit, sich der Gedanke der „höchsten Idee“, des höchsten Wesens, des „einen“ Gottes, bei Plato durchsetzte, dessen Lehrer, Sokrates, noch auf Grund der konservativen religiösen Vorstellung bestimmter Athener, auch vergleichbar den Amun-Priestern in Ägypten gegenüber Echnaton, (s. auch später Julian Apostata), wegen Gottlosigkeit zum Tode verurteilt wurde, und zwar letztlich wegen seines „Daimonion“-Begriffes (δαιμόνιον), der im Grunde nichts anderes war

als die (zeitlich vorausgehende) praktische Ausgestaltung der „Idee des Guten“ seines Schülers, Plato, (s. Plutarch, Memorabilia, Anfang).

Platos zeitliche Vorläufer in der ideellen Untermauerung des Gedankens an „einen“ Gott waren Moses und die Propheten.
Moses, der von seinem „einen“ Gott geheißen, sein Volk aus Ägypten ins „Gelobte Land“ führte (s.o.) und ihm die Gesetze des „einen“ Gottes vorhielt (Dekalog). Es ist interessant, zu wissen, dass die „10 Gebote“ Gottes, die von Moses verkündet wurden, in ihrem Inhalt voll und ganz aus den 42 Geboten der ägyptischen Totenbücher gewonnen sind.
Im „Gelobten Land“ herrschten vor Ankunft des Moses noch viele Götter, und selbst in der Anhängerschaft des Moses war man noch geneigt, als Moses sich 40 Tage von seinem Volk auf den Gottes-Berg Sinai zurückzog, Idole anzubeten (Goldenes Kalb, Stierkult [?]), doch setzte sich hier der Gedanke des „einen“ Gottes am Ende dauerhaft durch.
Die Hebräer blieben, abgesehen von einigen Seitenauswuchtungen, Monotheisten, mussten darum auch, wohl nicht innenpolitisch wie bei den Ägyptern es Echnaton erging, wohl aber außenpolitisch, durch die Römer und deren von den Hebräern abgelehnte Forderung nach Anerkennung der römischen Kaiser als Gott letztlich mit der Auflösung ihres Staates in die Diaspora zahlen, wobei hinzuzufügen ist, dass sie auch schon vorher von den ägyptischen Pharaonen, von den Assyrern und den Babyloniern (Babylonische Gefangenschaft) in die Diaspora vertrieben worden waren.
Endgültig, wie gesagt, setzte sich die Idee des „einen“ Gottes im römischen Raum, in dem zur Zeit von Christi Geburt auch eine starke Sehnsucht nach der Erlösung durch „einen“ Gott (s. Vergil, 4. Ekloge) vorherrschte, erst durch, als Konstantin der Gr. merkte, dass es für den Erhalt des römischen Staates von Nutzen war, das Christentum als Symbol der „Einheit“ (ähnlich wie bei Osiris und Narmer) des Staates, als Symbol der Verehrung des „einen“ Gottes anzuerkennen, bei Konstantin zum Erhalt der Einheit des Staates, bei Narmer ehemals zur Schaffung der Einheit des Staates.

Bei diesem Überblick über die Stationen der Entwicklung des Monotheismus wird klar, dass sich das Streben nach dem „einen“ Gott gerade von den herausragenden Persönlichkeiten jeweils ihrer Zeit (Osiris, Narmer, Abraham, Echnaton, Moses, Propheten, Sokrates, Plato, Christus) propagiert wurde und jeweils diese herausragenden Persönlichkeiten und Denker von den meist in ihrer Haltung egoistischen, oberflächlich gedankenlosen Zeitgenossen desavouiert wurden und gar mit ihrem Leben bezahlten (Sokrates, Christus).

Alles bisher Gesagte in puncto „Religion“ betraf den östlichen Einflussbereich von Atlantis.
Die Frage jetzt lautet: Wie war es im westlichen Einflussbereich, um auf unseren Vergleich mit dem meso- und südamerikanischen Raum als Einflussgebiet von Atlantis zu sprechen zu kommen.

Religion im altamerikanischen Raum

Wir haben oben schon darauf hingewiesen, dass auch für die Bewohner des westlichen Einflussbereiches von Atlantis die Definition des Begriffes „Gott“ nicht mehr eindeutig war.
Die Olmeken verehrten u.a. den Erdgott Jaguar als einen ihrer Hauptgötter, die Tolteken in Tula verehrten u.a. Quetzalcoatl als Wissensvermittler und Chacmool als „Gott des Regens“ und bei den Mayas von Chichén Itzá gibt es zwischen Quetzalcoatl und Tlaloc viele Ähnlichkeiten in der Verehrung dieser Götter. Die Mischwesen-Götter der Maya erinnern an die ägyptischen Mischwesen (Anubis etc.). Die Definition des Begriffes „Gott“ war also für die Olmeken, Tolteken und Mayas nicht mehr eindeutig.
Die Azteken verehrten ihren Stammesgott Huitzilopochtli, der sie durch Tenoch als Führer von Aztlán in das Tal von Mexiko führen ließ; doch, obwohl sie dann noch viele Götter der Tolteken in ihr Pantheon aufnahmen (Xipe Totec; Tlaloc, wie die Azteken den Regen- und Erdgott nannten; Quetzalcoatl, für die Azteken der Gott des Lebens; Tonatiuh und Tezcatlipoca; Chalchiuhtlicue, Göttin des Wassers; Coactlicue, Göttin der Erde etc.), legt bei ihnen die Erscheinung des einen

Stammesgottes Huitzilopochtli, der als Gott des Krieges und Manifestation der „Sonne“ empfunden wurde, den Gedanken nahe, dass auch sie (vielleicht noch im Ganzen gesehen unbewusst) auf der Suche nach einem einzigen, alle anderen überragenden Wesen, nach dem „einen“ Gott, waren.

In gleicher Weise wie bei den Griechen und Römern, die ihre menschenähnlichen Götter nicht mehr voll und ganz verehrten, über manche sogar ihren Spott ausließen[67], wurden auch im westlichen Einflussbereich von Atlantis statt hoher Verehrung der Götter z.B. legendäre Stadtgründer oder Heroen (ähnlich wie in Perge, s.o.), deren Historizität verlorengegangen war, was aber nicht einmal nötig war, als mythische Gestalten deifiziert. Es liegt damit im Grunde in beiden Einflussgebieten die gleiche Erscheinung vor, nämlich der Zweifel an der Vielgötterei, trotz der Beibehaltung des Glaubens daran, dass die vielen Götter zwar noch je eine bestimmte Funktion (Regen, Erde etc.) ausfüllen und insofern auch noch Anerkennung erlangen, der Zweifel daran, dass sie als leitende Gestalten nicht mehr Vorbild zu sein oder zu führen vermochten.

Darum sehen wir in dem Stammesgott der Azteken Huitzilopochtli, dem Führer aus der Urheimat der Azteken, Aztlan[68], in eine für die Azteken neue Welt, das Tal von Mexiko, wo sie sich auch den neuen Namen „Mexika“ gaben, den ersten Anflug auch für die Vorstellung eines „einzigen“ Gottes, und wir brauchen nicht erstaunt zu sein, dass Huitzilopochtli aus seiner Funktion als „Gott des Krieges“ herauswuchs in die Gestalt der „Manifestation der Sonne“.

Mit der „Sonne“ liegt eine „Einzigartigkeit“ vor. Der Gedanke an die „Sonne als Gott“ ist das Beginnen der Vorstellung eines einzigen Gottes. Das war nicht nur für Osiris, Menes-Narmer, Heliopolis, Abraham, die Hyksos und Echnaton so, – im Judentum fand der Sonnenkult, obwohl verboten, auch Eingang (Dt. 4,19; Ez. 6,4; 2 Kg. 21,3ff., 23,5.11) – mit

[67] Sophokles sogar hielt die Götter seiner Zeit nicht mehr für „unfehlbar“; Euripides stand im Gegensatz zur altattischen Gläubigkeit des Aischylos.

[68] Die etymologische Überlegung über den Namen Azteken und ihre Urheimat Aztlan drängt uns zu denken an Azaes, einen der 10 atlantischen Könige, den Bruder des Atlas.

Apoll als Lenker des Sonnenwagens hatte sich die ideelle Untermauerung des „einen“ Gottes dann auch in der Zeit der Philosophie Platos angebahnt.

Die gleiche Gedankenkette, die wir im östlichen Einflussbereich von Atlantis feststellten, können wir auch im westlichen Bereich in den gesamten Andenzivilisationen, die durchweg die „Sonne“ als höchsten Gott verehrten, und bei den sich selbst „Sonnensöhne“ nennenden Inka, bei den Azteken und Maya feststellen. Denken wir bei dem Begriff „Sonnensöhne“ auch an die „Söhne des Re“, die „Söhne der Sonne“ im ägyptischen Bereich, um auf eine besondere Vergleichsgegebenheit zwischen den zwei Einflusssphären hinzuweisen.
Gerade die Völkerschaften Altamerikas zeigen durch ihre durchgängige hohe Verehrung der „einzigartigen“ Sonne als dem einzigen echten Gott, dass auch bei ihnen die Suche nach dem „einen“ Gott – unterschwellig – eine dominante Rolle spielte.
Die Inka nannten sich „Sonnesöhne“, und zwar im Unterschied zu den Ägyptern, bei denen sich nur die Pharaonen so nennen durften, alle Inka; sie beobachteten den täglichen Lauf der Sonne, ihres Inti, über den Himmel, was den Vergleich mit dem den Sonnenwagen lenkenden Apoll geradezu herausfordert, sie bauten Intihuatanas, nicht nur in Kenko bei Cuzco und in Machu Picchu (s. den „Sonnenfänger“), sondern auch in allen Inka-Städten, zur Beobachtung ihres Inti, ihres Sonnengottes, der in einer Art stetigen Entwicklungsklimax den ursprünglichen Schöpfergott Viracocha, obwohl dieser selbst zu dieser Zeit als „Manifestation der Sonne“ angesehen wurde, und ebenso Pachacamac, in ihrer Bedeutung übertraf und als einziger überragender Gott betrachtet wurde.
Entsprechend dem INTI bei den Inka war Quetzalcoatl bei den Azteken, als Kukulkán bei den Maya, als Gucumatz bei den Quiché-Maya nach einer ähnlichen Entwicklung mit der Sonne identifiziert und nahm so monotheistische Züge an, bei allem Fortbestand der vielen Götter ansonsten.
Die Azteken benannten die 5 von ihnen festgestellten Welten, die jeweils infolge Ungehorsams gegenüber dem jeweils obersten Gott mit einer Naturkatastrophe (Sintflut, Feuer, Erdbeben) endeten, im Falle

„Erdbeben“ noch enden wird, die Azteken also nannten diese 5 Welten die „5 Sonnen“, die Andenzivilisationen und die Inka wandten entsprechend für ihre 3 Zeitalter den Begriff „Horizonte“ (mit Zwischenzeiten) an, wobei das letzte Zeitalter das Zeitalter der eigentlichen Inka (im Gegensatz zu den vorausgehenden Andenzivilisationen, den Vorläufern der Inka) war.
Hinter all dem sind, im Hinblick auf die „Sonne“, für die Maya, Azteken und Inka eindeutige monotheistische Züge erkennbar, die im Falle des Saypa Inca, des Herrschers der Inka, der zu seiner Legitimierung den Titel „Sohn der Sonne“ führte, den er von Manco Capac, dem „Abkömmling der Sonne“, dem ersten Inka-Herrscher, ableitete, besonders zum Tragen kamen.

Der tägliche über den Himmel dahinziehende Sonnenwagen des Apoll, die Sonne, der höchste Gott, ist also eine Vorstellung nicht nur der Griechen und Römer, sondern auch der Azteken, Maya und ihrer Vorläufer sowie der Andenzivilisationen und der Inka, die mit ihrer Beobachtung der täglich über den Himmel dahinziehenden Sonne außer der Vorstellung eines „höchsten“ Gottes auch noch die Zyklushaftigkeit der Zeit herausfanden und damit die Vorstellung von „pachacuti“, der „Revolution von Zeit und Raum“, der periodischen Erneuerung der Welt (was O. Spengler in seinem Werk „Der Untergang des Abendlandes“ behandelt, s.o).

Wir stellen, was die Bedeutung der „Sonne“ für die Andenzivilisationen und die Inka sowie für die mesoamerikanischen Kulturen betrifft, zusammen:

Bei den Inka und ihren Vorläufern, den Andenzivilisationen:

1.) Manco Capac, Abkömmling der Sonne, war von der „Sonne“ bestimmt, der erste Herrscher in Cuzco zu sein.

2.) Viracocha als „Manifestation der Sonne“ trug die Sonnenkrone mit den Sonnenstrahlen, ähnlich bei der „Sonne“ Echnatons.

3.) Der Kult des Sonnengottes Inti wurde bei den Inka Staatsreligion, was auch Echnaton zunächst durchsetzte und Konstantin d.Gr. später mit dem Monotheismus christlicher Prägung.
4.) In dem Titicacasee lag die „Sonneninsel“, von der aus sich die „Sonne“ zum Himmel erhob und die „Dunkelheit“ (s. Hiat) beseitigte. „Et lux facta est.“
5.) In Machu Picchu stand der berühmte Sonnentempel mit dem „Sonnenfänger“.
6.) In Tiahuanaco war das berühmte Sonnentor, das Viracocha darstellte, mit dem Ponce-Monolith.
7.) Die „Sonnenjungfrauen“ der Inka erinnern an die Vestalinnen der Römer, die Hüterinnen des „ewigen Lichtes“.

Bei den Mayas:

1.) Quetzalcoatl, die „Manifestation der Sonne“, galt als Wissensüberbringer und Wohlstandsvermittler.
2.) Das Sonnenjahr war die Basis für den Kalender und astronomische Beobachtungen (s. „historischer Nulltag“ und „Nulltag-A“).
3.) Die berühmte „Sonnenpyramide“ von Teotihuacan (schon zu Zeiten der Tolteken) hatte größte Bedeutung für die Maya.
4.) Tempel der Sonne in Palenque etc.

Bei den Azteken:

1.) Huitzilopochtli galt als „Manifestation der Sonne“
2.) Das Sonnenjahr war die Grundlage für astronomische Beobachtungen.
3.) Das „Neufeuerfest“ fand alle 52 Jahre statt. Ähnlich wie bei den Ägyptern, wo der Pharao dafür verantwortlich war, dass die Sonne am folgenden Tag immer wieder aufging, wurde von dem Hohepriester der Azteken nach exakt 52 Jahren der Aufgang der Sonne ängstlich erwartet. Die Spannung des Hohepriesters an dem sog. „Neufeuerfest“, an dem alle 3 bei den Azteken vorkommenden Zeitrechnungen wieder zusammen einen Anfang

nahmen und an welchem Tage durch den Aufgang der Sonne ein Weiterleben der Azteken gesichert war, bei einem Nichtaufgehen der Sonne aber der „Weltuntergang“ bevorstand, war naturgemäß dabei viel größer als die des Pharaon, der tagtäglich auf die aufgehende Sonne warten musste.

Kommen wir zu unserer Folgerung:

Es lässt sich aus diesen Feststellungen eindeutig – mutatis mutandis – ein Vergleich mit den in der östlichen Einflusssphäre herausgestellten Beobachtungen hinsichtlich der „Sonne“ und ihrer großen Bedeutung anstellen.

Und hinter all dem – das müssen wir an dieser Stelle wieder ins Gedächtnis zurückrufen – steht die Uridee des himmelstrebenden Atlasberges von Atlantis, des τόπος σφόδρα ὑψηλὸς καὶ ἀπότομος ἐκ θαλάσσης, der den Blick auf den Himmel und somit auf die Haupterscheinung am Himmel, auf die „Einzigartigkeit“ der Sonne, lenkt, des Atlasberges, der zum Urbild für die Pyramiden und Obelisken Ägyptens und Mittel- und Südamerikas und ihre himmelstrebenden Steigungen und Axial-Treppen wurde, der mit seiner Vulkansäule zum Symbol des Himmelsträgers wurde, eine Erscheinung, ja ein Begriff, der auch bei den Azteken, Mayas und Inkas mit ihren 4 Weltrichtungen und den jeweils dazugehörenden „4 Himmelsträgern“ zum Tragen kommt, und der auch den Gedanken an die Himmelsleiter nahelegt, vergleichbar der Jakobs-Leiter im christlichen Raum, sowie an Irminsul (s.o.).

Wir brauchen nicht zu betonen, dass das Bild von Atlas als Himmelsträger sich mit Atlas als mythischer Gestalt auch im griechischen Raum durchsetzte und auch dort „Atlas“ als „Träger des Himmels“ erscheint, was zunächst als Symbol für eine Bestrafung des Titanen Atlas angesehen war, was aber am Ende als Symbol einer „besonders ehrenvollen Aufgabe“ gedeutet wurde, insofern als Atlas den Raum der Götter, den Himmel, von dem Raum der frevelhaften Menschen, der Erde, absetzte und fernhielt (s.S. 344-353: andere Deutung).

Die Einheit von Himmel und Sonne in untrennbarer Zusammenstellung brachte wahrscheinlich schon in der Zeit vor dem Untergang von Atlantis die Vorstellung mit sich, dass der tägliche Weg und die tägliche Route des höchsten Gottes, der Sonne, dann im griechisch-römischen Bereich, des Sonnenwagens, gestützt und „getragen“ werden muss. Dafür war der Ausgangspunkt die Vorstellung des „himmeltragenden“ Atlasberges, des „Himmelsträgers“ Atlas, auf der Insel Atlantis, eine Idee, die dann im westlichen und östlichen Einflussbereich des Imperiums Atlantis ihre Marken hinterlassen hat.
Nicht nur das Atlasgebirge von Marokko und die zahlreichen Atlasberge des mediterranen Raumes, sondern auch der Berg Maschu in Sumer, im Gilgamesch-Epos als „Himmelsträger“ dargestellt, die oben dargestellten „-tepetl-Berge“ (Popocatépetl, Tonacatépetl) im mesoamerikanischen Raum, der Ausangate-Berg in Peru, legen Zeugnis ab, wie der Gedanke des „himmeltragenden“ Atlasberges im Denken des westlichen und östlichen Einflusssphären von Atlantis Fuß gefasst hatte.
Gerade die Inka, aber auch die Maya und Azteken, haben diesen Gedanken des „Himmelsstrebens“ (Chichén Itzá, Tikal etc.) und der „Himmelsstütze“, des „Himmelsträgers“ besonderen Ausdruck verliehen mit ihren besonders steilen Axialtreppen, zuweilen auf allen vier Seiten ihrer Pyramiden (Castillo in Chichén Itzá), Treppen, die schon bildlich den Gedanken an eine „Himmelsleiter“, auf der man zum Himmel strebt, nahelegen und die zum Tempel auf der Plattform führten, wo mit Opfern von den Priestern um das Wohlwollen des Gottes gerungen wurde. „Mit Opfern um das Wohlwollen des Gottes ringen“ heißt auch: dem Gott nahezukommen, den Gott zu „tragen“ und zu stützen. (s. M.d.N.W., S.152)
Gerade die Vorstellung „Himmelsleiter“ finden wir bei den Inka, Maya und Azteken; sie erinnert auch an die „Jakobs-Leiter“ der Bibel (Gen. 28. 10ff.). (S. auch die Anmerkungen, S.189, von J. Ph. Lauer, „Le Mystère des Pyramides“, ebda. S.340, zu den „escaliers“ und échelles in den „Texten der Pyryamiden“ im ägyptischen Raum etc.)
Man denkt in diesem Zusammenhang auch an den Turmbau zu Babel. Da aber der Turm zu Babel, auch eine Art „Himmelsleiter“, sich als unangemessen und hybrishaft übertrieben gegenüber Gott von demselben Gott

betrachtet wurde, wurde der Hybris der Bauleute von Gott Einhalt geboten. Auf die weiteren Konsequenzen (Sprachverwirrung als Strafe) haben wir oben schon hingewiesen.
Auch die christliche und zoroastrische Vorstellung von Himmel und Hölle, Hell und Dunkel, geht letztlich auf das untrennbare Zusammengehören von Himmel, Sonne und Tugend auf der einen Seite, sowie dunkle Bosheit auf der anderen Seite zurück.

Wir stellen abschließend mit allem oben Gesagten wieder eindeutige Vergleichsgegebenheiten zur Begründung unseres Gedankens der Beeinflussung von Ost und West durch Atlantis fest und möchten die Gedanken beenden mit der fragenden Überlegung:
Steht nicht hinter dem Streben nach dem καθ ' ὅλον der heutigen Religionsformen im östlichen und westlichen Einflussbereich von Atlantis ein Wiederanstreben der ursprünglichen religiösen Situation, der Religiosität des „einen" Gottes, vor der Weltkatastrophe von Atlantis? Und mit diesem Wiederanstreben die Vision der Einheit der gesamten Erdenwelt, der Ökumene (οἰκουμένη)?

Der Gedanke des καθ' ὅλον, des allseitigen Glaubens an „einen" Gott (Monotheismus) in der gesamten Ökumene und seine imperiale Verbreitung scheint mir letztlich in Atlantis Bestand gehabt zu haben, ist u. E. ein atlantischer Gedanke.
Das frühe Christentum, in seiner Entwicklung, sucht zunächst eine Verbreitung auf einem mehr friedlichen Weg („Liebe Deinen Nächsten wie Dich selbst!", ja: „Liebet eure Feinde!"), die christliche Seinsdarstellung des Mittelalters (Kreuzzüge, die Borgia, Julius II. etc.) spricht aber wieder eine andere, eine imperiale Sprache.
Julian Apostatas Versuch, die Wiedereinführung der Vielgötterei, wäre wieder ein Rückschritt in der Menschheitsentwicklung zu ökumenischen Denken gewesen, (obwohl der Freiheit vielleicht ein größerer Spielraum gegeben gewesen wäre).

ABSCHLUSSGEDANKE:

Als Abschlussgedanke zu dem Punkte „Religion“ möchten wir folgende chronologische Zusammenstellung vorlegen, die in dieser Weise vorzulegen wir nach allem oben Gesagten für gerechtfertigt halten:

1.) In der Blütezeit von Atlantis (vor über 10.000 Jahren) herrschte in Atlantis die „Religion der Sonne“, des „einen“ Gottes, die Religion des „erhabenen Himmels“, zu dessen Erreichen uns als Symbol der Atlasberg auf Atlantis als prähistorischer „Himmelsträger“ und „Himmelsleiter“ gilt.

2.) Nach der Katastrophe von Atlantis (etwa 9.560 v. Chr.) und in den folgenden 2.000 Jahren Dunkelheit, als alles durch die Weltkatastrophe vernichtet war, war eine Zeit des völligen Stillstandes auch theologischer Überlegungen, der tiefste Hiat, da es nur wenige Überlebende der Katastrophe gab und diese, da die Schrift abhanden gekommen war, ἀγράμματοι , wie der Saïs-Priester sagt, waren, darunter gegen Ende dieses Zeitabschnitts ganz wenige „Wissensträger“, („Tiefster Hiat“).

3.) Ab 7.560 v. Chr. bis etwa 3.500 v. Chr., eine Zeit auch noch starker Dunkelheit, die sich langsam sukzessiv abbaute, von uns als zweite Stufe des „Hiats“ betrachtet, herrschte zunächst die „Religion der Erde“, der Chthonik, mit vielen Göttern, eine Religion, die sich lange erhalten hat und ihre äußere Manifestation im „Höhlendasein“ hatte; z.B. die „Höhle in Dephi“ (Pythonschlange), die „Höhle der Azteken“ in Aztlán, die „Höhle am Titicacasee“. „Wissensträger“ nur kümmerlichen religiösen Wissens gab es schon. U.E. ist dies auch die Zeit des Aufkommens des Druidismus (s.o.) aber auch schon der Megalithkultur.

4.) Nach dem „Hiat“ (etwa ab 3.500 v. Chr.), als schon mehrere „Wissensträger“ sich zu Worte meldeten, als mit dem Wiederaufkommen der Schrift die Bewusstwerdung des Menschen (s. Bruno Snell) einsetzte, war man wieder bemüht um die ursprüngliche, in der Blütezeit von Atlantis gründenden Religion, der Religion des Lichtes, der „Religion der Sonne“, des „Himmels“, des „einen Gottes“.

Im östlichen Bereich des Einflusses von Atlantis keimte das βραχὺ σπέρμα „einziger Gott“, wie der Saïs-Priester – mit Zustimmung Solons und Platos – es nennt, wieder auf und nahm die oben dargestellte

Entwicklung mit Osiris, Menes (Narmer), Abraham, Heliopolis, den Hyksos, Echnaton, Moses und den Propheten, Sokrates, Plato, Christus, Allah.
Ebenso war es im westlichen Bereich in den Andenzivilisationen (Caral-Kultur) bis hin zu den Inka, bei den Olmeken (La Venta) bis hin zu den Maya, und ebenso bei den Azteken und ihren Vorläufern (bei dem westlichen Einflussbereich von Atlantis müssen wir die „Vorläufer" immer mit ins chronologische Kalkül einbeziehen).
5.) Auf der Grundlage dieser Gegebenheiten basiert die jetzig vorliegende Situation der theologischen Überlegungen, z.B. der Ökumene.

Es wird beim Überblicken dieser chronologischen Zusammenstellung klar, dass nach dem Untergang von Atlantis, d.h. nach dem Untergang der „Sonnenreligion" zunächst in der Zeit der „Dunkelheit" mit anschließendem weiteren „Hiat" die Chthonik in der religiösen Auffassung mit „Vielgötterei" sich herausbildete und dass mit dem Wiederaufkommen der Schrift, der Bewusstwerdung der Menschheit, ein Streben nach dem „einen" Gott, dem Urzustand der „aurea aetas" in der Blütezeit von Atlantis, unverkennbar wieder einsetzte.

Ein weiteres Thema, das den Punkt „Religion" tangiert, möchten wir hier zur Sprache bringen, und auch bei diesem Thema die „vergleichbaren Gegebenheiten" zwischen Ost und West des atlantischen Einflusses herausstellen, das Phänomen der „religiösen Führerschaft" sowie das Phänomen der „Kulturheroen".

Die religiöse Führerschaft und das Kulturheroentum
(in Ost und West)

Wir stellen das Phänomen der religiösen Führerschaft und des Kulturheroentums im westlichen Einflussbereich von Atlantis bei den Tolteken, Maya und Azteken, bei den Inka und im östlichen Einflussbereich, vornehmlich bei den Hebräern und in Babylon fest, eine

ähnliche Erscheinung in der religiösen und zugleich staatlichen „Führerschaft" (da Religion und Staat in der betreffenden Zeit eins sind), wobei das Wort „Führer" hier auch im eigentlichen Sinne des Wortes „Führen", „Herzog sein", vor seiner Schar „herziehen" zu verstehen ist. Wir denken hier vor allem an die für uns so dominanten Gestalten wie Abraham und Moses.
So halten wir Abraham und die Gestalt des Moses, der sein Volk auf Geheiß Gottes aus Ägypten herausführt in das „gelobte Land", für unbedingt vergleichbar mit Gestalten des meso- und südamerikanischen Raumes, die auch zum religiösen und staatlichen „Führer" ihrer Völkerschaften wurden.
Z.B.: Ce Tecpatl Mixcoatl, der Herrscher der Tolteken-Chichimeken, Gründer des toltekischen Reiches, führte sein Volk vom NW in das Tal von Mexiko, wo er die Stadt Culhuacán gründete; er wurde dann von seinem Rivalen getötet und sofort danach in den Rang eines Gottes erhoben.
Sein Sohn Ce Acatl Tolpitzin, zunächst im Exil, kam zurück, um den Vater zu rächen. Zum Herrscher der Tolteken aufgestiegen, führte er die Tolteken aus dem Tal von Mexiko und gründete Tollán (968 n. Chr.). Dort selbst in einer Stammesfehde besiegt, verließ er Tollán und führte seine Anhängerschaft zum Golf von Mexiko, führte sie dann wieder ins Landesinnere und gründete dort, von den Maya mit dem (aztekischen) Quetzalcoatl identifiziert als Kukulkán die Stadt Chichén Itzá (987 n. Chr.), wo ihm die bekannte Tempelpyramide gewidmet wurde. (Interessanterweise fällt das Datum, das die Zeitrechnung der Maya für die Gründung der Stadt Chichén Itzá durch den ins Mayaland einfallenden Stammesführer Kukulkán angibt, auf das Jahr 987 n. Chr., was exakt dem Datum entspricht, das die Azteken für den Auszug von Quetzalcoatl aus Tollán auf Grund seiner Streitigkeiten mit seinem Bruder Tezcatlipoca wegen Beendigung der Praxis der Menschenopfer angeben); (entnommen der „Mythologie der Neuen Welt").
Eine eindeutige „Führerschaft" also liegt bei diesen beiden o.a. Gestalten vor, im allgemeinen oftmals verbunden mit der Gründung einer Stadt, was genau dem entspricht, was wir z.B. auch kennen von den εὐεργέτεις, den Wohltätern und Gründern griechischer Städte, wie z.B. in Perge

(Südtürkei) etc., wo diesen Gestalten auf Gedenktafeln oft auch eine göttliche Verehrung zuteil wurde.

Außer den Tolteken und Maya berichten auch die Azteken von einer besonderen „Führerschaft", der „Führerschaft" ihres Stammesgottes Huitzilopochtli, der sein Volk aus der Höhle von Aztlán in das Tal von Mexiko, d.h. aus der Höhle in ein für die Azteken „Gelobtes Land" führte, wobei Huitzilopochtli, Stammesgott, die reale Gestalt des Tenoch mit der Führung in seinem Namen beauftragte, und die Azteken dann die neugegründete Stadt Tenochtitlán nannten (zu Huitzilopochtlis Entwicklung vom „kriegerischen Führer" seines Volkes zur „Verkörperung der Sonne"; s.o., S.215-216).

Auch Manco Capac, der erste Inka-Herrscher, führte mit seinen 3 Brüdern und 4 Schwestern, den „Ahnen" der Inka, das Volk der Inka, das als erstes in den Höhlen von Pacaritambo gebetet hatte und daraus seinen Anspruch auf Herrschaft bei den Inka ableitete, aus der mittleren der 3 Fensterhöhlen des Berges Tambo Toco („Berg der Fenster") auf der Suche nach einem neuen „gelobten Land" zum Besiedeln auf einen Berg über dem Tal von Cuzco, wo ihnen viele mysteriöse Zeichen bedeuteten, dass sie dort bleiben sollten. Sie stiegen also vom Hügel herab, nahmen das Land ein und errichteten ihre Hauptstadt Cuzco (Dieses ganze Szenario erinnert an Moses auf dem Berg Nebo). Dem Herrscher dieser Gegend, Altavicca, dessen Land sie in Besitz nahmen, erklärten sie, sie seien von der „Sonne" geschickt, um im Tal von Cuzco zu herrschen. Diese Erklärung überzeugte Altavicca, und er übergab ihrem Heerführer seine Stadt kampflos.

Mutatis mutandis weisen alle diese Beispiele, ob in Ost oder in West geschehen, eine ziemliche Vergleichbarkeit auf, und diese Vergleiche lassen sich nicht abtun als „allgemein menschliche Verhaltensweisen", wenn man bedenkt, dass immer am Ende der Geschehnisse aus dem „Höhlendasein" die Gründung einer Stadt, eines Staates oder einer Dynastie durch den Heerführer stand, Dinge, die nach der Weltkatastrophe von Atlantis, nach der langen Zeit des „Hiats", hier früher, da später, unter Führung dieser „Moses-Gestalten" sich für die betreffenden Völker als nötig erwiesen.

Der Einfluss Atlantis‘ scheint mir in puncto „Führerschaft“ jedoch nicht, obwohl man die 10 atlantischen Könige auch als solche „Führer“ betrachten könnte, ein direkter Einfluss gewesen zu sein, aber eine Beeinflussung von Atlantis in diesem Punkte liegt insofern vor, als beim „Neuaufbau“ der Welt nach der Katastrophe, der Dunkelheit und dem „Hiat“ die Ideen, die βραχέα σπέρματα für die Neuschaffung der Staaten, ihren Ursprung letztlich in dem Ideal Atlantis hatten, und somit die Führer atlantische Ideen in die Wirklichkeit umsetzten (s. das βραχὺ σπέρμα des athenischen Staates).

Wir müssen an dieser Stelle, um die Vergleichbarkeit zwischen dem östlichen und westlichen Einflussbereich von Atlantis noch stärker zu untermauern, auf den Begriff und die Funktion der „Kulturheroen“ zu sprechen kommen.
Man nennt sie „Kulturheroen“, weil sie ihre Völker (Volksgruppen) die Kultur und die Zivilisation lehrten, angefangen von der Schrift bis hin zu den Wissenschaften und Technologien, der Errichtung von Monumentalbauten, des Landbaus, bis zu den Künsten und moralischen Grundsätzen, nach denen die Völker zu leben hatten.
Nehmen wir die Vertreter dieses „Kulturheroentums“ des altamerikanischen Raumes (Zusammenstellung, erschlossen aus „Mythologie der Neuen Welt“) so sind hier zu nennen, was den südamerikanischen Raum betrifft, teils Göttergestalten wie Viracocha und seine Söhne, ebenso der kolumbianische Bochica, teils legendäre Reichsgründer wie Manco Capac, Chimo Capac oder Nayamlap, teils historische Figuren wie der Inkaherrscher Pachacuti Inca Yupanqui.

Unter den Regenwaldstämmem ist es immer ein Mensch, der die Kulturtechniken seinen Mitmenschen beibringt, am Ende der Schamane.

Im mittelamerikanischen Raum besaßen viele Städte spezielle Schutzgottheiten. Ein Gott diente einem Stadtgründer oder legendären Herrscher als Vorbild. Die Zwillingspaare Hun Hunahpú und Vucub Hunahpú bzw. Hunahpú und Xbalanqué sind Beispiele dafür, oder es gingen andere Kulturheroen aus der jeweiligen Stammesgeschichte

hervor. So die Figur des Ce Tecpatl Mixcoatl und seines Sohnes Ce Acatl Tolpitzin. Oder der legendäre Gründer von Chichén Itzá, Kukulkan (Quetzalcoatl) etc.
Sie alle brachten ihren Volksgruppen die Kultur und Zivilisation.

Und nun die Frage: Wie war es im östlichen Einflussbereich von Atlantis, einmal abgesehen von der für uns dominanten Gestalt des Moses? –

Berosus, ein babylonischer Gelehrter, (Zusammenfassung aus „Bibliothèque des Histoires, Mesopotamie, Jean Bottéro, Editions Gallimard, Paris, 1987, S.280-302) hat kurz nach 300 v. Chr. die Geschichte und Traditionen seines Landes in griechischer Sprache dargelegt (Βαβυλωνιακά).

Der „Mythos der ‚apkallú'", der „7 Weisen", die von Enki/ Ea geschickt, die archaischen Bewohner Mesopotamiens die „Kultur lehren" sollen, ist eine der der Tradition Babylons angehörenden Erzählungen (in Keilschrift verfasst).

Berosus' Erwähnung des „Mythos der ‚apkallú'" spricht davon, dass den in Chaldäa „von anderswo" eingewanderten unkultivierten Menschen ein aus dem Meer aufgestiegenes ungewöhnliches Monster, genannt „Oannes", erschienen sei, und dieses Monster habe die Unkultivierten u.a. die Schrift, die Wissenschaften und Techniken jeglicher Art, die Gründung von Städten, Errichtung der Tempel, die Rechtsprechung und die Geometrie, kurz: die gesamte Kultur und Zivilisation, gelehrt. Beim Sonnenuntergang sei das Monster dann wieder im Meer untergetaucht. Doch später seien wieder analoge, dem Oannes entsprechende Wesen erschienen, 7 insgesamt, die (nach Berosus) alle als Ichthyanthropoi (von ἰχθύς und ἄνθρωπος) aus dem Meer aufgetaucht seien, und die alle, so Berosus, einer der vorsintflutlichen Herrschaften angehört hätten.

Ein „anderer mythischer Kurzbericht" spielt in der sumerisch-akkadischen literarischen Tradition auch auf die „7 Weisen" (apkallú) an.

Ebenso tut dies eine weitere Liste, die „seleukidische Liste". Ebenso spricht das „Epos ‚Erra'" von der Rolle dieser „Weisen" an der Seite der Könige (von den Arabern „Vizire" genannt, ein Wort, dessen genaue Etymologie zu erschließen ist).

Diese „Weisen" sind dort unterteilt in 3 Gruppen:

Die 3. Gruppe:	Von der Herrschaft des Asarhaddon (680-669 v. Chr.) zurückgehend bis zur Sintflut, eine Zeit, in der die „Weisen" „ummânu" genannt wurden,
die 2. Gruppe:	zur Zeit der Sintflut,
die 1. Gruppe:	vor der Sintflut.

Gruppe 1 und 2 sprechen in Bezug auf die o.a. „Weisen" von „apkallú".

Alles dies hört sich in der Erzählung so an, als ob die „apkallú" lediglich die „ummânu" der mythischen Zeit, der vorsintflutlichen und sintflutlichen Zeit, wären.

Das akkadische Wort „ummânu" meint Persönlichkeiten von starkem Gewicht, von großer Bedeutung, „Weise", „Gebildete" (z.B. die Autoren des „Gilgamesch-Epos"[69] und des „Epos ‚Erra'"), aber auch hochstehende Persönlichkeiten aus dem technischen Bereich, die alle ihren Herrschern als Ratgeber zur Seite standen. Sie dienten also vor allem der Herstellung von für ihre Mitmenschen nützlichen Dingen und Erkenntnissen.

---

[69] „Autor des Gilgamesch-Epos" heißt: Sie hatten Einblick in die Zeit der Sintflut und die Folgezeit, d.h. sie waren Kenner der von dem Saïs-Priester erwähnten σκοτειναὶ ἀκοαί; s. in diesem Zusammenhang unsere Darstellung, S.41, 45, 229, 295, 299, 300, 326, 332, 358, 367, 381: „Das Gilgamesch-Epos, gespeist von den σκοτειναὶ ἀκοαί, den „dunklen Gerüchten aus der Vorzeit Sumers". Vgl. hierzu: „Sumer Assur Babylon" (Katalog des Museums für Früh- und Vorgeschichte der staatl. Museen Preußischer Kulturbesitz, Ausgabe Österreich und Deutschland; darin im Vorspann: „Gilgamesch, König … in Uruk. Er, der alles wußte, dem das Geheime sich offenbarte. Er, dessen Weisheit das Verborgenste enthüllte. Er hatte erste Kunde gebracht von der Sintflut."

So könnte man sagen, der Begriff „apkallú“ ist lediglich die superlativische Form des Begriffes „ummânu“; die „Apkallú“ sind die Supertechniker, unvergleichliche Weise, famose Genies, kurz: Kulturheroen (héros civilisateurs), sie sind die, die die Menschen das zivilisierte Leben gelehrt haben (Schrift, Wissenschaft und Technik).

Diese „Apkallú“ waren von Ea/Enki, ihrem Patron, unter die Menschen geschickt, „alle Völker zu lehren“. Der oberste „Apkallú“ war „Adapa“, der „Weise schlechthin“ genannt, und nach der o.a. „seleukidischen Liste“, die auch die Funktionen der „Apkallú“ erwähnt, hatte dieser „Adapa“ den Namen „U-anna“ = „Oannes“. Und dieser „U-anna“, „Oannes“, ist identisch mit Ea/Enki, so Berosus.

Fassen wir zusammen: Ea/Enki war also der, der sich der oben dargestellten „Apkallú“ bediente, um der Menschheit die ganze Kultur zu bringen. Das halten wir fest.

Und nun zum Vergleich mit der westlichen Einflusssphäre von Atlantis.

Die Vergleichbarkeit der „Apkallú“ („ummânu“) und der Kulturheroen im westlichen Einflussbereich von Atlantis, ist so eklatant, dass man nur wenige Worte noch zu sagen braucht. In beiden Einflusssphären waren Kulturheroen und die „Apkallú“ entweder Götter oder mythische Gestalten oder historische Figuren; in beiden Einflusssphären waren ihre Funktion und Tätigkeit bis aufs Wort exakt die gleiche.

Man kann in diesem Punkt also ohne weiteres von eklatanter Vergleichbarkeit sprechen.

Was aber hier dennoch einmal festgestellt werden soll, ist die Tatsache, dass in beiden Einflusssphären die Sintflut einen gewaltigen Einschnitt in den zeitlichen Abläufen der Darstellungen bildet (z.B. auch beim Wechsel der Begriffe „apkallú“ und „ummânu“), dass also die Sintflut letztlich als die Ursache für die Notwendigkeit des „Apkallú-“ und „Kulturheroentums“ (auch im altamerikanischen Raum) betrachtet ist.

Es kann sich bei dieser im westlichen und östlichen Einflussbereich erwähnten Sintflut nur um die vom Saïs-Priester erwähnte Megasintflut (μεγίστη!) nach der Atlantiskatastrophe handeln.

Festzuhalten ist hier auch:
Was in beiden Einflusssphären von Atlantis auch noch auffallend ist, ist die Tatsache, dass das „ichthyanthropische" Monster nach Berosus bei Sonnenuntergang wieder im Meer untertaucht und dass im westlichen Einflussbereich Quetzalcoatl auch sich in östlicher Richtung ins Meer absetzt und nicht wiederkehrt.

Wir möchten dieses Kapitel abschließen mit der summarischen Bemerkung, dass das „religiöse Führertum" und das „Kulturheroentum", zurückgehend auf Atlantis und die Folgen der Katastrophe, in beiden Einflusssphären von Atlantis ihren unverkennbaren Eindruck hinterlassen haben.

Zu erwähnen wäre noch, – dies im vorliegenden Zusammenhang am Rande –, dass sich aus den o.a. Überlegungen über die „religiösen Führer" und das „Kulturheroentum" in beiden Einflusssphären von Atlantis eine Weiterentwicklung der Religionsauffassung ablesen lässt.

Im östlichen Einflussbereich:
ANU (greisenhaft) → EA (jung und dynamisch)

Im westlichen Einflussbereich:
QUEZALCOATL (abstrakt) → TLALOC (konkret)
VIRACOCHA (veralteter Gott) → INTI (junger Gott)

MOLOCHKULTUR
(in Ost und West)

Doch auch weniger erfreuliche Aspekte des aus dem imperialen Gehabe von Atlantis zu erklärenden Einflusses auf die von ihm tangierten Gebiete müssen wir hier zur Sprache bringen. Wir fassen die entsprechenden Ereignisse zusammen mit dem Begriff „Molochkultur"; auf der einen Seite, der frühen Hebräer, der Minoer, der Griechen, Phönizier, Karthager und Römer, auf der anderen Seite, der Maya, Azteken und Inka und ihrer Vorläufer.
Dass auch in Atlantis nicht alles Gold war, was glänzte, zeigt schon das imperiale Verhalten der Großinsel Atlantis ihren Zeitgenossen und Mitmenschen gegenüber, bei der Schilderung von dessen Abwehr durch Athen der Saïs-Priester regelrecht in Verzückung gerät mit seinem Lob für das siegreiche Athen, dem es gelang, die Versklavung (Plato, Timaios, 25b: δουλοῦσθαι) des Mittelmeerraumes abzuwenden.
Dieses imperiale Gehabe der Atlanter barg den Keim in sich, ihre Nachbarvölker zu knechten, zu vernichten, abzuwürgen, sodass uns das Verhalten der Phönizier, der Karthager, der seefahrenden und Handel treibenden Völker ihrer Zeit, die von Tyros über Karthago bis Tartessos am ehesten den Keim des Mordens, vielleicht sogar aus ihrem Priestertum erklärbar, ererbt zu haben scheinen, verständlich ist, sagt man doch von ihnen zuweilen, sie seien selbst Abkömmlinge der Atlanter, sodass sich also der Gedanke aufdrängt, sie müssten ihr blutrünstiges Gebaren, ihr Tophet, von ihrem großen Vorbild ererbt haben, genauso wie die Inka, Azteken und Maya ihre Blutrünstigkeit beim Opfern einem „Vorbild" zu verdanken hatten. Blut floss überall da, wo imperiales Gehabe zu Hause war (und heute noch ist).

Die Azteken und Maya führten Kriege absichtlich zur Beschaffung von Gefangenen als „Opfergaben" für ihre Götter auf den Plattformen ihrer Pyramiden. Sie rühmten sich, damit 2 Dinge zugleich zu tun, nämlich der staatlichen Notwendigkeit zum Erhalt ihrer Macht gegenüber ihren äußeren Widersachern nachzukommen, gleichzeitig aber auch eine religiöse Pflicht zu erfüllen mit der Beschaffung der als Blutopfer bestimmten Gefangenen, Opfer zur Erlangung des Wohlwollens ihrer Götter.

Was die Atlanter ursprünglich erstrebten (wie bei Plato dargestellt), nämlich die Beherrschung u.a. des gesamten Mittelmeerraumes, praktizierten also auch ihre „Schüler", die Inka, Azteken und Maya, sowie ihre „Abkömmlinge", die Phönizier und die Karthager zu ihrer Zeit, bis die Römer (im Falle der Karthager) ihnen die Möglichkeit nahmen.

Doch mit den Römern trat nur eine andere imperiale Macht auf die Bühne der Welt, die ihrer Blutrünstigkeit in den Arenen ihren freien Lauf ließ. Menschenopfer blieb ein Zeichen des Imperialismus wie auch im Falle der Niederschlagung des Spartacus-Aufstandes, wobei die Via Appia mit gekreuzigten Menschen gesäumt war, oder in jüngerer Geschichte, um nur noch ein Beispiel anzuführen, das Verhalten der Ostindischen Kompanie, die nach einem Aufstand alle Einwohner einer Stadt ans Kreuz schlagen ließ.

Erst der Gedanke „Liebe Deinen Nächsten wie Dich selbst!" oder gar: „Liebet Eure Feinde!" spricht eine andere Sprache, scheint aber bei genauem Hinsehen auf die Welt- und Menschheitsgeschichte ein frommer Wunsch zu bleiben.

Die πλεονεξία, ein Begriff, der auch von Plato (Kritias 121b) als Letztursache für die Bestrafung von Atlantis erscheint, das „Immer-mehr-haben-wollen" (von griech. πλέον und ἔχειν), wie schon Thukydides, der sachlich beobachtende Historiker der Griechen, im 5.Jh. vor Chr. sagt, ist letztlich die Ursache des imperialen Verhaltens des Menschen, ob Mensch als Einzelperson oder Mensch als Gemeinschaft; z.B. im Falle der „Sizilischen Expedition" (Thukydides, Pelop. Krieg, VI), bei welcher Expedition die Athener selbst, sie, die ehemaligen Verteidiger des Mittelmeerraumes gegen Atlantis, zum imperialen Eroberer (in kleinerem Maßstab) zu werden trachteten. Der Beispiele könnten viele weitere genannt werden.

Letztlich haben alle in der Geschichte zu beobachtenden imperialen Verhaltensweisen in dem zweifelhaften „Vorbild", dem Verhalten des „Lehrmeisters" Atlantis gegenüber seinen Zeitgenossen und Mitmenschen, in dem Verhalten Atlantis', das mit seinem Untergang die Staffette des Grauens an die zunächst wenigen „Wissensträger" und damit an die neu entstehenden Völkerschaften weiterreichte, ein negatives Beispiel eines βραχὺ σπέρμα, befolgt, dessen Entwicklung das von Ovid beschriebene „Goldene Zeitalter“, die „aurea aetas“, endgültig abschloss.

So dürfte es uns also mitnichten wundern, wenn wir die blutrünstigen Verhaltensweisen bei den Karthagern, Minoern, Griechen und Römern und auch im westlichen Einflussbereich von Atlantis, bei den Inka, Azteken und Maya und ihren Vorläufern antreffen.
Es waren nicht nur die gefangenen Feinde, die als Opfer dienten, der Gedanke der Blutrunst ging sogar soweit, dass man es bei den Azteken, Maya und Inka als ein heroisches Zeichen ansah, sich selbst freiwillig für die Gemeinschaft zu opfern (s. Quetzalcoatl vor seinem Weggang in den Osten), mit Stolz für die Gemeinschaft zu sterben.
„Dulce et decorum est pro patria mori“, deutete noch Horaz ein solches Vorgehen in Anlehnung an die bekannten Worte des griechischen Dichters Tyrtaios.

Doch stellen wir die Beobachtungen zur „Molochkultur“ einmal zusammen:

Schon die Druiden zeichneten sich, erklärbar durch ihren Ursprung in der „Hiat“-Zeit, in der Zeit der Dunkelheit, und vielleicht noch weiter zurück, durch ihre blutigen Menschenopfer aus. Durch Diodor ist bezeugt, dass die Druiden beim Menschenopfer das Schwert oberhalb des Zwerchfells in die Brust des Geopferten stießen und aus den Zuckungen des Opfers und dem Ausströmen des Blutes die Zukunft deuteten, wobei sie einer alten und durch lange Beobachtungen erprobten Erfahrung Glauben schenkten.

Abraham war gewillt, seinen Sohn Isaak zu opfern, um Gott seine Loyalität zu erweisen. Dies war nur eine Prüfung Abrahams durch Gott, aber hinter der Gewilltheit Abrahams stand doch eine Erscheinung der Zeit.

Während die Völker Kanaans die erstgeborenen Söhne töteten, um sie der Zeugungsgottheit zurückzugeben, kennt die Frühzeit der Hebräer nur das Opfer der Erstlinge der Tiere; die menschliche Erstgeburt wurde gegen Geld ausgelöst.

Moloch, der Namensgeber des unmenschlichen Verhaltens, mit Milkom, dem König der Ammoniter gleichgesetzt, wurde laut A.T. der Inbegriff des Greuels, weil im 8./7. Jahrhundert v. Chr. auch die Israeliten dem Moloch opferten, indem sie ihre Kinder „durchs Feuer gehen" ließen, d.h. verbrannten, obwohl Jahwe Menschenopfer verabscheute (Gen. 22, 1-14; Ja. 7, 31).

Das Kindesopfer von Bethlehem unter Herodes ist geschichtlich nicht gesichert. – Soweit der Beobachtungsstrang aus dem Bereich der Druiden und Hebräer.

Die Minoer verlangten als Entschädigung nach einem imperialen Sieg über Athen jährlich von den Athenern die Sendung von 7 Jungen und 7 Mädchen, um so ihrem Minotaurus Nahrung zu beschaffen und so dessen Befriedigung zu erreichen, bis Theseus dem imperialen Gehabe der Minoer ein Ende setzte und mit Hilfe von Ariadne den Minotaurus im Labyrinth von Knossos zu Fall brachte.

Die Geschichte der Minoer gegenüber den Athenern hat ihr exaktes Pendant in der Geschichte von Xochicalco und Tepoztlan im mesoamerikanischen Raum: Rund um die Basis der Pyramide zu Ehren Quetzalcoatls/ Kukulkáns in Xochicalco winden sich Darstellungen des Quetzalcoatl, dem die Stadt Tepoztlan Tribut zahlen musste, und zwar in Form eines jährlichen Menschenopfers. Der Held Tepoztláns, Tepoztécatl (vergleichbar Theseus), verkleidete sich, erschlug die Schlange und befreite so die Stadt von diesem schrecklichen Tribut, das ganze Ereignis eine mythologisierte Geschichte der einstigen Herrschaft von Xochicalco über Tepoztlán.

Die Karthager (Phönizier) warfen noch 310 v. Chr. zur Abwendung des Unheils, das der sizilische Feldherr Agathokles über die Stadt zu bringen drohte, dem Baal, dem Sohn der Tanit, 500 Kinder in den von Priestern beheizten Rachen und betrachteten den daraufhin wirklich erfolgten Rückschlag der Syrakusaner unter Agathokles als Dank Baals für die Befriedigung seines Hungers nach verbrannten Kindern. Baals Gier blieb unersättlich. Zuweilen wurden mehrere Kinder zugleich mit durchschnittener Kehle oder lebendig, auf die Arme der mit Salbe bestrichenen Bronzestatue gelegt und in den Schlund Baals versenkt.

Auch bei den Griechen kennen wir das Beispiel der Iphigenie in Aulis, die von ihrem Vater, Agamemnon, zur Erlangung eines günstigen Fahrtwindes nach Troja geopfert wurde, dabei aber in letzter Minute in einer Wolke von Athene nach Taurus entrückt wurde.

Die Römer praktizierten als abgeklärte Imperialisten zur eigenen Befriedigung und der ihrer Massen die Menschenopfer in den Arenen ihrer Großstädte, – eine etwas abgeänderte Form der Tötung der Opfer auf dem Pyramiden-Altar –, wobei die Gladiatoren sich mit wilden Tieren messen mussten, zuweilen aber auch, was psychologisch ein noch viel schwierigerer Vorgang für den einzelnen Gladiatoren war, Mann gegen Mann. Man kann daraus die psychologisch „verfeinerte" Art der abgeklärten Imperialisten im Vergleich mit dem „plumpen in den Rachenwerfen" der Karthager ersehen.

Von Kreuzigungen unangepasster Gestalten und Gegner zur Zeit der Römer haben wir schon oben gehört.

Soweit exemplarisch die Erscheinungen im östlichen Einflussbereich von Atlantis.

Zum Vergleich möchten wir jetzt auf entsprechende Erscheinungen im westlichen Einflussbereich von Atlantis zu sprechen kommen.
Wie Jahwe und im Grunde auch Theseus als Symbol für die Überwindung von Menschenopfern angesehen werden können, können

wir dasselbe auch von Quetzalcoatl im Raum der Tolteken sagen, wo Quetzalcoatl wegen seiner sich entwickelnden Ablehnung von Menschenopfern im Streit mit seinem, die Menschenopfer gutheißenden Bruder Tezcatlipoca gezwungen wurde, Tollán zu verlassen. (s.o.)

Doch nun zum westlichen Einflussbereich im Einzelnen:

Während von den Olmeken, den ersten bekannten Zivilisatoren Mesoamerikas, nichts bekannt ist, was Menschenopfer betrifft, gründete sich die Religion der Tolteken ganz auf Menschenopfer zur Besänftigung ihrer Gottheiten. Die Tolteken[70] wurden gerade wegen ihrer kriegerischen Haltung deshalb von den Azteken so bewundert, weil auch ihnen, den Tolteken, die Gefangenen des Krieges als Menschenopfer für ihre Götter dienten. Die Bewunderung der Tolteken durch die Azteken ging sogar so weit, dass die Azteken ihre eigene Geschichte änderten und umschrieben, um eine mythische Verwandtschaft mit den Tolteken herzustellen. So sehr betrachteten sie die Tolteken als ihre Vorbilder, und dies auch in puntco Menschenopfer.
Die Kriegsführung der Azteken war ganz gewidmet dem Dienste an ihren Göttern. Ihr Hauptziel war die Lieferung von Gefangenen als Opfergaben auf ihren Altären, was gleichzeitig nationalen Bedürfnissen diente sowohl auf dem Gebiet ihrer Außenpolitik als auch auf dem Gebiet der religiösen Riten. Diese Praxis hatten die Azteken von den Tolteken übernommen.
Entsprechend übernahmen die Azteken von den Tolteken auch den Gott Xipe Totec (= den gehäuteten Gott), von dessen Opfern die Priester die Häute abzogen und sich als „Kleidung" anlegten, um eine Verjüngung zu symbolisieren.
Xipe Totecs Vorläufer scheint der olmekische Gott VI zu sein. Als Bruder von Huitzilopochtli, Tezcatlipoca und Quetzalcoatl war er der „Herr der Unterwelt", Mictlan, ein Pendant zu Hades. Aus seinem Unterweltdasein scheint sich auch seine grausame Haltung bei der Häutung zu erklären.

---

[70] Wie ist die Etymologie des Wortes „Tol-teken"?

Es war bei den Azteken die größte Schande für einen Kämpfer, keinen Gefangenen zu machen, was zur Ausstoßung aus der „Armee“ führte; die größte Ehre bestand im Tragen einer Jaguarhaut oder eines „Adlerkostüms“.

Was die Maya betrifft, so fanden sie sich mit dem sich abzeichnenden Aufstieg der Tolteken bei deren Ankunft in ihrem Lebensraum ab; sie übernahmen dann sogar deren Gott Quetzalcoatl als Kukulkán und andere Götter (s.o.). Unter dem Einfluss der Tolteken glitten die Maya, von vorneherein eher friedlich, in eine kriegerische Politik ab, wobei auch für sie schließlich der Krieg der Lieferung der Opfer für die Götter diente, welche am Ende unzählige Opfer verlangten. Am Ende ihrer Geschichte rissen die Maya ihren noch lebenden Opfern sogar das Herz aus der Brust; doch dieses Vorgehen war bei den Maya nicht so geläufig und ausgeprägt wie bei den Azteken, ihren Nachbarn, für die diese Riten eine religiöse Frenesie der Vernichtung zur Folge hatten. Der Kult des die Menschenopfer ablehnenden Quetzalcoatl schwand bei den Azteken mehr und mehr.
Eine eigenartige Erscheinung bei den Maya-Tolteken war die Opferung der Verlierer bei dem rituellen Ballspiel, schon bei den Olmeken vorkommend.

Was die Inka betrifft, so ist zu vermerken, dass Menschenopfer vorkamen, aber seltener waren.
In den früheren, alten Andenkulturen, den Vorläufern der Inka, war das Menschenopfer allerdings weit verbreitet. Schon in der Frühzeit, bis in den „Hiat“ zurückreichend, ist sein Ursprung anzusetzen. Das Menschenopfer brachte in der frühen Zeit als heiliges Ritual den Segen der Götter, vor allem in der Moche-Kultur und auf den Hohen Bergen der Anden, wo es in Ampato Grabstätten für geopferte Kinder gab, vergleichbar dem Tophet der Karthager. – Die Inka selbst opferten einmal im Jahr Kinder und Erwachsene aus allen Teilen ihres Reiches. Ansonsten aber brauchten sich ihre Priester nicht so sehr um Menschopfer zu kümmern wie darum, ihrer Priesterpflicht als Priester der „Sonne“, für die es in jeder Stadt einen Tempel gab, nachzukommen

mit der Einhaltung der Zeremonien des religiösen Kalenders (s. Etrusker), der Wahrsagung (s. etruskische Haruspices), Befragung der Orakel und Heilung von Kranken.

Im Regenwald wurde bei den Menschenopfern sogar ritueller Kannibalismus praktiziert und das als eine Form des Ahnenkults. Durch das Aufessen der Vorfahren wollten die Regenwaldbewohner sich die Kräfte der verspeisten Vorfahren erhalten (Endokannibalismus). Durch das Verspeisen eines Fremden (Exokannibalismus) wollten sie sich die Fähigkeiten des Fremden einverleiben.
Den Glauben, sich durch Verspeisen eines Menschen, ob erschlagener Feind, Kriegsgefangener oder Angehöriger, dessen Fähigkeiten einzuverleiben, kennen wir auch von anderen Völkern und dies vor allem von den Ägyptern, wo nach den „Texten der Pyramiden" an der Pyramide des Pharaos Teti, des Nachfolgers von Ounas, die „coutumes anthropophagiques", où l'on mangeait ses ennemis vaincus avec l'idée de s'approprier leurs vertus de courage ou autres", erwähnt sind, kannibalistische Bräuche also, wobei man seine besiegten Feinde verspeiste mit dem Gedanken und der Vorstellung, sich ihre Tugenden des Muts und andere anzueignen (s. J. Ph. Lauer, Le Mystère des Pyramides, S.338). Im Paragraphen 399 der „Texte der Pyramiden", so Speleers in: „Traduction, Index et Vocabulaire des textes des Pyramides égyptiennes", Bruxelles 1924, spricht man von dem Tag, an dem man die Alten abschlachtet, „le jour, où l'on abat les anciens", eine Anspielung auf den Brauch der primitiven Zeit, der Primitiven, sich ihrer Alten zu entledigen, ein „culte ancestral", der offenbar auf die Zeit der primitiven Clans zurückgeht, die Zeit der noch völlig unaufgeklärten Chthonik im ägyptischen Raum, Erscheinungen also, die ebenso im östlichen Einflussbereich von Atlantis wie im westlichen Einflussbereich bei den Regenwaldbewohnern Südamerikas vorkamen (Interessant in diesem Zusammenhang auch: Moret, „Des clans aux empires", Collection Henri Berr, L'evolution de l'humanité, p. 142-159.)
Doch ist dieses magische Ritual, das Verspeisen von Menschen, dessen verstärktes Aufkommen u.E. in die Zeit des Hiats zurückgeht, heutzutage nahezu ausgestorben.

Erinnert sei hier auch noch an die bei der christlichen Kommunion gesprochenen Worte: „Das ist mein Fleisch. Esset alle davon!“, „Das ist mein Blut. Trinket alle davon!“. Doch, so sehr es einen dazu verleitet, in obigem Zusammenhang an diese Worte zu denken, ist diese Forderung zum Einswerden mit Gott, was Kommunion bedeutet, da sie hier metaphorisch gemeint ist, nicht von der Art des rohen, von noch unkultivierten Völkern praktizierten Kannibalismus.

Kommen wir noch einmal darauf zurück, was wir für das auslösende Moment der von Atlantis vererbten „Molochkultur“ ansahen.
Wir sahen in dem imperialen Gehabe von Atlantis, mit seinem Angriffskrieg gegenüber Athen den auslösenden, kennzeichnenden Faktor, ein Modell der Menschenverachtung der imperialen Großmacht gegenüber den Völkern seiner Einflusssphären in Ost und West, ein Modell, das Schule machte. Von der Verachtung des Menschen bis zum Menschenopfer war dann der Weg nicht mehr weit.

Auf ein Vorkommnis bei den Atlantern selbst möchten wir noch zum Abschluss der Gedanken über die „Molochkultur“ zu sprechen kommen, das die latent in den Atlantern schlummernde Blutrunst deutlich aufzeigt. Ich denke an das Tieropfer bei der Versammlung der 10 Könige von Atlantis (Kritias 119d-120a). An der Säule aus Bergerz, auf der die Gesetze nach Weisungen Poseidons in einer Inschrift aufgezeichnet waren, versammelten die Könige sich in der Mitte der Insel einmal im 5., das andere Mal im Wechsel im 6. Jahr. Bei diesen Zusammenkünften berieten sie über die gemeinsamen Angelegenheiten ihrer 10 Königreiche, untersuchten, ob einer von ihnen irgendeiner Bestimmung zuwider gehandelt hatte, und sprachen dann das Urteil. Doch vor diesem Urteil mussten sie einen geweihten Stier im Heiligtum Poseidons jagen und das gefangene Tier an die Säule (mit den Weisungen des Poseidon) heranführen. „Dann schnitten sie dem Tier in Höhe des oberen Säulenendes die Gurgel durch, sodass das Blut auf die Inschrift hinunterspritzte“ (ὃν δέ ἕλοιεν τῶν ταυρῶν, πρὸς τὴν στήλην προσαγαγόντες, κατὰ κορυφὴν αὐτῆς ἔσφαττον κατὰ τῶν γραμμάτων).

Bei der Weihung der Teile des geopferten Stieres an Poseidon, füllten sie einen Mischkrug, warfen für jeden einen Klumpen Blut hinein, schworen dabei, ihr Urteil gerecht zu fällen, und tranken zur gemeinsamen Verschwörung das Blutgemisch (das erinnert an Catilina, s. Cicero, Catilinarische Verschwörung).

Es ist offenbar, dass hier bei den atlantischen Königen eine latente Blutrunst zum Vorschein kommt. Sie erinnert auch in der Darstellung des Saïs-Priesters an Vorkommnisse bei den Inka, Mayas und Azteken, wo das Blut auch in Strömen floss, sowie auch bei den Karthagern und ihrem Opfer für Baal und an die Szenen in den Arenen der Römer.
Mag auch noch ein Unterschied vorliegen, zwischen dem Handeln der Atlanter und der o.a. beeinflussten Völkerschaften, insofern als die Atlanter nur Tiere opferten, (was an die Frühzeit der Hebräer erinnert mit ihrem Opfer nur von Erstlingen der Tiere). Auf jeden Fall scheint mir das „Vorbild“ der Atlanter bei den o.a. Völkern lediglich nur noch weiter pervertiert zu sein. Eine Beeinflussung liegt auf jeden Fall vor.

AHNENKULT
(in Ost und West von Atlantis)

Während uns die Form des Ahnenkults der Regenwaldbewohner Südamerikas, der in Endo- und Exokannibalismus noch chthonischen Riten folgte, eigenartig anmutet, scheint uns die Ahnenverehrung, die sich in den „mallquis“, Mumien von Inka-Herrschern und Ayllu-Begründern, manifestierte, im Gedanken an die Erscheinungen der ägyptischen Mumien, z.B. eines Tutanchamun, vertrauter und annehmbarer.
Im südamerikanischen Raum, im Coricancha-Tempel von Cuzco, bildeten sich sogar bestimmte Riten bei der Mumienverehrung heraus. So wurden die Mumien unter Bewunderung der gesamten Öffentlichkeit durch die Straßen getragen, ähnlich einer Prozession, wie wir sie von Fronleichnam her kennen. Doch nicht nur in Cuzco, auch in den Provinzen, verliehen „mallquis“ Orten sakralen Charakter (Huacas). Reiche Grabbeigaben in Gräbern der Ahnen finden sich schon in früherer

Zeit auch in den Andenzivilisationen, bei den Nazca und den Mochica. In Chan Chan bei den Nazca, bildete sich gar ein Handwerkerzweig für Gegenstände der Ahnenverehrung heraus. Die Ahnenverehrung durch die Mallquis diente natürlich, wie bei den Ägyptern die Mumien, dem Andenken an die Ahnen und ihrer Hochschätzung.
Die oben erwähnten Grabbeigaben (bei den Nazca und Mochica) finden sich auch in Kolumbien, im Amazonasgebiet, in Chile, Bolivien und vor allem in Peru, mit u.a. Holz-, Keramik- und Goldmasken der toten Ahnen, und wir finden dieselbe Erscheinung im mesoamerikanischen Raum vor, bei den Mixteken, den Nachbarn der Zapoteken, im Oaxaca-Hochtal, und im südlichen Hochland von Mexiko, in Monte Alban und in Palenque. (s. „M.d.N.W.")

Alles das lenkt unseren Blick, was Mumien und Goldmasken betrifft, natürlich auf Ägypten und Mykene (Osten von Atlantis).
Die Maske des Tutanchamun, als Pharaon vergöttlicht, drängt zu dem Vergleich mit der goldenen Sonnenmaske des Inti in dessen Tempel im Coricancha-Bezirk von Cuzco, ebenso, wie, zeitlich früher, auch die Darstellung der „Sonne" mit ihren in „Händen" auslaufenden „Strahlen", die Echnaton umfangen, daran erinnert.
Die sog. Agamemnon-Maske, die H. Schliemann im Gräberrund A in Mykene entdeckte (Kopie jetzt im Nationalmuseum von Athen), die geschichtlich weit früher als Agamemnon zu datieren ist, ist zwar nicht die Maske eines Gottes, aber Sinn und Zweck der Maske war es ja, die Verstorbenen zu höheren Wesen hochzustufen.
Die grinsenden Totenmasken im phönizisch-karthagischen Raum dienten nach Ansicht der Experten der Totenbewachung.
Auch die Römer nahmen ihren toten Vorfahren zur Ahnenverehrung naturgetreue Totenmasken ab und wiesen den Abgeschiedenen in einem besonderen Schrein des Hauses als Manen, zu Göttern erhobenen Seelen, einen Ehrenplatz zu.
Mumifikation von Häuptlingen gab es auch auf den Kanarischen Inseln (s.u., S.277) und bei den Berbern und Tuaregs, sowie bei den Garamanten in der Sahara (Libyen).

Einen letzten Nachklang von Totenmasken haben wir heute noch bei der Abnahme von Totenmasken großer Gestalten und Genies wie Beethoven, Goethe etc.

Angesichts all dieser Erkenntnisse über Ahnenkult durch Mumifizierung, d.h. angesichts der Deutung der Mumifikation als Symbol für den Glauben an ein Weiterleben nach dem Tode, und angesichts des Totenmaskenkultes und aller oben schon gewonnenen Erkenntnisse über Sprache, Religion etc., erlauben wir uns an dieser Stelle darauf hinzuweisen, dass wir den Begriff „Konvergenz“ im Sinne: „kultureller Entwicklungslinien, die historisch nichts miteinander zu tun haben, dennoch konvergieren“, d.h. „sich aneinander annähern“, dass wir also diesen Begriff mit der hinter ihm stehenden Idee ablehnen und dem Begriff „Diffusion“ im Sinne: „Ausbreitung von Kulturen oder einzelner ihrer Elemente und ggf. deren Vermischung mit anderen Kulturen“, und dies sowohl in der Form der Akkulturation als auch in der Form der Enkulturation, zustimmen.
So wie die Herrscher von Meroë in einer Form der Akkulturation altägyptische Gewohnheiten (bis hin zum Bau von Pyramiden) nachahmten oder wie ägyptische Beamte in einer Art von Enkulturation sich Gräber bauen ließen, die Pharaonengräbern nachempfunden waren, und Bestattungsriten für sich beanspruchten, die ursprünglich nur dem König zukamen, so wie wir in diesen Phänomenen Formen der von uns anerkannten „Diffusion“ sehen, steht für uns auch hinter dem Vergleich der Pyramiden, der Sonnenverehrung, der Sprachanklänge, der Molochkutur etc. etc. im westlichen und östlichen Einflussbereich von Atlantis – mutatis mutandis – nichts anderes als eine Erscheinung des Diffusionsgedankens, einer Diffusion, die in der Blütezeit von Atlantis von ebendort ihren Ausgang in östlicher und westlicher Richtung nahm und nach der Weltkatastrophe nur noch einzelne βραχέα σπέρματα hinterließ, die nach der Zeit des „Hiats“ (etwa Mitte des 4. Jahrtausends v. Chr.) wieder zu keimen und sich neu zu entwickeln begannen.

Zeichen und Symbole der Macht
(in Ost und West)

Auch in puncto „Zeichen der Macht“, „Symbole der Macht“, lassen sich viele vergleichbare Gegebenheiten in den östlichen und westlichen Einflusszonen von Atlantis feststellen.
So ist Zeus dargestellt mit Blitz und Donner, Szepter, Lanze und Speer und dem Adler.
Mit seinem Blitzesbündel überwand Zeus alle seine Gegner. Um nur die wichtigen zu nennen:
1.) die Titanen. In dem Kampf, der sich zwischen den erdgebundenen, chthonischen Titanen und den olympischen Göttern entspann, der sog. Titanomachie, unterlagen die Titanen dem Zeus, der dabei noch unterstützt war von den Giganten und den „Hekatoncheiren“, den „Hunderthändigen“, Riesen mit 100 Armen und 50 Köpfen, einer seltsamen mythologischen Erscheinung, die uns zu erinnern drängt an die Sonnenstrahlen, die, gezackt wie Blitze, zahlreich von dem Kopf des Inti an einem Tempel im Coricancha-Bezirk von Cuzco erscheinen, Strahlen, die dort in „menschlichen Gesichtern“, „Schlangen“ oder „Händen“ auslaufen – was den Vergleich berechtigt erscheinen lässt – und Intis Macht zum Ausdruck bringen sollen, oder auch an die Sonnenstrahlen auf der bekannten Reliefdarstellung des Echnaton. die den Pharaon zusammen mit Nofretete umfangen, wobei dort die Sonnenstrahlen in „Hände“ auslaufen und auch die Macht der Sonne darstellen sollen.
2.) Ein zweiter Sieg des Zeus mit Hilfe von Blitz und Donner, Speer und Lanze ging über die Giganten und Hekatoncheiren, ehemalige Verbündete des Zeus, die, aufgehetzt von ihrer Mutter, Gaia, Zeus die Herrschaft streitig machen wollten, jedoch auch wie die Titanen im Tartaros endeten.
3.) Typhon, ein Ungeheuer, ein Sohn ebenfalls der Gaia, der letzte Titan, ein Ungeheuer mit „100 Schlangenköpfen“, das sich gegen Zeus erhob, in einem fürchterlichen Kampf besiegt wurde und wie alle Titanen in den Tartaros geworfen und dort eingeschlossen wurde.

Die Hekatoncheiren, die „100-Händigen“, das Ungeheuer Typhon mit „100 Schlangenköpfen“ wecken natürlich die Erinnerung daran, dass die zahlreichen, blitzgezackten Sonnenstrahlen des Inti in „Schlangen“ auslaufen und die Sonnenstrahlen des Echnaton-Reliefs in „Händen“ enden. Die in „Händen“ und „Schlangenköpfen“ auslaufenden Sonnen-strahlen sollen die Macht der jeweiligen Götter Inti und Echnaton, als Pharaon vergöttlicht, zum Ausdruck bringen.

Das Szepter und die Lanze des Zeus als Symbol der Macht drängt uns, an den „Stab“ zu denken, oft als „2 Stäbe“ erscheinend, an den „Stab“ der im südamerikanischen Raum so sehr verehrten „Stabgottheit“.
Schon in der vorinkaischen Chavin-Kultur (900 v.- 200 v. Chr.) gibt es die „Stabgottheit“ überall, vom Amazonasbecken über die Anden bis in die peruanischen Küstentäler. Dargestellt an Bauten und auf Objekten aller Art, begleitet zuweilen von Mischwesen, ist die wichtigste Darstellung des „Stabgottes“ zu bewundern am Sonnentor von Tiahuanaco; in frontaler Stellung gegenüber dem Betrachter, wie immer, und 2 Stäbe senkrecht in den Händen haltend, Stäbe, die zuweilen auch durch 2 Maiskolben dargestellt sind, so manifestiert sich die Stabgottheit, und ist wegen der Maiskolben auch gedeutet als Gott der Fruchtbarkeit, meistens aber als Thunupa, der mit Donner, Blitz und Sonnenstrahlen ähnlich Zeus auf den Abbildungen erscheint und als Vorläufer Vircochas, des Schöpfergottes der Inka, angesehen wird. – Wichtigste Pilgerorte für die „Stabgottheit“ waren Huantar und Tiahuanaco. (s. „M.d.N.W.“)

Doch kommen wir zurück zu dem für uns interessanten „tertium comparationis“ bei der „Stabgottheit“!
Es liegt eindeutig vor im Szepter, vornehmlich natürlich im Szepter des Zeus, aber auch im Szepter unserer Könige und Kaiser, in dem Szepter, das im Grunde auch einen „Stab“ darstellt, oder auch ein wenig abgeändert, in dem Krummstab der Etrusker und im Lituus der Auguren der Römer und im Krummstab unserer Bischöfe sowie last not least auch im Marschallstab unserer obersten Heerführer. Auch Zeus‘ Blitzesbündel erscheint ganz ähnlich einem Herrscherstab (s. auch die „gebündelten Fasces“ Italiens), und die monumentalen Darstellungen von Zeus und

Poseidon (abgebildet in Irmscher, „Lexikon der Antike“) zeigen uns die beiden höchsten Götter des griechischen Pantheons mit einem Speer oder einer Lanze, die auch nichts anderes als einen verlängerten Stab darstellen, in der Form der Lanze oder des Speeres eher die kriegerische Gewalt des Machthabers zum Ausdruck bringend, in der Form des Szepters, des kleineren Stabes, eher die hoheitliche Macht des Herrscher ausdrückend. – Soweit die Betrachtung des Zeus im Vergleich.

Das Hauptsymbol des Poseidon, des Beherrschers von Atlantis, ist der Dreizack, Zeichen seiner Herrschaft über die Elementargewalt des Meeres; ursprünglich als Fanggerät von Poseidon benutzt (s. noch heute die von den Thunfischern des Mittelmeeres benutzte dreigespitzte Harpune sowie die von Gardians in der Camargue benutzten langen Stangen mit auslaufendem kleineren Dreizack zur Lenkung ihrer Wildpferde; ebenso die von den römischen Gladiatoren benutzen Dreizackspeere zur Verteidigung und zum Angriff).
Ursprünglich also Fanggerät, lenkt der Dreizack unseren Blick auf die sog, „Fangzahngötter“ der Inka und ihrer Vorläufer. Wie die „Gottheit mit den Stäben“, die „Stabgottheit“, bereits in der Chavin-Kultur auftauchte, so tauchten auch, sogar noch vor dieser Zeit, „Dämonenwesen mit Fangzähnen und Jaguarklauen“ auf; und die Darstellungen durchzogen die gesamte altamerikanische Kunst.
Schon im „Frühen Horizont“ sind viele U-förmige Kultstätten mit Abbildungen von Fangzahngottheiten geschmückt. Besonders im „Frühen Horizont“ und der Moche-Kunst und der „Frühen Zwischenzeit“ ist der „Köpfende Gott“ der Moche (Decapitator-Gott) ausgestattet mit aus einer zur Grimasse verzogenen Fratze gewaltig hervorstechenden Fangzähnen. (s. „M.d.N.W.“)
Auch auf den Tonwaren der „Frühen Zwischenzeit“ der Nazca-Kultur finden wir Wesen mit Fangzähnen.
Man kann überzeugt sein, dass alle diese Darstellungen letztlich auf einen sich ähnelnden animistischen, noch chthonischen, aus dem „Hiat“ stammenden Hintergrund der Andenkulturen beruhen, der die religiöse Praxis über Jahrhunderte prägte.

Der „Fangzahngott“ erregte auf jeden Fall Schrecken, der im Betenden Ehrfurcht erwecken sollte, genau wie der „Dreizack“ Poseidons (s. auch den „Dreizack“ an der Bucht von Paracas, ein in der Wüste von Perus südlicher Küste bislang unerklärtes gezeichnetes Bild; s.Nazca-Kultur).

Aber noch einen weiteren Aspekt des Dreizacks Poseidons möchten wir zur Diskussion stellen mit der Frage: Stellen nicht von den 3 Zacken des Symbols des Beherrschers des Meeres, Poseidons, des Vaters des Atlas[71], des Herrschers von Atlantis, der „Mittlere Zacken“ Atlantis selbst dar, der „Rechte Zacken“ den östlichen Einflussbereich von Atlantis und der „Linke Zacken“ den westlichen Einflussbereich von Atlantis dar?
Die Frage taucht auf vor dem Hintergrund der Überlegung, die die καθ'ὅλον-Vorstellung der Eroberung der ganzen Welt der von dem Saïs-Priester geschilderten Atlanter, deutlich zum Ausdruck brächte.
Hinzuweisen im Zusammenhang mit dem Dreizack des Poseidon wäre vielleicht auch auf die Menora, die man als eine Erweiterung des Dreizack deuten könnte.
Schließlich ist noch zu erwähnen, dass die Zacken des Dreizacks des Poseidon zuweilen auch als „Strahlen der Sonne“ gedeutet werden und als „Blitz“. – Soweit zum Dreizack des Poseidon.

Nun zum westlichen Einflussbereich von Atlantis:
Quetzalcoatl ist im westlichen Einflussbereich von Atlantis die interessante Gestalt, was die „Zeichen der Macht“ betrifft.
U.E. ist eines der auffälligsten Symbole des Quetzalcoatl das „atl-atl“, der „Speerschleuderer“, mit dem Quetzalcoatl, wie Zeus mit seinen Blitzen, und wie Poseidon mit seinem Dreizack, die Widersacher in Schranken hält. Die Etymologie des „atl-atl“, des „Speerschleuderers“,

---

[71] Auf die Problematik, dass Atlas zuweilen auch als Sohn des Titanen Japet bezeichnet wird, wollen wir hier nicht eingehen. (Man könnte fast meinen: Als Sohn des Titanen Japet wurde er mit der Strafe, die Erdkugel zu tragen, belegt, als Sohn des Poseidon aber wurde ihm diese Strafe als „eine ehrenvolle Aufgabe“ ausgelegt, ehrenvoll deshalb, weil er den Himmel, den Bereich der Götter, von der Erde, dem Bereich der frevelhaften Menschen, „trägt“ und damit absetzt). – Zu dieser Problematik s. S. 345ff. die Behandlung der neuen Erkenntnis, dass wir unterscheiden müssen zwischen Atlas, dem Titanen, und Atlas, dem Poseidonsohn. (worauf H.-G. Nesselrath, a.a.O. S.44, Anm. 11, erstmals hinweist).

drängt uns natürlich , nach unseren obigen linguistischen Überlegungen („tl̥-/tr̥“-Wortwurzel, S.73-81 [Essay]) an eine Zerlegung des 2-maligen Wortes „atl“ zu denken, und zwar in folgender Weise:

„a-tl“,

was u.E. wohl, um es gleich zu sagen, die toltekisch-mayanisch-aztekische Form für „Atlas“ darstellt; die Sinndeutung „Speerschleuderer“ gibt hier nur die Funktion des Tragegerätes, gibt aber nicht den letztlich ursprünglichen Sinn des Wortes an, eine Erscheinung, die wir oben für die „blumige“ Sprache der Maya und Azteken schon herausgestellt haben, wo z.B. zwischen der wörtlichen blumigen Darstellung und der Funktion eines Gottes wie Quetzalcoatl als „grünleuchtende Federschlange“ auf der einen Seite, und „wohlwollender, Wissen vermittelnder, Kulturbringer-Gott“ auf der anderen Seite zu unterscheiden war. – Im Falle „atl-atl“ als „Speerschleuderer“ liegt die Sache genau umgekehrt; man gibt die Funktion des Tragegerätes an und lässt die Etymologie des Wortes „atl-atl“ außer Acht. Dies zeigt ebenso wie im umgekehrten Falle, die Schwierigkeit auf, vor der wir bei der Deutung und Übersetzung der Begriffe stehen.
Graf Bégouën, Verwalter verschiedener kulturgeschichtlich äußerst interessanter Höhlen im Dordogne-Distrikt (Frankreich), führte in einer TV-Sendung (Phoenix, vom 3.7.2009) einen „Speerschleuderer“, den er nach einem Höhlenwandgemälde rekonstruiert hat und der seine Wirksamkeit noch heute in erstaunlicher Weise bewies, vor und deutete das Alter der Höhlenmalerei auf 12.000 Jahre vor Chr., lange also vor der Atlantiskatastrophe. Die Höhlen Südwestfrankreichs liegen exakt im Immigrationsraum der Crômagnons, ähnlich wie auch das Baskengebiet. Danach wäre der „Speerschleuderer“ also eine alte Waffe, die in die Zeit schon vor der Atlantiskatastrophe zurückreicht.
Doch nun zur Frage: Wie deuten wir den ursprünglichen Sinn der Wortzusammenstellung „atl-atl“? –

Wir deuten ihn folgendermaßen:

„atl-atl“ als „Atlas-Atlas“,

und der Sinn der Wortzusammenstellung ist:

„Atlas-Atlas“ = „unüberwindlicher Atlas“
als Waffe in der Hand Quetzalcoatls.

Bei der „Namensgebung“ von Waffen, wie sie hier u.E. mit „atl-atl“ vorliegt, lehren uns doch gerade das 19. und 20. Jahrhundert mit ihren Kriegen, wie man die Waffen benennt. „Dicke Olga“, „Stalin-Orgel“, „Katjuschka“ etc.. Chlodwig, 5. Jh. n. Chr., nannte als Franke im Kampf gegen den Alemannenfürsten seine Streitaxt „Fanziska“. Etwas Ähnliches scheint mir hier mit „atl-atl“ vorzuliegen.

Wenn man dann in einer TV-Sendung (auch 2009) zu hören bekommt: „At-latl“, d.h. also die Worte „atl-atl“ als 1 Wort aneinander geschrieben, dann das dabei entstehende Wort „Atlatl“ zerlegt in „At-latl“, „At-latl“ dann als Waffe des Quetzalcoatl ohne jede weitere Erklärung bezeichnet, so ist damit natürlich der Etymologie des Namens der Waffe jeder Boden entzogen.
Man fühlt sich allerdings als Hörer der unmöglichen Zerlegung auch verpflichtet, auf die Unmöglichkeit hinzuweisen, die die den Sinngehalt verstärkenden gleichlautenden Worte: „Atl-Atl“, (wie wir das auch aus besonders dem Italienischen kennen, z.B. mit: piano piano) unüberlegt als „At-latl“ auszusprechen, eine sprachliche Zerlegung, die natürlich nichts besagt, wofür aber auch keine weitere Erklärung in der TV-Sendung gegeben wurde. – So viel zu „Atl-Atl“. Wir halten fest: Mit „atl-atl“ dürfte der Einfluss des „Atlas“, d.h. von Atlantis, auf den mesoamerikanische Raum eindeutig sein.

Auch bei den „Zeichen und Symbolen der Macht“ stellen wir also – mutatis mutandis – vergleichbare Gegebenheiten fest, die darauf hindeuten, dass sie von einem Zentrum, Atlantis, auf die Einflusszonen in westlicher und östlicher Richtung, übergegangen sind, zumal gerade Begriffe wie „atl-atl“ auch sprachlich, was den westlichen Einflussbereich betrifft, eindeutig darauf hinweisen.

<u>Wiederaufkommen der Schrift</u> (in Ost und West); die Sprache der Tarasken

Wir sind hier an einem Punkte angelangt, wo wir auf eine eigentümliche Erscheinung im meso- und südamerikanischen Raum zu sprechen kommen müssen: auf die Tatsache, dass auch in Mesoamerika offenbar nach dem „Hiat“ (etwa nach 3.500 v. Chr.) wieder eine Schrift einsetzte, die ἀγράμματοι wieder zu schriftkundigen Menschen wurden (s.u., Vergleich „ägyptische und mesoamerikanische Hieroglyphen“, S.253ff.), während hingegen in den Andenzivilisationen dieser Vorgang sich nicht vollzog, es also keine Schrift gab. Die Andenzivilisationen, die Vorläufer der Inka, auch noch die Inka selbst, kannten also keine Schrift; übrigens auch die Kelten und ihre Vorläufer nicht.

Was die Kelten im östlichen Einflussbereich von Atlantis betrifft, so ist zu sagen, dass die Etrusker wahrscheinlich die letztlich von den Phöniziern entwickelte griechische Schrift übernommen haben und sie an die Kelten weitergaben (s. Caesar, B.G. I 31: Listen in griechischer Schrift bei den keltischen Helvetiern).
Zu dieser Überlegung passt gut, dass die Druiden, keltische Priester, ihren Schülern auch verboten, ihre Lehren niederzuschreiben, um dadurch, wie die Druiden argumentierten, das Gedächtnis besser zu schulen. Dieses Verbot der Druiden zu Caesars Zeiten scheint noch ein später Ausläufer der Situation zu sein, in der die Kelten und ihre Vorläufer keine Schrift kannten (s. auch Kendrick, The Druids).[72]
Die Inka kannten also keine Schrift, kannten wohl aber das sog. „Quipú“ (= Knoten), ein Bündel von Schnüren mit Knoten, das als Gedächtnisstütze benutzt wurde, wenn es nötig war, Fakten vornehmlich administrativer Angelegenheiten zu behalten, aber zuweilen auch, um Mythen und Geschichten des Inkavolkes zu speichern und zu bewahren.
Es gab zur Herstellung und Bewahrung solcher Quipús sogar sog. „Quipucamayoqs“, sozusagen „lebende Bücher“ und „Amautas“,

---

[72] Ich möchte hier darauf hinweisen, dass, wenn wir im Folgenden von Inka, Maya, Azteken, Kelten und Etruskern sprechen, damit auch ihre Vorläufer gemeint sind, weil sie in das Kalkül der Überlegungen immer mit einzubeziehen sind.

vielleicht den „sapientes“ im östlichen Einflussbereich vergleichbar. Man könnte „Quipús“ also einen Schriftersatz nennen, eine Schrift im eigentlichen Sinne waren sie nicht, und entziffert sind die Quipús bis heute nicht alle (s. Sarmiento de Gamboa, „Historia de los Incas“).

Anders lag die Sache bei den Maya und Azteken und ihren Vorläufern. Sie hatten schon eine Bilder- und Hieroglyphenschrift, die Azteken gar bereits eine phonetische Schrift, wobei sich die malerischen Symbole über Ideogramme zur Schriftform entwickelt hatten.

Warum kommen wir auf diesen Unterschied zwischen Inka auf der einen Seite und Maya und Azteken auf der anderen Seite zu sprechen? – Der Grund ist folgender:
Wir stellen vornehmlich gerade bei den Azteken viele „atlantische“ Begriffe fest, eingestreut in ihre Sprache, das Nahuatl (s.o.). Solche Begriffe sind die nach unseren obigen linguistischen Überlegungen herausgefundenen Worte, die alle die „-tl̥-“ Wortwurzel aufweisen, wie z.B.: „atl-atl“, die vielen Götternamen auf -atl, -otl, -etl, auch die Bergnamen auf „-tepetl“ im aztekischen Raum, auch Wörter mit sprachlichen Erscheinungen, auch zuweilen im Innern der Wörter, auf -tlan- und -itlan. Diese Wörter weisen alle die tl̥-Wortwurzel auf, die wir aus dem Wort „Atlas“ herausgefunden haben (s.o., S,115-116)
Warum gibt es all dies nur bei den Azteken, während hingegen bei den Inka und eigentlich auch bei den Maya keine Fälle bekannt sind, die man den o.a. Aztekenidiomen an die Seite stellen könnte? – Der Grund liegt u.E. darin, dass die Vorläufer der Azteken infolge der Tatsache, dass sie frühzeitig nach dem „Hiat“, dessen Ende genau wie im östlichen Einflussbereich von Atlantis, auch im westlichen Bereich anzusetzen ist (etwa Mitte des 4. vorchristlichen Jahrtausends), schon eine Schrift hatten, die nach dem „Hiat“ wieder aufkeimenden βραχέα σπέρματα, Restbestände mit Spurenelementen der „atlantischen“ Sprache, die sich nur in oraler Überlieferung durch „Wissensträger“ erhalten hatten, in ihre

Schrift aufnahmen, um, „was sie Schwarz auf Weiß besaßen, getrost nach Hause zu tragen“.[73]

Für die Vorläufer der Inkas hingegen, die keine Schrift kannten und mit ihrem „Quipú“, einem Schriftersatz, schon Mühe genug hatten, administrative Angelegenheiten (wie Volkszählungen, Steuereintreibungen), erst recht Mythen und Geschichten ihres Volkes zu speichern, war es viel schwieriger, die aufkeimenden o.a. βραχέα σπέρματα festzuhalten. Darum finden wir direkte sprachliche Anklänge an die „atlantische“ Sprache bei den Inka kaum vor, was aber nicht heißt, dass sogar auch schon die frühen Andenzivilisationen als ihre Vorläufer und damit auch die Inka selbst nicht gedanklich und ideell dem Einfluss von Atlantis unterstanden.

Hätten die Vorläufer der Inka neben dem sprachlichen (Quechua) auch ein schriftliches Kommunikationsmittel besessen, wie es die Vorläufer der Azteken offenbar besaßen, würden wir auch bei den Inkas eine Hinterlassenschaft „atlantischer“ Begriffe vorfinden. So wie der Sachverhalt aber war, eben nicht. (siehe hierzu aber auch: Miloslav Stingl, Das Reich der Inka, S.276: „Das Geheimnis der Inkaschrift“, Econ Verlag 1982.)

Dass aber auch im östlichen Einflussbereich von Atlantis, bei den Kelten und vorher auch schon bei den Etruskern dieselbe Situation vorlag wie bei den Inka, zeigt, dass auch auf dem Gebiet „Schrift“ negative Vergleichsmomente vorliegen. Die Negation müssen wir nur begründen. – Die Vorläufer der Inka und Kelten, die immer dabei mit ins zeitliche Kalkül einbezogen werden müssen, scheinen nicht von vorneherein zu den Haupteinflussadressaten der Atlanter gehört zu haben.

Wir möchten an dieser Stelle auch noch auf eine interessante Erscheinung im mesoamerikanischen Raum eingehen: Die Sprache der Tarasken.

---

[73] Die o.a. „orale Überlieferung“ erinnert uns an die orale Überlieferung vor Homer und die eigens dazu geschaffenen „Sängergilden“ (s. Fr. A Wolf, Prolegomena ad Homerum, 1795), an das Schreibverbot der Druiden (s.o.) sowie an die Notwendigkeit des Auswendiglernens in der Antike, gepflegt auch noch in unseren Schulen des 20. Jahrhunderts n. Chr.

Diese Sprache der Tarasken wird häufig genannt: Das „Baskische“ des mesoamerikanischen Raumes, was heißen soll: Das Taraskische weist – jedenfalls auf Anhieb nicht erkennbar – keine Verbindung zu den es umgebenden Sprachen auf, obwohl es in der Mitte des Sprachgebietes angesiedelt ist und von den früheren Rivalen der Azteken, an der Nordwestgrenze ihres Reiches, gesprochen wurde. Dasselbe wird auch von der Sprache der Inkas (Quechua und Aymara) gesagt.
Wir haben oben schon dargestellt, dass wir u.a. das Etruskische und das Baskische im östlichen Einflussbereich als Sprachen betrachten, die letzte Ausläufer der „atlantischen“ Sprache waren, wobei zu vermerken ist, dass auch das Etruskische angeblich ohne Verbindung zu seinen Nachbarsprachen betrachtet wird und deshalb als nichtindoeuropäische Sprache bezeichnet wird. (s. jedoch dazu Massimo Pallottino, Staccioli und unsere obigen Überlegungen).
Wir sind also im Falle des Taraskischen und der Sprache der Inka geneigt, auch für diese beiden Sprachen dieselbe Betrachtung wie für das Baskische und das Etruskische anzusetzen. Da wir aber im Baskischen (Eus-kal) und Etruskischen Spurenelemente des Indoeuropäischen feststellten (s. Pallottino, Stacciolo) und Indoeuropäisch auch dieselben „atlantischen“ Elemente enthält, wäre es, was das Taraskische und das Quechua und Aymara, die Sprachen der Inka, betrifft, auch eine Untersuchung wert, genauer hinzuschauen, um Zusammenhänge mit den Nachbarsprachen des Taraskischen und Inkaischen vorzufinden, und dann, wie im Falle des Aztekischen, vielleicht sogar auch Zusammenhänge mit der „atlantischen“ Sprache.[74]
Dies möchten wir hier nur anregen. Eine Untersuchung würde den Rahmen unseres Vorhabens sprengen.

Zu den Vergleichsmöglichkeiten der ägyptischen und mesoamerikanischen Hieroglyphen wollen wir nun im Anschluss an obige Überlegungen zu sprechen kommen.

---

[74] Wie ist die Etymologie des Wortes „Tar-asken“?

DIE HIEROGLYPHEN
(in Ost und West)

Wie die Pyramiden Ägyptens und Meso- und Südamerikas zu einem Vergleich auffordern, so auch die Hieroglyphen der Ägypter und Mesoamerikaner.
Um über sie und ihren Anfang zu sprechen, sollte man sich zuerst einmal fragen: Welches ist die Bedeutung des Wortes „Hieroglyphe"? –

Es liegen dem Wort zugrunde die beiden griechischen Ausdrücke:
1.) ἱερός = heilig und
2.) γλύφειν = einkerben
Das ergibt: ἱερογλυφικά = heilige Einkerbungen.
Zusammen mit dem dazugehörigen Wort γράμματα, ergibt dann:
ἱερογλυφικά γράμματα den Sinn:
„Eingekerbte heilige Schriftzeichen", französisch formuliert nach dem „Dictionaire encyclopédique d'Archéologie":
„écriture gravée sacrée". (seit Champollion als Schriftzeichen und nicht nur Symbole erkannt)
Über den Ursprung des Begriffes „Hieroglyphe" hört man nichts Sicheres, aber da es ihn nun einmal gibt, sollte man an sich wenigstens die Frage stellen:
1.) Wann trat der Begriff „Hieroglyphe" zum 1. Mal auf? – und
2.) Warum nannte man diese sprachliche Erscheinung „Hieroglyphe"?
Was Frage 1 betrifft, ist man sich im allgemeinen darüber einig: Erst in der ptolemäischen Zeit, also etwa 300 v. Chr., trat der Begriff „Hieroglyphe" auf. Das aber bedeutet nicht, dass der Gedanke, die Vorstellung „Hieroglyphe". nicht schon am Ende des „Hiats", in der Zeit etwa zwischen 3.500 v. und 3.000 v. Chr. anzusetzen ist, jedenfalls nach dem Druidismus, da der ja ein „Schreiben" grundsätzlich ablehnte.[75]

[75] Interessanterweise mussten wir auch bei den Begriffen „Druidismus" und „Druide" eine Unterscheidung vornehmen (s.o., S. 134 und 141f.) genau wie zwischen der Vorstellung: „Hieroglyphe" und dem Begriff „Hieroglyphe". S. auch Abbé Théron, „Le Druidisme".

Was die Frage betrifft: „Warum nannte man die Hieroglyphen so?“, ist, wenn auch der vorliegende Begriff erst zur Zeit der Ptolemäer, also Ende des 4. Jh.v. Chr., auftrat, davon auszugehen, dass man auch schon in der „Vorstellung der Hieroglyphe“, deren wortwörtliche Formulierung sich erst später herausgebildet hat, ein ἱερόν, ein sacré, etwas „Heiliges“ sah; für die Ägypter waren die Hieroglyphen die „Sprache der Götter“.
Nach der langen mehr oder weniger starken Dunkelheit und Dumpfheit, der Zeit von etwa 9.560 v. Chr., dem Zeitpunkt der Atlantiskatastrophe, bis etwa 3.500 v. Chr., dem Ende des „Hiats“, ist die „heilige“ Hochschätzung der Schrift, die das „Dunkel“ sozusagen beendete, der „Schrift“, einer „heiligen Sache“, also nicht verwunderlich; denn „heilig“ war für die wieder zu denken beginnenden Menschen dieser Zeit:

„alles, was ein Wissen aus vergangenen Zeiten (in sich) trug“,

und das genau war die neu aufgekommene Schrift; denn ohne sie selbst mit schon vorhandener, jedoch nur oraler Tradition, konnten die für die ganze Menschheit „heiligen“ Überlieferungen nicht in hinreichendem Maße weitergegeben werden, mit der Schrift aber sehr wohl.
Wir erinnern an dieser Stelle noch einmal an die von uns (s.o., S.86-87) vorgenommene Etymologisierung des Wortes „ἱερός = sacer“ im Wort „Hieroglyphe“. Wir deuteten „sacer“ = ἱερός folgendermaßen:

sa-	=	„Wissen“ (wie in sa-pere = sa-ferre)
-cer	=	“tragen” (gemäß den von uns herausgearbeiteten Wortwurzelschemata)

D.h.: sacer = „Wissensträger“ = „heilig“, insofern als alles „Wissen aus vergangen Zeiten“, Wissen, das über die Zeiten der Dunkelheit von nur wenigen, die Katastrophe von Atlantis Überlebenden hinweggerettet wurde, eben „Heiliges“, „heilige Dinge“ aus der Zeit vor der Katastrophe in sich trug, „Schriftzeichen“ (Champollion) der „Sprache der Götter“, wie die Ägypter sagten.
Über den Anfang und das Wiederaufkommen des „hieroglyphischen Gedankens“, noch nicht des Begriffes „Hieroglyphe“, sind sich auch sämtliche Kommentatoren einig: So z.B.

1.) Joachim Rehork, in „Enzyklopädie der Archäologie“, Gustav Lübbe Verlag, 1996, S.198: „Wohl bereits vor 3.000 v. Chr. entwickeltes komplexes Schriftsystem“,
2.) J. Irmscher, „Lexikon der Antike“, Fourier Verlag, Wiesbaden 1977 (S.237): „Vom Beginn des 3. Jahrtausends (bis 200 n. Chr.)“, also ihr Beginn nach Beendigung des „Hiats“,
3.) „Kleiner Pauly“, Verlag Artemis, 1975 (Spalte 1132): „Ein bewusster Erfinder“ der Hieroglyphenschrift wird bezweifelt; „die Hieroglyphenschrift mag aus den vorgeschichtlichen Deltastädten stammen“,
4.) „Dictionaire encyclopédique d’Archéologie“, Hawton Books, Inc. 1960 (S.234) : „Aus der prädynastischen Zeit der Ägypter, also vor 3.000 v. Chr., der Zeit, die als Periode der Götter von den Ägyptern betrachtet wurde, wo es auch Thot, der ‚Gott der Weisheit und der Schrift‘, war, der den Menschen die Schrift zukommen ließ.“

Diese 4 Kommentatoren, um nur einige zu nennen, setzen das Wiederaufkommen des Gedankens „Hieroglyphe“ also einstimmig direkt nach dem „Hiat“ an, eine Zeit, für die wir ja auch das Neuaufkommen aller kulturellen Erscheinungen festgestellt haben, eine Zeit des allgemeinen kulturellen Neuanfangs.
Endgültige Formen mehrerer Bildergruppen der Hieroglyphen waren schon auf den ältesten Inschriften Ägyptens festzustellen, datierend entsprechend dem oben Gesagten, aus einer Zeit vor 3.000 v. Chr.

ZUM SYSTEM DER HIEROGLYPHEN

Die älteste Form der Hieroglyphen-Schrift war ein „Pictogramm“, also ein gemaltes (pictus) Schriftzeichen (γράμμα), wobei jedes Bild ein reales Objekt darstellte.
Also z.B.: ○ = Sonne
Im folgenden Stadium der Entwicklung der Hieroglyphen drückte das Bild eine „Idee“ aus, d.h.: Das Bild war ein sog. „Ideogramm“ (ἰδέα und γράμμα).
Also z.B. konnte der Kreis dann bedeuten:

○ = 1.) die Sonne (wie beim Pictogramm)
2.) der Tag (weil mit dem Sonnenlicht „Tag“ ist)
3.) heiß (weil die Sonne „Hitze“ ausstrahlt)

Meist waren die ägyptischen Hieroglyphen zunächst rein pictographische, später zugleich picto- und ideographischen Zeichen.

Ein weiteres Beispiel: Das stilisierte Bild eines „Beines“ konnte bedeuten:

1.) Bein
2.) gehen
3.) laufen.

Die o.a. Systeme der Schrift endeten schließlich alle in der Erfindung der „phonetischen Zeichen“ aus den „Phonogrammen“ (φωνή und γράμμα), d.h.: jedes geschriebene Zeichen stellte einen gesprochenen Ton, Laut, dar.
So stellen Pictogramm (Bildzeichen), Ideogramm (Zeichen für eine Idee, einen Gedanken) und Phonogramm (Lautzeichen) die Entwicklungsstationen der „Schrift“ dar bis hin zum endgültigen Alphabet.
Man glaubt im Allgemeinen, dass die alphabetische Schrift letztlich erfunden und entwickelt wurde von den Phöniziern, im 14. Jh.v. Chr. Die Erfindung des Alphabets war nötig, weil die Picto- und Ideographie zu einer ständigen Vervielfältigung der Zeichen führte, wie z.B. im Chinesischen, das, im pictographischen Stadium verbleibend, heute mehrere 1.000 Zeichen in seiner Schrift kennt. Die Phonographie hingegen reduzierte die Zahl der Zeichen auf 2 bis 3 Dutzend Zeichen, was dann schließlich zum Alphabet führte.
Die Ägypter drückten – das sei hier noch erwähnt – gegen Ende der sprachlichen Entwicklung ein Wort durch ein gemaltes Symbol (Pictogramm) und durch ein phonetisches Symbol (Phonogramm) aus; sie gebrauchten meist die beiden Methoden zu gleicher Zeit, nebeneinander, bis die Tendenz mehr und mehr dahin ging,

alphabetische, also rein phonetische Symbole, vor allem für fremdländische Namen, zu verwenden.
Darum kann man den Ägyptern nicht vorhalten, niemals ein alphabetisches System entwickelt zu haben, was zuweilen getan wird. Sie entwickelten das alphabetische System, zogen es aber vor, sich des alten Doppelcharakters ihrer Schrift weiterhin zu bedienen, was sich auch für das Schreiben auf Papyrus günstig auswirkte.[76]
Man nennt die „Hieroglyphische Schrift“ eine Monumentalschrift, was heißen soll, dass sie vornehmlich an Monumenten angewandt wurde und auf Obelisken erscheint, auf Stelen und Säulen; in ihrer kursiven Form erscheint sie auch auf den Papyri.
Die „Enzyklopädie der Archäologie“, Gustav Lübbe Verlag, 1980 (S. 198ff.) meint nun, als Ausbreitungshinweise der Hieroglyphie zum Beispiel auch den Diskus von Phaistos (neben dem Stein von Rosette; Champollion) sowie die Schrift der Hethiter und Kreter ansehen zu müssen, und schließlich auch die Schriftzeichen indianischer Hochkulturen (insbes. die der Maya) als Hieroglyphen (Joachim Rehork, ebd. S. 198) betrachten zu müssen.
Genau das ist das Thema, auf das wir jetzt zu sprechen kommen.

Während wir im ägyptischen Raum, was die Entwicklung der Schrift betrifft, über Hieroglyphen, Hieratische Schrift (für Priester), Demotische Schrift (für das Volk), Koptische Schrift (für eine christliche Religionsgemeinschaft in Ägypten, die heute nur noch griechische Buchstaben anwendet) bis hin zur heutigen Schrift der Ägypter gut unterrichtet sind, ist die Beobachtung im mesoamerikanischen Raum zur

---

[76] Die Pictographie und die Ideographie findet noch heutzutage Anwendung auf unseren Verkehrsschildern, wenn z.B. auf Straßenschildern vor Schulen „ranzentragende Kinder“ dargestellt sind oder wenn „Wellen“ auf einem Verkehrszeichen anzeigen, dass ein „Fluss“ überquert wird, oder auch in vielen anderen Fällen, die man nicht aufzuzählen braucht, weil ein jeder sozusagen sie kennt. Oft sind diese Zeichen durch alphabetische Zeichen noch determiniert, sodass also eine Mischung von ideographischen und alphabetischen Schriftzeichen vorliegt, wenn z.B. unter dem „ranzentragenden Kind“ noch der Vermerk steht „Schule“. – Wir handeln in diesen Fällen genau wie die Ägypter, die den Doppelcharakter ihrer Schrift absichtlich beibehielten, obwohl sie das Stadium der Alphabetisierung erreicht hatten, vielleicht mit dem Gedanken: ein Bild sagt mehr als 1.000 Worte.

Zeit der Maya und der Azteken zwar auch möglich, aber doch ein wenig schwieriger, weil wir, was die Entwicklungsetappen der Hieroglyphen in diesem Raum betrifft, nicht auf bestimmte, die Etappen abgrenzende Begriffe (wie hieratisch, demotisch, koptisch) zurückgreifen können.
Doch glaubt man, dass schon in der vorklassischen Periode, bei den Vorläufern der Maya, in kultisch religiösen Zentren Guatemalas eine Hieroglyphenschrift in Gebrauch war. Die Wurzeln dieser Hieroglyphenschrift (ebenso wie die des Kalenderwesens) sieht man in der Kultur der Olmeken gegründet.
Bedenkt man, dass die Olmeken als erste Zivilisatoren in diesem Raum schon sehr früh Ritualkomplexe (schon 3.000 v. Chr.) errichteten, so ist das Aufblühen des βραχὺ σπέρμα „Hieroglyphe“ bei den Olmeken, zeitlich nahe dem angenommenen Aufkommen der Schrift im östlichen Einflussbereich von Atlantis nach dem „Hiat“, Ende des 4. Jahrtausends v. Chr., leicht zu verstehen. Die Frage, woher die Olmeken stammten, ist weiterhin nicht geklärt.

Hieroglyphen sind dann vor allem in der Klassischen Periode der Maya (300 n.-500n. Chr.) bekannt aus Tikal, wo Hieroglyphentexte z.B. von der Ankunft Adliger aus Teotihuacan berichten, die dort heirateten und eine Dynastie begründeten.
Der Stelen-Kult der Klassischen Periode der Maya brachte eine Zeit der Blüte für die Hieroglyphenschrift mit sich. Stelen und Altäre wurden bei den Maya mit Hieroglyphen und Reliefs bedeckt, eine Erscheinung, die im ägyptischen Raum ihre direkte Parallele hat in der Monumentalschrift der Stelen und Obelisken (z.B. in Philae, wo Champollion die Entzifferung der ägyptischen Hieroglyphen endgültig gelang).

Eingemeißelt waren die Hieroglyphen in Mesoamerika also auf Stelen und Mauern, Steinmonumenten, dargestellt aber auch auf Knochen, Muscheln, Jadeobjekten, in den Codices und auf Wandmalereien.
Doch während die meisten der mesoamerikanischen frühen Kulturen kaum über die Phase der „Bildersprache“ hinauskamen, entwickelten die Azteken und Maya eine eigene Schrift.

Bei den Azteken waren Schrift- und Bildzeichen eng miteinander verknüpft. Manche Zeichen waren Bilder, andere Zeichen waren Ideogramme (also abstrakten Inhalts), die mehr als nur eine Bedeutung zuließen, d.h. es liegt eine ähnliche Phase der Schriftentwicklung vor, wie sie die Ägypter durchmachten, obwohl diese das alphabetische System voll entwickelt hatten (s.o.). In der Sprache der Azteken kamen schon Homonyme vor, d.h. dass ein Zeichen sowohl für das Wort stand, das es darstellte, als auch für ein Wort mit gleichem Lautmuster, aber anderer Bedeutung; Determinative halfen dann. Zur Zeit der Eroberung durch die Spanier (1519 n. Chr.) befanden sich die Azteken in der Entwicklung ihrer Schrift an dem Punkt, wo man von einem echten phonetischen Schriftsystem sprechen konnte, bei dem ein einziges Zeichen einen bestimmten Laut wiedergibt.

Noch weiter entwickelt als die Hieroglyphenschrift der Azteken waren die Hieroglyphen der Maya. Gemeißelt waren sie auch als Monumentalschriftzeichen bei den Maya auf Stelen, Stein, Gips, Holz; dargestellt waren sie auf Kleidern, Keramik und in den Codices der Maya. Doch die Hieroglyphenschrift der Maya war die Schrift einer gebildeten Elite. Ähnlich wie bei den Azteken konnte man einen „Text" von Hieroglyphen nur verstehen, wenn das gesamte Bild mit allen Pictogrammen gelesen wurde. So drückte man Verben und Objekte und Subjekte jeweils mit einem Schriftzeichen einer anderen Phase der Sprachentwicklung aus. Hinzu kamen bei den Maya auch schon sehr viele phonetische Zeichen, die lediglich Laute darstellten. Eine ältere Form ihrer Schrift, in der Zeichen für vollständige Silben und Wörter standen, gab es obendrein auch.

Man kann also die Schrift der Maya schon eine voll entwickelte, ja phonetische Schrift bezeichnen, eine Schrift, in der man alle Sachverhalte ausdrücken konnte, ohne eine Zweideutigkeit an der „Text"-stelle zu hinterlassen.

Eine vollständige Entzifferung der Maya-Hieroglyphen ist allerdings noch nicht gelungen. Russische Gelehrte arbeiten seit 1962 an der Entzifferung. Kaum ein Viertel der Maya-Glyphen kann bislang gedeutet werden, vor allem jedoch Ortsnamen, einige weitere Namen und

Kalenderangaben (s. Enzyklopädie der Archäologie, S. 306/ Gerhard Steinborn).

<u>Abschließend können wir also sagen:</u>

Bis zu dem Punkte der Phonetik sind die mesoamerikanischen Kulturen in der Schriftentwicklung gelangt, den letzten Schritt zur Alphabetisierung sind sie noch nicht in Gänze gegangen. Trotzdem können wir in Anbetracht der Tatsache, dass schon 3.000 v. Chr. der Bau monumentaler Bauwerke und Pyramiden bei den Vorläufern der Maya und Azteken, bei den Olmeken und ebenso in der Caral-Kultur Südamerikas, im Gange war, also vor Djoser, sagen, dass auch für den meso- und südamerikanischen Raum das Aufkeimen der während der langen „Dunkelheit" schlummernden βραχέα σπέρματα, ob nun des σπέρμα der „Bauwerke" oder des σπέρμα der „Schrift" (Quipú = Schriftersatz bei den Inka), am Ende des „Hiats", also zwischen 3.500 v. und 3.000 v. Chr. seinen Anfang nahm, und allein schon diese „Gleichzeitigkeit" der Erscheinungen in Ägypten und Meso- und Südamerika ist ein Hinweis darauf, dass die Beeinflussung in puncto „Schrift" durch Atlantis in der Zeit des Großimperiums Atlantis sowohl in ihrem östlichen als auch in ihrem westlichen Einflussbereich vonstatten gegangen war und eben gleichzeitig wieder zum Durchbruch kam. Seit dem Untergang der Großinsel schlummerten in den Völkerschaften diesseits und jenseits des Atlantiks die Urideen, und eben zu dieser Zeit, am Ende des „Hiats", in etwa gleichzeitig, kamen sie, hier wie da wieder zum Durchbruch.

Und dass es eine „Schrift", welcher Art auch immer, in Atlantis gab, die als die „Urschrift" und Mutter der späteren Schriften angesehen werden kann, zeigt die Stelle Plato, Kritias 119 c-e, wo die Rede davon ist, dass die 10 Könige den gefangenen dem Poseidon geweihten Stier an die „Stele" führen und das aus der durchschnittenen Gurgel des geopferten Tieres spritzende Blut in einem rituellen Akt auf die „Inschrift der Stele" (κατὰ τὰ γράμματα) herabfließen ließen.

„Γράμματα auf einer στήλη“ also, 2 Begriffe, die auch in Ägypten und Meso- und Südamerika eng zusammengehören und den Begriff „Monumentalschrift“ für die Hieroglyphen rechtfertigen, lassen uns mit vollem Recht annehmen, dass es sich bei der Einkerbung der Gesetze Poseidons in der Stele von Atlantis auch um eine Hieroglyphenschrift handelt.

Die von Plato zitierten Begriffe „γράμματα“ auf einer „στήλη“ erfüllen die von der modernen Archäologie erwähnten Charakteristika der Hieroglyphenschrift bis ins Detail.

Zum Abschluss auch hier ein Begriffstrio, als mnemotechnische Zusammenstellung für das, was im Vorausgehenden gesagt wurde:

	Atlantis ↙ ↘	
Meso- und Südamerika	στήλη mit γράμματα = „Hieroglyphen“	Ägypten
στήλη mit γράμματα = Hieroglyphen		στήλη mit γράμματα = Hieroglyphen

Wir haben mit diesen Feststellungen auch wieder einen Hinweis für die Einflussnahme Atlantis‘ auf seine Einflusssphären, hier in puncto „Schrift“, vor uns.

Von Konvergenz bei allen o.a. Vergleichsgegebenheiten noch zu sprechen, erscheint unmöglich. Es liegen weltgeschichtliche Fälle von Diffusion vor.

Ägyptisches bei den Inka, den Azteken, Huaxteken, Maya und Nazcas

Geschwisterehe

Über Pyramiden, Obelisken und große Paläste in Ägypten und Altamerika haben wir oben gehört. Sie hatten, wie wir erarbeitet haben, ihren spirituellen Ursprung in dem „Atlasberg" und dem „Königspalast" auf Atlantis, Dinge, die mit dem Untergang von Atlantis natürlich rein äußerlich auch aus dem Blickfeld der wenigen Überlebenden der Weltkatastrophe entschwunden waren, von denen sich aber im Unterbewusstsein einer überlebenden Bruta Gente, der ἀγράμματοι, und im Bewusstsein einiger weniger „Wissensträger" βραχέα σπέρματα, wie Plato sie nennt, also „winzige Samenkerne", Urideen, erhalten hatten, die dann über Jahrtausende mehr oder weniger in den „Wissensträgern" (bei oraler Überlieferung) „schlummerten" und nach dem „Hiat", etwa 3.500 v. Chr., mit dem Wiederaufkommen der Schrift, d.h. der allgemeinen Bewusstwerdung der Menschheit, wieder aufkeimten und ans Licht gelangten.

Der Ablauf der o.a. Geschehnisse spielte sich also ab in der Zeit von etwa 7.500 v. bis 3.500 v. Chr.; ab etwa 9.560 v. Chr. (8560 v. Chr. nach der Datumskorrektur, s. S. 285), dem Zeitpunkt der Weltkatastrophe, herrschte auf der Erde, am Beginn der „Neuen Zeit", des „Neuen Weltzeitalters", des Quintärs, völlige Dunkelheit. Dann setzte, nach der Zeit des „Hiats", die auch noch eine dunkle „Höhlenzeit" war, ab 3.500 v. Chr., das Aufkeimen der βραχέα σπέρματα ein, in Ägypten früher, in Altamerika später, bei Ansetzen der Vorläufer der altamerikanischen Kulturen jedoch in etwa gleichzeitig, wie wir oben sahen.

In diese Zeit des Wiederaufkeimens der Urideen gehört auch die Schaffung neuer Staaten und Dynastien, ähnlich wie die des athenischen Staates, der in seiner ersten Ausformung schon vor der Katastrophe von Athene geschaffen wurde, unterging und einer Neuauflage harrte (Plato, Krit. 23c)

Bei diesem Vorgang der Schaffung neuer Staaten und Dynastien liegen etliche Vergleichsmomente zwischen dem östlichen und westlichen Einflussbereich von Atlantis vor.

Ich denke z.B. an die „Geschwisterehe“ der ägyptischen Pharaone auf der einen Seite und die „Geschwisterehe“ eines Manco Capac mit seiner Schwester Mama Occlo bei den Inka auf der anderen Seite, Geschwisterehen, die eine große Bedeutung bei der Schaffung von Dynastien erlangten.
Die Erscheinung, das Phänomen der Geschwisterehe war in Ägypten wie bei den Inka ein Instrument, zunächst zur Schaffung und dem Aufbau einer Dynastie und dann auch zur Festigung und dem Erhalt der geschaffenen Dynastie.

In Ägypten war die Geschwisterehe etwas Selbstverständliches. Nachkommen von Pharaonen, gezeugt von diesen mit ihren Schwestern, waren gang und gäbe.
Es begann für die Ägypter schon am Anfang der Schöpfung mit Amun-Re, der nach der ägyptischen Mythologie, geboren auf dem Urhügel des Urmeeres, dem später On(u) genannten Ort, (aus dem die Griechen Heliopolis, „Sonnenstadt“, machten), aus seinem Atem Tefnut, die Göttin der Feuchtigkeit, und Schu, den Luftgott, schuf. Tefnut und Schu, Geschwister, erzeugten Nut, die Himmelsgöttin, und Geb, den Gott der Erde. Geb und Nut, als Geschwister verheiratet, zeugten die Söhne Osiris und Seth sowie deren Schwestern und gleichzeitig auch Gemahlinnen Isis und Nephtys. Isis heiratete also Osiris etc. – Doch zunächst zurück zu den Inka.

Bei den Inka war die Ehe Manco Capacs mit seiner Schwester Mama Occlo, die Geschwisterehe, wie sie also in Ägypten gang und gäbe war, Ergebnis einer großangelegten Planung Manco Capacs, der ja dadurch der erste Herrscher der Inka-Dynastie wurde.
Zu den vielen planvollen Tricks (7 Versionen, s.u.), die am Ende zu dieser Dynastie führten und die Ayar Manco, der ursprüngliche Name des Manco Capac, bevor er Herrscher der Inka wurde, so trickreich den

von ihm geführten Leuten als wahr glauben zu machen verstand, gehörten die an sich zur Stereotypie gewordenen Formulierungen:

1.) auf Geheiß Viracochas,
2.) im Auftrag Viracochas,
3.) eine „Eröffnung“ durch den Sonnengott,
4.) eine Prophezeiung Viracochas,
5.) ein Gottesbefehl Viracochas,
6.) die Anweisung des Schöpfergottes Viracocha, dem Volk die Zivilisation zu bringen, und
7.) der offenbare Trick mit den Goldscheiben, auf Anraten der Sonnenpriesterschaft.

Zu diesen Tricks als Mittel zur Erlangung der Sympathie des Volkes sind hinzuzuzählen vor allem die Faszination, die von den sog. „Ahnen“ der Inka, den Menschen, die als erste in Tambo Toco gebetet hätten, ausging, von den 8 Ahnen, 4 Männer und 4 Frauen, Schwestern und Gemahlinnen der 4 Männer, die aus dem „Mittleren Fenster“ des Tambo-Toco-Berges in Pacaritambo aufbrachen und neues Land zur Besiedelung für ihr Volk suchten.
Zusammenwirken der Geschwister war damit bei den Herrschern der Inka von vorneherein angezeigt, und als am Ende die 3 Brüder Ayar Mancos, einer in der Höhle in Pacaritambo eingeschlossen, die beiden anderen (nach der Legende) zu Stein und Fels erstarrt waren, war nur noch Ayar Manco mit seinen 4 Schwestern übrig, und Ayar Manco erfüllte den „Auftrag Viracochas“ (s.o.), heiratete seine Schwester Mama Occlo, brachte dem Volk die Zivilisation und wurde damit Herrscher.
Damit war die Dynastie der Inka geschaffen, und da alle 3 Brüder aus dem Leben geschieden waren, war auch für die Nachfolge, das Erbe der Dynastie, gesorgt, das der einzige Sohn Manco Capacs und Mama Occlos, Sinchi Roca, antreten konnte; der Erhalt der Dynastie war damit endgültig gesichert.

Schaffung und Erhalt einer Dynastie gingen also auf diesem Wege vor sich, und das Zusammenwirken der 8 Geschwister, der von allen verehrten „Ahnen“ der Inka, bis hin zur Geschwisterehe Manco Capacs und Mama Occlos, alle diese Dinge waren erfolgversprechende und am Ende erfolgreiche Instrumente zur Schaffung und Erhalt der Dynastie. Und dieses Instrument wandten dann in der Folge alle Inka-Herrscher an; sie heirateten alle ohne Ausnahme ihre Schwestern. Geschwisterehe wurde und blieb gang und gäbe.

Das war das Prinzip, das auch in Ägypten von den Pharaonen angewandt wurde.
Selbst heute noch, in hochstehenden, begüterten Familien, wird die Verwandtschaftsehe zum Erhalt der Macht betrieben, häufig mit gesundheitlichen Schäden (z.B. Bluterkrankheit), vor denen die Medizin warnt.
Bis in unbedeutende Familien auf dem Lande lässt sich dieses Vorgehen heute noch beobachten. Kritische Beobachter sagen dann: „Es geht dabei nur darum, das Vermögen zusammenzuhalten", eine Miniatur der Schaffung einer Dynastie.

So stellen wir dieses Verhalten bei den Inka, den Ägyptern, ja bis in die Niederungen des heutigen dörflichen Lebens fest. Und da es bei den Inka und in Ägypten um Schaffung und Erhalt einer für das Volk nötigen Staatsform, einer Dynastie, einer Zivilisationserscheinung, die Manco Capac ja seinem Volke bringen sollte, ging, müssen wir betont hinweisen auf die Planmäßigkeit des Vorgehens.
In den Plan Ayar Mancos passt dann auch die Legende, dass die „Sonne" nach einer gewaltigen Flutkatastrophe (die uns an die Weltkatastrophe von Atlantis denken lässt) bei ihrer Rückkehr zum Titicacasee ihre beiden Kinder (gemeint sind die Kinder Manco Capac und Mama Occlo) auf der Sonneninsel des Sees absetzte und ihnen prophezeite, dass die Inka große Herrscher, auch über die anderen Völker, werden; ein sehr naher Anklang an Vergils, Aeneis VI:

„Tu regere imperio populos, Romane, memento!",

das den Römern die Weltherrschaft prophezeite.

Wie Atlantis in seinem vom Saïs-Priester erwähnten Kampf gegen den gesamten Mittelmeerraum, so wollten auch die Ägypter, so wollten auch

die Römer, so wollten auch die Inka zu ihrer Zeit die Herrschaft über die Welt erlangen.
Planmäßiges Vorgehen also allenthalben, und wo Planmäßigkeit nach der langen Zeit des dunklen „Hiats“ für die Andenvölker und Inka und ansonsten vorkam, muss dieses planmäßige Denken, diese Planmäßigkeit in einer bestimmten Keimzelle, einer Uridee, einem βραχὺ σπέρμα, ähnlich dem βραχὺ σπέρμα des athenischen Staates, „vorgedacht“ gewesen und von ihm ausgegangen sein, und diese Uridee ist nicht vom Himmel gefallen, dieses βραχὺ σπέρμα war in Atlantis beheimatet.

Ein anderes Verhalten als bei den Inka, die wie die Ägypter die Geschwisterehe in den Plan der Erlangung und des Erhalts der Herrschaft einkalkulierten, finden wir vor bei den Azteken. Eine Legende der Azteken besagt Folgendes: Tezcatlipoca, der bösartige Bruder des Quetzalcoatl (das Verhältnis der beiden Brüder erinnert stark an das Verhältnis der Brüder Osiris und Seth), hatte eines Tages Quetzalcoatl betrunken gemacht. In seinem Rausch schlief Quetzalcoatl mit seiner Schwester. Als der Rausch und die Trunkenheit verflogen waren, schämte sich Quetzalcoatl so sehr, dass er all seinen Besitz verbrannte und ein Selbstopfer beging.
Diese Geschichte spielt hinein in die Endphase des aztekischen Reiches: Quetzalcoatl hatte nämlich, bevor er sich selbst opferte, versprochen, eines Tages als bärtiger, weißer Mann aus dem Osten, wohin sein Opfergang ihn führte, zurückzukehren und eine neue Ordnung zu errichten.[77]
Doch halten wir fest: Wie die Geschwisterehe ein planmäßiger Bestandteil zur Erlangung der Herrschaft bei den Inka war, so war – umgekehrt – die Scham über den Beischlaf mit der Schwester bei den Azteken der Anfang vom Ende ihrer Herrschaft. (Frage: Lag bei den

[77] Zwischenfrage: „Wohin war Quetzalcoatl entwichen?“ – „Osten“ wäre für die Azteken die Richtung „Atlantis“, so wie auch u. E. für die sog. Jakobspilger der „Westen“, der Weg nach Santiago de Compostella in Richtung Atlantis, ein unbewusstes instinkthaftes Verhalten, diese bis ans Ende der Welt, bis ins „Finis terrae“, Finistère, über den Sternenweg pilgern lässt, auf dem Weg in Richtung Atlantis; (s. das unbewusste Suchen der Tierwelt, z.B. der Aale)

Azteken mit der Scham ein schon fortgeschrittenes, „modernes" Verhalten über den Beischlaf mit der Schwester vor, im Gegensatz zu dem Verhalten der Inka?)
Der Anfang vom Ende der Herrschaft der Azteken lag deshalb vor, weil Cortès sich mit dem Wissen um Quetzalcoatl und seine Rückkehr vertraut gemacht hatte, und als Cortès an der Küste der Azteken landete, machte er sich sein Wissen um Quetzalcoatl geschickt zunutze und ließ Moctezuma in dem Glauben, er, Cortès, sei der zurückkehrende Gott Quetzalcoatl, der „weiße" Gott, und so konnte Cortès das Reich der Azteken in relativ kurzer Zeit dem Ruin zuführen.

Ein ähnliches Geschehen, wie am Ende des Aztekenreiches vollzog sich dann auch am Ende des Inka-Reiches.
In dem spätentstandenen „neuen" Schöpfungsmythos[78] (s.u.) der Inka schuf Viracocha, der Schöpfergott schlechthin, die 5 Zeitalter:

1.) das erste, von Viracocha und den Göttern beherrschte Zeitalter (ohne Gewalt),

2.) das zweite, von Viracocha geschaffene, mit den steinernen Riesen[79], die ungehorsam waren und daher durch eine Sintflut vernichtet wurden,

3.) das dritte Zeitalter, in dem Viracocha die Menschen schuf, allerdings noch ohne jegliche Zivilisationstechnik,

4.) das vierte Zeitalter der Auca Runa, der Krieger, denen er schon eine gewisse Zivilisation vermittelte, und

5.) das fünfte Zeitalter, das Zeitalter der Inka selbst (alle anderen waren nur die Vorläufer der Inka), der Inka selbst, die die ihnen vermittelte Zivilisation in alle Ecken ihres großen Reiches trugen.

Doch dann, als das Inka-Reich geschaffen war, verschwand Viracocha aus dem Blickfeld der Inka, und als Pizarro und die Spanier ankamen, wurden sie als die wiederkehrenden Boten Viracochas betrachtet, ja man ging soweit, die Spanier insgesamt als „Viracochas" (Plural!) zu bezeichnen, ein Begriff, der noch im heutigen Quechua Respekt und Achtung einflößt. Pizarro hatte es darum leicht, wie Cortès bei den

---

[78] Beachte: 2 Schöpfungsgeschichten bei den Inka.
[79] „Steinerne Riesen" weckt ein Denken an die Osterinseln.

Azteken, zumal ein Bürgerkrieg das gewaltige Inkareich schon über Jahre erschüttert und geschwächt hatte, die Situation zu nutzen und Verbündete unter den Bürgerkriegsparteien und von den Inkas unterdrückten Nachbarstämmen, mal auf dieser, mal auf jener Seite, zu gewinnen und so das Reich der Inka zu ruinieren.

Die „Wiederkehr" Quetzalcoatls bei den Azteken und die „Wiederkehr" der Boten Viracochas bei den Inka leiteten also die Endphase der beiden großen altamerikanischen Reiche ein, und es ist erstaunlich, dass gerade das Ende der beiden Großreiche für die Azteken und Inka aus dem Osten kam, aus Richtung des ursprünglichen Zentrums ihrer Beeinflussung, aus Richtung Atlantis, von dem sie, vielleicht unbewusst, immer noch Hilfe erhofften (ein Hinweis und Beweis für unbewusstes Erhoffen von Rettung aus Richtung Atlantis), doch mit den Spaniern als „weißen Göttern" ihr Ende fanden.
Die letzte Hoffnung der Inka bestand in dem Versprechen der Rückkehr von Inkarri (Inka + rey), dem Inkakönig zur Zeit schon der Dominanz der Spanier, von Inkarri, der die Herrschaft der Inka als „nur durch die Spanier unterbrochen" gedeutet betrachtete und wieder errichten werde. Doch auch in dieser Hoffnung sahen sich die Inka getäuscht.

So war „Geschwisterehe" und auch „modernes Denken" in dieser Hinsicht, direkt nach dem „Hiat" als wirksames Mittel zur Schaffung einer Dynastie angewandt, letzten Endes mit der Grund für den Untergang von Großreichen.

In Ägypten war „Geschwisterehe" für die Pharaonen überhaupt das über Jahrtausende hin gehandhabte Prinzip. (s.o.)
Im Ägypten des 1. Jahrhunderts v. Chr. lag ein mit den Inka vergleichbarer Sachverhalt vor: Nach testamentarischer Verfügung durch ihren Vater Ptolemaios XII. Neos Dionysos musste Kleopatra (60-30 v. Chr.) (51-31 v. Chr. Regierungszeit) im Alter von 18 Jahren den Thron mit ihrem Bruder Ptolemaios XIII. Neos Dionysos II. (51-47 v. Chr. Mitregierungszeit) teilen und sich mit ihm vermählen, obwohl dieser kaum 10 Jahre alt war; Geschwisterehe in Ägypten also.

Es kam sehr bald zu Machtkämpfen zwischen Kleopatra und Ptolemaios XIII. Dieser ließ den vor Caesar nach der Schlacht von Pharsalos geflüchteten Pompeius ermorden, um Caesar auf seine Seite zu ziehen. Doch es gelang Kleopatra, durch eine List, eingerollt in einen Teppich, zu Caesar vorzudringen und ihn für ihre Sache zu gewinnen.
Caesar und Kleopatra träumten von einem neuen Großreich Ägypten, und zu diesem Zweck riet Caesar Kleopatra, einen anderen Bruder, Ptolemaios XIV. Philopator, noch ein Kind, zu heiraten und zum Mitregenten zu machen (44-30 v. Chr. Mitregierungszeit). Caesars Sohn mit Kleopatra, Caesarion, wurde geboren.
Doch dann kam die Ermordung Caesars (44 v. Chr.). Marc Anton, betraut mit dem Ostteil des römischen Reiches, garantierte Kleopatra die Unabhängigkeit Ägyptens und machte ihr sogar, der Pharaonin Ägyptens, römische Provinzen zum Geschenk. Doch Marc Anton wurde dann von Octavian, Herrscher im Westteil des römischen Reiches, bei Actium (31 v. Chr.) besiegt. Octavian ließ daraufhin Caesarion, einziges Hindernis für seinen eigenen Aufstieg, ermorden. Um sich, nach der Niederlage von Actium, eine Demütigung in einem Triumphzug des Octavian in Rom zu entziehen, beging Kleopatra mit Hilfe einer Kobra, dem Symbol der Göttin Uto, der Beschützerin der Pharaonen, Selbstmord.
Das war das Ende der Ptolemäer-Dynastie in Ägypten, die seit der Gründung durch Ptolemaios I. Soter bestand, der sich als Diadoche nach Alexanders d.Gr. Tod in Ägypten durchgesetzt und die Herrschaft erlangt hatte, die einen 300-jährigen Bestand unter den Ptolemäern aufzuweisen hatte.

Es liegen hier also, vergleichbar mit dem Vorgehen der Inka, Planungen zum Erwerb und Erhalt der Macht und Dynastie vor:

1.) Geschwisterehe auf testamentarische Verfügung des Vaters von Kleopatra
2.) Geschwisterehe auf Anraten Caesars,

Geschwisterehen, die im großen geschichtlichen Ablauf letztlich die Ursache für den Untergang des Pharaonenreiches darstellten.

Fassen wir zusammen:

Geschehnisse, wie oben dargestellt (Geschwisterehe als Mittel zur Schaffung und zum Erhalt einer Dynastie) sind bei Plato im Timaios und Kritias nicht dargestellt, ließen sich aber bei den 10 Königen, den Söhnen Poseidons, ohne weiteres auch denken, zumal mit ἐξίτηλος (Kritias, 121a) ein „Aus" der Beachtung der Gebote des Atlas, des obersten Königs und Pantokrators von Atlantis, als Grund für den Untergang angesagt ist, und zumal im griechischen Pantheon, in dem Poseidon, der Vater des Atlas, neben Zeus eine dominante Rolle spielt, Geschwister- und Verwandtschaftsehe auch gang und gäbe waren, war doch Zeus selbst mit seiner Schwester Hera verheiratet und hatte doch auch Poseidon, der „König der Könige" von Atlantis, zwei seiner Verwandten geheiratet, Kelaino, die ihm Lykos gebar, und Alcyone.

Am Ende dieser Überlegungen lässt sich also feststellen, dass gerade in der frühen Stufe der neuen Kulturentwicklung, in der Zeit des ausgehenden „Hiats", und der bewusst beginnenden „Neuzeit", etwa ab Mitte 4. Jahrtausend vor Chr., die Geschwisterehe als Planungsinstrument der neu zu schaffenden Herrschaftsform, der Dynastien, ein allgemein im Osten wie im Westen von Atlantis angewandtes Prinzip war, um die Sicherung der neu zu schaffenden und neu geschaffenen Dynastien auf jeden Fall zu gewährleisten.
Man muss sich dessen bewusst sein, dass in dieser Zeit des ausgehenden „Hiats", also etwa ab der Mitte des 4. Jahrtausends v. Chr., auf allen Gebieten ein bewusster Neuanfang nötig war, auch der Neuanfang der Dynastien vonstatten ging, und Poseidon von Atlantis wie Zeus mit der Schwester, Hera, als Gattin, als Vorbild dienten.

Déformation crânienne
(in Ost und West)

Eine Eigentümlichkeit Echnatons, des Pharaons Amenophis IV., und seiner gesamten Familienangehörigen, vor allem auch zu erkennen an

den Prinzessinnenköpfen von Tell El Amarna und an Tutanchamun als Sonnengott (Kairo, Ägyptisches Museum JE 60723 Fundnummer 8), ist die merkwürdige Überlängung der Schädel, eine Deformation des Kopfes, die zu verschiedenen Deutungen Anlass gab.
Eine dieser Deutungen besagt, dass es sich um eine künstliche Deformation, im frühen Kindesalter eingeleitet, handelt, um eine Schädelform zu erreichen, die zu dieser Zeit als ein anzustrebendes Ideal gegolten habe.
Eine andere Deutung besagt, es handele sich um eine physische Eigenart, die Echnaton aufwies und die sich auf seine Nachkommen vererbt habe. Diese physische Eigenart Echnatons erkläre sich aus einer Störung des endokrinen Systems Echnatons, einer Fehlfunktion seiner Hypophyse (Hirnanhangdrüse, glandula pituitaria). Dabei könne eine vorübergehende Überaktivität der Hypophyse außer zur Korpulenz und Unterentwicklung der Genitalien auch zu einer Deformation der Schädelknochen, wie etwa auch dem überlangen Kinn Echnatons, führen, so weitgehend, dass die Schädelknochen bei ihrer Verhärtung sich nicht zur üblichen runden Kopfform zusammenschließen, stattdessen sich die dünneren Schädelregionen hervorwölben.
Diese Krankheitssymptome lassen sich also bei Echnaton selbst und bei seinen Familienangehörigen feststellen, bei Echnaton nicht so sehr erkennbar, was die Überlängung des Schädels betrifft, da er als Kopfbedeckung auf allen bekannten Darstellungen immer eine Perücke oder Krone trägt[80]. Wahrscheinlich zeichnete sich Echnatons Kopf durch eine ungewöhnlich starke Tendenz zur Platyzephalie (Breitköpfigkeit) aus, die sich auch bei Tutanchamun und Semenchkare, einem Mitregenten Echnatons, beide Familienangehörige Echnatons, beobachten lässt. Man vermutet, dass alle 3 diese Tendenz zur Platyzephalie von ihrem Ahnherrn Juja geerbt hatten. (s. Cyril Aldred, „Echnaton“, Lübbe-Verlag 1968, S.147)
Auch die Kopfform der Prinzessinnen, Töchter Echnatons, weicht auf jeden Fall von den Maßverhältnissen eines normalen Schädels ab, und es

[80] Das erinnert auch an Perikles, der wegen seines „Zwiebel“-Kopfes immer einen Spitzhelm trug.

bleibt die Frage, ob Echnatons Töchter nicht an einer Hydrozephalie (Wasserkopf) litten.
Wir haben oben auf die Gefahren der physischen Abnormitäten als Folge der Geschwisterehe, ja der Verwandtschaftsehe, hingewiesen. Es drängt sich hier die Frage auf: Sind die Deformationen in der Pharaonenfamilie vielleicht auf eine solche Verbindung zurückzuführen? (s. auch die Bluterkrankheit, besonders vorkommend im Europäischen Adel; Zarewitsch.- Zu beachten ist hierbei: Nofretete war keine direkte Verwandte von Amenophis IV., wie Teje auch nicht von Amenophis III. [Eltern Echnatons]).

Hier ist nun darauf hinzuweisen, dass der „Dictionaire encyclopédique d'Archéologie", publié sous la direction de Léonard Cotrell, auch was die Inka betrifft, von einer „déformation crânienne" (=Schädelverformung) spricht, einer Schädelverformung, die aus einer gewohnten Praxis bei den Inka resultiert.
Auch die Huaxteken im meso-amerikanischen Raum praktizierten die „déformation crânienne et le tatouage": Der Jüngling von Tamuin weist eine Schädeldeformation auf; sein nackter Körper ist tätowiert. Ähnliche weibliche Figuren tragen konische Kopfbedeckungen mit einem halbkreisförmigen „Heiligenschein", der häufig mit der Darstellung von Sonnenstrahlen verziert ist (s.o.: Echnaton und Viracocha in Tambo Toco). Auch bei den Nazcas gab es Schädelverformung.

TREPANATION

Von den Inka ist fernerhin bekannt, dass sie auch die Trepanation praktizierten, die nicht selten durchgeführt wurde, und zwar von Priestern, die sich als Mediziner und Chirurgen betätigten (damit eine Ähnlichkeit mit den Druiden aufweisend.)[81]
Was die Trepanation betrifft, wäre die Frage zu stellen: War sie bei den Inka eine Operation gegen die Schädeldeformation?

---

[81] Das erinnert mich daran, dass zu meiner Jugendzeit auf dem Lande in Deutschland sogar „religiöse Schwestern" verschiedener christlicher Kongregationen die Funktion fehlender Ärzte ausfüllten.

In all den Formen der „déformation crânienne“ wäre die Frage zu stellen: Künstliche Deformation, aus Gründen, ein Idealbild anzustreben, oder Deformation, beruhend auf Inzucht (Consanguinität), die wie bei den Ägyptern ja auch bei den Inka Brauch war, da der Inkaherrscher auch immer seine Schwester heiratete.
Was die Maya betrifft, so spricht der „Dictionaire“ bei der Beschreibung der physischen Erscheinung der Maya von heute, die mit der der klassischen Maya-Zeit übereinstimmt, von „de petite taille, trapus, de teint café-au-lait, avec des têtes fortes (la largeur moyenne de la tête représente plus de 85% de sa longueur), aux pommettes sailantes, au visage presque glabre“. „Têtes fortes“, was hier allgemein auf die Maya angewandt wird, besagt hier nicht unbedingt: „déformation crânienne“, sodass wir folgern, dass die eigenartige Erscheinung der Schädeldeformation nur bei den Inka, Huaxteken, den Nascas und Ägyptern feststellbar war. 85% Breite zur Länge des Kopfes könnte allerdings als eine Platyzephalie gedeutet werden.

MUMIFIKATION
(in Ost und West)

Noch einmal zurück zur Mumifikation. Wir hatten oben (S. 241) schon im Zusammenhang mit der Ahnenverehrung der Inka, die sich manifestierte in den „mallquis“, Mumien von Inka-Herrschern und Ayllus-Begründern, auf den Vergleich mit ägyptischen Mumien, etwa der des Tutanchamun, hingewiesen. Dieser von den Inka vollzogene Ahnenkult reicht – das ist hier festzuhalten – in viel frühere Zeiten, die der Inkakultur vorausgehenden Andenzivilisationen, zurück, ein Gedanke, auf den wir bei der Behandlung aller Zivilisationserscheinungen, ob bei Inka, Maya oder Azteken immer wieder den Blick richten sollten, d.h. den Blick richten sollten auf deren Vorläuferzivilisationen, sodass sich oft die zeitliche Diskrepanz zwischen denselben Erscheinungen in Ägypten und dem meso- und südamerikanischen Raum stark reduziert, ganz abgesehen davon, dass wir auch einsehen, dass in dem einen oder

anderen Raum der Erde die βραχέα σπέρματα zeitlich verschieden zur Entwicklung gelangt sein können und gelangten.
Für die Inka selbst ist die Mumienverehrung schon in der Zeit des „Frühen Horizonts“ (900 v. – 200 v. Chr.) belegt. Und es ist bezeugt, dass die mumifizierten Körper der Ahnen von den Inka wie von den Kulturen vor ihnen angebetet wurden. Durch die Einbalsamierung der toten Körper wurden diese zu einem geheiligten Gegenstand, und ihr Vorhandensein an dazu geeigneten Orten, machten diese Orte zu „Huacas“, heiligen Orten.
Während uns die Verehrung der Inka-Herrscher per se verständlich erscheint, ging es bei der Mumifizierung der Ahnherren der Ayllus, der Inka-Verwandtschaftsgruppen, der Clans, darum, bei der Feier zu Ehren der Mumifizierten durch Erzählen der Entstehungsgeschichten der Clans den Zusammenhalt der Clan-Mitglieder zu festigen und damit letztlich die Ernährungsgrundlage des Clans zu sichern.
Bis in die späte Zeit hielt sich bei den Inka diese Ahnenverehrung; so wurde Mama Huaco, die Schwester des Inka Ayar Auca, noch im 16. Jahrhundert einbalsamiert.
Die Zerstörungswut der Spanier nach ihrer Eroberung des Inkareiches konnte der Tradition der Mumienverehrung nichts anhaben, und noch im 17. Jahrhundert gab es trotz regelrechter „Kreuzzüge“ gegen die Mumien die oben dargestellte Art der Mumienverehrung bei den Inka.

Über die Hauptvorkommensgebiete der Mumifikation im südamerikanischen Raum (Kolumbien, Amazonas-Gebiet, Chile, Bolivien und vor allem Peru), sowie über die Holz-, Gold- und Keramik-Mumienmasken und ihre Vergleichsgegebenheiten bei den Ägyptern, Griechen, Karthagern und Römern haben wir oben schon gesprochen (S. 242).
Eine weitere Vergleichsmöglichkeit mit der östlichen Einflusssphäre von Atlantis haben wir im mesoamerikanischen Raum bei den Mixteken im Hochland von Oaxaca, Mixteca alta, in einem Küstenstreifen der Mixteca baja sowie in toltekischer Zeit im Hochland von Mexico, bei den Mixteken also, die die Ahnenverehrung durch Mumifizierung im großen Stil betrieben (s. „M.d.N.W.“).

Was die ägyptische Erscheinungsform der Mumifizierung betrifft, die zunächst nur an den Pharaonen und deren Familienangehörigen vollzogen wurde, deren Privileg das war, und die es erst später für alle mit dem Fortschritt der Säkularisierung gab, scheint bei den Inka diese Unterscheidung nicht vorgelegen zu haben, und Könige und Ayllus-Begründer sind von vornherein in gleicher Weise mumifiziert worden, vielleicht eine Folge des verschiedenen Ursprungsgedankens der Mumifikation, auf der einen Seite Jenseitsglaube, auf der anderen Seite auch Jenseitsglaube, aber auch Betonung der Ahnenverehrung.

Ein Anklang der frühen Unterscheidung bei den Ägyptern, ob nur der Pharaon oder ob alle mumifiziert werden durften, liegt in der Notiz Herodots vor, es gebe bei den Ägyptern 3 Klassen von Mumifikation. Doch allen 3 Klassen war nach Herodot gemeinsam Vermeidung der Auflösung des Körpers (durch die Natronlauge, 70-Tage-Ritus des Verbleiben in der Natronlauge, Ölung, Auffüllung der geleerten Körperteile mit harzgetränkten Leinenkissen oder Sägemehl), danach Bandagierung mit Leinenstreifen, im Alten Reich Nachbildung von Gesicht und Gliedern des Toten, in der Folgezeit Nachbildung nur der Züge des Kopfes des Toten durch Auflegen einer Mumienmaske und schließlich Beigabe eines Amuletts zur magischen Sicherung des Toten (s. Irmscher, Lexikon der Antike, a.a.O., S.367), Ablegen einer Münze in den Mund bei Ägyptern, Griechen (bei den Maya in Palenque).
Die Mumienporträts auf Holz, dem Toten auf das Antlitz gelegt, auf Leinwand, enkaustisch oder in Temperatechnik aufgemalt, bildete sich vornehmlich in Fajum, dem Zentrum ägyptischer Mumienporträts, heraus, in der Zeit des Kaisers Augustus (frühestes Vorkommen) bis in 4. Jahrhundert nach Chr. (letztes Vorkommen).

Wie in allen obigen vergleichbaren Zivilisationserscheinungen liegt offenbar in der der Mumifikation – mutatis mutandis – ein echter Fall von Diffusion, ausgehend von einem Zentrum, von Atlantis, vor.

Auch bei den Guanchen, oft genannt „Volk mysteriösen Ursprungs“, den „Atlantern der Kanarischen Inseln“, finden sich in Grabstätten, (wiederhergestellt z.B. im Archäologischen Museum von Santa Cruz de Teneriffa), auf seltsame Weise mumifizierte Körper, die zumindest ein Hinweis darauf sein dürften, dass in Atlantis selbst und in seinem näheren Umfeld, wozu die Kanaren gehören, (wenn sie nicht gar identisch sind), die Mumifizierung, auch von Häuptlingen (wie in Ägypten) ihren Ursprung hatte, die sich dann über die Tuaregs, Berber und Garamanten (Libyen) bis nach Ägypten (östliche Einflusssphäre) und in der westlichen Einflusssphäre bis zu den Inka ausgebreitet hatte (s.u., Pierre Benoit, „L'Atlantide“).

Auch im Falle der Mumifizierung sollte uns eine geringe zeitliche Diskrepanz des Auftretens der Erscheinung, z.B. in Ägypten und bei den Vorläufern der Inka (Caral-Kultur), wenn überhaupt eine vorliegt, nicht irritieren. Bedenken wir doch nur, um wieviele Jahrhunderte z.B. die römische Kultur der Kultur der noch in den Wäldern lebenden Germanen vorausging!

Pierre Benoit, „L'Atlantide“, Edition Albin Michel 1920, S. 104-107 findet Atlantis offenbar in der Wüste. Seine Etymologie des Namens „Antinea“ in diesem Zusammenhang als:

(Atl-)an - ti - νέα = „Neu-Atlantis“

kann nach unseren obig erschlossenen Wortwurzelschemata keine Zustimmung bekommen; was aber an der Theorie von Benoit („Atlantis in der Wüste“) interessant ist, ist die Tatsache, dass Benoit bei den Tuaregs und Berbern (Wortwurzel „tr̥-“ bei „Tuareg“ und Targi, wie der Tuareg sich selbst nennt, und Wortwurzel „br̥-“ bei „Ber“-„ber“[82]) „Atlantisches“ glaubt vorzufinden, etwas, was unsere obigen Meinung und Darstellung des Einflusses von Atlantis nach Südosten (s.o., 125-126) entspricht, und zwar im Zusammenhang mit der Erscheinung der Mumifikation.

---

[82] Die Ableitung des Wortes „tuareg“ von arabisch „Tawarek“ ist sehr zweifelhaft. Eher, könnte man sagen, war das Wort „tuareg“ Ursprung für das arabische Wort „Tawarek“.

Dies ist insofern von größtem Interesse, als Benoit von Mumien bei den Tuaregs spricht, die entsprechend denen der Ägypter, nur statt mit ägyptischen Hieroglyphen, mit Schriftzeichen des Tifinagh, der Tuareg-Schrift, beschriftet sind.

Ähnlich wie bei den Guanchen, den „Atlantern der Kanaren", finden wir also auch bei den Tuaregs und Berbern, den „Atlantern der Wüste", Mumifikation vor, was auch auf einen Ursprung dieser Erscheinung in Atlantis hinweist.

Auch die im libyschen Raum ansässigen Garamanten (Garama, heute: Gerama), die von den Tuaregs als ihre Vorläufer betrachtet werden, kannten schon die Mumifikation (z.B. eines dunkelhäutigen Kindes); ja man hält die Mumifikation der Garamanten für das Vorbild der Mumifikation der Ägypter (s. Kritias, 114c: „μέχρι τε Αἰγύπτου καὶ Τυρρηνίας" und Timaios, 25b: „Διβύης μὲν ἦρχον μέχρι πρὸς Αἴγυπτον, τῆς δὲ Εὐρώπης μέχρι Τυρρηνίας.")[83]

DIE ZYKLUSHAFTIGKEIT DES WERDENS UND VERGEHENS
(im Osten und Westen)

Die Erkenntnis der Zyklushaftigkeit des Werdens und Vergehens war der erste Schritt der Menschheit in der Bewältigung des Phänomens „Zeit".

Schon die Chaldäer im 7. Jh. v. Chr. und ihre Priester, Priester des Neubabylonischen Reiches, hatten mit der Astronomie als Hilfsmittel der Sternenreligion die Bewegungen der Gestirne als „Leben des Sonnengottes" und „Leben des Mondgottes" erforscht. Während in Babylon, schon in altbabylonischer Zeit gar, um 1700 v. Chr., die Identität des Morgen- und Abendsterns erkannt war, eine trotz astronomischer Grundlage schon astrologisch-wissenschaftliche Erkenntnis, setzte sich im 7. Jh. v. Chr. unter Nebukadnezar II. mittels mathema-

[83] s. TV-Sendung vom 30.01.2010, Phoenix: „Im Herzen der Sahara"

tischer Methoden die Erkenntnis der „Periodizität der Bewegungen“ am Himmel durch. Der Höhepunkt dieser Erkenntnis war dann etwa 300 v. Chr.
Von den Babyloniern hatte die griechische Astrologie entscheidende Anregungen empfangen. So wurde es Thales von Milet aufgrund zyklischer Beobachtungen möglich, in astrologisch-wissenschaftlicher Art die Wahrscheinlichkeit einer Finsternis vorauszusagen, und am Ende sagte Thales von Milet die Sonnenfinsternis des Jahres 585 v. Chr. exakt voraus.
Trotzdem hielt Thales aber noch an der Erdscheibentheorie fest. Doch seit Anaximandros setzte im 5. Jh. v. Chr. die Diskussion um die Kugelgestalt der Erde ein, bis Aristoteles im 4. Jh. die Beweise dafür lieferte.
Im 5. Jh. v. Chr. schon übernahmen die Griechen von den Babyloniern auch das Beobachtungsmaterial für die Planeten, und auf die Erkenntnis der Umlaufzeiten und Abstände der Planeten durch Philolaos (5. Jh. v. Chr.) nimmt noch Kopernicus im 16 Jh. (1473-1543 n. Chr.) Bezug, und Kepler (1571-1630 n. Chr.) zieht noch die mathematisch-musikalischen Proportionen eines Pythagoras (580-496 v. Chr.) („Sphärenmusik“) heran. Die heliozentrische Erkenntnis war Aristarch (320-250 v. Chr.) schon in der Antike zu verdanken.

Was wir aus all dem ersehen können, ist die Tatsache, dass schon die babylonischen Priester des 7. Jh. v. Chr. die „Periodizität der Bewegungen“ am Himmel erkannten und Thales auf Grund zyklischer Beobachtungen am Himmel die Sonnenfinsternis des Jahres 585 v. Chr. vorauszusagen vermochte.

Für uns von besonderem Interesse bei der weiteren Verfolgung unserer These ist, dass auch in diesem Punkt, nämlich der „Zyklushaftigkeit des Werdens und Vergehens“, Einflüsse nach Osten, wie wir sie dargestellt haben, zu den Babyloniern, zu den Chaldäern, aber auch nach Westen, zu den alten Andenzivilisationen und besonders den Inka und in Mesoamerika zu den Azteken von einer Zentrale, von Atlantis, ausgegangen sind, auch wenn sie zunächst nur als βραχέα σπέρματα in den Völkern, im Osten und Westen von Atlantis, schlummernd, in babylonischer Zeit, wie dargestellt, astronomisch-magisch und in Griechenland astrologisch-wissenschaftlich durchdrangen, im altamerikanischen Raum später.

In den Andenzivilisationen

Auch in den alten Andenzivilisationen also herrschte die Vorstellung der „Zyklushaftigkeit des Werdens und Vergehens“. Der ewige Zyklus der Zeit begann für sie mit der täglichen Reise der Sonne über den Himmel, fand sich wieder in den monatlichen Zyklen des Mondes und den regelmäßig wieder auftretenden Jahreszeiten. Die Andenvölker hatten für die Erscheinung der ständigen Abfolge von Tod und Erneuerung in der Vorstellung von Pachacuti, der „Revolution vom Zeit und Raum“, gar einen besonderen Begriff entwickelt.

Bei den Inka

Die Inka, in der geistigen Nachfolge der Andenzivilisationen, banden die Legenden und Mythen dieser Völker in ihre Schöpfungsgeschichte ein. Darin folgten zyklushaft verschiedene, von verschiedenen Wesen bewohnte „Welten“ aufeinander; diese „Welten“ wurden jeweils von geistig immer höherstehenden Wesen bevölkert, endeten aber unentrinnbar alle in einer Naturkatastrophe, – ein traumatischer Gedanke, der seinen Ursprung offenbar in der Weltkatastrophe von Atlantis hatte (s.u.), dem Übergang von der einen der „Welten“ in die nächstfolgende „Welt“, d.h. – was den von uns angesprochenen Sachverhalt betrifft – vom Quartär in eine neue Zeit, das „Quintär“, wie man die Folgen der Weltkatastrophe deuten muss.
Höchste Stufe der entwickelten Welten mit den höchstentwickelten Wesen war für die Inka natürlich das Inkareich selbst. Aus der höchsten geistigen Entwicklung ihrer Menschen leiteten die Inka dann auch den Anspruch ab, Herrscher über alle (καθ‘ ὅλον-Prinzip) zu sein. So war auch die Herrschaft der Spanier in ihrer Sicht der Dinge nur eine kurze Unterbrechung der Inkaherrschaft, die von Inkarri (von „Inka“ und „rey“

abgeleitet, nach der Eroberung durch die Spanier) nach seiner Rückkehr wieder hergestellt werde (s.o.).

Was Mesoamerika betrifft

Bei den Azteken und in der gesamten mesoamerikanischen Kultur beherrschte wie bei den Inka die zyklische Zeit sowohl die Götter als auch die Menschen in ihrer Gedankenwelt, in den Entscheidungen des Alltags, in der Weltanschauung und in den religiösen Riten.
Ja, die Welt als Ganzes verdankte bei den Azteken ihre Entstehung einem Zyklus, wobei das Ende dieses Zyklus vorhergesehen werden konnte, wie sie meinten. Insofern wird das Reich der Azteken, die „5. Sonne“ (= die 5. Welt), ihrem Untergang geweiht sein, sobald Quetzalcoatl „aus dem Osten“ zurückkehren und mit Wiederbeanspruchung seines Reiches eine neue Ordnung, eine neue Welt, schaffen werde.
Diesen fatalistischen Gedanken der Azteken machte sich Cortès bei seiner Landung, wie oben dargestellt, zunutze, um unter Ausnutzung dieses ureigenen Fatalismus der Azteken ihre Reich zu erobern. Der eigene Untergang war somit Ergebnis auch der Zyklusgläubigkeit in ihrer fatalistischen Auslegung bei den Azteken, wie diese auch bei den Inka eine Wiedererrichtung der Inkaherrschaft durch Inkarri vortäuschte.
Die Zyklushaftigkeit, die zyklische Zeit, beherrschte also bei den altamerikanischen Völkern die gesamte Gedankenwelt bis hin zu den religiösen Riten der Völker.
Dieser Gedanke der „religiösen Riten“ und ihrer zyklushaft zu wiederholenden Durchführung ruft in uns die Erinnerung an die Etrusker wach. Fast die gesamte überliefert vorliegende Literatur der Etrusker, möchte man sagen, spricht von religiösen Riten, auch die bekannteste erhaltene Überlieferung, die „Agramer Mumienbinde“, wahrscheinlich ein Kalender, der die Anordnung religiöser zyklisch immer wieder vorzunehmender Riten vorschreibt.
Wir haben oben darauf hingewiesen, dass der Einfluss der etruskischen Haruspices auf die römische Religiosität und die sich entwickelnde christliche Lehre von Bedeutung war und haben dort eine Entwicklungslinie von Atlantis über den keltischen Druidismus Irlands,

die Druiden Galliens und die Etrusker und Römer bis hin zur christlichen Lehre geglaubt feststellen zu müssen (s.o.).
Leider sind in dem Brand der Bibliothek von Alexandria die Werke über die Etrusker, wie z.B. auch die Werke Kaiser Claudius', verlorengegangen, sonst wüssten wir mehr über die Etrusker und ihre religiösen Riten, wie auch über ihre Sprache, die wie das Baskische, als letzter Ausläufer des Atlantischen, leider mit der „Scheinbilingue" von Pyrgi („Etruskisch – Phönizisch", aber leider keine wörtliche, sondern nur sinngemäße Übersetzung) noch nicht in ihrer Gänze erschlossen werden kann.
Man fragt sich: Wie ist das minimale Vorhandensein etruskischer Literatur auf dem Gebiet auch des normalen täglichen, nicht religiösen Lebens möglich bei der Nähe und der langen Dauer, die die Etrusker mit den Römern in engstem Kontakt verflochten waren? – Zuweilen ist man geneigt, an eine großangelegte spätere „damnatio memoriae" von seiten der Römer zu denken, um die starke Beeinflussung der Römer durch die Etrusker zu verschleiern.
„Damnatio memoriae", „Tilgung des Andenkens", gab es auch schon (wie bei den Römern) bei den Ägyptern durch Zerstümmelung von Kartuschen, bei den spanischen Eroberern und auch im Verlaufe der Kirchengeschichte (Inquisition und ihre Vorschriften).

Vergleichsmomente der „Zyklushaftigkeit der Zeit" bei Chaldäern, Griechen, Inka und Azteken sind damit dargelegt. Und die in Form der von Plato als βραχέα σπέρματα erwähnten Urideen der Zentrale Atlantis über die Zyklushaftigkeit, aus der Blütezeit vor der Weltkatastrophe, schlummerten zunächst in den Völkern bis nach dem „Hiat" (3.500 v. Chr.) und keimten dann, hier früher, da später, wieder auf, zunächst astronomisch-magisch bei den Chaldäern, dann sich entwickelnd bis ins Astrologisch-Wissenschaftliche bei den Griechen. Zeitlich verschoben dann wieder bei den Inka, Maya und Azteken und ihren Vorläufern in Mittel- und Südamerika, auf astronomisch-magischer Grundlage, und ab der Renaissance des 15./ 16. Jahrhunderts mit Rückgriff auf die europäische Antike, auf astrologisch-wissenschaftlicher Grundlage im östlichen Einflussbereich von Atlantis.

Noch einmal zurück zur Zyklushaftigkeit der Zeit. Die Erkenntnis dieser Zeitgestaltung war natürlich auch von äußerstem Interesse für die Festsetzung landwirtschaftlicher Arbeiten wie Maisanbau und Lama-Zucht in Altamerika. So war der mesoamerikanische Kalender anfänglich ein „Bauernkalender“, wurde dann im Laufe der Zeit auch Horoskop- und Wahrsagekalender: Ob ein Tag glücklich oder unglücklich wurde, hing danach ab von den Zeichen der für die verschiedenen Zeitabschnitte „zuständigen“ Gottheiten, wobei es zuweilen ganze Götterscharen mit dem Patronat über Tage, Monate und Jahre gab.

Die Mesoamerikaner kannten in ihrem Kalenderwesen 3 Zeitrechnungs-systeme:

1.) das Sonnenjahr (365 Tage),
2.) den 260-Tage-Zyklus und
3.) die Dreizehnerzählung.

Wenn der Beginn aller 3 Systeme wieder zur Deckung kam, d.h. alle 3 Systeme also wieder bei „1“ begannen – das geschah alle 52 Jahre – sprach man von einem „Kalenderrund“. Diesem Tag „1“ aller 3 Systeme maßen die Azteken größte Bedeutung bei, aus Furcht, dass das Ende des „Bewegung“ genannten Weltzeitalters komme, in dem sie nach ihrer Vorstellung lebten, d.h. der Weltuntergang mit dem Ende des gerade verlaufenden Zyklus zusammenfalle, auch hier eine traumatisch empfundene Vorstellung vom Weltuntergang, die ihre Wurzeln in der Weltkatastrophe von Atlantis hat (s.u.).
Daher verknüpften die Azteken die Jahre, d.h. das Ende des alten und den Anbruch eines neuen heiligen Zyklus, bewusst mit der sog. „Neufeuerzeremonie“ und erneuerten dabei auch die Tempel, um den Gedanken eines Untergangs ganz von sich zu schieben und das Wohlwollen der Götter zu erlangen.
Die Erneuerung aller religiösen Gebäude war eine Art „Reinigung“ von den Sünden des vorherigen Zyklus.[84]

---

[84] Das Ganze erinnert auch an eine κάθαρσις bei Plato; an die Taufwirkung bei den Christen, und an die Beichte als Reinigung von den Sünden; erinnert auch an die Katharer, die „Reinen“. Letztlich auch an die Katharsis der griechischen Tragödie.

Der Begriff „Kalender“ (von lat. „calendae“, Kalendae, griechisch: καλεῖν = ausrufen) ist wörtlich zu verstehen als „durch Ausrufung bekanntgegebene und damit festgelegte Zeiteinteilung“.[85]

In den ältesten Staaten des Orients (östliches Einflussgebiet von Atlantis), z.B. bereits in Babylon, führten Naturbeobachtungen zu solchen Zeiteinteilungen, zu einem Kalender. So wurde in Babylon zunächst der Mondumlauf um die Erde als Ausgangspunkt für die Jahresberechnung genommen: 12 Monate mit abwechselnd 29 und 30 Tagen ergaben 1 Jahr von 354 Tagen. Auch bei den Griechen war diese aufgrund des Mondumlaufes errechnete Jahresdauer (354 Tage) Grundlage der Zeitberechnung, doch wurde dieser griechische Kalender mehrmals (594 v. Chr. durch Solon, 432 durch Meton, 320 durch Kallipos und schließlich im 2. Jh. v. Chr. durch Hipparch von Nikaia) verbessert. (s. Joh. Irmscher, Lexikon der Antike, S.266, Stichwort: „Kalender“) So kam zuletzt die Jahresdauer der unseren, sc. 365,2420 Tage, an Genauigkeit sehr nahe. Doch da die Griechen keinen einheitlichen Kalender besaßen, befahl Gaius Julius Caesar 47 v. Chr. den Kalender auf das ägyptische Sonnenjahr umzustellen, mit einer mittleren Jahreslänge von 365,25 Tagen; dabei gab es nach jeweils 3 Jahren ein Schaltjahr von 366 Tagen. Dieser römische, Julianische Kalender hatte in der Folge allein überörtliche Bedeutung behalten, bis 1583 n. Chr. Papst Gregor XIII. den Julianischen durch den Gregorianischen Kalender ersetzte, der einen wesentlich verbesserten Schaltmodus aufwies und den wir heute noch anwenden.
Dass unser Kalender, wie das auch bei den Inka und Azteken der Fall war, von großer Bedeutung auch für die Landwirtschaft ist, braucht nicht betont zu werden. Doch unter „Bauernkalender“ verstehen wir heutzutage noch ein wenig Anderes als die reine wissenschaftlich-landwirtschaftliche Einteilung der Zeit.
Was die Horoskop- und Wahrsagekalender der Altamerikaner betrifft, so können wir Ähnliches in unseren heutigen Illustrierten tagtäglich

[85] s. heute noch unseren Nachtwächter mit der Glocke als Instrument des Ausrufens.

nachlesen; heute noch, möchte man fast sagen. Daran hat sich im Laufe der Jahrhunderte, ja Jahrtausende, nichts geändert.
Erstaunlich aber ist, dass in puncto „Zeiteinteilung“ die amerikanischen Kulturen von vornherein mit 365 Tagen als Sonnenjahr eine ziemlich genaue Zeiteinteilung aufzuweisen hatten. Um diese Jahreseinteilung musste im östlichen Einflussbereich von Atlantis, wenn auch zeitlich viel früher als in Altamerika, Jahrhunderte gerungen werden (s.o.)

Fassen wir zusammen:

Der Ausgangspunkt für die Schaffung des Kalenders war die Erkenntnis der „Zyklushaftigkeit des Werdens und Vergehens“, und diese war – das muss hier mit aller Deutlichkeit gesagt werden – durch die Weltkatastrophe von Atlantis, das „zyklushafte“ Megaereignis, und den Übergangs vom Quartär in eine „neue Zeit“, ins Quintär, der Menschheit besonders gut vor Augen geführt und bewusst.
Wir gehen also soweit zu sagen, dass die Megakatastrophe von Atlantis das Bewusstsein der Menschen für die Zyklushaftigkeit der Zeit letztendlich hervorgerufen und am Ende gestärkt hat, und es erstaunt nicht, dass die Maya ihren „Nulltag A“ mit dem Zeitpunkt der Atlantiskatastrophe identifizierten (s.u., S.287-288).
Die Megakatastrophe von Atlantis war aber nicht der erste Fall in der Weltgeschichte, da es auch in früheren Zeiten schon weitere Weltkatastrophen, sich wiederholende Untergänge großer Zivilisationen, gab, von denen wir nur nichts mehr wissen, deren Historizität wir nur nicht mehr darlegen können, die wir aber bei Hintanstellung unseres heute wieder grassierenden egozentrischen Denkens anzunehmen ganz und gar geneigt sind. (Timaios 23b: πολλῶν [κατακλυσμῶν] γεγονότων).

EINSCHUB:
DIE DATUMSKORREKTUR DES UNTERGANGS VON ATLANTIS

In diesem Zusammenhang wollen wir noch einmal auf das aus Plato zu erschließende Datum des Untergangs von Atlantis zu sprechen kommen. (s. O.H. Muck, „Alles über Atlantis“, S.327ff.)

1.) Solon weilte etwa 560 v. Chr. in Ägypten, etwa 9000 Jahre nach der Gründung Athens. Ihm wurde (gemäß Plato, Kritias) von dem Saïs-Priester gesagt, dass Athen 1000 Jahre früher als Ägypten von Athene (Neith), auf Grund und unter Anordnung eines von Hephäst und Gaia überlieferten βραχὺ σπέρμα, aus der Blütezeit von Atlantis überkommen, gegründet worden sei. Das heißt also: die Gründung von Athen war 9560 v. Chr. Wenn der Staat Ägypten, wie gesagt ist, 1000 Jahre später gegründet wurde, so kann das nur heißen: 8560 v. Chr.

Da aber die Errichtung des „Staates Ägypten" schon zu Beginn des Ausbruches des von den Atlantern hervorgerufenen Krieges gegen Athen und den Mittelmeerraum bestand (Timaios 25b), von den Atlantern, deren Einflussbereich „bis nach Ägypten und in Europa bis nach Tyrrhenien" reichte, und da Plato Kritias 108e davon spricht, dass seit Beginn dieses o.a. Krieges bis zum Solon-Aufenthalt in Ägypten 9000 Jahre vergangen seien, kann diese Datumsangabe bei Plato nur als eine summarische Angabe betrachtet werden, der es an Genauigkeit fehlt.

Plato sagt dann weiter Timaios 25c/d: ὑστέρῳ δὲ χρόνῳ σεισμῶν καὶ κατακλυσμῶν γεγονότων μιᾶς ἡμέρας καὶ νυκτὸς χαλεπῆς ἐπελθούσης seien die athenische Streitmacht und ebenso zur gleichen Zeit die Insel Atlantis untergegangen.

Damit ist der endgültige Untergang von Atlantis gemeint und ausgedrückt.

Um der Tatsache gerecht zu werden, dass die Ägypter am Krieg gegen die Atlanter beteiligt waren, kann also das Datum 9560 v. Chr. als Untergangsdatum von Atlantis nicht stehen bleiben. D.h.: die kritische Epoche des Untergangs von Atlantis war nicht 9000 Jahre vor Solons Aufenthalt in Ägypten, sondern 8000 Jahre davor, d.h.: etwa 8560 v. Chr.; das passt dann genau in den Rahmen dessen, was der Saïs-Priester sagt, sc. dass die Errichtung des Staates der Ägypter seit 8000 Jahren bestand, bevor Solon in Ägypten weilte.

Die Notwendigkeit der Korrektur des von Plato in 2 verschiedenen Dialogen verschiedenen Untergangsdatums von Atlantis ist dadurch bedingt, dass die im Kritias gemachte Angabe von den beim Gespräch anwesenden griechischen Gesprächsteilnehmern in ihrer Summarhaftigkeit einfach akzeptiert wurde, während hingegen im Timaios der Saïs-Priester, (wenn auch durch den Mund des Kritias), um völlige Genauigkeit bemüht ist.

Herodot in seiner ägyptischen Reisebeschreibung „Euterpe", Kap. 143 und Hekataios von Milet, mit Berufung auf die Amuns-Priester, bestätigen dieses Datum, 8560 v. Chr. (s. Muck, a.a.O., S.328-329).

Und wenn wir oben summarisch andeuteten, dass sich das Mega-Ereignis des Untergangs von Atlantis über Jahrtausende, über die 2000-jährige völlige „Dunkelheit" und den weiteren „Hiat" bis etwa 3500 v. Chr. im Unterbewusstsein der von dem Ereignis betroffenen Völker erhalten hat, so gilt diese Feststellung vor allem auch im westlichen Einflussbereich von Atlantis für die Maya, da gerade sie, die Maya, durch die Errechnung ihres „Null-Tages A", des Anfangs ihres „Daseins", ihres eigenen und derer, die vor ihnen im Maya-Land lebten, also ihrer Vorläufer, da gerade die Maya also dadurch ein markantes Zeichen für ihr epochales Denken lieferten, dass dieser ihr „Null-Tag A" mit dem Datum der oben datierten Atlantiskatastrophe identisch ist.

2.) An dem rätselhaften Wissen der Maya-Chronologie wurde von den religiös fanatischen Spaniern eine „damnatio memoriae" durchgeführt, sodass erst viel später das von Diego de Landa überlieferte Manuskript „Relaciòn de las cosas de Yucatan" der wissenschaftlichen Klärung durch die dort vorliegenden „Zeichen für Zahlen, Tage und Monate und astronomische Angaben" weiterhalf.

Auch die astronomischen Inschriften im „Tempel der Sonne" von Palenque und im „Tempel des Kreuzes" von Palenque liefern Hinweise entsprechender Art.

Professor Ludendorff vom astrophysikalischen Observatorium in Potsdam dazu: „Es folgt allein aus den Palenque-Inschriften, dass die Maya das siderische Jahr und die Umlaufzeiten der Planeten mit geradezu unheimlicher Genauigkeit gekannt haben...".

3.) Und nun zur abschließenden Folgerung aus all diesen Überlegungen:

Der „Null-Tag A“ der Maya-Chronologie liegt – nach Gregorianischer Zählung – am 5. Juni des Jahres 8498 v. Chr. Dieses Datum stimmt ziemlich genau überein mit dem korrigierten Datum aus Plato für den Atlantisuntergang, 8560 v. Chr.

4.) Auch wurden von Prof. Libby die aufgrund der „C 14-Methode“ gewonnenen Erkenntnisse über den letzten Eisvorstoß (11.000 v. Chr.) und den ältesten Fund aus der postglazialen Zeit (Folsomfund, Texas, Büffelknochen, 9883 v. Chr.) für eine weitere Beurteilung des Sachverhalts gewonnen.

5.) Zwischen diesen beiden Daten muss das Datum des Atlantisuntergangs liegen.

   Zwischen 11.000 v. Chr. und 9.883 v. Chr. ist das mittlere Intervall das Jahr 10.440 v. Chr.

6.) Zählt man von diesem Jahr, sc. 10.440 v. Chr., 1950 Jahre ab (im Jahre 1950 n. Chr. schrieb O.H. Muck sein Werk „Alles über Atlantis“ und bringt darin das Datumsproblem zur Sprache), so ergibt sich für das Datum des Untergangs von Atlantis:

   10.440 – 1950 = 8.490 v. Chr., d.h. eine Bestätigung für die Richtigkeit der (mittleren) Datierung 8498 v. Chr.

7.) Damit ist also klar, dass das ursprünglich summarisch von Plato im Kritias gegebene Datum des Untergangs von Atlantis zu korrigieren ist auf das Jahr 8498 v. Chr.

8.) Eine Auswirkung auf alle unsere vorausgehenden Überlegungen hat diese zeitliche Korrektur außer, dass eine Verschiebung um etwa 1000 Jahre von 9560 auf 8498 v. Chr. vorzunehmen ist, nicht.

Die Sintfluten

Im Bewusstsein dessen, dass der Untergang von Atlantis durch einen Planetoïdeneinschlag mit folgendem Weltenbrand (ἐκπύρωσις) und vor allem auch mit den folgenden Sintfluten, deren gewaltigste, erste Sintflut nach dem Einschlag des Planetoiden O.H. Muck mit einem Tsunami von 3 km Höhe errechnete, ergibt es sich für uns zwangsläufig, dass wir uns mit den von Plato in den beiden Dialogen Timaios und Kritias erwähnten

Sintfluten und den Sintflutdarstellungen der Einflussgebiete von Atlantis in Ost und West befassen.
Zu der von Muck errechneten Höhe des Tsunami infolge des Planetoïdeneinschlags verweisen wir auf eine jüngst ausgestrahlte TV-Sendung vom Herbst 2009 (Phoenix) über den Asteroïdeneinschlag am Ende der Kreidezeit, der das Aussterben der Dinosaurier zur Folge hatte und bei dem die das Thema behandelnden Wissenschaftler (Professoren verschiedener Universitäten) gar von einem Tsunami von 5 km Höhe sprachen.

Zu beachten sind bei dem „Wie?“ der Atlantiskatastrophe und ihren Folgen auch Vergleiche aus der überschaubaren Geschichte:

1.) der Ausbruch von Santorin / Thera, etwa 1500 v. Chr., wo es auch zum Einsturz der gesamten Caldera kam, da die Magmawanne unter der Insel sich geleert hatte und es zwangsläufig zum Einsturz der Caldera kommen musste; ein gewaltiges Ereignis, aber im Vergleich mit der Atlantiskatastrophe eine Miniatur, eine Kleinausgabe.
2.) der Ausbruch des Vesuv 79 v. Chr., wobei in ähnlicher Weise (auch in verkleinertem Maßstab) die Magmakammer sich am Ende geleert hatte und es zum Einsturz des gesamten Vulkankegels kam, das Ganze vergleichbar mit der Magmadelle unter der Insel Atlantis, die in diesem Falle allerdings ein isostatisches Absinken, nicht eine „Zerstörung“ der Insel, zur Folge hatte.
3.) die Explosion des Krakatau (1883 n. Chr.) mit der Folge einer ähnlichen Leerung der Magmawanne; auch nur trotz der Gewalt des Ereignisses als „verkleinerte Ausgabe“ des Geschehens um Atlantis zu betrachten.
4.) Der Einschlag des Taiga-Meteoriten (1908 n. Chr.), der sich am ehesten mit dem Planetoïdeneinschlag von Atlantis vergleichen lässt, jedoch auch nur im Vergleich trotz der Gewalt eine Miniatur. Der Einschlag erfolgte aber auf dem Festland, während der Atlantis-Planetoïd exakt in den vulkanbesetzten atlantischen Bergrücken einschlug und dadurch eine immense Aushöhlung der Magmawanne hervorrief.

5.) Der Einschlag des Chiemgau-Kometen (~ 470 v. Chr.), (TV-Sendung 2010). – Zu ergänzen ist die Aufzählung noch durch den Toba-Ausbruch (vor ca. 70.000 Jahren)

Man muss sich bei dem Vergleich der o.a. Beispiele darüber im Klaren sein, dass der Thera-, der Vesuv- und der Krakatau-Vergleich nur eine Vergleichsmöglichkeit für die „Magmadelle“ unter Atlantis bieten und dass eigentlich nur der Taiga-Meteorit und der Chiemgau-Komet infolge ihres Einschlags einen echten Vergleich mit dem Planetoïdeneinschlag von Atlantis rechtfertigen, wobei bei allen Fällen zu sagen ist, dass jeweils eine Miniatur zu dem Megaereignis, mag es nun Einschlag oder Magmaauswurf gewesen sein, vorliegt.

Wir halten es an dieser Stelle für angebracht, bevor wir auf die von Plato erwähnten Sintfluten und die Sintflutdarstellungen der von Atlantis tangierten Einflussgebiete in Ost und West zu sprechen kommen, eine grundsätzliche Bemerkung zu dem Begriff „Einflussnahme“ von Atlantis zu machen:
Wir müssen bei der „Einflussnahme“, wie es sich aus den oben, in den einzelnen Kapiteln vorliegenden Darstellungen ergibt, unterscheiden:

1.) Direkte Einflussnahme, wozu wir zählen:
  a.) Sprache: s. mnemotechnisches Begriffstrio: „tla-, tla-, -tal“ etc.
  b.) Architektur: Atlasberg = Vorbild für Pyramiden, Königspalast auf Atlantis = Vorbild für die späteren Paläste der Kulturgeschichte
  c.) Religiosität: Sonnenkult, Vorbild des Monotheismus; Druidismus (im Hiat).
  d.) Schaffung von Staaten und Dynastien: bei dem völligen Neuanfang nach der Katastrophe von Atlantis; Auswirkung auf die politische Literatur der Folgezeit (Plato, Πολιτεία; Cicero, de re publica; Augustinus, Gottesstaat etc.)
  e.) Bewaffnung zur Verteidigung: „atl-atl“, „Speerschleuderer“, bereits 12.000 v. Chr. vorhanden, lange vor der Katastrophe.

2.) Direkte Einflussnahme, aber negative oder negativ sich bei den Völkerschaften auswirkende und entwickelnde Einflussnahme durch atlantische Gegebenheiten:
   a.) Geschwisterehe und Folgen: Ägypten und Inkareich
   b.) Déformation crânienne
   c.) Trepanation
   d.) Opfer, blutig, aber von Tieren; stärkere Pervertierung bei Druiden, Karthagern (Tophet) sowie bei Inka, Azteken und Maya; ähnlich bei Hebräern, verfeinert bei den Römern.

3.) Traumatisierende Auswirkung der Geschehnisse um Atlantis; eigentlich besser: „Auswirkung von Atlantis" auf die Völkerschaften als „Einfluss" zu nennender Vorgang:
   Untergang der Insel und folgende kaum vorstellbare Sintfluten und ihr traumatischer Niederschlag bei den Völkerschaften, auch in der Weltliteratur.

Doch nun, nachdem wir dargestellt haben, dass im Falle der „Sintfluten" und ihrem Niederschlag in den Literaturen der von Atlantis tangierten Einflussgebiete eigentlich nicht von „Einfluss Atlantis'", sondern eher von einer „Auswirkung der Geschehnisse um Atlantis" auf die tangierten Völkerschaften zu sprechen ist, wollen wir uns den von Plato erwähnten Sintfluten und den Sintflutdarstellungen in den von Atlantis tangierten Gebieten zuwenden.
Die von Plato im Timaios (22a- 25a) erwähnten „Sintfluten" und das Vorhandensein dieser Sintflutdarstellungen in Sumer (Gilgamesch-Epos), in Syrien, in Anatolien, in Israel (Bibel, Genesis), bei den Griechen und den Römern (Ovid, Metam.) sowie bei den Maya, Azteken und Inka sowie ihren Vorläufern und weltweit, treiben den Interessierten an, Vergleiche anzustellen und Folgerungen daraus zu ziehen.
Wenn wir von Äußerungen Platos im Zusammenhang mit den Sintfluten sprechen, so ist dies nicht ganz korrekt, ist Plato doch nur der Aufschreiber dessen, was Solon mit Hilfe der Überlieferungkette Kritias d. Ä., Dropides und Kritias d. J. ihm berichtete, wobei Solon seinerseits

wieder lediglich der Berichterstatter dessen ist, was ihm der Saïs-Priester erzählte. Eigentlich müssen wir also von Äußerungen des Saïs-Priesters und nicht von Äußerungen Solons oder Platos reden; Äußerungen des Saïs-Priesters, die dieser letztlich aus den uralten Archiven Ägyptens hat. Bei unseren Zitaten aus dem Timaios ist also immer darauf zu achten.

Was steht nun im Timaios Platos über die „Sintflut" (κατακλυσμός) und, eng mit ihr verbunden, über die ἐκπύρωσις („Ausbrennung der Erde durch Feuer", „Weltenbrand") geschrieben? –

Solon gibt mit seiner Erwähnung der Sintflut, die Deukalion und Pyrrha überstanden (Timaios 22a: μετὰ τὸν κατακλυσμὸν ... περὶ Δευκαλίωνος καὶ Πύρρας), den Anstoß dazu, dass der Saïs-Priester sich bemüßigt fühlt, den Griechen ihre ständige „Jugendhaftigkeit" (νέοι) vorzuhalten und ihren Mangel eines Besitzes „an durch die Zeit ergrauten Wissens". Denn, so der Saïs-Priester: „Viele und mannigfaltige Vernichtungen (φθοραί) haben schon stattgefunden und werden (noch) stattfinden „durch Feuer und Wasser" (πυρὶ καὶ ὕδατι μέγισται φθοραί ,Tim. 22a))

Die Phaëton-Geschichte, so der Saïs-Priester weiter, sei lediglich ein in einen Mythos gekleidetes historisches Ereignis, wobei in Wahrheit eine Abweichung (παράλλαξις[86], Timaios 22d) der um die Erde kreisenden Sterne in großen zeitlichen Abständen eine Vernichtung der auf der Erde befindlichen Dinge durch Feuer hervorgerufen habe und weiterhin auch hervorrufen werde (πυρὶ πολλῷ φθορά; Tim. 22d).
Für die Bergbewohner sei Feuer das große Problem, sie würden dadurch vernichtet; für Tieflandbewohner, zumal für die Ägypter, sei das kein Problem, da der Nil sie davor bewahre.
Der Priester weiter: „Wenn dagegen die Götter die Erde, um sie zu „reinigen und zu läutern" (καθαίροντες), mit Wasser „überschwemmten" (ὕδασιν ,,, κατακλύζωσιν; Tim 22d), dann werden bei euch (Athenern) die Menschen der im Flachland angelegten Städte ins Meer fortgerissen."

---

[86] Beachte die physikalische Erklärung, die Plato in seinen Dialog übernimmt und also akzeptiert. (Timaios 22d)

In Ägypten hingegen pflege das Wasser sich immer nur „von unten herauf“ zu erheben und zerstöre nichts. Deshalb auch sei die Geschichte der Ägypter das Älteste, was man an Berichten kenne, und dies sei von alters her „aufbewahrt“ (ἐκ παλαιοῦ σεσωμένα) in ihren Archiven.

Mit Bezug auf Solons Erwähnung der „Deukaleonischen Sintflut“ sagt der Priester weiter: Kindergeschichten seien es, „nur von einer einzigen Überschwemmung“ der Erde (ἕνα γῆς κατακλυσμόν; Tim 23b) zu sprechen, obwohl deren „vorher viele“ stattgefunden hätten (πολλῶν [κατακλυσμῶν] ἔμπροσθεν γεγονότων; Tim. 23b), und darum wüssten die Athener auch nichts über ihre eigene ruhmreiche Vergangenheit, da mit den erwähnten Sintfluten auch die Schrift bei den Athenern verloren gegangen sei und keiner sich mehr schriftlich habe äußern können, d.h. kein Archiv in Athen angelegt sei wie in Ägypten.
„Denn einst, o Solon,“ (so der Priester weiter), „vor der größten Verheerung durch Überschwemmung“ (ὑπὲρ τὴν μεγίστην φθορὰν ὕδασιν; Tim 23c) sei der Staat, der jetzt der athenische ist, der tapferste und der vor allen ausgezeichnetste gewesen etc. – Soweit die Stellen aus dem Timaios.

Ergänzend zu diesen oben dargelegten Äußerungen im Timaios über die Sintfluten, sei hier noch erwähnt, dass im Kritias 108e (nur ein einziges Mal) die Erwähnung des Untergangs von Atlantis erscheint (δῦσα ὑπὸ σεισμῶν), untergegangen aufgrund von Erdbeben, und dass in Kritias 109d nur einmal von denen die Rede ist, die durch verschiedentliche Vernichtung die von ihnen übernommenen Überlieferungen nicht weitergeben, tradieren konnten.

Nach dieser Zusammenstellung der von Plato angesprochenen Sintflutstellen wollen wir zur Erläuterung der Zusammenstellungen noch folgendes sagen: Die vom Saïs-Priester mit ὑπὲρ τὴν μεγίστην φθοράν ὕδασιν (23c) erwähnte Sintflut (ὕδασιν) meint die Flut im Gefolge der Katastrophe und des Untergangs von Atlantis. Sie wird als die μεγίστη, die „größte“, bezeichnet. Proklos schon bemerkte dazu in seinem

Kommentar zu „Timaios“, dass mit dieser Flut nicht die „Deukaleonische Flut“ gemeint sei, sondern eine der früheren Fluten (s. Kommentar zu der Stelle in „Kleiner Pauly“, Textausgabe der Wissenschaftlichen Buchgesellschaft, 1972, Bd. 4, S.21)
Nach den Äußerungen des Saïs-Priesters müssen wir, da der Priester nur von wenigen überlebenden, auf den Bergen wohnenden Menschen, die oft auch noch ἀγράμματοι sind, spricht, davon ausgehen, dass der Priester von einer weltumspannenden Flut spricht. die dem Supergau eines weltumspannenden Tsunamis in der Folge des Planetoïdeneinschlags in die Vulkaneruptionsrinne des Ozeans (= ozeanischer Bergrücken) mit der Folge einer Magmadelle unter der Insel Atlantis und des in der Folge isostatischen Absinkens der Insel Atlantis entspricht. (s. O.H. Muck). – Das war geschehen etwa 9560 v. Chr.[87]

Welche Auswirkung hatte diese Weltkatastrophe in literarischer Hinsicht?

Die zeitlich diesem Ereignis am nächsten liegende bekannte Schilderung einer Sintflut ist die Sintflutbeschreibung, die wir im sumerischen Gilgamesch-Epos vorfinden. Dieses Gilgamesch-Epos ist eine Zusammenfügung einiger „kurzer“ Gilgamesch-Epen aus der Spätzeit des Sumerertums (s. „Kleiner Pauly“ Bd. 2, Spalte 800). Der „Kleine Pauly“ zählt 5 kürzere Epen auf, in denen von Begebenheiten im Umfeld des Gilgamesch die Rede ist.
Die sumerische Sintflutgeschichte, so hat die literarische Untersuchung herausgefunden, wird erst erwähnt nach der Zusammenfügung der kleineren Epen zu dem Großepos, dem heute sogenannten Gilgamesch-Epos. Und dieses Großepos (ebda.) ist ein Vorläufer des babylonischen Epos „Ea und Atrachasis“ (Kl. Pauly, Bd. 2, S.801). Diese babylonische Sintflutgeschichte dürfte also aus der o.a. sumerischen Sintflutgeschichte (wie Tafel XI, 1. Hälfte zeigt) entnommen sein. (Eine Tafel XII wurde später noch hinzugefügt – akkadische Version).

[87] 8560 (ganz exakt 8490) v. Chr.; die Datumskorrektur (s.o.) ist hier noch nicht vorgenommen und in den Text eingebaut.

In der Tafel XI der neu-assyrischen 12-Tafel-Version des Gilgamesch-Epos, das auf der sumerischen Basis beruht, ist Utnapischtim, dem biblischen Noah vergleichbar, der Protagonist. Die Sintflut wird hier durch Ea dem Utnapischtim angekündigt: Bau der Arche und Verwüstung der Erde werden genau geschildert, Anlegen der Arche am Berg Nişir in Kurdistan, dreimaliges Aussenden von Vögeln (Taube, Schwalbe, Rabe) zur Feststellung des Höhenspiegels des Wassers usw. Parallelen zu der biblischen Sintflut, die offenbar auf der im Gilgamesch-Epos erwähnten Sintflut beruht, sind hier unverkennbar.
Nach dem Tode des Freundes Enkidu begibt sich Gilgamesch (gemäß dem Großepos) nach der Flut, den Berg Maschu (in Sumer), den „Himmelsträger" genannten Berg, passierend, zu Utnapischtim[88], auf die Insel der Seligen und lässt sich von ihm, ihn eindringlich bittend, die oben dargestellte Geschichte der Sintflut erzählen, sowie den Vorgang, wie Utnapischtim „göttlich" wurde.
Es ist also offenbar, dass diese Sintflut des Gilgamesch-Epos – mutatis mutandis – der Vorläufer der alttestamentlichen Sintflut der Bibel ist. Der Berg Nişir entspricht dabei dem Berg Ararat.
Was für uns aber hier am interessantesten ist, ist die Tatsache, dass das Gilgamesch-Epos eine Zusammenfügung kurzer Epen ist, d.h. dass man also nach der Zeit des „Hiats", etwa 3.500 v. Chr., noch in nur mündlichen Gerüchten, σκοτεινὰς ἀκοάς (Kritias, 109e), wie Plato sagt, als die „Schrift", das γράφειν, noch nicht wieder erfunden war, und man sich auf „dunkles Hörensagen" (was σκοτεινὰς ἀκοάς eigentlich heißt) verlassen musste, von der Sintflut infolge der Atlantiskatastrophe noch hörte und wusste, wenn auch nur in „σκοτεινάς ἀκοάς", und dass diese σκοτειναὶ ἀκοαί die Katastrophe in den Kurzepen durch βραχέα σπέρματα über die Großkatastrophe enthaltende Erzählungen „am Leben" hielten und diese Erzählungen dann im Gilgamesch-Epos schließlich zusammengefügt wurden. – In das Umfeld dieser Überlegung passt denn auch das im Katalog zur Ausstellung „SUMER ASSUR BABYLON" (Städtische Galerie Liebighaus, Frankfurt 1980/81) vorgelegte Zitat aus

[88] Utnapischtim wird an dieser Stelle als der „Weiseste aller Weisen" betitelt, ein Titel, den Sokrates, wie wir wissen, für sich ablehnte (s.o.).

dem Gilgamesch-Epos: „Gilgamesch, König und Herr in … Uruk. Er, der alles wußte, dem das Geheime sich offenbarte. Er, dessen Weisheit das Verborgenste enthüllte. Er hatte erste Kunde gebracht von der Sintflut.“ (s. auch S.229, Anm. 69)
Der Tod des historischen Gilgamesch wird zum Ende des 4. vorchristlichen Jahrtausends angenommen, was, wenn man den Tod des Gilgamesch als „Terminus, ante quem“ ansieht, genau unserer Überlegung, dass die „kurzen“ Gilgamesch-Epen nach dem „Hiat“, nach etwa 3500 v. Chr., unter Verwendung der noch vorhandenen „dunklen Gerüchte“ (σκοτειναὶ ἀκοαί) aus der Vorzeit entstanden seien, entspräche.

Wie nimmt sich in diesem Sachverhalt die Sintflutsage von Deukaleon und Pyrrha aus? – In dieser bei Ovid, Met. I 260 ff., erscheinenden Sintflutsage lebt nach dem Kl. Pauly, „Lexikon der Antike“, Bd. 5, Sp.210, ebenfalls mesopotamisches Gedankengut über die Sintflut weiter wie übrigens auch in dem der griechischen Philosophie bekannten Gedanken der Kataklysmos (z.B. Aristoteles, met. 12,8. 1074b1). Auch bei Ovid, wie im Gilgamesch-Epos und in der Bibel, finden wir das Motiv der Vernichtung der Erde und der Menschen durch die Sintflut vor, zur Bestrafung der Menschen wegen ihrer Verderbnis, exemplifiziert an den Freveltaten des Lykaon (Ovid, Met. II, 26ff.): Ankündigung der Vernichtung des ehernen Geschlechts der Menschen, Bau der Arche, in der Deukaleon 9 Tage mit Pyrrha auf den Fluten umhertreibt, die ausgesandte Taube, Landung am Berg Othrys (nach anderen am Parnassos; vereinzelt werden auch Chalkidike und Ätna genannt, entsprechend Nişir und Ararat).
Deukaleon und Pyrrha, als einzige aus der Flut gerettet, schaffen auf Weisung des Zeus oder auf einen Orakelspruch der Themis in Delphi hin, ein „neues“ Volk, indem sie verhüllten Hauptes, mit entgürteten Kleidern, die „Gebeine der Mutter“ (gemeint: die Steine der Erde) über

den Rücken hinter sich werfen, wobei sie den Vollzug des Wunders nicht sehen durften.[89]
Dieser Mythos des „Steinwurfs" dürfte auf einer Volksetymologie (λᾶες = λαοί) beruhen, soll aber sicher auch die Härte des Menschengeschlechts andeuten, von der Ovid, Met. I 414 spricht: „Inde genus durum sumus..."
Die steingeborenen Menschen wurden die Untertanen von Deukaleon und Pyrrha. Sie zeugten eigenen Nachwuchs, und so war die Menschheit neu geschaffen.

Die Sintflut des Deukaleon galt im griech. Kulturkreis als die mittlere zwischen der des Ogyges und der des Dardanos[90] (Plato, Tim. 23b).

Um eine chronologische Eingliederung zu erhalten, folgendes:
Unter Ogyges, vom Namen her vorgriechisch (ὠγύγης = uralt), Gründer Thebens, trat die 1. große Sintflut ein. Theben und Athen werden von Aischylos wegen ihres hohen Alters „ogygisch" genannt. In der attischen Sage ist Ogyges der Vater des Eleusis, d.h. er ist Urkönig von Athen.

Dardanos (nach Varro, Diodor und Dionys von Halikarnassos), Sohn der Elektra und des Zeus, freit in Arkadien Chryse, die Tochter des Pallas, und zeugt mit ihr Deimas und Ideios.
Aufgrund einer gewaltigen Überschwemmung, – die man später zur 3. allgemeinen Flut steigerte, aus der sich Dardanos durch Zusammennähen von Schläuchen errettet hat – und wegen folgender Hungersnot wandert Dardanos mit 2 Palladinen und anderen Götterbildern nach Troja. Dardanos' Nachkomme war Aeneas.

---

[89] In Athen wird am Anthesterienfest in der Nähe des alten Heiligtums des olympischen Zeus, das von Deukaleon gestiftet sein soll, in regelmäßigen Abständen der Opfer der deukaleonischen Flut gedacht.
[90] Zu Ogyges (nach Kl. Pauly): Ogyges, vorgriechisch, uralter König in Böotien, autochthoner Gründer Thebens. Unter ihm trat die 1. große Sintflut ein. Ωγύγης = uralt. Aischylos nennt Theben und Athen ogygisch. In der attischen Sage ist Ogyges der Vater des Eleusis, der Urkönig von Athen. Ursprünglich wohl ein Gott. Thallos (1. Jh. n. Chr.) nennt ihn: „König der Titanen oder der Götter" (s. Myth. Lex. III 684f., s. kleiner Pauly).
Zu Dardanos: s. kleiner Pauly.

Nach diesen Darstellungen im Kl. Plauly (Stichworte: Ogyges und Dardanos) müsste die Sintflut zur Zeit des Ogyges also eine uralte Flut meinen, und man ist geneigt, da die Deukaleonische Sintflut zwischen der des Ogyges und der des Dardanos in der Mitte liegt, und zumal auch Aischylos Theben und Athen „ogygisch“ nennt und damit den Blick auf eine uralte Zeit lenkt und zumal Ogyges der Urkönig von Athen ist, unter dem, wie es in der griechischen Literatur heißt, die 1. Große Sintflut stattfand, nach allen diesen Überlegungen ist man geneigt, anzunehmen, dass mit der 1. großen Sintflut, der Sintflut unter Ogyges,eine echte Reminiszenz an die atlantische Sintflut in der Folge der Katastrophe und des Untergangs von Atlantis vorliegt, dies, zumal der Name „Ogyges“ als vorgriechisch gedeutet wird.

Die chronologische Reihenfolge der Sintfluten wäre also:

1.) Atlantische Sintflut (=Ogyges-Sintflut)
2.) Deukaleonische Sintflut
3.) Dardanos-Sintflut

Hier tut sich eine Frage auf insofern, als der Saïs-Priester die Deukaleonische Sintlut „3.Sintflut“ nennt. Das widerspräche der obigen Deutung.
Zu begründen ist diese unterschiedliche Deutung damit, dass der Saïs-Priester von „vielen“ Sintfluten spricht und nach seiner Meinung zwischen der Atlantischen (Ogyges-) Sintflut und der Deukaleonischen noch eine weitere Sintflut anzusetzen ist, eine der „vielen“[91], sodass die chronologische Reihenfolge der Fluten gemäß dem Saïs-Priester lautete:

1.) Atlantische (Ogyges-) Sintflut
2.) eine weitere von den vielen, vom Saïs-Priester nicht namentlich genannten Sintfluten
3.) Deukaleonische Sintflut
4.) Dardanos-Sintflut

[91] Die in direktem Anschluss an die Atlantiskatastrophe erfolgten weiteren Sintfluten außer der 1. „Großen Atlantischen Sintflut“ sind hier nicht gemeint.

Auf einen Unterschied zwischen der Sintflutgeschichte Ovids und der originalen sumerischen Sintflutsage im Gilgamesch-Epos sei noch hingewiesen. Bei Ovid wird von der Schaffung eines neuen Menschengeschlechts durch den Steinwurf des Deukaleon und der Pyrrha berichtet; im Gilgamesch-Epos wird zwar die völlige Verwüstung der Erde auch ausführlich geschildert, aber es ist von keinem neu zu schaffenden Menschengeschlecht die Rede, obwohl Utnapischtim wie Deukaleon und Pyrrha oder wie Noah mit ihrem Anhang als die einzigen Überlebenden der Sintflut dargestellt sind. Die sumerische Königsliste lässt das Königtum nach der Sintflut erneut vom Himmel herabkommen, es wird also nicht neu geschaffen, wie die Menschen in der Ovidischen Sintflutgeschichte.

Fassen wir die obigen Überlegungen zusammen:

Da die Sintflut der Bibel (Gen. 7,7f.) eindeutig (-mutatis mutandis-) auf der im Gilgamesch-Epos beschriebenen Sintflut basiert und auch die Deukaleonische Sintflut (Ovid, Met. I 260ff.) auf der mesopotamisch-sumerischen Grundlage beruht und da die im großen Gilgamesch-Epos geschilderte „Ursprungs“-Sintflut, die also der Bibel sowie den Griechen und Römern als Vorlage diente, ihrerseits in den vielen zusammengefügten Gilgamesch-Epen einen Hauptbestandteil bildet, d.h. in den vielen kurzen Gilgamesch-Epen, die ihrerseits noch in der Zeit des Hiats „dunkle Gerüchte“ (σκοτειναὶ ἀκοαί), wie der Saïs-Priester das nennt, zur Grundlage hatten und bei ihrer Zusammenfügung die Grundlage bildeten für das „Große Gilgamesch-Epos“, da dem allem so ist, mag, wie wir meinen, ein echter Zusammenhang zwischen der „größten“ Sintflut in der Folge der Atlantiskatastrophe und den oben jeweilig dargestellten Sintfluten der einzelnen Völker vorliegen, wobei natürlich zweitrangige Unterschiede in der Fassung der Sintflutgeschichten wegen verschiedener, entfernt liegender Regionen der Erde, sc. Sumer, Anatolien, Israel, Griechenland, Rom, vorliegen können.
Ergebnis: Das Gilgamesch-Epos ist der Ursprung der späteren Darstellungen der „großen Sintflut“.

Ein Gedanke mag hier noch erwähnt werden wegen der Parallelität der Eindringlichkeit: Wie Solon den Saïs-Priester mit der größten Eindringlichkeit bittet, ihm „alles, akribisch genau, der Reihe nach“ über Athen und seinen Untergang zu schildern, so bittet Gilgamesch mit der gleichen Eindringlichkeit Utnapischtim, den „Weisesten der Weisen“, den „Wissensträger“ comme il faut, würde man auch sagen können (ein Titel, der von Sokrates für seine Person abgelehnt wird), ihm alles über die Sintflut zu erzählen. Wir können daraus folgern, dass die große Sintflut nach dem Untergang von Atlantis, offenbar ein Ereignis war, an dem man auch noch nach langer Zeit interessiert war, ein Ereignis, das also das Denken der Menschen ständig bewegte und selbst über die Zeit des „Hiats“ hinweg traumatische Erinnerungen, wie wir später auch im Falle der Maya feststellen werden, hinterlassen hat.

Abschließend, der besseren Übersicht halber, folgender zusammenfassender Gedanke: Eine Reihenfolge des Vorkommens der besprochenen Fassungen der Sintflutgeschichten und damit die Antwort auf die Frage: „Welche Fassung hat eine andere und in welcher Weise beeinflusst?“ wäre folgendermaßen darzustellen:

1.) Am Anfang steht die offenbar weltumspannende Sintflut im Gefolge der Atlantiskatastrophe (das Megaereignis).
2.) Über diese Sintflut gab es in der Zeit der völligen „Dunkelheit“ des „Hiats“ nur noch σκοτειναί ἀκοαὶ, dunkle Gerüchte“, durch „Hörensagen“ (ἀκοαὶ), da es eine Schrift (γράφειν) ja noch nicht wieder gab.
3.) Diese σκοτειναὶ ἀκοαί, die dunklen Gerüchte, „speisten“ die vielen kurzen Gilgamesch-Epen.
4.) Die vielen kurzen Gilgamesch-Epen wurden durch ein Zusammenfügen zu dem „Großen Gilgamesch-Epos“ zusammengefasst.
5.) Damit war das „Große Gilgamesch-Epos“ mit dem Helden Utnapischtim und Gilgamesch geschaffen.

6.) Dieses „Große Gilgamesch-Epos“, eine sumerische Fassung, wurde dann der Vorläufer der altbabylonischen Fassung der Sintflut mit dem Helden Atrachasis.
7.) Diese sumerische Fassung des „Großen Gilgamesch-Epos“ hatte großen Einfluss auch auf die biblische Gestaltung der Sintflutgeschichte mit Noah.
8.) Ebenso ist unverkennbar der Einfluss der sumerischen Fassung auf die griechisch-römische Darstellung mit Deukaleon und Pyrrha.

Sagen wir es der Bedeutung wegen, um die einzelnen Schritte ab dem Ereignis der Katastrophe bis hin zur Darstellung im „Großen Gilgamesch-Epos“, das Grundlage für alle weitere Sintflutdarstellungen wurde, darzustellen, noch einmal:
Die am Anfang der Einflussnahme stehende sumerische Fassung, die wir „Großes Gilgamesch-Epos“ nennen, ist „gespeist“ von den σκοτειναὶ ἀκοαί, den „dunklen Gerüchten“ der Vorzeit, die sich nur mündlich und durch ein ἀκούειν, ein „Hören“, tradierten, nicht schon durch ein γράφειν, eine Schrift, die es ja im Hiat noch nicht gab. Diese σκοτειναὶ ἀκοαί, die „dunklen Gerüchte“, überlieferten die von Atlantis hinterlassenen βραχέα σπέρματα mit Hilfe der wenigen nach der Weltkatastrophe noch vorhandenen „Wissensträger“ – wenn man diese überhaupt schon so nennen darf – ‚die nach der 2000-jährigen „Dunkelheit“ und „Dumpfheit“ (s. O.H. Muck) am Beginn des eigentlichen „Hiats“, also etwa 7560 v. Chr. (nach der Datumskorrektur 6560 v. Chr.), mit ihren mündlich tradierten „dunklen Gerüchten“ zunächst sicherlich nur imstande waren, dürftiges Wissen über die Weltkatastrophe zu vermitteln, „Wissensträger“, deren Nachfolger sich im Laufe der Jahrtausende bis etwa 3500 v. Chr., dem Ende des „Hiats“, dem Wiederaufkommen der Schrift und damit des logischen Denkens, sukzessiv zu echten „Wissensträgern“ entwickelten. (vgl. hierzu S.295 und 229: Gilgamesch hatte erste Kunde gebracht von der Sintflut.) Diese entwickeltere Form der „Wissensträger“ und „Vermittler“ der Ideen um Atlantis haben wir dann außer in Gilgamesch z.B. in den Iberern, Basken, Italern, Etruskern und Hebräern zu sehen (s. o., die von uns erarbeitete Etymologie dieser Bezeichnungen,

vor allem auch der Bezeichnung „Hebräer“, die auf „Ivrim“ zurückgeht, welches Wort direkt bedeutet „Übermittler“, „Vermittler“ von Gedanken der Urzeit, s.o.).

An diesem Punkt halten wir es für angebracht, daran zu erinnern, dass wir aufgebrochen sind in unseren Überlegungen mit der Absicht, die Zusammenhänge der atlantischen Sintflutkatastrophe mit den in den Einflusssphären des Imperiums Atlantis‘ beschriebenen Sintflutgeschichten aufzuzeigen.

Wir haben bislang nur über die Auswirkung der Atlantiskatastrophe in der Literatur des östlichen Bereichs der Einflusssphären von Atlantis gesprochen: Sumer, Babylon, Anatolien, Israel, Griechen und Römer.
Es steht nun an, das, was die Auswirkung der Atlantiskatastrophe auch in der Literatur des westlichen Bereiches des Einflussgebietes von Atlantis hinterließ, zur Sprache zu bringen.

Beginnen wollen wir dabei mit den Maya, kommen danach auf die Azteken und schließlich auf die Inka zu sprechen.
Da es bei unseren Überlegungen darum geht, festzustellen, ob auch in diesem westlichen Einflussbereich von Atlantis Sintfluten und Weltenbrand wesentliche, bestimmende Faktoren der Vernichtung der Menschen und der Erde waren, sind wir bei den Inka, bei den Maya, wie auch später bei den Azteken, da die 3 Volksstämme von mehreren „Welten“, die nach jeweiliger Vernichtung aufeinander folgten, sprechen, darauf angewiesen, uns mit der Literatur dieser Stämme über die Sintflut, und das heißt in diesem Falle, mit den Schöpfungsgeschichten der Maya etc. zu befassen.

ZWISCHENBEMERKUNG

Um auf die Sintflutdarstellungen im altamerikanischen Raum einzugehen, ist unser Blick also auf die Schöpfungsgeschichten der Inka, Maya, Azteken und ihrer Vorläufer gelenkt. – Ohne nun an dieser Stelle eine umfassende Abgleichung dieser Schöpfungsgeschichten mit den

Schöpfungsgeschichten der östlichen Einflusssphäre von Atlantis vornehmen zu wollen, sei doch von vorneherein auf bestimmte Ähnlichkeiten und Vergleichsgegebenheiten zwischen der östlichen und der westlichen Einflusssphäre von Atlantis hingewiesen, was ein Anstoß sein könnte, eine umfassende Abgleichung der beiden Räume in Bezug auf „Schöpfungsmythen“ vorzunehmen.

So zeigen die 4 bekannten Schöpfungsmythen der Ägypter, der von Heliopolis, der von Hermopolis, der von Memphis und der von Elephantine, „am Anfang“ immer das „Urgewässer“ und den „Urhügel“ auf, was den Gedanken auf die „Dunkelheit“ und den „Haiyococab“ (= „Wasser über der Erde“) der Altamerikaner (s.u.) lenkt, wobei der „Urhügel“ das Vorbild für das aus den Fluten der Nilüberschwemmung in zyklischer Weise immer wieder auftauchende Land ist, ein optimistisches Symbol einer als „nützliche Sintflut“ gedeuteten Nilüberschwemmung, im Gegensatz zu dem durch die traumatisierende Wirkung der Atlantiskatastrophe und der folgenden Megasintflut festzustellenden Pessimismus der Altamerikaner (s.u.), der sich nicht zuletzt auch in dem „Fatalismus“ der Altamerikaner kundtat und am Ende durch die Spanier einen entsprechenden Abschluss fand, (was uns den Fatalismus der Altamerikaner als eine instinktive Urahnung, eine Vorahnung ihres Untergangs, erscheinen lässt) (s.u.).

Auch die Bibel spricht in ihrer Schöpfungsgeschichte davon, dass „am Anfang Gott Himmel und Erde schuf. Und die Erde war wüst und leer; und es war finster auf der Tiefe; und der Geist Gottes schwebte über dem Wasser.“
Auch hier sind also die „Finsternis“, die „Dunkelheit“, sowie das Schweben des Geistes Gottes „über dem Wasser“ angesprochen, was den Gedanken an „Haiyococab“ (= „Wasser über der Erde“) hervorruft.

Erinnert sei hier auch an die eine Kosmogonie (Chaos) enthaltende Theogonie des Hesiod bei den Griechen und an Ovids Darstellung der Schöpfung und Vernichtung dieser Schöpfung durch die Sintflut in den Metamorphosen (s.o.).

Doch nun zu den Schöpfungsgeschichten und Sintfluten der Altamerikaner.

Die Schöpfungsgeschichte der Maya
(zu allen Schöpfungsgeschichten in Altamerika, s. „M.d.N.W.“)

Die Schöpfungsgeschichte der Maya besagt: Es gab mehrere zerstörte und wieder neu geschaffene, aufeinander folgende „Welten“; Schöpfer aller war Hunab Ku.

Die 1. Welt war also geschaffen von dem Schöpfer, und sie war bewohnt von einem Zwergenvolk, von Zwergen, denen man nachsagte, „sie brächten alles in Ordnung“ (Deutung des Namens „Sayan Uinicob“). Die Ruinenstätte der Vergangenheit (z.B. Teotihuacan) seien von ihnen erbaut worden. In „völliger Dunkelheit“ sei das geschehen; als die Sonne noch nicht geschaffen war, habe sich das alles abgespielt. Als die Sonne schließlich zum 1. Mal am Horizont aufgegangen sei, seien die Zwerge alle in Stein verwandelt worden. Daraufhin sei die 1. große Flut „haiyococab“ (= „Wasser über der Erde“) aufgetreten und habe die ganze Welt hinweggeschwemmt.

Fragen, die sich nach der Darstellung dieser „1. Welt“ der Maya beim Durchdenken der Geschehnisse ergeben, sind folgende:

> Wie ist der Begriff „Welten“ bei den Maya zu verstehen? – Meinen die Maya einen geschichtlich übersehbaren Zeitabschnitt, eine Aufgliederung der Weltereignisse, also etwa, da diese 1. Welt ja für sie in völliger Dunkelheit lag, meinen die Maya damit das, was O.H. Muck unter der 2000-jährigen „Dunkelheit“ nach der Atlantiskatastrophe – bei Muck geophysikalisch begründet – versteht?

Wir haben, wie wir bei dem späteren Heranziehen der Vorstellungen der Inka feststellen werden, bei dem südamerikanischen Volksstamm eine ähnliche Vorstellung wie bei den Maya, nämlich, als Viracocha, weil

„völlige Dunkelheit“ zu lange Zeit herrschte, die „Sonne“ anwies, sich in den Himmel zu erheben, sodass danach zum ersten Mal Licht und Helligkeit auftraten (s.o.).
Wenn man annimmt, dass die von den Maya erwähnte „völlige Dunkelheit“ gleichzusetzen sei mit der geophysikalisch begründeten 2000-jährigen Dunkelheit nach der Atlantiskatastrophe, dann ergibt sich die vielleicht nur zweitrangige Frage: Inwiefern trat erst nach der Versteinerung der Zwerge, die ja eigentlich schon das Ende dieser Welt nach der Darstellung war, die große Flut auf und schwemmte die ganze Erde hinweg („haiyococab“), was das Ende dieser Welt in Wirklichkeit war?

Oder ist mit dieser von den Maya erwähnten Flut noch eine andere spätere große Flut gemeint, die dann, um sie zeitlich einzuordnen, etwa am Beginn des „Hiats“, also etwa 7560 v. Chr. (6560 v. Chr.), aufgetreten sein müsste? – Wir können diese Frage nicht beantworten. Es könnte aber von den Maya so gemeint sein.

Oder – eine vielleicht zum Ziel führende Frage: Meinen die Maya mit „Welten“ das, was wir heute „Erdgeschichtliche Epochen“ oder „Erdzeitalter“ nennen, z.B. Tertiär, Quartär, Quintär? – Dann wäre die 1. Welt der Maya also die Welt des Quartärs gewesen, die ja mit der Atlantiskatastrophe endete und in ein neues Zeitalter, das Quintär, einmündete. Die von den Maya erwähnte „1. große Flut“ wäre in diesem Falle die Mega-Sintflut nach der Atlantiskatastrophe. Und dass diese die ganze Welt hinwegschwemmte, was der Begriff „haiyococab“ besagt, wird ja auch vom Saïs-Priester gesagt. (s. dazu vor allem auch die Überlegungen zum „Nulltag A“ der Maya [s. S. 286-288])

Wie dem auch sei, über die „2. Welt“ der Maya, die Welt der „Beleidiger“ (Dzolob), wird nicht viel überliefert, aber doch das, was uns im Zusammenhang mit den Sintfluten am meisten interessiert: Auch die „2.Welt“ der Maya wurde vom Wasser einer Sintflut, vernichtet, Wasser, das aus dem Maul der „Himmelsschlange“ floss.

Auch die „3.Welt“, die der „alten Maya“ (Mazehualob), ging in einer Sintflut unter.

Die 4. Welt bringt eine Mischung aller Lebewesen der früheren „Welten“ mit sich. Diese „Welt“ ist die jetzig bestehende „Welt“, unsere heutige Welt; auch sie, so wird prophezeit, wird am Ende einer Sintflut zum Opfer fallen.
Diese Prophezeiung beruht auf einer Aussage des Chilam Balam von Chumayel, für die Maya der „Sprecher der Götter“, der Verfasser des „Heiligen Buches“ der Maya, das beschreibt, wie die Schaffung der „4. Welt“, der jetzigen also, vonstatten ging, als die 13 Herren des Himmels von den 9 Herren der Unterwelt besiegt worden waren. Denn damals hielt man es für nötig, die „Bacab“, die 4 Söhne des höchsten Gottes Itzamná, auszuschicken, damit sie die 4 Ecken der Welt hielten und stützten. In Chichén Itzá werden die Söhne als kleine „Atlanten“, die den Tempel halten und stützen dargestellt. (Das erinnert außer an Atlas auch z.B. an die „Telamonen“, „Atlanten“, am Zeus-Tempel von Agrigent, Sizilien).
Was für uns das Wesentliche an den „4 Welten“ der Maya ist, ist die Tatsache, dass die 3 ersten „Welten“ alle durch eine Sintflut hinweggeschwemmt wurden und die „4. Welt“ durch eine Sintflut zugrunde gehen wird, wie prophezeit wird.[92]

Wie auch immer der Begriff „Welten“ bei den Mayas auszulegen und zu deuten ist (s.o.), aus allem dem oben Dargestellten geht hervor, dass die Maya und ihre Vorläufer von dem Phänomen „Sintflut“ traumatisiert gewesen sein müssen, und dass mit dem Versuch, mit Hilfe der „Himmelsträger“ Bacab, nicht einer weiteren Sintflut zum Opfer zu fallen, sich uns eine eindeutige Vergleichsmöglichkeit in dem „Himmelsträger“ Atlasberg auf Atlantis bietet und auch in den

[92] Der traumatische Gedanke infolge der Mega-Sintflut bei der Atlantis-Katastrophe hat bei den Maya seinen Niederschlag in der ständigen Erwähnung des Untergangs der Welten durch eine Sintflut hinterlassen. Ein ähnliches Trauma finden wir bei den Guanchen auf Teneriffa, den Atlantern der Kanaren, die keine Seefahrt betreiben, obwohl man es von ihrer geographischen Lage her annehmen müsste, – eine Folge der noch in Erinnerung gebliebenen Großkatastrophe um Atlantis.

„Himmelsträgern“ der östlichen Einflusssphäre von Atlantis, in dem Atlasgebirge von Marokko, den Atlasbergen im mediterranen Raum, im Berg Maschu (in Sumer) sowie, metaphorisch, in den Pyramiden, Obelisken, Zikkurats (Stufentürme), in Yggdrasil, und Irminsul etc. und auch in den ganz schlicht und trivial auch heute noch als architektonische Elemente auftretenden „Atlanten“ an Gebäuden. (s.o.: „Atlanten“, „Telamonen“ – auch von der Wortwurzel tl̥- abzuleiten – am Zeus-Tempel von Agrigent sowie an den Kapitellen in etlichen romanischen Kirchen in der Nachfolge Clunys in Burgund.)

Das Trauma der Maya infolge des Ereignisses „Sintflut“ kann seinen Ursprung nur gehabt haben in dem Jahrtausende zurückliegenden Großereignis, einer Mega-Sintflut, deren Horror sich in dem Unterbewusstsein schon des „alten Maya-Volkes“ der „3. Welt“ kundgetan hatte und also noch fühlbar war, und infolge der weltgeschichtlichen Bedeutung bis zu der Blütezeit des Volkes der Maya, in den nachchristlichen Jahrhunderten, sich erhalten hatte und in dem „Heiligen Buch“ der Maya, dem Chilam Balam, seinen Niederschlag fand. Denken wir an das, was wir zum Begriff „Heilig“ oben festzustellen uns aufgerufen fühlten: „Heilig“ ist alles das, was ein Wissen aus der Vorzeit (in sich) trägt“. Insofern ist die „Heiligkeit“ des Buches Chilam Balam mit dem Begriff „Heiliges Buch“ wohl richtig charakterisiert.

Die Schöpfungsgeschichte der Quiché-Maya

Im „Popol Vuh“, dem „Heiligen Buch“ der Quiché Maya, ist die Schöpfungsgeschichte des Mayastammes der Quiché niedergeschrieben:

> „Im Anfang war das ruhende All... Noch gab es nichts Aufrechtes. Nur die ruhenden Wasser, das sanfte Meer, einsam und still.“ Dann trat das „Wort“ auf, die Sprache. Tepen und Gucumatz sprachen miteinander. Sie berieten, dann vereinten sie ihre Worte und Gedanken.“

Der Aufbau der einleitenden Worte und Gedanken dieser Schöpfungsgeschichte lässt eine Ähnlichkeit mit dem Johannes-Evangelium „Im Anfang war das Wort..." erkennen. Aber, was mehr an dieser Stelle interssiert, sind die sich anschließenden Gedanken: Auf dieser neugeschaffenen Welt gab es zunächst „nur Wasser und Dunkelheit", heißt es da, nur Wasser und Dunkelheit.
Das „Popol Vuh" der Quiché Maya lässt unproblematischer als das „Heilige Buch" der Maya (Chilam Balam) einen Vergleich mit der Situation nach der Atlantiskatastrophe, wie von O.H. Muck beschrieben, zu. Denn dort, wo früher Atlantis war, gab es nach seinem Untergang jetzt „nur noch Wasser" („atl": Über die Umkehrung der Bedeutung des Wortes „atl" als „Träger", „tragendes Land" bei den altamerikanischen Stämmen zu der Bedeutung „[nichttragendes] Wasser" haben wir oben gesprochen; s. auch „atl" in der Bedeutung „Wasser" bei den Berbern, eine Notiz aus Berlitz, „Das Atlantis Rätsel"). Und wie das „Popol Vuh" weiter sagt, gab es ansonsten „nur noch Dunkelheit".

Damit liegt u.E. eine eindeutig vergleichbare Situationsbeschreibung der Welt nach der Weltkatastrophe von Atlantis vor, die ja „nur Wasser" zurückließ, wo früher Atlantis und die „tragende Erde" waren, und „2000 Jahre Dunkelheit" mit allen daraus kaum vorstellbaren Gegebenheiten im Gefolge.

Das „Popol Vuh" weiter: Dann, noch in der Dunkelheit schufen die Götter zunächst Tiere. Gucumatz und Tepen aber versuchten, aus Schlamm Menschen zu formen. Doch ihre Enttäuschung darüber, dass diese Menschen nicht in der Lage waren zu sprechen und infolgedessen ihre Schöpfer nicht verehren und anbeten konnten, war groß. Am Ende zerbröselte der getrocknete Schlamm, und die ganze Welt wurde von einer Sintflut zerstört und hinweggeschwemmt.

Ein weiterer Versuch der Götter, Menschen zu schaffen, und zwar Männer aus Holz und Frauen aus Binsen, musste auch scheitern, da diese Menschen in ihrer Steifheit sich nicht bewegen konnten.

Sprechen allerdings konnten sie schon und sich vermehren. Doch fehlte ihnen noch das Gehirn, das Denkvermögen. Sie erkannten daher ihre Schöpfer nicht, wurden, im Gegenteil, ungehorsam und böse und mussten auch von der Erde verschwinden. Genau wie in der vorherigen Welt wurden auch diese Menschen von der Flut hinweggespült. Wenige Überlebende wurden zu Affen.

In dem 3. Anlauf formten die Götter Menschen, indem sie als Formmaterial einen Teig aus gelbem und weißem Mais nahmen.
Da ging am Tag darauf die Sonne auf, die Dunkelheit schwand, die im 3. Anlauf geformten Menschen wurden lebendig, konnten sich bewegen, besaßen Denkvermögen und wandten dieses an, erkannten ihre Schöpfer und beteten sie an.

Dies war die Jetzt-Welt, unsere jetzige Welt (im Sinne der Quiché-Maya und unser selbst).

Aber auch diese Welt hatte noch einen Haken. Die Menschen dieser Welt wurden aufgrund ihres Denkvermögens zu wissbegierig, infolge dessen auch zu habgierig (s. Begriff πλεονεξία bei Thukydides und Plato), sodass die Götter sie zwingen mussten, sich auf ihr Alltagsleben zu konzentrieren und nach keinen weiteren als zu diesem Leben notwendigen Dingen zu streben, d.h. Maß zu halten (s. Aristoteles, μεσότης-Lehre und das μηδὲν ἀγάν des „Weisen“ Bias).

Darüber, wie diese Welt enden wird, sagt das „Popol Vuh“ nichts, anders als die Schöpfungsgeschichte der Maya, die ja auch für ihre „4. Welt“ ein Ende, auch wieder durch die Flut, voraussagt.

Die Vergleichsgegebenheiten mit der Situation nach der Atlantis-Katastrophe beschränken sich bei genauem Hinsehen und Durchdenken dessen, was das „Popol Vuh“ in seiner Schöpfungsgeschichte sagt, nicht auf die oben schon dargelegte Situation „am Anfang nur Wasser und Dunkelheit“ (von O.H. Muck für die Zeit nach dem Untergang von Atlantis genau so gesehen und geophysikalisch begründet), sondern im weiteren Verlauf der Darstellung des „Popol Vuh“ , die nicht die strikte Nummerierung („1. Welt bis 4. Welt“) wie das Buch des Chilam Balam vornimmt, lassen sich auch Gegebenheiten als eindeutig vergleichbar mit unserer oben herausgearbeiteten Vorstellung der Zeit ab der Katastrophe von Atlantis‘ (9560 v. Chr.)[93] bis zum Ende des „Hiats“ (3500 v. Chr.) und darüber hinaus bis in die jetzige Welt feststellen.

Wir gliedern die Zeit ab der Katastrophe von Atlantis bis zum Ende des „Hiats“ (auch die Überlegungen Mucks heranziehend) folgendermaßen:

1.) 9560 v. Chr[93].:	Katastrophe von Atlantis (Übergang vom Quartär in die „Neue Zeit“, das Quintär),
2.) 9560 – 7560 v. Chr.:	2000-jährige „völlige Dunkelheit“, „nur Wasser“, wo Atlantis war; „tiefster Hiat“,
3.) 7560 – 3500 v. Chr.:	Zeit des „Hiats“: Noch gewisse Dunkelheit und „Dumpfheit“ bei den noch vorhandenen menschlichen Wesen; Dunkelheit, die sich sukzessiv auflöst.
4.) 3500 v. Chr. ff.:	Aufkeimen der βραχέα σπέρματα, d.h. der bislang, da es noch keine Schrift gab, nur auf Grund mündlich überlieferter „dunkler Gerüchte“ noch vorhandener „Samenkerne“, die einzelne Gegebenheiten aus der Zeit der Blüte von Atlantis im Kern enthalten.

Inwiefern, ist jetzt die Frage, liegen von uns behauptete eindeutige vergleichbare Gegebenheiten zwischen der „Weltschöpfung“ der Altamerikaner, z.B. des „Popol Vuh“, und der Zeit nach der Atlantiskatastrophe vor?
Zur Beantwortung dieser Frage folgende Zusammen- und Gegenüberstellung:

[93] Die oben angesprochene Verschiebung infolge der Datumsskorrektur um 1000 Jahre ist hier noch nicht berücksichtigt.

„Popol Vuh“:	Plato, „Kritias“ und „Timaios“
Zeit der Erschaffung der Welt (gemäß der Schöpfungsgeschichte der Quiché-Maya):	Zeit nach der Katastrophe von Atlantis (gemäß Timaios und Kritias): Zeit des Aufkommens der Neuen Welt nach der Katastrophe (von uns zusammengestellt, auch die Überlegungen Mucks miteinbeziehend).
Point zéro: Beginn der Welt (s. auch „Nulltag A“ der Maya)	Point zéro: Übergang der Welt vom Quartär in die „Neue Welt“ (Quintär)
1.Phase: „Nur Wasser und völlige Dunkelheit“	1.Phase: 2000-jährige Dunkelheit und nach dem Untergang „nur Wasser“
2.Phase: Menschen aus Schlamm, ohne Schrift und Sprache.	2.Phase: Zeit des „Hiats“, ohne Schrift, dumpf, noch dunkle Zeit.
3.Phase: Menschen aus Holz und Binsen, steif, unbeweglich; Sprache schon vorhanden, auch Vermehrung, aber Fehlen des Denkvermögens und auch der Schrift.	3.Phase: sukzessiv sich auflösende Dunkelheit; vielleicht erstes Auftreten dürftigen „Wissens“ über die Vorzeit; nur oral, durch σκοτειναὶ ἀκοαί tradiert, noch nicht durch γράφειν, Schrift.
4.Phase: Menschen aus Mais-Teig. Die Sonne geht auf, Licht, Helligkeit, im wörtlichen und übertragenen Sinne; Bewegung der Menschen, Denkvermögen; Erkennen ihrer Schöpfer, Verehrung und Anbetung.	4.Phase: sich völlig auflösende Dunkelheit. Erstes Auftreten von echten „Wissensträgern“; Licht, Helligkeit im wörtlichen und übertragenen Sinne; Erkennung der Gottheiten und Verehrung; Beginn des Monotheismus.
5.Phase: Missbrauch des Denkvermögens; der Mensch zu wissbegierig und daraufhin zu habgierig; Ermahnung durch die Götter zum Maßhalten.	5.Phase: Missbrauch des Denkvermögens, zu wissbegierig (≈ Adam und Eva) und daraufhin zu habgierig (wie es der Begriff πλεονεξία bei Thukydides und Plato besagt); ἐξίτηλος = „Aus“ für die Gebote des Atlas. (s.u., S.333, 340)

6.Phase: keine Strafankündigung für die Menschen wegen ihres Verhaltens (wohl aber, bei den Maya selbst, durch Prophezeiung, dass auch die „4. Welt“ durch die Flut untergehen wird.	6.Phase: Die Menschheit bestraft sich selbst infolge der πλεονεξία durch Kriege (Feuer, Atom = πύρ) mit einer ἐκπύρωσις und zu prophezeiender Flut infolge der Klimamissachtung (κατακλυσμός wegen zu großer Mengen „Treibhausgase“).

Wenn nach der obigen Gegenüberstellung vergleichbare Gegebenheiten etwas aussagen über einen Einfluss von Atlantis oder besser gesagt: atlantischer Gedanken, Gedanken über das Geschehen um Atlantis, über eine Auswirkung auf die von dem Imperium dominierten Einflussgebiete, dürfte dieser Einfluss, diese Auswirkung auch hier deutlich geworden sein.

Doch ziehen wir zunächst noch die Schöpfungsgeschichte der Azteken und der Inka heran.

Die Schöpfungsgeschichte der Azteken

Wie bei den Maya werden auch bei den Azteken nach ihrer Schöpfungsgeschichte aufeinander folgende Welten zerstört und wieder neu geschaffen, jedoch sind bei den Azteken 5 Welten oder, wie sie es selbst nennen, „5 Sonnen“, erwähnt, während es bei den Maya nur „4 Welten“ insgesamt sind.
Was mit den „Welten“ oder „Sonnen“ bei den Azteken genau gemeint ist, diese Frage stellt sich ebenso, wie im Falle der „Maya-Welten“ (s.o.). Wie auch immer diese Begriffe zu deuten sind, wir halten zunächst einmal fest, dass bei den Azteken 4 aufeinanderfolgende Welten

geschaffen und zerstört werden, bevor die „5. Welt“, die „5. Sonne“, unsere jetzige Welt, im Sinne der Azteken und unser selbst, entsteht.

Die „1. Sonne“, die „1. Welt“ der Azteken war nach ihrer Vorstellung von Riesen und Zwergen bewohnt. Tezcatlipoca, der Bruder Quetzalcoatls, gut und böse zugleich, allwissend, war Herrscher der „1. Sonne“. Ihr Ende fand diese „1. Sonne“, als Quetzalcoatl Jaguarn befahl, die Riesen zu verschlingen, und damit einen Sieg über Tezcatlipoca davontrug.

Der Herrscher der „2. Sonne“ war Quetzalcoatl selbst, der wohlwollende Gott der Azteken, den die Maya auch kannten, aber Kukulkán nannten. Die „2. Sonne“ wurde vom Winde zerstört und ihre Menschen in Affen verwandelt.

Herrscher der „3. Sonne“ war der Regen- und Erdgott Tlaloc. Diese Welt wurde durch Feuer vernichtet; ihre Menschen wurden zu Vögeln.

Chalciúhtlicue, Schwester des Tlaloc, Göttin der Flüsse, Meere und Überschwemmungen, herrschte über die „4. Sonne“. Diese Welt wurde durch eine Sintflut vernichtet; ihre Menschen wurden zu Fischen.

Tonatiuh, der Sonnengott, regierte über die „5. Sonne“, der wir heutige Menschen angehören. Diese „Welt“ soll in Zukunft, wie man sagt, von einem verheerenden Erdbeben vernichtet werden.

Während also bei den Maya alle „4 Welten“ durch eine Sintflut vernichtet werden, ist es bei den Mexiko-Azteken nur die „4. Sonne“, die einer Flut zum Opfer fällt; ansonsten sind Jaguare, Wind und Feuer die Zerstörer.
Im Ganzen scheint mir also das Trauma der Sintflut bei den Azteken, auch schon bei den Quiché-Maya, nicht so ausgeprägt zu sein wie bei den Maya, aber doch vorzuliegen.

Was aber in dieser Schöpfungsgeschichte für uns von Bedeutung ist, ist die Tatsache, dass gerade die „4. Sonne“, die „4. Welt“, die der unsrigen, jetzigen unmittelbar vorausgeht, durch die Flut vernichtet wird. Denn nach unserer Vorstellung begann unsere jetzige Welt nach der Katastrophe von Atlantis mit dem Übergang vom Quartär ins Quintär, in die „Neue Zeit“, und d.h., dass die in der Schöpfungsgeschichte der Azteken erwähnte Flut, die die „4. Sonne“ vernichtete, logischerweise die durch die Atlantiskatastrophe ausgelöste Flut sein müsste.
Doch bevor wir eine endgültige Schlussfolgerung ziehen, betrachten wir auch noch die Vorstellungen der Schöpfungsgeschichte der Inka.

Die Schöpfungsgeschichte der Inka

Wie wir bei den Maya und ihrer Schöpfungsgeschichte eine Unterscheidung vornehmen müssen zwischen den eigentlichen Maya und den Quiché-Maya, so müssen wir im Bereich der Inka, die man gerne, aber fälschlicherweise, als Sammelname für die südamerikanischen Kulturen heranzieht, auch eine Unterscheidung zwischen den eigentlichen Inka, die erst in der Endphase des südamerikanischen Geschehens auftreten und den Anden- und Küstenvölkern Perus sowie den Völkern des tropischen Regenwaldes (Bochica) vornehmen, die als kulturelle Vorläufer der eigentlichen Inka zu betrachten sind.

Viracocha, wie man im Allgemeinen sagt, war der höchste Gott der Inka und Schöpfer des Universums und der menschlichen Rasse. Aber Viracocha, die letzte Manifestation des alten Schöpfergottes bei den Inka, war dem Namen nach schon in allen präinkaischen Zivilisationen bekannt, z.B. als Coniraya Viracocha, auch ein Schöpfergott, aber in diesem Falle der Schöpfergott der Küstenregion. Ob dieser identisch ist mit dem Viracocha der Andenregion, der die Welt am Titicacasee geschaffen hat, konnte bislang nicht geklärt werden.
Die Verwirrung um den Namen „Viracocha“ hatte zur Folge, dass für die Inka selbst der Gott „keinen Namen“ trug. Stattdessen wurde der Gott

von ihnen in den verschiedenen Geschehnissen mit einem Beiwort bedacht, das seine jeweilige Aktivität und Funktion beschrieb. Auch die spanischen Chronisten einigten sich wegen der Verwirrung um den Namen „Viracocha“ darauf, nur noch von „Viracocha“ zu sprechen, was für sie soviel in der Übersetzung bedeutete wie „See der Schöpfung“.
Die Verwirrung um den Namen „Viracocha“ mag ihren Grund und Ursprung darin haben, dass die am Ende über alle Völkerschaften des südamerikanischen Kontinents dominierenden Inka die Mythen dieser Völkerschaften in ihre eigenen Schöpfungsmythen einbanden, um die Völkerschaften nach ihrer Besiegung und Unterwerfung durch die Einbindung für die Dominanz der Inka gefügiger zu machen.

Warum kamen wir auf die vorliegende Unterscheidung zwischen den Völkerschaften der Zentralanden und denen der Küstenregion sowie der eigentlichen Inka und auf die damit letztlich zusammenhängende Verwirrung um den Namen „Viracocha“ zu sprechen?
Es hat seinen Grund darin, dass es, was die Zivilisation des südamerikanischen Raumes betrifft, 2 Schöpfungsmythen gibt, einen „älteren“ und später einen „neuen“, vornehmlich von den eigentlichen Inka propagierten Schöpfungsmythos. Und diese beiden Schöpfungsgeschichten möchten wir jetzt zur Sprache bringen.
Vorauszuschicken ist noch, dass viele der Kulturen der Zentralanden den Titicacasee als Ursprungsort der Sonne, des Mondes und der Sterne sowie der menschlichen Rasse betrachten, wobei, wie man meinte, der See aus den Tränen des Schöpfergottes (Viracocha) entstanden sei, der das in Zukunft unvermeidlich auftretende Leid seiner Geschöpfe beweinte.

Doch kommen wir jetzt zu den Schöpfungsgeschichten des südamerikanischen Raumes. Zunächst zu der „Älteren“ Schöpfungsgeschichte.

Die „Ältere“ Schöpfungsgeschichte der Inka

Die „Ältere Schöpfungsgeschichte“ besagt:

Die 1. Welt, die Viracocha schuf, war eine Welt völliger Dunkelheit. Diese Welt war von Riesen-Menschen bewohnt. Die Riesen verweigerten dem Gott Gehorsam. Daher musste er sie bestrafen. Er bestrafte sie mit einer Sintflut. (Wir behalten: Völlige Dunkelheit und Sintflut.)
Einige von den Riesen verwandelte Viracocha wieder in Stein, die heute noch, wie die späteren Inka glaubten, in den Ruinenstädten von Tiahuanaco und Pukara zu sehen seien. Bei der Sintflut überlebten nur 1 Mann und 1 Frau, und diese schaffte Viracocha nach Tiahuanaco, in die Stadt der Götter.

Dann, in der 2. Welt, wurden von Viracocha die heutigen Menschen und Tiere und Menschen aus Ton geschaffen. Diesen Menschen brachte er Sprache, Lieder und Künste bei und kennzeichnete sie durch verschiedenartige Bemalung, weil er aus ihnen verschiedene Völker zu machen gedachte. Doch nach dem Einhauchen des Lebensgeistes versteckte Viracocha seine Geschöpfe zunächst unter der Erde und befahl ihnen, erst dann aus ihren Höhlen, Seen und Bergen hervorzukommen, um die Welt zu bevölkern, wenn sie gerufen würden.
Da die Welt immer noch dunkel war, wies Viracocha Sonne, Mond und Sterne an, sich aus dem Titicacasee in den Himmel zu erheben, und „es ward Licht“ etc.
Dies sind die Passagen aus der „älteren“ Schöpfungsgeschichte, die für unser Vorhaben von Bedeutung sind. – Erinnern wir noch einmal: völlige Dunkelheit und Sintflut!

Doch kommen wir vor der abschließenden Besprechung noch auf die neuerstandene, die „Neue Schöpfungsgeschichte“ der (eigentlichen) Inka zu sprechen, die unsere, die heutige Welt, die Welt der eigentlichen Inka, als die 5. Welt ansah.

Die „Neue“ Schöpfungsgeschichte der Inka

Diese Schöpfungsgeschichte ist eng verknüpft mit dem Namen „Pachacuti“, ein Quechua-Wort mit dem Sinne „Umwandlung von Zeit und Raum“ (s.o., Kapitel „Zyklushaftigkeit“).

Dabei gingen die Glaubensvorstellungen der Anden- und Küstenvölker in Peru, vor allem später der eigentlichen Inka, dahin, dass, wie bei den Maya und Azteken in Mesoamerika es eine Abfolge von zerstörten und wieder geschaffenen Welten gab. Die Inka selbst betrachteten sich dabei als Bewohner der 5. Welt, wobei jedes der vorhergegangenen Zeitalter genau 1000 Jahre gedauert habe.[94]

Das 1. Zeitalter nach dem „Neuen Schöpfungsmythos" war eine Zeit vollkommener Dunkelheit im wörtlichen und übertragenen Sinne, also der äußeren Finsternis und geistiger Dumpfheit. Die Menschen dieser Zeit „Wiracochuna", „Kamelmenschen", genannt, vegetierten in einem primitiven Leben dahin. Ihren Schöpfer nannten sie Ticci Viracocha oder Pachacamac. – Über das Ende dieses 1. Zeitalters ist nichts ausgesagt. – Erinnern wir noch einmal: Vollkommene Dunkelheit!

In der „2.Welt" lebten die Menschen, „Wari Runa" („Mischlinge") genannt, aufgrund einer frühen Form der Landwirtschaft schon besser. Viracocha war ihr Schöpfer. Dieses Zeitalter endete mit einer Flutkatastrophe. – Behalten wir: Flutkatastrophe!

Die 3. Welt war bevölkert von „Purum Runa" („Wilden") jedoch mit einem wieder gesteigerten Zivilisationsgrad (Spinnen, Weben von Wolle, vielerlei Getreidesorten, Metall- und Edelsteinverarbeitung kannten sie schon.). Feste Städte mit eigenen Königen waren das Merkmal der Zeit, aber auch schon Kriege. Pachacamac war der Schöpfer.

Das 4. Zeitalter war die Zeit der „Auca Runa" (die „Kriegerischen"), vielfach schon als Anfangsgestalten des eigentlichen Inka-Reiches betrachtet. Die Welt war schon in 4 Quadranten, „Weltgegenden" aufgeteilt. Die Menschen waren in Ayllus (Clans) zusammengefasst. Die Technik war vergleichsweise schon hoch. Fortschritte gab es auf allen Ebenen. – Über das Ende des „4. Zeitalters" ist nichts ausgesagt.

---

[94] Das erinnert an die Apokalypse des Johannes, die Millenieristen und an Begriffe wie „1000-jähriges Reich".

Im 5. Zeitalter traten, wie gesagt, die eigentlichen Inka mit ihrem Gott „Inti“ in die Geschichte ein.
Ihr Ende kam mit der Eroberung durch die Spanier, die, um ihr Ziel der Unterwerfung der Inka zu festigen, gar noch ein 6. Zeitalter propagierten, das Zeitalter des „wahren Gottes“, Christus.

Nach Abschluss der Darstellung dieser Schöpfungsgeschichten des südamerikanischen Raumes wollen wir nun zur besseren Übersicht über die Aussagen zu den „Sintfluten“, die zusammen mit dem ständig auch auftauchenden Begriff „Dunkelheit“ eine wichtige Rolle in der Beobachtung und Erkenntnis des Einflusses der Gegebenheiten um Atlantis auf die von ihm dominierten Gebiete in Ost und West spielen, folgende Zusammenstellungen, die die oben angekündigten Schlussfolgerungen vorbereiten, vorlegen:

ZUSAMMENSTELLUNG

I. Die „Sintfluten“ in Platos „Timaios“:

1.) Solon: „Deukaleon und Pyrrha- Sintflut“ als Anstoß für die Äußerungen des Saïs-Priesters.
2.) Der Saïs-Priester (beruhend auf den Archiven der Ägypter):
    a.) schon viele Sintfluten gab es, nicht nur eine,
    b.) die größte (μεγίστη) Sintflut gab es bei der Atlantis-Katastrophe.

II. Die „Sintfluten“ in der sonstigen Weltliteratur:

1.) Gilgamesch-Epos, älteste, der Megasintflut von Atlantis zeitlich am nächsten liegende Darstellung einer Sintflut:
    a.) sumerische Fassung (Utnapischtim);
    b.) babylonische Fassung (Ea und Astrachasis);
2.) A.T. (Bibel): Sintflut (Noah), auf sumerischer Grundlage basierend;

3.) Römer und Griechen: Deukaleon-Sintflut (Ovid, Metam.); auf mesopotamischer Grundlage beruhend: Schaffung neuer Menschen.
4.) Ogyges-Sintflut: erste, älteste bekannte Sintflut im griechischen Raum, wohl identisch mit der im Gilgamesch-Epos beschriebenen Sintflut.
5.) Dardanos-Sintflut: als 3. große Sintflut nach den vorausgehenden Ogyges Sintflut und der Deukaleon-Sintflut.
6.) Die Sintfluten in den Schöpfungsgeschichten des altamerikanischen Raumes, der Azteken, Maya und Inka u. ihrer Vorläufer (s.o.).

III. Erkenntnis, dass die Ursprungsfassung aller o.a. Sintflutgeschichten im östlichen Einflussgebiet von Atlantis die sumerische Fassung der Sintflut des Gilgamesch-Epos ist und dass das Gilgamesch-Epos seinerseits letztlich „gespeist“ ist von den σκοτειναὶ ἀκοαί, von den „dunklen Gerüchten“ über βραχέα σπέρματα aus der Vorzeit, d.h. von den „winzigen Samenkernen“ über Gegebenheiten aus der Blütezeit von Atlantis; das alles bedeutet letztlich, dass am Anfang von allen Sintflutdarstellungen im östlichen Einflussbereich von Atlantis, in Sumer, die σκοτειναὶ ἀκοαί, die „dunklen Gerüchte“ vom Hörensagen in der noch dunklen Zeit, im „Hiat“, über die Mega-Sintflut im Gefolge der Atlantiskatastrophe stehen. Ferner gilt es zu erkennen, dass diese Megasintflut in allen Völkerschaften Altamerikas und ihren Vorläufern ein Trauma hinterlassen hat, das seine Auswirkungen bis in die heutige Zeit hat.

Ein Überblick
soll die obigen Zusammenhänge verdeutlichen:

1.) Point zéro: die Atlantiskatastrophe.

↓

2.) Darüber vorhanden: βραχέα σπέρματα, „winzige Samenkerne" über Atlantis und seinen Untergang.

↓

3.) Weitertragen der o.a. βραχέα σπέρματα
   a.) zuerst durch „dunkle Gerüchte" = σκοτειναὶ ἀκοαί; dies nur oral, da es ja noch keine Schrift gab, sondern alle Menschen ἀγράμματοι waren.
   b.) im weiteren sukzessiv sich steigernde Erkenntnisfähigkeit nach dem Wiederaufkommen der Schrift (s. B. Snell, „Entdeckung des Geistes", und S.295 unserer Ausführungen) und Aufkeimen der σπέρματα nach dem „Hiat" (ab 3500 v. Chr.); Weitertragen der Inhalte der sich weiter entwickelnden Spermata durch echte „Wissensträger".

↓

4.) Sumerisches Gilgamesch-Epos (steht am Ende der oben dargestellten Entwicklung). Es ist „gespeist" von den σκοτειναὶ ἀκοαί (die das Gegenbild darstellen zu der παλαιὰ ἀκοή = den Archiven der Ägypter, die die Quelle für Platos Timaios und Kritias bilden, auch γράμματα ἐκ παλαιοῦ σεσωμένα, etc. genannt.)
Das Gilgamesch-Epos steht zugleich aber auch am Anfang der weiteren Entwicklung der Darstellung der Sintfluten.

Gilgamensch-Epos

↙ ↓ ↘

5.) babylonische Sintflut (Ea und Atrachasis); sie basiert auf dem Gilgamesch-Epos	6.) Bibel-Sintflut (Noah); auch sie basiert auf dem Gilgamesch-Epos	7.) Griechisch-römische Darstellung der Sintflut; Ovid, Metamorphosen; auch sie beruhen auf dem Gilgamesch-Epos

ZUSATZBEMERKUNG:

Die Griechen und Römer verspürten das Bedürfnis, über das Alter der Deukaleonischen Sintflut nachzudenken. Proklos (4. Jh. n. Chr., Kommentar zu Platos Timaios) sagt dazu: Die Deukaleonische Sintflut lag zwischen der älteren Ogyges-Sintflut und der späteren Dardanos-Sintflut, und zwar sagt Proklos dies in einer Weise, dass man annehmen kann, die Ogyges-Sintflut meine die Mega-Sintflut im Gefolge der Atlantiskatastrophe.

DIE SINTFLUTEN IM ALTAMERIKANISCHEN RAUM (nach der „Mythologie der Neuen Welt")

Wir wollen hier auch noch im Anschluss an obige Zusammenstellungen zwecks besseren Überschauens eine Übersicht über die Sintflutdarstellungen und ihre Folgen („Dunkelheit" und „nur Wasser") bei den Maya, den Quiché-Maya, den Aztken und den Völkerschaften des südamerikanischen Raumes, den Vorläufern der Inka, und den eigentlichen Inka vorlegen:

Maya			
	Bewohner	*Zustand*	*Ende*
1. Welt:	Zwerge	Völlige Dunkelheit (entspr. der 2000-jährigen von Muck errechneten Dunkelheit)	1. große Sintflut („haiyococab“ = „Wasser über der Erde“)
2. Welt:	„Beleidiger“	(keine Aussage über Dunkelheit)	Vernichtung durch Sintflut.
3. Welt:	„alte“ Maya (Vorläufer der späteren Maya)	(keine Aussage)	Vernichtung durch Sintflut.
4. Welt:	Mischung aller Lebewesen der vorausgegangenen Welten	(keine Aussage)	Prophezeiung: Vernichtung durch Sintflut.

Quiché-Maya			
	Bewohner	*Zustand*	*Ende*
1. Welt:	Tepen und Gucumatz schaffen Welt und alle lebenden Wesen	Wasser und Dunkelheit („atl“ = Wasser, bei Maya); (s. Berber)	Keine Aussage über das Ende. Aber von Beginn an „Wasser“ und „Dunkelheit“ und Stille.
2. Welt	a.) Tiere und Menschen aus Schlamm	(keine Aussage)	Vernichtung durch Sintflut

	b.) Menschen aus Holz und Binsen	Schwinden der Dunkelheit (in wörtlichem und übertragenen Sinn)	Vernichtung durch Sintflut
	c.) Menschen aus Maisteig	Sonne und Licht und Helligkeit	(keine Aussage über das Ende)

Azteken			
	Bewohner	*Zustand*	*Ende*
1. Welt:	Riesen und Zwerge	(keine Aussage über Dunkelheit)	Durch Jaguare (Quetzalcoatl)
2. Welt:	Menschen (die zu Affen werden)	(keine Aussage über Dunkelheit)	Durch Wind.
3. Welt:	Menschen (‚die zu Vögeln werden)	(keine Aussage über Dunkelheit)	Durch Feuer.
4. Welt:	Menschen (‚ die zu Fischen werden); direkte Vorläufer der Jetztzeit	(keine Aussage über Dunkelheit)	Vernichtung durch Sintflut.
5. Welt:	Heutige Menschen	(keine Aussage über Dunkelheit)	Prophezeiung: Vernichtung durch verheerendes Erdbeben.

Inka I, Vorläufer der Inka: „Ältere Schöpfungsgeschichte“.			
	Bewohner	*Zustand*	*Ende*
1. Welt:	Riesen und Menschen aus Stein	Völlige Dunkelheit	Vernichtung durch Sintflut (Überlebende: ein Mann und eine Frau).
2. Welt:	Heutige Menschen und Tiere	Immer noch gewisse Dunkelheit	(keine Aussage über das Ende)

Inka II, eigentliche Inka: „Neue Schöpfungsgeschichte“.			
	Bewohner	*Zustand*	*Ende*
1. Welt:	Menschen „Wiracochuna“ = „Kamelmenschen“	Völlige Dunkelheit	(keine Aussage über das Ende)
2. Welt:	Menschen „Wari Runa“ („Mischlinge“)	Schwinden der Dunkelheit und Dumpfheit; Anfänge der geistigen Fähigkeiten.	Vernichtung durch Sintflut
3. Welt:	Menschen „Purun Runa“ („Wilde“)	Dunkelheit fast geschwunden; geistige Weiterentwicklung	(keine Aussage) Aber: Es gab schon Kriege.
4. Welt:	Menschen „Auca Runa“ („die Kriegerischen“)	Helle, Licht, geschwundene Dunkelheit; hohe geistige Entwicklung	(keine Aussage über das Ende)

5. Welt:	Inka (selbst) mit Inti	Dunkelheit völlig beseitigt; Geist in voller Blüte; Großreich der Inka	Eroberung durch die Spanier (Beginn)
6. Welt: (von Spaniern vorgetäuscht)	Inka (Inkarri)	Wiedereinsetzende „Dunkelheit“ = Dumpfheit; Verdummung durch Spanier; aber Glaube der Inka an sich selbst (=Inkarri): Spanier Herrschaft nur vorübergehend. – Irrtum der Inka.	Eroberung durch die Spanier, eine „menschliche Sintflut“.

ZUSAMMENSTELLUNG VON ERKENNTNISSEN in 4 Punkten

Kommen wir am Ende aller unserer Überlegungen zu einer Zusammenstellung von Erkenntnissen und Schlussfolgerungen in folgenden 4 Punkten, Erkenntnisse, die wir in der Absicht vorbringen, den Einfluss von Atlantis und von Geschehnissen um Atlantis auf die von ihm dominierten Völkerschaften in östlicher und westlicher Richtung, von Atlantis aus gesehen, darzulegen und damit implizit die Existenz von Atlantis aufzuzeigen.

Erstens: Am Anfang steht die Schilderung des Saïs-Priesters, die wir so, wie sie bei Plato steht, als wahr betrachten, weil sie auf uralten ägyptischen Archiven basiert (Timaios 23a: πάντα γεγραμμένα ἐκ παλαιοῦ τῇδέ ἐστιν ἐν τοῖς ἱεροῖς καὶ σεσωμένα, zuweilen auch einfach παλαιὰ ἀκοή genannt, s. Timaios 20d.) Die Verwalter dieser Archive, die Priester, hatten offenbar einen Zugang zu sehr alten schriftlichen Hinterlassenschaften. (s. Tim. 24a) – Von den Aussagen des Saïs-Priesters sind wichtig für uns:

a.) Aussage über den Untergang von Atlantis, und
b.) Es gab „viele“ Sintfluten, nicht nur eine, und die „größte“ (μεγίστη) war die infolge des Untergangs von Atlantis.

<u>Zweitens:</u> Nicht nur die Archive der Ägypter (Timaios 23: „Alles seit alters her hier Niedergeschriebene und in den Tempeln Aufbewahrte und „Gerettete“, zuweilen auch einfach „παλαιὰ ἀκοή“ genannt.) haben durch die Schilderung des Priesters gemäß Platos Dialogen Erkenntnisse über die Atlantiskatastrophe und die folgende Mega-Sintflut (μεγίστη) hinterlassen, sondern auch die σκοτειναὶ ἀκοαί (Beachte hier die Gegenüberstellung von „παλαιὰ ἀκοή“ = „Archive“ und „σκοτειναὶ ἀκοαί“ = „dunkle Gerüchte“), die „dunklen Gerüchte“ aus der Vorzeit mit ihrer oralen Tradition der βραχέα σπέρματα, der „winzigen Samenkerne“, welche Kunde über Ereignisse aus der Blütezeit von Atlantis, seinen Untergang und die sich anschließende Mega-Sintflut „in nuce“ enthalten; auch diese σκοτειναὶ ἀκοαί also haben Erkenntnisse über die Geschehnisse um Atlantis hinterlassen, und zwar in der ersten zeitlich der Megasintflut am nächsten gelegenen literarisch bekannten Fassung einer Sintflut, im sumerischen Gilgamesch-Epos.

Das Gilgamesch-Epos seinerseits hat dann offenbar Einfluss ausgeübt auf die Babylonische Fassung der Sintflut (Ea und Atrachasis), auf die Bibel (Noah) und auf Ovid (Deukaleon und Pyrrha), und ein Vergleich mit den Sintflutdarstellungen der Maya, Azteken und Inka und ihrer Vorläufer macht offenbar, dass diese Völkerschaften mit ihren Darstellungen des Sintflutgedankens ein <u>Trauma</u> verarbeiten, ein Trauma, das, ausgehend offenbar von der Mega-Sintflut beim Untergang von Atlantis, sich über Jahrtausende, selbst über die schriftlose Zeit der „Dunkelheit“ und des „Hiats“ hinweg, bis in die heutige Zeit erhalten hat

Wir müssen also nach dem oben Gesagten, um unsere Argumentation für einen Beweis der Existenz von Atlantis vorzubringen, 3 Quellen für das Wissen um die Darstellung der Atlantiskatastrophe sehen und festhalten:

1.) die Archive der Ägypter (die παλαιὰ ἀκοή)[95], die in Platos Dialogen verwertet sind,
2.) die „dunklen Gerüchte“ (die σκοτειναὶ ἀκοαί), die im Gilgamesch-Epos verwertet wurden, tradiert durch „Wissensträger“ (noch mehr oder weniger großer Qualität), und
3.) die Atlantiskatastrophe und ihre Mega-Sintflut selbst, die im altamerikanischen Raum, vornehmlich bei den Inka und Maya und ihren Vorläufern, ein Trauma auslöste, das sich seit Jahrtausenden erhalten hat, bis in unsere Tage (diese Megasintflut ist von O.H. Muck geophysikalisch exakt begründet).

Drittens: O.H. Muck, „Alles über Atlantis“, legt den geophysikalischen Beweis vor für die als wahr anzusehenden Aussagen des Saïs-Priesters, sinngemäß seine akribische Beweisführung abschließend mit dem Gedanken: Nichts, was bei Plato steht, verstößt gegen die Gesetze der Logik oder ist naturwissenschaftlich nicht beweisbar. (Muck, a.a.O. S,47; s. auch ebenda, S.90)
Muck legt also mit geophysikalischer Akribie den Beweis vor für

a.) den Untergang von Atlantis,
b.) die Mega-Sintflut im Gefolge des Planetoïdeneinschlags und...
c.) die 2000-jährige Dunkelheit ab der Zeit direkt nach dem Untergang.

Wir können auf den Überlegungen Mucks und eigenen aufbauend, eine Zeitgliederung ab der Zeit der Katastrophe bis zum Ende des Hiats und darüber hinaus aufstellen:

9.650 v. Chr.: Katastrophe und Megatsunami,

[95] Die „Archive“ der Ägypter sind bei Plato, Timaios in folgenden Stellen erwähnt: Tim. 23a: πάντα γεγραμμένα ἐκ παλαιοῦ ... ἐν τοῖς ἱεροῖς σεσωμένα, Tim. 23 e: ἐν τοῖς ἱεροῖς γράμμασιν, Tim. 24a: αὐτὰ τὰ γράμματα, Tim. 22e: τἀνθάδε σῳζόμενα παλαιότατα, sowie kurzgefasst in Tim. 20d: ἐκ παλαιᾶς ἀκοῆς. Die „dunklen Gerüchte“ sind bei Plato, Kritias erwähnt: Kritias 109e: σκοτεινὰς περὶ ἑκάστων τινὰς ἀκοάς, sowie in Timaios 23a: ἀκοῇ.

bis	7.650 v. Chr.:	völlige Dunkelheit (Dunkelnebelwolken), „tiefster Hiat“,
bis	3.500 v. Chr.:	die Zeit des „Hiats“,
ab	3500 v. Chr.:	Aufkeimen der βραχέα σπέρματα, die vorher über die Zeit der völligen „Dunkelheit“ und des „Hiats“ durch σκοτειναὶ ἀκοαί, von „Wissensträgern“ tradiert, hinweggerettet wurden.

Viertens: In diese Zeitaufgliederung passen genau die von den meso- und südamerikanischen Völkerschaften der Maya, Inka, Azteken und ihrer Vorläufer niedergeschriebenen Schöpfungsgeschichten mit der ständig auftauchenden „völligen Dunkelheit“ der fast durchgängig erwähnten „Vernichtung durch eine Sintflut“, sowie der sukzessiv sich steigernden „geistigen Aufwärtsentwicklung“ (Bruno Snell, „Entdeckung des Geistes“, s.o.) der in den aufeinanderfolgenden Welten vorkommenden Menschen, eine geistige Aufwärtsentwicklung, die gerade in der Tabelle S.324-325 über die Inka II besonders deutlich wird, ebenso S.323 über die Azteken.

Die Maya sprechen davon, dass am Anfang ihrer „1. Welt“ auf Erden „völlige Dunkelheit“ herrschte, und sie sprechen davon, dass alle ihre „Welten“, 4 an der Zahl, durch eine gewaltige Sintflut („haiyococab“ = „Wasser über der Erde“) ihr Ende fanden. Bei den Maya und ihren Vorläufern muss, wie wir es auch für den östlichen Einflussbereich von Atlantis feststellen können, mit der ständigen Erwähnung und Darstellung der Sintflut in allen ihren „Welten“ die Verarbeitung eines Traumas vorliegen, zumal auch für die letzte Welt, in der sie leben, eine Zerstörung durch eine Sintflut prophezeit wird, ein Trauma, das sich über Jahrtausende seit der Atlantiskatastrophe erhalten hat.

Nicht anders bei den Quiché-Maya. Für sie gab es auch am Anfang ihrer „1. Welt“, wie es da heißt „nur Wasser und Dunkelheit“. Bei der weiteren Entwicklung ihrer „Welten“, die bei ihnen nicht so strikt wie bei den Maya selbst („1. Welt“ bis „4. Welt“) aufgegliedert sind, wurden die beiden ersten „Welten“ auch durch eine Sintflut vernichtet. – Also auch hier: „Wasser und Dunkelheit“ und „Sintflut“. Keine Aussage wird bei ihnen gemacht über die letzte Phase der Welt, der jetzigen Menschen, die aus dem Maisteig geformt sind.

Wie ist es bei den Azteken? Die Erwähnung der „Dunkelheit“ am Anfang ihrer „5 Welten“ ist hier offenbar nicht so sehr herausgestellt. Auch in der Beschreibung des Endes ihrer 5 Welten sind als Zerstörer angegeben:

1.) Jaguare
2.) der Wind
3.) das Feuer
4.) die Sintflut
5.) Prophezeiung des Endes durch ein verheerendes Erdbeben.

Wollen wir hier eine Beziehung zu den Ereignissen um Atlantis herstellen, so können wir sagen, dass Sintflut, Feuer, Wind und Erdbeben sicherlich in den „atlantischen Rahmen“ hineinpassen, dass die Jaguare aber eine spezielle Erscheinung der Zerstörung bei den Azteken sind.

Im Ganzen gesehen, scheint mir das Trauma der Sintflut bei den Quiché-Maya weniger ausgeprägt zu sein als bei den Maya selbst und noch eine Nuance weniger bei den Azteken.

Kommen wir auf die Inka und ihre Vorläufer zu sprechen! – Hier müssen wir von den 2 Schöpfungsgeschichten ausgehen, einer „älteren“ (der Vorläufer) und einer später entwickelten „neuen“ Schöpfungsgeschichte, die vor allem von den eigentlichen Inka geprägt und propagiert wird. (s.o.)

Die „<u>ältere</u>“ Schöpfungsgeschichte spricht – also auch hier – von „völliger Dunkelheit“ am Beginn der „1. Welt“, und von einem Ende durch die Sintflut.

Die 2. Welt“ dieser älteren Schöpfungsgeschichte spricht davon, dass immer noch Dunkelheit herrscht und dies für die „heutigen“ Menschen und Tiere („heutig“, d.h. der Zeit des „Hiats“ entsprechend).

Die „neue“ Schöpfungsgeschichte der Inka selbst, die eng verknüpft ist mit dem Begriff „Pachacuti“, beschreibt ihre „5 Welten“ folgendermaßen:

Das „erste Zeitalter“ ist „von völliger Dunkelheit“ beherrscht, und vergleichbar der äußeren Dunkelheit der Welt sind auch ihre Menschen, „Kamelmenschen“ („Wiracochuna“), eine Auswirkung offenbar der physischen Dunkelheit, eine geistige Dunkelheit, eine Dumpfheit.
Über das Ende dieser Welt liegt keine Aussage vor.

Von der „2. Welt“ mit „Mischlingen“ als Menschen (= „Wari Runa“), bei denen sich erste Anfänge der geistigen Fähigkeiten zeigen, also ein geringes Schwinden der geistigen „Dumpfheit“, ist gesagt, dass sie in einer Sintflut endet.

Die „3. Welt“, bewohnt von „Wilden“ („Purun Runa“), lässt dennoch geistige Weiterentwicklung erkennen. – Über das Ende dieser Welt wissen wir nichts. Kriege aber zeichneten sich schon ab.

Die „4. Welt“, von den „Auca Runa“, den „Kriegerischen“, bewohnt, ist schon geprägt von einem hohen geistigen Entwicklungsstand, d.h. dem völligen Schwinden der geistigen Dunkelheit und Dumpfheit. – Über das Ende dieser Welt kennen wir wieder keine Aussage.

Die „5. Welt“, die Welt der eigentlichen Inka selbst mit ihrem Sonnengott INTI, ist die Zeit des Inkagroßreiches. Der Geist steht zu dieser Zeit in voller Blüte, es gibt keine geistige Dumpfheit mehr. – Das Ende der „5. Welt“ kommt mit der kriegerischen Eroberung der Inka durch die Spanier, eine „menschliche Sintflut“.

Eine „6. Welt“ ist von den siegreichen Spaniern zum leichteren Erreichen ihrer Dominanz vorgetäuscht. Man könnte diese „6. Welt“ als eine Art „Wiederverdunkelung“, eine Art „Verdummung“ der Inka betrachten, d.h. wieder ein Rückschritt in der bis in die „5. Welt“ sich abzeichnenden ständigen geistigen Aufwärtsentwicklung des Volkes der Inka.

Der Glaube der Inka „an das eigene Selbst“ aber, entgegengesetzt dem oben angeführten Bemühen der Spanier, tut sich kund in der Gestalt des Inkarri, dessen Legende besagt, dass Inkarri (= Inka + rey = Inka-König) ins Inkareich zurückkommen werde und die Herrschaft der Spanier nur eine vorübergehende wäre. Diesem Ansturm gegen die wiedereinsetzende „Verdunkelung“ des Geistes durch die Spanier, gegen die „Verdummung“, war aber kein Erfolg beschert.

Wenn wir eine Summe der oben angeführten Erscheinungsformen der „Welten“ vornehmen, so können wir hier abschließend sagen: Überall „Dunkelheit“ und „nur Wasser“ zunächst, ein Beweis, dass die Mega-Sintflut der Atlantiskatastrophe auch noch nach Jahrtausenden ihre Spuren, ja ein Trauma bei den Inka und ihren Vorläufern hinterlassen hat, aber dass es auf der anderen Seite doch eine ständige geistige Aufwärtsentwicklung gibt, die sich über die „5 Welten“ hinweg zeigt.

Wir wollen noch darauf hinweisen, dass bei allen meso- und südamerikanischen Volksstämmen die sich ab ihrer jeweilig „ersten Welt“ abzeichnende geistige Aufwärtsentwicklung bis hin zur „letzten Welt“, in der sie jeweils leben, in genau paralleler Weise verläuft zu der von uns vorgenommenen Aufgliederung der Zeit im östlichen Einflussbereich von Atlantis ab dem Zeitpunkt der Atlantiskatastrophe über den „Hiat“ hinweg bis hin zu dem Aufkeimen der βραχέα σπέρματα etwa 3500 v. Chr., wo wir auch von „Wissensträgern“ noch dürftigen Wissens, das gespeist ist von den σκοτειναὶ ἀκοαί am Anfang und während des „Hiats“, sprechen können, gegen Ende des „Hiats“ aber, sukzessiv aufhellend mit Gilgamesch, den Iberern, Basken, Etruskern, Italern und Hebräern etc. geistig höher stehende „Wissensträger“ der βραχέα σπέρματα im östlichen Einflussbereich auftreten (s.o.), die ihr

Pendant in dem altamerikanischen Raum in den Kulturheroen haben. (s. auch die Bemerkung des Babyloniers Berosus über die „apkallú" und die „ummânu", im sumerischen Raum; s.o.)
Anstoß etwa daran zu nehmen, dass die meso- und südamerikanischen Völkerschaften bei der Darstellung ihrer „Welten", jeweils, fast bei jeder einzelnen dieser „Welten", von einer Sintflut sprechen und dass darum nicht die Mega-Sintflut von Atlantis gemeint sein könne, ist entgegenzuhalten, dass bei allen diesen Völkerschaften am Anfang der 1. ihrer Welten jeweils eine Sintflut erscheint, die u.E. mit der atlantischen Sintflut gleichzusetzen ist, während hingegen mit den weiterhin genannten Sintfluten ab der jeweils „2. Welt" der einzelnen Völkerschaften die vom Saïs-Priester erwähnten „vielen" Sintfluten gemeint sind, deren ständige Darstellungen bei der Vernichtung der einzelnen Welten ja gerade ein Beweis für die Traumatisierung dieser Völkerschaften durch die Mega-Sintflut der Atlantiskatastrophe auch noch nach Jahrtausenden sind.[96]

Zum Abschluss eine Zusammenstellung als mnemotechnische Handhabe zum Überdenken aller vorausgehenden Überlegungen

MNEMOTECHNISCHE HANDHABE

Die Argumente für die Existenz von Atlantis und seinen Untergang sind gegeben durch:

1.) die Archive (παλαιὰ ἀκοή) der Ägypter, die in den Dialogen Platos Verwertung finden,
2.) die „dunklen Gerüchte" (σκοτειναὶ ἀκοαί), die im Gilgamesch-Epos verwertet sind,
3.) das Trauma aller altamerikanischen Volksstämme (Azteken, Maya, Inka und ihrer Vorläufer), ausgehend von der Mega-

[96] Auch die von uns S.16-17 erwähnten Sintfluten im direkten Gefolge der Atlantiskatastrophe sind nicht die vom Saïs-Priester genannten „vielen" Sintfluten, sondern die 4 von uns genannten Fluten stehen in enger Beziehung zur Katastrophe selbst und sind sozusagen mit der ersten, 3 km hohen Tsunami-Welle in einem Atemzug zu nennen.

Sintflut bei der Atlantiskatastrophe und der „Dunkelheit" im Gefolge dieser Katastrophe, (s. vor allem auch den „Nulltag A" der Maya).[97]

4.) Otto H. Mucks geophysikalische Begründung und Beweis der Katastrophe (s.o., S. 13-20)
5.) Die linguistischen Überlegungen (S.73-104 [Essay]), die ein Vorkommen der „tl̥-/tr̥-" Wortwurzel
    a.) in Atlantis („Atlas")
    b.) im östlichen Einflussbereich und
    c.) im westlichen Einflussbereich von Atlantis aufzeigen
6.) Alle o.a. vergleichbaren Erscheinungen in dem östlichen und westlichen Einflussbereich von Atlantis: 1.) Sprache, 2.) Religion, 3.) Architektur, 4.) Kolonialwesen, 5.) Religiöse Führerschaft und Kulturheroentum, 6.) Molochkultur, 7.) Ahnenkult, 8.) Zeichen und Symbole der Macht, 9.) Schrift (Hieroglyphen), 10.) Geschwisterehe, 11.) Déformation crânienne, 11.) Trepanation, 12.) Mumifikation, 13.) Zyklushaftigkeit des Werdens und Vergehens, 14.) Sintfluten.

’ΕΞΙΤΗΛΟΣ

Am Ende aller unserer Überlegungen, vornehmlich auch, um letztlich den bei Plato, Kritias 121a, auftauchenden Begriff „ἐξίτηλος" etymologisch und damit gedanklich genau zu interpretieren, gehen wir der Frage nach:

Welches ist der Grund, dass Atlantis untergegangen ist?

[97] Im östlichen Einflussbereich von Atlantis lag dieses Trauma ursprünglich auch vor, ist aber durch die seit langer Zeit erfolgten Darstellungen der Sintfluten schon viel stärker „verarbeitet" und kommt daher nicht mehr so stark zur Geltung.

2 Antworten auf diese Frage sind je nach Sichtweise der Dinge möglich.

1.) Die Weltkatastrophe von Atlantis war ein reines Naturereignis, verursacht durch den Planetoïdeneinschlag und seine Folgen.
2.) Die Weltkatastrophe von Atlantis war eine Bestrafung für die Menschheit, d.h.: eine ethische Motivation steht hinter diesem Ereignis,
    z.B.:
    a.) im Gilgamesch-Epos
    b.) in der Bibel
    c.) bei Plato
    d.) bei Ovid
    e.) bei den altamerikanischen Völkerschaften der
        α.) Maya
        β.) Azteken und
        γ.) Inka
        und den Vorläufern

Alle Untergangsdeutungen weisen die ethische Motivation auf, alle weisen also eine Bestrafung auf.

Zum Gilgamesch-Epos

Schon das Gilgamesch-Epos als erstes nach der Katastrophe niedergeschriebenes Epos in seiner Sintflutdarstellung geht nicht – so sieht es aus – von einem „reinen Naturereignis" der Katastrophe aus; ganz besonders wird in den von der Beschreibung der Sintflut des Gilgamesch-Epos beeinflussten, d.h. in allen nach ihm folgenden Darstellungen, die ethische Motivation für die Bestrafung der Menschheit betont.

Diese Sichtweise der Katastrophe, diese ethische Motivation der Katastrophe – das wollen wir an dieser Stelle hinzufügen – mag der

Grund dafür sein, dass man so lange an Platos Darstellung als „von Plato wirklich so gemeint?“ Zweifel hegte und die Integrität des Philosophen in Zweifel zog.
Doch dass Plato als Ethiker des 5./4. Jahrhunderts v. Chr., zu einer Zeit, als der Mensch in den Mittelpunkt des philosophischen Denkens nach der vorausgehenden naturwissenschaftlichen Periode der Philosophie der Vorsokratik (von den ionischen Naturphilosophen über die Pythagoräer, Eleaten bis zu den jüngeren Naturphilosophen) rückte, dass also Plato, und vorher auch schon das Gilgamesch-Epos, die Bibel und danach Ovid und die altamerikanischen Völkerschaften das ethische Moment aufgriffen, ist für eine in dem Zeitpunkt der jeweiligen geistigen Entwicklung, d.h. in der Zeit der „Entdeckung des Geistes“ (s. Bruno Snell, Die Entdeckung des Geistes) erreichte Geistesposition, eigentlich eine zwangsläufige Folge.
Aber auch folgendes ist hier gleich zu betonen: Das Auftreten dieser ethischen Motivation der Bestrafung der Menschen tut der Tatsache des „reinen Naturereignisses“ keinen Abbruch. Die Weltkatastrophe von Atlantis ist zu betrachten trotz aller ethischen Begründung als ein wirklich geschehenes Naturereignis, geschehen durch den Planetoïdeneinschlag und alle seine Folgen (s.u.).

Diese unsere Sicht der Dinge, die wir hiermit ausgedrückt und dargestellt haben, müssen wir jetzt anhand der überlieferten Unterlagen begründen!

Wir sagen also: Bereits in der Beschreibung der Sintflut im Gilgamesch-Epos wird eine ethische Motivation der Bestrafung der Menschen angegeben.
Utnapischtim erzählt Gilgamesch, der auf der Suche nach dem ewigen Leben ist, welches Utnapischtim schon erlangt hat, die Sintflutgeschichte, die er, Utnapischtim, in folgender Weise überstanden hat: Um die Menschen, denen er zürnte, auszurotten, hat Enlil, der Sohn des Himmelsgottes, beschlossen, eine Sintflut über die Menschen zu schicken etc. Die Menschen müssen wegen ihrer Missachtung der alten Werte, ihrer Arroganz, ihrer Hybris und ihrer Habgier „ausgerottet“ werden, so Enlil.

Hier wird also schon eine ethische Motivation für den Zorn des Enlil und der folgenden Bestrafung der Menschen durch „Ausrottung“ angegeben. Die Ausrottung wird als ein von Enlil vorgeschriebenes Ereignis in der Art „quod dixi, dixi“ dargestellt; Enlil locutus, causa finita.

Der menschenfreundliche Gott Ea, der Gott der Weisheit, im Gegensatz zu dem menschenfeindlichen Gott Enlil, warnt Utnapischtim in einem Traum vor dem drohenden Verhängnis, ein Schiff zu bauen etc.
Nachdem die Sintflut vorüber ist, ergrimmt Enlil noch einmal darüber, dass jemand der Sintflut entkommen ist. Doch durch kluge Worte des Gottes Ea wird Enlil nach einem Opfer Utnapischtims, das von den versammelten Göttern wohlgefällig angenommen wird, beschwichtigt und befiehlt gar am Ende Utnapischtim und seinem Weibe niederzuknien; und Enlil segnet beide und erhebt sie zu unsterblichen Göttern.

Zur Bibel

Ähnlich wie im Gilgamesch-Epos liegt der Fall in der Bibel (AT 6), wo eine ethische Motivation seitens Jahwes für die Bestrafung der Menschen angegeben wird:
„Als der Herr sah, dass der Menschen Bosheit groß war auf Erden und alles Sinnen und Trachten ihres Herzens nur böse war immerdar, da reute es ihn in seinem Herzen und er sprach: ‚Ich will die Menschen, die ich geschaffen habe, vertilgen von der Erde, vom Menschen an bis zum Vieh und bis zum Gewürm und bis zu den Vögeln unter dem Himmel; denn es reut mich, dass ich sie gemacht habe‘ Aber Noah fand Gnade vor dem Herrn.“
Gründe werden hier angegeben für die Vertilgung der Menschen durch Gott damit, dass Gott es bereut, den Menschen geschaffen zu haben, den Menschen, dessen Bosheit groß ist und dessen ganzes Sinnen und Trachten immerdar nur auf Böses ausgerichtet ist.

Noch deutlicher und näher begründet als in der Bibel, auch ähnlich wie im Gilgamesch-Epos, wird die ethische Motivation für die Vernichtung der Menschen in Plato, Kritias. Plato, Kritias 120e ff. bringt eine breitangelegte Motivationsbegründung für die von Gott vorgesehene Bestrafung (Krit. 121b: δίκην ἐπιθεῖσθαι), welche „Bestrafung" wir in Timaios 23c: „ὑπὲρ τὴν μεγίστην φθορὰν ὕδασιν" vorfinden, „die größte Verheerung also im zeitlichen Ablauf der vielen Sintfluten", wobei die Deukaleonische Sintflut dem Saïs-Priester nur Anlass bietet, die Athener als „immerwährende Kinder" zu bezeichnen, die an Kindermärchen glauben, weil sie keine Archive mit Unterlagen über die geschichtlichen Ereignisse besitzen.

Zunächst: Die „größte Verheerung", von der hier gesprochen wird, ist also die Verheerung durch die Atlantiskatastrophe, die Tim. 25c-d in der Kernstelle des Dialogs mit den Worten erwähnt wird:
... σεισμῶν ἐξαισίων καὶ κατακλυσμῶν γενομένων, μιᾶς ἡμέρας καὶ νυκτὸς χαλεπῆς ἐπελθούσης, τό τε παρ' ὑμῖν μάχιμον ἀθρόον ἔδυ κατὰ γῆς, ἥ τε 'Ατλαντὶς νῆσος ὡσαύτως κατὰ τὴν θάλατταν δῦσα ἠφανίσθη.
Übersetzt:
„Als ... gewaltige Erdbeben und Überschwemmungen auftraten, versank während eines einzigen schrecklichen Tages und einer schrecklichen Nacht eure ganze Heeresmacht mit einem Male unter der Erde, und in gleicher Weise verschwand auch die Insel Atlantis, indem sie in das Meer versank."

Doch nun zu Platos Motivationsbegründung für die „Bestrafung" (δίκη; Krit. 121b). Wir finden hier eine breitausgelegte, weitausgemalte Begründung für eine Bestrafung durch den „Gott der Götter" vor, die wir bei Beobachtung der heute von uns übersehbaren geschichtlichen Ereignisse nur als berechtigt ansehen können (Kritias 120e ff.)

Die allmähliche Entartung der Atlanter, die zu dem Einschreiten des obersten Gottes, des „Gottes der Götter" (Krit. 121b: θεὸς δὲ ὁ θεῶν Ζεύς) führte, nahm ihren Ausgang, nachdem die „Natur des Gottes" in den Atlantern und ihr Gehorsam gegenüber dem „Göttlichen" zu schwinden begannen. Vorher war ihre „Gesinnung" (φρονήματα) wahrhaftig und großherzig, sie „paarten Sanftmut mit Vernunft" (πραότητι μετὰ φρονήσεως). Sie missachteten alles „außer der Tugend" (Krit. 120 e: πλὴν ἀρετῆς), Gold und Reichtümer waren ihnen eine Bürde (das erinnert an die Inka!). Sie waren „nicht trunken vor Üppigkeit" (οὐ μεθύοντες ὑπὸ τρυφῆς), und nicht waren sie auf Grund des Reichtums ihrer selbst nicht mächtig; sie „kamen deshalb nie zu Fall" (ἐσφάλλοντο). „Nüchtern" (νήφοντες) erkannten sie „mit Scharfsinn" (ὀξύ), dass alle diese Güter nur durch Tugend und gegenseitige Freundschaft gedeihen können, dass aber durch „übertriebenes Streben" (σπουδῇ) nach diesen Gütern und besondere Wertschätzung (τιμῇ) dieser Güter diese selbst sowie jene mit ihnen „zugrundegehen" (φθίνει).

Zusammenfassend ist zu sagen:

Solange also die göttliche Natur in den Atlantern blieb, gedieh ihnen all dies oben positiv Geschilderte.

Als aber „der Anteil des Gottes" (ἡ τοῦ θεοῦ μοῖρα) schwand, weil er vielfach und häufig mit Sterblichem vermischt wurde und der menschliche Charakter die Oberhand gewann, da vermochten sie bereits nicht mehr ihre Lebensumstände zu meistern, „benahmen sich schändlich" (ἠσχημόνουν) und erschienen dem, der sehen konnte, „schandhaft" (αἰσχροί), indem sie das Schönste unter allem echt Wertvollen zugrunderichteten.

Von denen aber, die nicht imstande waren, ein wahrhaft zur Glückseligkeit führendes Leben zu erkennen und anzustreben, wurden sie „erst recht für vollkommen schön und glückselig" gehalten (Kritias 121b) (μάλιστα παγκαλοὶ μακάριοί τε), obwohl sie doch erfüllt waren" von ungerechter Habgier" (πλεονεξίας ἀδίκου) und „Machtgelüste" (δυνάμεως).

Soweit die ethische Motivationsbegründung für die Bestrafung der Atlanter bei Plato.

Was nun hier einer besonderen Beachtung wert ist, ist die Tatsache, dass der „Gott der Götter", Zeus, den Atlantern zwar für ihr o.a. Verhalten „eine Bestrafung auferlegen will" (δίκην ἐπιθεῖναι βουληθείς), doch sein Zweck, den er mit dieser Bestrafung verfolgt, ist es, die Atlanter, „wenn sie wieder zur Besonnenheit gebracht sind, wieder verständiger zu machen" (ἐμμελέστεροι σωφρονισθέντες). Denn das „wackere Geschlecht" (ἐπιεικὲς γένος) will Zeus nicht „in dem beklagenswerten Zustand" belassen (ἀθλίως διατιθέμενον γένος).

Die Tatsache, dass Zeus „alle Götter" im Mittelpunkt der gesamten Welt versammelte, zeigt, wie wichtig es Zeus mit dieser Bestrafung, die also eine „Läuterung" (καθαίροντες)[98] nach sich ziehen sollte, war.
Die oben geschilderte Entartung der Atlanter und ihre Folgen manifestierten sich in besonderer Weise in dem (Timaios 25b: αὕτη πᾶσα δύναμις...) geschilderten Versuch der Atlanter, „euer und unser Land" (sc. das athenische und das ägyptische Land) diesseits der Säulen des Herakles „in einem Anlauf zu unterjochen" (μιᾷ ... ὁρμῇ δουλοῦσθαι [Tim. 25b]). Damit wäre der πλεονεξία, dem „Immer-mehr-haben-wollen" eines hybrishaften imperialistischen Staates[99], das in der Unterjochung eines Nachbarstaates bestünde, dann Genüge getan.

Doch hier war die vom Saïs-Priester geschilderte gewaltige Macht der Athener davor, und es gelang den Athenern, zunächst in einer Koalition mit anderen, dann, nach dem Abfall dieser, allein, auf sich gestellt, die

---

[98] Der Begriff καθαίροντες erinnert an die christliche Taufe, bei der auch durch Reinigung mit „Wasser über den Kopf" die Erbsünde hinweg gewischt wird. Ähnlich auch in der Beichte, die auch einen „Erlass der Sünden" nach sich zieht. – Man denkt bei dem Begriff καθαίροντες auch an die „Katharer", deren Name sich auch von καθαίρω = „reinigen" ableitet: Katharer = die „Reinen"; auch an die Katharsis der griechischen Tragödie und die „Reinigung" beim „Neufeuerfest" der Azteken (s.o.).

[99] Zu πλεονεξία, s. auch Thukydides, Pelop. Krieg VI: sizilische Expedition, wo auch genau wie bei Plato der Begriff πλεονεξία für die Entartung zum Imperialismus die wichtige Rolle spielt.

Angreifer zu besiegen und damit die noch nicht von den Atlantern Unterjochten vor einer „Versklavung“ zu schützen und die Freiheit aller innerhalb der Säulen des Herakles Wohnenden in großzügiger Weise zu gewährleisten (Tim. 25c).

Während man diesen Sieg der Athener über die Atlanter schon als eine Bestrafung für die Hybris der Atlanter ansehen könnte, kommt im weiteren Verlauf des Timaios die eigentliche, die große Bestrafung der Atlanter, die aber gleichzeitig den Untergang der athenischen Heeresmacht mit sich bringt, zur Sprache:
Später traten „gewaltige Erdbeben und Überschwemmungen“ auf (σεισμῶν ἐξαισίων καὶ κατακλυσμῶν), mit anderen Worten: „Feuer und Wasser“ (ἐκπυρώσεις und κατακλυσμοί), und an einem einzigen schrecklichen Tag und in einer schrecklichen Nacht versank eure ganze (sc. die athenische) Heeresmacht unter die Erde, und in gleicher Weise verschwand auch die Insel Atlantis, indem sie in das Meer versank.“ (ἥ τε 'Ατλαντὶς νῆσος ὡσαύτως κατὰ τῆς θαλάττης δῦσα ἠφανίσθη), (Tim. 25c-d)

Eine Frage an diesem Punkte der Darstellung ist zu stellen: Dass die Atlanter durch den Untergang ihrer Insel bestraft wurden, passt in das o.a. Motivationsschema hinein; aber wieso, müssen wir uns fragen, auch die gesamte athenische Heeresmacht, die doch eigentlich nichts Frevelhaftes tat, im Gegenteil, Gutes leistete? –

Hier wird eindeutig klar, dass Plato als Ethiker seiner Zeit, wie das Gilgamesch-Epos und auch die Bibel, mit seiner Motivationsbegründung für den Untergang von Atlantis lediglich ein ethisches Moment in den Ablauf des reinen Naturereignisses (sc. Untergang von Atlantis durch den Planetoïdeneinschlag) hineinbringt, und dieses ethische Moment kann nach der gesamten Darstellung nur im Hinblick auf die Atlanter gemeint sein, die Heeresmacht der Athener hingegen fiel einfach, leider auch, meint Plato wohl, dem gewaltigen Naturereignis, dem blinden Wüten der Natur, schuldlos zum Opfer.

Hier müssen wir auf Folgendes zu sprechen kommen:

<u>Etymologisierung von ἐξίτηλος</u>

Einen Gedanken in der Motivationsbegründung Platos halten wir wegen der sprachlichen Komponente der Stelle für unbedingt bedenkenswert und die unzulängliche Interpretation des Begriffes ἐξίτηλος (Kritias 121a) bis zum heutigen Tage möge damit ein Ende finden:
Kritias 121a:
ἐπεὶ δ'ἡ τοῦ θεοῦ μὲν μοῖρα ἐξίτηλος ἐγίγνετο ἐν αὐτοῖς...
Für diese Stelle liest man in allen mir bekannten Übersetzungen :
„Als der Anteil des Gottes in ihnen schwand..."

Schon die griechischen Wörterbücher:

1.) C. Alexandre (französische Ausgabe), Hachette, Paris 1848, gibt für ἐξίτηλος die Bedeutungen an:
   a.) qui se réduit à rien,
   b.) qui s'évapore,
   c.) qui s'efface etc.
2.) Benseler (Kaegi), Teubner, Leipzig 1911, gibt für ἐξίτηλος die Bedeutungen an:
   a.) leicht ausgehend
   b.) ἐξίτηλος ἔσεσθαι (γίγνεσθαι) = vergehen, verlorengehen, verschwinden, ausgerottet werden, aussterben.

Es folgt dann bei Benseler ein Verweis auf das Verbum ἔξειμι (2), wo für Sachen und Zustände folgende Bedeutung angegeben wird:

a.) vergehen
b.) vorübergehen
c.) zu Ende kommen
d.) aufhören.

3.) Menge-Güthling, Langenscheidt, Berlin 1962, gibt für ἐξίτηλος die Bedeutungen an:

a.) leicht ausgehend
b.) schnell vergehend
c.) verschwunden, vertilgt, vernichtet

Es folgt dann, wie bei Benseler, hier:
ἐξίτηλος γίγνεσθαι = ausgerottet werden, vergehen, verschwinden, aussterben.

Sowohl Benseler als auch Menge-Güthling verweisen dann auf das Verb: ἔξειμι im Zusammenhang mit ἐξίτηλος:

1.) herausgehen
2.) von Sachen und Zuständen: vergehen, vorübergehen, zu Ende kommen, ablaufen, aufhören

Und diese beiden letztgenannten Wörterbücher bringen dann für eine Erklärung des Wortes ἐξίτηλος (Krit. 121a) folgende Verbaladjektive zur Sprache:

1.) ἐξι(τη)τέον von ἔξειμι = man muss hinausgehen
2.) ἐξιτόν ἐστιν τινι = jemand kann hinausgehen

Doch inwiefern, muss hier gefragt werden, soll ἐξίτηλος γίγνεσθαι die Bedeutung haben:

schwinden, vergehen?

Diese Übersetzung hätte zur Voraussetzung, dass das Wort ἐξίτηλος, wenn es denn eine Form von ἔξειμι wäre, ein Verbaladjektiv wäre, was es aber eindeutig nicht ist.
Die Verbaladjektive ἐξιτέον („man muss hinausgehen“) und ἐξιτόν („man kann hinausgehen“) sind so, wie sie da stehen, grammatikkonform, doch schon das als identisch mit ἐξιτέον angegebene ἐξιτητέον entbehrt ganz und gar der grammatischen Erklärbarkeit.

Frage nun: Warum gehen wir in dieser Weitläufigkeit auf die Problematik des Wortes ἐξίτηλος ein? –
Antwort: Wir gehen deshalb in der vorliegenden Weitläufigkeit darauf ein, weil wir uns nicht zufriedengeben können mit einer nach der Grammatik unmöglichen Übersetzung: sc. ἐξίτηλος γίγνεσθαι = „schwinden“, stattdessen, wie unsere weitere Darstellung des Sachverhaltes zeigen wird, eine etymologisch und damit auch gedanklich genaue Interpretation von ἐξίτηλος vorbringen werden, die in den Rahmen des Gesamtkonzeptes der Schrift des Kritias auch genau hineinpasst.

Doch zuvor noch Folgendes: Obwohl die Übersetzung der ganzen Stelle Kritias 121a: „ἡ τοῦ θεοῦ μοῖρα ἐξίτηλος ἐγίγνετο ἐν αὐτοῖς“ mit „Der Anteil des Gottes in ihnen schwand“, sinngemäß so, wie diese Übersetzung sagt, nötig ist – und man merkt, dass die Übersetzer es sich an dieser Stelle nicht leicht machten, – möchten wir hier, um jeder grammatikalischen Unmöglichkeit aus dem Wege zu gehen, auf folgende Deutung des Wortes ἐξίτηλος hinweisen.

Wir sagen: ἐξίτηλος ist etymologisch folgendermaßen zu zerlegen:
ἐξ- = Vorsilbe mit Bedeutung „Aus“
-ι-, abgeschwächt für -α- = „Alles“, abgeschwächt aufgrund der Wortzusammensetzung,
-τηλ- = tragen,
-ος = (lediglich: Endung),

und das Wort ἐξίτηλος hat danach, da „-ιτηλ-“ bei Vorausstellung von ἐξ- mit -ι- (für -α-) in der Bedeutung „Alles“ und der Vollstufe „-τλα-“ der Wortwurzel „ -tl̥-“, erscheinend hier in „-τηλ-“ mit der Bedeutung „tragen“, erscheint, die Bedeutung: ein „Aus“ für „Atlas“, und zwar in dem Sinne: Ein „Aus“ liegt vor für die Gebote des Atlas, „für die Gesinnung des Atlas“, des Pantokrators und „Allesträgers“ der Insel Atlantis, und somit passt es gedanklich genau in den Zusammenhang der Stelle.
Der Sinn der ganzen Stelle ist also: Als der Anteil des Gottes in ihnen durch das „Aus“ gegenüber den Geboten des Atlas sich „atlasfern“

gestaltete, d.h. die Gebote des Atlas nicht mehr beachtet wurden, und viel Sterbliches oftmals in ihnen beigemischt war und die menschliche Art (im Gegensatz zur θεία φύσις) die Oberhand gewann, da vermochten sie bereits nicht mehr ihre Lebensumstände zu meistern, wurden schändlich und schandhaft, indem sie das Schönste unter allen wertvollen Dingen zugrunderichteten. – Die πλεονεξία (das „Immer-mehr-haben-wollen“), die Nichtmehrbeachtung der Gebote des Atlas, bedeutete ein „Aus“ („ἐξ-“) für die Gebote des A-tlas („-ιτηλ“), und das hat die Atlanter zugrunde gerichtet.

Diese Deutung scheint uns, zumal sie weder grammatisch noch etymologisch keinen Anstoß erregen kann, die für die Stelle in der Gesamtkonzeption des Dialogs Kritias nötige zu sein.
Dass diese Deutung also in den Rahmen des ganzen Gedankens des Atlas als Herrscher und Pantokrator von Atlantis und in den Rahmen der Atlantiskatastrophe hineinpasst, dürfte einleuchten.

So steht Atlas als Herrscher von Atlantis am Anfang der atlantischen Geschichte, und mit „ἐξ-ίτηλ-ος“, wird das „Aus“ gegenüber den Geboten des Atlas, die „Atlasferne“, das „atlasferne Verhalten“ der Atlanter zum Endpunkt von Atlantis; so steht, könnte man sagen, Atlas am Anfang und am Ende der atlantischen Geschichte, Atlas ist die Hauptgestalt der Geschichte Atlantis‘, der atlantischen Geschichte.

Doch eine Frage muss hier noch gestellt werden: Der Gott in „τοῦ θεοῦ“ der Stelle Kritias 121a ἡ τοῦ θεοῦ μοῖρα muss ja auf Atlas Bezug nehmen. Atlas aber gehörte dem älteren Göttergeschlecht als dem olympischen Göttergeschlecht des Zeus an, Atlas gehörte dem Göttergeschlecht der Titanen an, das nach der Titanomachie im Tartaros zu verbleiben gezwungen war.
Hier müssen wir nun auf die Ausnahmeerscheinung „Atlas“ zu sprechen kommen: Er, Atlas, brauchte nicht im Tartarus zu verbleiben, ihm war die Strafe auferlegt, das Himmelsgewölbe zu tragen. Obwohl sehr schwer, war diese Bestrafung durch die Olympier doch weniger schwer als das ständige Verbleiben in der Unterwelt, eine Art Begnadigung.

Atlas war also von Zeus zumindest ein wenig strafmildernd behandelt. Und dass dem so war, zeigt sich auch darin, dass dadurch, dass Atlas das Himmelsgewölbe trug, d.h. die Welt der olympischen Götter von der irdischen Welt der frevelhaften Menschen trennte – was ja auch noch Ziel der Gigantomachie nach der Titanomachie war (s. Pergamon-Altar in Berlin) – seine Bestrafung, so schwer sie auch war, die Grenze zwischen „Strafe“ und „bedeutender Aufgabe“ für die olympischen Götter überschritt. Die Bestrafung des Atlas wurde am Ende nur noch als „bedeutende Aufgabe“ gesehen und ausgelegt.
Atlas war also von den Titanen der von Zeus noch am meisten geachtete Gott des älteren Göttergeschlechts, und insofern ist u.E. die Interpretation des ἐξίτηλος als „atlasfern“ im paraphrasierten Sinne (s.o.) die nötige Deutung.

<u>EINSCHUB (S.345-354):</u>
An dieser Stelle unserer Überlegungen ist es geboten, zur Klärung der Nichtidentität von Atlas, dem Titanen, (in der Folge „Atlas I“ genannt) und dem Poseidon-Sohn Atlas (in der Folge Atlas II genannt) folgenden Einschub anzubringen:
Die oben von uns dargestellte Deutung, sc. die „Begnadigung“ des Titanen Atlas durch die olympischen Götter, wurde von uns schon vor der Erkenntnis, dass es 2 Gestalten des Namens „Atlas“ (Atlas I = der Titan Atlas und Atlas II = der Sohn des Poseidon und der Kleito, König von Atlantis) gibt, vorgenommen.
Wir müssen (das ist die neue Erkenntnis) in Atlas II den Enkel von Atlas I sehen, aufgrund seiner Mutter Kelaino, der Tochter des Atlas I (Kelaino ist u.E. identisch mit Kleito; begründet mit der großen Namensähnlichkeit beider) und seines Vaters Poseidon (wobei Poseidon mit Kleito = Kelaino einen nach dem Großvater Atlas I benannten Sohn Atlas II gezeugt hat. S. dazu die Darstellung der Genealogie im Anschluss an diese theoretische Überlegung, S.347ff.).
In Atlas II, dem König von Atlantis, ist also eine „historische“, menschliche, irdische, sterbliche, nicht-mehr-„göttliche“ Gestalt zu sehen, die ja auch den nach den Archiven der Ägypter historisch zu deutenden Krieg von Atlantis gegen Athen und den gesamten Mittelmeerraum unter dem Druck der hybrishaften Atlanter zu führen

gezwungen war. (Stehen wir hier an der Schwelle des Übergangs vom Mythos zum Logos, vom Mythos zur Historie?)
Diese neue Erkenntnis macht es nötig, der deutlichen Unterscheidung von Atlas I und Atlas II wegen auf die Erscheinung der Gestalt des Atlas II genau einzugehen. Dies ist geboten im Hinblick auf die von H.-G. Nesselrath bei der Besprechung des von dem Mythographen Hellanikos von Lesbos vorliegenden Mythos „Atlantis“ (oder „Atlantias“ oder „Atlantika“) zu Recht festgestellte (leider von ihm nicht weiter argumentierte) Bemerkung, dass „der Titan Atlas mit Platos Poseidon-Sohn Atlas nichts zu tun hat“ (s. H.-G. Nesselrath, „Plato und die Erfindung von Atlantis“, S. 47, Anm. 11).

Hier also nun (als Einschub) der Versuch, die Nicht-Identität von Atlas I und Atlas II zu klären:

Also: 2 Gestalten sind…

1. Atlas, der Titan = Sohn des Japetos
2. Atlas, König von Atlantis = Sohn des Poseidon

Da wir nun einmal vor der Tatsache stehen, dass beide in der griechischen Literatur (Mythos und Historie) vorkommen, müssen wir eine Erklärung dafür bringen, und ein Vorschlag unsererseits für diese Klärung wäre folgender:
Es heißt im „Timaios“: Poseidon zeugte mit Kleito, der Tochter von Sterblichen, den Atlas. Dieser Atlas, Sohn des Poseidon, wird König von Atlantis, das nach ihm benannt ist. Er ist der „Allesträger“, der Pantokrator auf Atlantis. Sein Zwillingsbruder, Gadeiros, wird zum Herrscher im östlichen Teil des von Atlantis beherrschten Imperiums. Beide, Atlas und Gadeiros, stehen im Vergleich mit den übrigen Brüdern, 8 an der Zahl, im atlantischen Imperium an exponierter Stelle (gemäß dem Saïs-Priester, Solon und Plato).
Atlas, eine nicht mehr mythische, sondern wegen seiner sterblichen Mutter menschliche, historische Gestalt, war als König anfänglich gut und anerkannt in Atlantis. Doch es kam die Zeit, wo er imperialistische Neigungen zeigte. Er griff in einem Eroberungskrieg den gesamten Mittelmeerraum an, wo er ohnehin schon bis Etrurien im Norden und bis Ägypten im Süden das Sagen hatte. Antreibende Kraft zu diesem imperialistischen Kriegszug gegen den Mittelmeerraum war aber vor allem das Volk von Atlantis in seiner Hybris, das den an sich guten Herrscher zu dem Kriege zwang, was in Platos „Kritias“ damit

ausgedrückt ist, dass das Volk als ἐξίτηλος bezeichnet wird (s. dazu unsere Etymologie dieses Wortes: ἐξ-ί-τηλ-ος, ἐξίτηλος = ein „Aus für Atlas“, eine Missachtung der Gebote des Atlas). Die Konsequenz war, dass das hybrishafte Volk von Atlantis, bei Plato repräsentiert durch das hybrishafte Heer der Atlanter, von den Göttern bestraft und durch die Athener besiegt wurde und so dem Mittelmeerraum seine Freiheit nicht nehmen konnte. Das völlige Ende von Atlantis kam dann mit seinem plötzlichen Untergang „an einem einzigen schlimmen Tag und in einer einzigen schlimmen Nacht“, wobei dieser plötzliche Untergang bei Plato nur durch ein interstellares, plötzlich hereinbrechendes Megaereignis (Planetoïdeneinschlag) gedeutet werden kann, das so plötzlich, so schnell und so gewaltig gewesen sein muss, dass es mit den Atlantern auch die an sich unschuldigen Athener und damit eigentlich die ganze Welt mit in den Abgrund zog, ein Ereignis, das, was die Atlanter betrifft, als Bestrafung für ethisches Missverhalten gedeutet wird, aber durch den Untergang auch der integren Athener auf das „blinde Wüten der Natur“ zurückzuführen, also ein zufällig geschehenes, reines Naturereignis war.
– Soweit zu Atlas, dem König von Atlantis, Atlas II.
Wir halten, bevor wir in unseren Überlegungen zu Atlas I und Atlas II fortfahren, fest: Atlas II, Sohn des Poseidon und der sterblichen Kleito.
Eine Identität mit Atlas dem Titanen, der als Strafe das Himmelsgewölbe zu tragen hatte, ist also nicht gegeben.
Da jedoch eine Erklärung für einen vorliegenden realen Tatbestand (2 verschiedene Gestalten: Atlas I und Atlas II) herbeigebracht werden muss, müssen wir zumindest versuchen, diesen realen Tatbestand zu klären.

Dazu folgender Vorschlag:
Es gibt einen weiteren bekannten Mythos über Poseidon und seine Vereinigung mit einer Sterblichen (zumindest Halbsterblichen) und der folgenden Geburt eines Sohnes Poseidons neben dem Mythos der Vereinigung mit Kleito. Darin vereinigt sich Poseidon ebenfalls, in diesem Mythos mit Kelaino (s.o., S.344-345; s. auch S.347ff.), der Tochter des Titanen Atlas (Atlas I); das Ergebnis dieser Vereinigung ist auch ein Sohn, aber mit Namen Lykos. Diesen Sohn Lykos bringt Poseidon, so in dem 2. vorliegenden Mythos dargestellt, auf „die Inseln der Seligen im westlichen Meer“ und macht ihn dort „unsterblich“ (Kleiner Pauly, Lex. d. Antike, Stichwort Lykos 1)

Wo liegt nun das „tertium comparationis“ zwischen den beiden Geschichten des Poseidon?
Antwort:

Poseidon	–	Poseidon
+		+
Kleito (Tochter von Sterblichen)	–	Kelaino (Tochter des Titanen Atlas I)
↓		↓
Atlas II (≠ Titan Atlas I; Sohn des Poseidon und der Kleito)	–	Lykos (= Sohn des Poseidon und der Kelaino, die als Abkömmling von dem Titanen Atlas I für die olympischen Götter ihr „volles Göttlichsein“ verloren hat, also zumindest „halbsterblich“ ist.

Danach haben in beiden o.a. Geschichten den Test des „tertium compartionis“ zu bestehen:

1.) Atlas I	–	1.) Atlas I
2.) Poseidon	–	2.) Poseidon
3.) Kleito	–	3.) Kelaino
4.) Atlas II	–	4.) Lykos
5.) Atlantis	–	5.) „Inseln der Seligen im westlichen Meer“

Zu 1.) und zu 2.): Hier liegt eine Identität evident vor.
Zu 3.): Kleito, Tochter eines Sterblichen und mit Poseidon Mutter des Atlas II; Kelaino, Tochter von Atlas I und halbsterblich und mit Poseidon Mutter des Lykos. – Hier ist u.E. durch die auffällige Namensähnlichkeit zwischen „Kelaino“ und „Kleito“ („K(e)laino“ und „Kleito“) und durch die Lebensumstände beider Frauen, sc. die Vereinigung mit dem gleichen Gott, Poseidon, der beide zur Mutter eines Sohnes macht, eine Identität zumindest anzudenken.
Zu 4.): Atlas II = Lykos? – Antwort:

Hier gibt es einige Gegebenheiten, die für die Identität ins Feld geführt werden können: Sowohl Atlas II als auch Lykos sind Söhne des Poseidon und der Kleito/Kelaino.
Wieso aber könnte Lykos auch den Namen „Atlas“ haben? – Antwort: Lykos ist der Enkel von Atlas I, dem Titanen, und der Sohn von Poseidon und Kelaino, Tochter von Atlas I.
Lykos könnte also nach dem Namen seines Großvaters Atlas I von Poseidon, sozusagen gemäß der Tradition bei der Namensgebung von Kindern (Name des Großvaters = Name des Enkels) „Atlas“ genannt worden sein, zumal es von Lykos auch heißt, dass er von Poseidon auf die „Inseln der Seligen im westlichen Meer“ gebracht wurde und von Poseidon dort „unsterblich“ gemacht wurde, was auch soviel heißen kann wie „König auf den Inseln der Seligen im westlichen Meer“. Das aber würde bedeuten, dass das später nach Atlas II benannte „Atlantis“, das vor dieser Namensgebung immer mit den „Inseln der Seligen im westlichen Meer“ identifiziert wurde, eben identisch wäre.

Also abschließend wäre zu folgern:

Lykos = Atlas II,

Lykos, König „auf den Inseln der Seligen im westlichen Meer“ = Atlas II, König von Atlantis.

Wir hätten mit all dem eine einleuchtende Erklärung

1.) für die Nichtidentität von Atlas I und Atlas II und

2.) für eine Identität von Atlas II und Lykos.

Hieran anschließend sollte uns folgende Frage beschäftigen: Ist das Wort „Atlas“ überhaupt der Name einer Person, ein Personenname, oder ist es nicht eher ein Name, der für eine ganze „gens“ stehen kann, ein „Gentilname“, so wie wir ja auch z.B. von den „Staufern“ sprechen und damit nicht nur „Friedrich II. meinen, sondern je nach Situation auch jeden anderen aus der „gens der Staufer“?
Mir scheint sich wegen aller oben dargestellten vergleichbaren Gegebenheiten aus der ganz naheliegenden Vergleichbarkeit eine Gleichheit, eine Identität nicht nur zwischen Atlas I und Atlas I (dieselbe Person in den 2 Mythen), Poseidon und Poseidon (dieselbe Person in den 2 Mythen), sondern auch zwischen Kleito und Kelaino und zwischen Atlas II und Lykos zu ergeben, ganz zu schweigen von der Identität von Atlantis mit den „Inseln der Seligen im westlichen Meer“.

Lykos, nach seinem Großvater Atlas I, dem Titanen, von Poseidon eben Atlas (II) „getauft“, herrscht als „Unsterblicher“ auf den „Inseln der Seligen im westlichen Meer“, d.h. herrscht in Atlantis.

Interessant in diesem Zusammenhang ist, dass, wie unter Atlas II der Untergang von Atlantis mit folgender Megasintflut und Weltuntergang geschah, es bei Ovid in der Darstellung der Deukaleonischen Sintflut und des Weltuntergangs von einem Lykaon die Rede ist, der durch seine Freveltat die Sintflut und den Weltuntergang herbeiführt und zur Bestrafung in einen „lupus“, „λύκος“, einen Wolf, verwandelt wird, also den Namen Lykos trug.

Im Endeffekt würde also das Ganze bedeuten, dass die Herrschaft von Atlas II auf Atlantis, obwohl Atlas II letztlich Abkömmling der Titanen ist, von den olympischen Göttern, sc. hier von Poseidon, abgesegnet war, später aber infolge des zu starken menschlichen Anteils in der „Mischung“ des Wesens der Atlanter (s. Kritias, 121a-b:’Επεὶ δ’ἡ τοῦ θεοῦ μοῖρα μὲν ἐξίτηλος ἐγίγνετο ἐν αὐτοῖς, πολλῷ τῷ θνήτῳ καὶ πολλάκις ἀνακεκραννυμένη, τὸ δὲ ἀνθρώπινον ἦθος ἐπεκράτει...) das Volk von Atlas II wieder titanisch entartete, ἐξίτηλος wurde, ein „Aus“ für Atlas II, den guten Herrscher, brachte und deshalb untergehen musste.

Es sei hier erlaubt aufgrund der Komplexität der Geschichte, die sich um den Namen „Atlas“ rankt, noch einmal die Genealogie des „Atlas“ hier übersichtlich darzustellen.

Genealogie des Atlas (II), des Königs von Atlantis

Im Mythos, wie er allgemein bekannt war:

Japetos (Titan)

↓

Atlas (I) (ebenfalls Titan als Sohn des Japetos, muss zur Strafe wegen der Hybris gegenüber den olympischen Göttern das Himmelsgewölbe tragen)

↘

Poseidon + Kelaino (Tochter des Titanen Atlas [I]).

↓

Lykos (Sohn des Poseidon und der Kelaino, die Halbtitanin ist;

Lykos noch Vierteltitan; Lykos von Poseidon auf die „Inseln der Seligen im westlichen Meer" gebracht und dort von Poseidon „unsterblich" gemacht, d.h. zum „König" gemacht.)

Bei Plato steht nun:

Euenor + Leukippe

↘

Poseidon + Kleito (sterblich)

↓

Atlas (II) (nach seinem Großvater Atlas I [bei Gleichsetzung von Kleito und Kelaino] von Poseidon „Atlas" (II) „getauft" und genannt. Das entspräche genau der Deutung Atlas II = Lykos)

Wir möchten folgende Überlegungen an die oben dargestellte Genealogie des Atlas noch anschließen:

1.) Beim Durchdenken dieser o.a. Überlegungen, unter Einräumung der Identität von Kelaino und Kleito, wäre das Problem gelöst, dass es 2 Personen mit dem Namen Atlas gibt: Atlas I, der Titan, und Atlas II, der Poseidon-Sohn „Atlas" (II); die Nichtidentität der beiden wäre damit geklärt.
2.) Die Identität von Atlas II mit Lykos wäre aufgrund der gleichen und vergleichbaren Gegebenheiten gewährleistet: Vater beider ist Poseidon; Atlas II ist König von „Atlantis im westlichen Meer", Lykos wird von seinem Vater Poseidon auf die „Inseln der Seligen im westlichen Meer" gebracht (welche Inseln nach gängiger Überlieferung mit dem später sogenannten Atlantis identisch sind), und Lykos wird von Poseidon „unsterblich" gemacht, das deutbar als „König" ist. D.h. im Endeffekt:

   Atlas (II) König von Atlantis,
   Lykos „unsterblich" = König „auf den Inseln der Seligen im westlichen Meer"

   Ergebnis: Atlas II = Lykos = dieselbe Person.

3.) Atlas II (= Lykos), König von Atlantis, wäre ein Sterblicher, eine real existierende (nicht mehr mythische) Gestalt, die er als König des real existierenden Atlantis ja auch sein muss, auch ebenso als oberster Kriegsherr gegen Athen, welcher Krieg eine reale historische Begebenheit ist.

4.) Das ἐξίτηλος (= das „Aus“ für Atlas II) charakterisiert das hybrishafte Volk der Atlanter, die den gesamten Mittelmeerraum, wo sie schon bis Tyrrhenien und Ägypten herrschten, unterwerfen wollten, dabei aber von den Athenern besiegt wurden und schließlich „an einem schlimmen Tag und in einer schlimmen Nacht“ untergingen (δῦσα ἠφανίσθη), dabei aber die unschuldigen Athener mit in den Abgrund zogen.

5.) Die Tatsache, dass die Herrschaft von Atlas II über Atlantis eine von den olympischen Göttern, z.B. Poseidon, für seinen Sohn, Atlas II (= Lykos), letztlich einen Titanenabkömmling, abgesegnete Herrschaft ist, erklärt auch den Gesinnungswandel der olympischen Götter nicht gegenüber den Titanen an sich (also Atlas I), aber doch den gegenüber den Abkömmlingen der Titanen (also Atlas II = Lykos), welcher Gesinnungswandel es mit sich brachte, dass Atlas II (= Lykos) wegen seiner letztlichen Herkunft von den Titanen zwar noch den Namen „Atlas“ tragen musste, die Last des Himmelsgewölbes aber nur noch symbolisch (in Erinnerung an seinen Großvater Atlas I) zu tragen gezwungen war. (U.E. stehen wir hier an der Nahtstelle des Übergangs vom Mythos zur echten Historie.)

Eine Erklärung unsererseits bislang, ohne die o.a. Erkenntnis, dass Atlas I und Atlas II zwei verschiedene Gestalten sind, ging immer dahin, zu sagen: Die „Strafe“ für Atlas (I) wurde später in eine „ehrenvolle Aufgabe“ umgewandelt, weil der Titan Atlas durch das Hochheben des Himmelsgewölbes die frevelhafte Welt der Menschen von der Welt der olympischen Götter fernhielt. – Jetzt aber, wo wir bei Atlas I und Atlas II von 2 verschiedenen Gestalten wissen und ausgehen können, wird uns der Gesinnungswandel der olympischen Götter verständlicher, geht es Poseidon, dem Olympier und Beherrscher des Meeres und auch aller Inseln, doch darum, seinen Sohn, Atlas II (=Lykos), zu schützen und auf den „Inseln der Seligen im westlichen Meer“, auf einem Besitz des Meeresgottes, auf Atlantis, „unsterblich“ zu machen, und daraus lässt sich folgern, zum König von Atlantis zu machen, das seinen Namen „Atlantis“ aber erst erhielt, als Atlas II (= Lykos) sein König war (Vorher sprach man nur von „Inseln der Seligen im westlichen Meer“).

6.) Zu diesen Überlegungen über die Genealogie von Gestalten aus der antiken „Mythologie“, die, wie im Falle „Atlas II“, in historische Gestalten übergehen, sind wir gezwungen durch die in Promiskuität ausgeübte große Fruchtbarkeit vornehmlich von Göttern mit Sterblichen (s. Kritias 121a-b: ἀνακεκραννυμένη, wobei in der Mischung des Göttlichen mit dem Menschlichen letzteres die Oberhand gewann und entartete), eine Promiskuität, die, was das Wort „Atlas“ betrifft, außer von den uns interessierenden Atlas I und Atlas II (nach Kl. Pauly, Stichwort: Atlas) zu sprechen Anlass gibt von:

   Atlas als einem Astronomen,
   Atlas als einem Mathematiker,
   Atlas als einem Philosophen
   Atlas als „Personifikation der Weltachse“.

   Atlas als Träger des Himmelsgewölbes ist auch in den Mythen des Alten Orients bekannt. In den hethitischen Texten ist er UPELLURI genannt (Kl. Pauly).

7.) Zum Abschluss der Darstellung der Nichtidentität von Atlas I (Titan) und Atlas II (Sohn Poseidons) möchten wir darauf hinweisen, dass die Erkenntnis der Nichtidentität der beiden Gestalten ohne eine weitere Auswirkung auf unsere gesamten Überlegungen bleibt.

Nach diesem Einschub über die Nichtidentität von Atlas I und Atlas II, deren Erkenntnis für das Verstehen von Platos „Atlantis-Projekt“ nötig ist, fahren wir mit unseren weiteren Überlegungen wie folgt fort.

Zuvor noch folgende Bemerkung:
Nötig ist die Erkenntnis der Nichtidentität von Atlas I und Atlas II für die Auslegung der Atlantis-Geschichte, für die Gesamtkonzeption unserer Überlegungen (Existenz von Atlantis; Untergang von Atlantis; Atlantis, ein nach allen Richtungen ausstrahlendes frühgeschichtliches Kulturzentrum) insofern, als Atlas II als eine historische Gestalt zu betrachten ist, die in einem historisch existierenden Atlantis herrschte und einen historisch gesicherten Krieg (s. Archive der Ägypter) gegen

Athen und den gesamten Mittelmeerraum führte, während hingegen Atlas I eine mythische Gestalt ist. (Deshalb sind wir geneigt, die Atlantis-Geschichte an der Nahtstelle, an der Schwelle des Übergangs vom Mythos zum Logos, vom Mythos zur echten Historie anzusiedeln.)
Würden wir Atlas II nicht als eine historische Gestalt betrachten und von einer Identität von Atlas I und Atlas II ausgehen, verbliebe die gesamte Auslegung der Atlantisgeschichte im Dunstkreis des Mythischen verhaftet. Aber auch dann – das ist hier festzuhalten – bliebe die Auslegung, wie sie in unseren Überlegungen dargestellt ist, dennoch durch die Logik, die die platonische Darstellung insgesamt (nach O.H. Muck) als „nachvollziehbar" zu betrachten uns auferlegt, ja zwingt, gültig.

Nun die Fortsetzung der Motivationsbegründung Platos:

Natürlich ließ es sich der „Gott der Götter, Zeus" (Θεὸς δέ θεῶν Ζεύς, s. Kritias 121b) nicht nehmen, Atlas II (=Lykos), dem Sohn des Poseidon und Enkel des Titanen Atlas I, seine, des Zeus, Priorität als „Gott der Götter" zu zeigen, indem er die Götter alle im Zentrum der ganzen Welt zusammenrief, um die Bestrafung für die Menschen unter der Herrschaft des Atlas II, weil sie auf ein „Aus", ein Ende für Atlas II (ἐξίτηλος) hinwirkten, zu beschließen.
Die Atlanter führten von Anfang an ein integres Leben im Herrschaftsgebiet des Atlas II, des Sohnes des Poseidon und Enkels des Atlas I, des Titanen; das Herrschaftsgebiet war ganz von dem Nimbus dieses Atlas II geprägt, am Ende aber, als Atlantis ἐξίτηλος, „atlasfern" wurde und ein „Aus" für die Gebote des Atlas II, des Pantokrators, des „Allesträgers" infolge der πλεονεξία einsetzte, wieder titanenhaft wurde, entgegen dem Willen von Atlas II, musste Atlantis einer Bestrafung zugeführt werden; dies geschah ausgehend von Zeus, im Interesse des Atlas II. (Es liegt hier eine exakte Parallele zu Enlils Verhalten im Gilgamesch-Epos vor: Enlil bestraft das Volk auch wegen der Missachtung der althergebrachten Gebote und Werte.)

Soweit die Motivationsbegründung Platos und die sie umrankenden Probleme für den Untergang der Insel Atlantis. (Welche Motivationsbegründung in ihrer Kontinuität der schriftlichen Abfolge durch den Einschub über die Nichtidentität von Atlas I und Atlas II auf S. 345-354 unterbrochen wurde.) Im Grunde läuft die Motivations-begründung Platos auf dasselbe hinaus, was die Bibel, diese nur in viel stärkerem Maße gekürzt, sagt, wenn sie davon spricht, dass die Bestrafung der Menschen wegen ihrer großen Bosheit auf Erden geschah, da alles Sinnen und Trachten ihres Herzens nur auf Bosheit ausgerichtet war.

Auf ein ähnliches Verhalten Jahwes und Zeus‘ sei noch hingewiesen. Zeus bestraft die Menschen, um sie zu „bessern“, also im Endeffekt zu erhalten. Jahwe sagt nach der Sintflut, er wolle die Menschen nie mehr einer solchen Bestrafung unterziehen. „Ich will (sagt Jahwe) hinfort nicht mehr die Erde verfluchen um der Menschen willen,... und ich werde hinfort nicht mehr alles schlagen, was da lebt, wie ich es getan habe. Solange die Erde besteht, soll nicht aufhören Saat und Ernte, Frost und Hitze, Sommer und Winter, Tag und Nacht“ (1. Moses 8, Ende).
Eine Deutung des Abschlusses der Worte Jahwes kann eigentlich nur zu der Interpretation Anlass geben, dass Jahwe sich mit den Polaritäten des menschlichen Lebens abfindet, auch mit der Polarität „Gut und Böse“ beim Menschen. Zeus will also noch „bessern“, Jahwe lässt den Polaritäten des Lebens ihren Lauf, will im Endeffekt aber auch den Menschen „bessern“

Zu Ovid

Wir kommen zu Ovid. Auch in der von Ovid beschriebenen Sintflut von Deukaleon und Pyrrha beabsichtigt Zeus, das eherne Geschlecht der Menschen zu vernichten. Gründe sind auch hier: Verderbnis der Menschen, modellhaft manifestiert in den Freveltaten des Lykaon (Ovid, Met. 2,26ff.).

Lykaon beabsichtigt die meuchlings vorgesehene Ermordung von Zeus selbst, und, als dies misslingt, öffnet er einer Geisel vom Molosserstamm mit dem Dolch die Kehle, kocht die erst halbtoten Glieder in siedendem Wasser und tischt die gekochten und gerösteten Teile des Opfers auf.
Zeus lässt zur Strafe Lykaons Haus einstürzen, Lykaon flieht und wird in einen „Wolf“ verwandelt, in einen Λύκος.
Zeus überlegt daraufhin: Untergegangen war ein Haus, das Haus des Lykaon; aber Zeus war sich bewusst, nicht nur ein Haus verdiene es unterzugehen. Soweit die Erde reicht, herrscht die wilde Erinnys. Zeus

kommt zu dem Schluss: Man könnte meinen, alle Menschen hätten sich verschworen, Verbrechen zu begehen. Da dem wirklich so ist, so Zeus am Ende seiner Überlegung, mögen schnell alle Menschen die verdiente Strafe erhalten. Das wird zum Beschluss der versammelten Götter.
Zeus will sein Vorhaben damit in die Tat umsetzen, dass er das sterbliche Geschlecht, die Menschen, „in Wasser ertränkt." Er schickt die Sintflut, und alle Menschen außer Deukaleon und Pyrrha, die Gottesfürchtigen, kommen durch die Sintflut um.

Die modellhaft vorgeführte Verderbnis des Lykaon wurde also in der Götterversammlung ausgedehnt auf die gesamte Menschheit, die sich verschworen habe, Verbrechen zu begehen, und darum die verdiente Strafe der Ertränkung empfängt.
Einen Einwand einiger der Götter in der Götterversammlung, wer denn am Ende Weihrauch auf ihre Altäre streue, wenn alle Menschen in der Sintflut umgekommen seien, beschwichtigt Zeus, sie sollten sich beruhigen, denn er werde am Ende für alles sorgen. (Ähnlich Ea im Gilgamesch-Epos in seinem Verhalten gegenüber Enlil).

Fassen wir zusammen:

In dieser Darstellung der Sintflut wird also auch die schon im Gilgamech-Epos, in der Bibel, bei Plato bekannte Motivationsbegründung ausgedrückt. Gründe sind hier bei Ovid also die Verderbnis des Lykaon, der modellhaft für die Verschworenheit aller Menschen, Verbrechen zu begehen, steht. Gerettet werden nur Deukaleon und Pyrrha als gottesfürchtige Menschen.
Den beunruhigten Einwänden einiger Götter verspricht Zeus dann ein neues Menschengeschlecht, unähnlich dem früheren frevelhaften Volk, und von wunderbarem Ursprung (Steinwurf des Deukalion und der Pyrrha).

Zum Abschluss: Vergleich der 4 Darstellungen

Wenn wir die Hauptgestalten und das weitere Schicksal dieser in den vorgeführten verschiedenen Fassungen der Sintflut noch einmal Revue passieren lassen, so können wir folgendes sagen: Utnapischtim und seine Frau, Noah und sein Anhang, Deukaleon und seine Frau Pyrrha werden als einzige der Menschen gerettet, und von ihnen und den geretteten „beseelten Samen“ setzt die Entwicklung der neuen Menschen und der neuen Welt wieder ein.

Plato lässt diese Überlegung der Entwicklung des neuen Menschen beiseite, da er ja den Untergang der Atlanter mit in seinem Gefolge dem schuldlosen Untergang der athenischen Heeresmacht darstellt. Von Rettung irgendwelcher Menschen ist bei ihm nicht die Rede, obwohl implizit entsprechend seiner ganzen Konzeption von Rettung weniger Menschen ausgegangen werden kann, die die βραχέα σπέρματα nach der Katastrophe weitertrugen, nur wenige Überlebende, und diese in den meisten Fällen als ἀγράμματοι gedeutete Menschen. Eine völlige „Ausrottung“ und Neuschaffung des Menschengeschlechts liegen also bei Plato nicht vor, und dies ist auch ein Beweis dafür, dass Platos Darstellung, d.h. die Darstellung der Archive der Ägypter, sich realistische Gegebenheiten zu eigen macht und sich damit eindeutig auf ein geschichtliches natürliches Ereignis bezieht, sc. die Naturkatastrophe durch den Planetoïdeneinschlag, (wie Muck die Katastrophe begründet). (Dabei ist zu beachten, dass es auch für Plato den „neuen“ Menschen nach der Katastrophe von Atlantis gibt, jedoch „neu“ im ideellen Sinne, nicht in rein „physischem“ Sinne wie bei Ovid.)

Doch was nun hier interessant ist, ist die Tatsache, dass Utnapischtim, Noah, Deukaleon und Pyrrha jeweils am Anfang einer neuen Menschheitsentwicklung stehen, dass aber bei Utnapischtim ein weiterer ganz wichtiger Aspekt hinzukommt.

Utnapischtim erlangt von Enlil Unsterblichkeit, ewiges Leben. Und wir sehen den Grund für dieses symbolhafte Geschehen der Übertragung von Unsterblichkeit an einen ursprünglich sterblichen Menschen darin, dass das Gilgamesch-Epos, das die erste nach der Sintflutkatastrophe von Atlantis niedergeschriebene Darstellung dieser Sintflut war, dieser Mega-

Sintflut, die am Anfang der Kette der weiteren Darstellungen steht (s.o.) und deren Geschehen durch ein βραχὺ σπέρμα über die σκοτειναὶ ἀκοαι, erhalten geblieben war, auf keinen Fall mehr in Vergessenheit geraten durfte. Die „Ewigkeit", die „Unsterblichkeit" Utnapischtims erfüllt also eine Funktion, die Funktion, die Erinnerung an die die gesamte Menschheit über Jahrtausende hin beschäftigende, ja traumatisierende Megakatastrophe „ewig und immer" als ein κτῆμα ἐς ἀεί (Thukydides) wachzuhalten. Die Weltkatastrophe von Atlantis musste wegen ihrer Bedeutung für die Menschheit in ewigem Andenken bleiben, ein ἔγκαυμα; deshalb erhält Utnapischtim „ewiges Leben". Gilgamesch, auch auf der Suche nach ewigem Leben, gelingt dies nicht, weil dies zur Erinnerung und Bewussthaltung des geschichtlichen Ereignisses der Megakatastrophe von Atlantis nicht mehr nötig ist. Darum tröstet Utnapischtim Gilgamesch, der Unsterblichkeit nicht erlangt, mit den Worten: Jedem Menschen ist sein Schicksal von den Göttern bestimmt.

Bei aller mythologischen Ausmalung der einzelnen Sintflutdarstellungen dürfen wir also nicht aus den Augen verlieren und vergessen, dass das Megaereignis von Atlantis ein reines Naturereignis war und dass die verschiedenen Darstellungen der Sintflut – und es handelt sich dabei letztlich immer um dieselbe Megasintflut nach dem Untergang von Atlantis – nur verschiedene Funktionen erfüllen:

1.) bei Utnapischtim: „Ewiges Andenken" an die Megakatastrophe (in erster Linie).
2.) In der Bibel, bei Plato und bei Ovid daneben auch noch: „Besserung der Menschen" durch den erhobenen ethischen Zeigefinger und Warnung vor falschem Verhalten.

Ein Naturereignis war die Megakatastrophe beim Untergang von Atlantis auf jeden Fall.

Kommen wir jetzt noch zu sprechen auf:
Die Bestrafungen in den Sintflutdarstellungen der altamerikanischen Zivilisationen: Maya, Azteken, Inka und ihrer jeweiligen Vorläufer!

Bei den Maya:

Auch hier finden wir eindeutig den erhobenen ethischen Zeigefinger im Zusammenhang mit den Darstellungen der Sintflut und ihren Folgen vor.

Die „1. Welt“ der Maya war in völliger Dunkelheit von Zwergen bevölkert, die, als die Sonne zum ersten Mal aufging, in Steine verwandelt wurden. Daraufhin hat die 1. große Flut „haiyococab“ (= “Wasser über der Erde“) die gesamte Welt hinweggeschwemmt, eine gewiss schwere Bestrafung.

Die „2. Welt“ der Maya war die Welt der „Dzolob“, der „Beleidiger“, deren Hybris gegenüber den Göttern auch mit einer Sintflut bestraft wurde.

Auch die „3. Welt“ ging in einer Sintflut als Strafe unter.

Die „4. Welt“ der Maya, die heutige Welt („heutig“ im Sinne der Zeit dieser Maya) ist bewohnt von einer Mischung aller Lebewesen der früheren „Welten“ und hat insofern auch die Gene z.B. der „Beleidiger“ in sich. Auch dieser Welt wird für ihr Ende eine Sintflut als Strafe prophezeit.

Während bei den Zwergen der „1. Welt“ der Maya eine Begründung für ihre Verwandlung in Steine und ein folgendes Hinwegschwemmen der gesamten Welt nicht deutlich angegeben wird, werden sie doch auch als schuldunfähig charakterisiert, ist in der 2. Welt mit dem Begriff „Dzolob“ („Beleidiger“) eine eindeutige Begründung für die Bestrafung durch die Sintflut gegeben. – Soweit die Maya.

Bei den Quiché-Maya

Bei den Quiché-Maya liegen die Dinge folgendermaßen: Die erstgeschaffenen, aus Schlamm geformten Menschen vermögen nicht zu sprechen und vernachlässigen so ihre Schöpfer, verehren sie nicht und beten sie nicht an. – Ihre Bestrafung: von der Sintflut hinweggeschwemmt.

Der nächste Versuch der Schaffung des Menschen aus Holz (Mann) und Binsen (Frau) brachte Wesen hervor, die zwar sprechen konnten, aber kein Denkvermögen besaßen, sich höhere Wesen also gar nicht vorstellen konnten, im Gegenteil ungehorsam und böse waren. Auch sie wurden zur Bestrafung von einer Flut hinweggeschwemmt, wobei wenige Überlebende zu Affen wurden.

Erst bei dem 3. Anlauf, Menschen zu schaffen, gelang es den Göttern, Wesen aus Maisteig zu formen, die die Bezeichnung „Menschen" verdienten. Da verscheucht die Sonne die Dunkelheit und Dumpfheit. Diese Menschen konnten sich bewegen, denken, erkannten ihre Schöpfer und beteten sie an, verhielten sich gehorsam gegenüber ihren Schöpfern. Dies war die Jetzt-Welt, die Welt der eigentlichen Maya.

Dieser Zustand des Gehorsams aber verwandelte sich in der weiteren Entwicklung des Menschen des 3. Anlaufs in das Gegenteil von Gehorsam: Infolge ihres Denkvermögens wurden die Menschen wissbegierig und infolge dieser Wissbegierde dann auch habgierig, sodass sie von den Göttern gezwungen werden mussten, nach keinen weiteren Dingen zu streben als für ihr Alltagsleben nötig waren, d.h. Maß zu halten (Ähnlich Adam und Eva).
Was hier auffällt, ist, dass keine Aussage über das Ende dieser Welt gemacht wird, die ja noch im Gange ist, auch nicht prophezeit wird, obwohl das ganze Verhalten dieser Menschen, bei denen wir im Sinne Platos und Thukydides (Plato = Philosoph des Idealismus, Thukydides = Realist) offenbar von verhängnisvoller πλεονεξία und im Sinne Aristoteles' von der nötigen, zu erstrebenden μεσότης und dem zu vermeidenden μηδὲν ἄγαν („nichts im Übermaß") sprechen könnten, eindeutig ein strafwürdiges Verhalten ist. Zu beachten ist hier: In der 4. Welt der eigentlichen Maya wird der heutigen Welt eine Sintflut als Strafe prophezeit, und damit dort auch der ethische Zeigefinger erhoben.

Bei den Azteken:

Auch hier finden wir eindeutig die ethische Motivationsbegründung in den Darstellungen der Sintfluten und ihren Folgen vor.

Vielleicht weniger prägnant erhebt sich der ethische Zeigefinger, insgesamt aber am Ende ihrer „1. Sonne", der Welt des Zwergenvolkes, der Zwerge als Bewohner dieser Welt, die in Stein verwandelt werden und durch die Flut hinweggeschwemmt werden. Denn für diese Strafe, der Verwandlung in Stein, muss ein Fehlverhalten der Zwerge vorausgegangen sein.

Die „2. Sonne", die Welt der am Ende zu Affen verwandelten Menschen, wird in ihrer Gesamtheit vom Winde zerstört.

In der „3. Sonne", der Welt, die durch Feuer zerstört wird, werden die Menschen zu Vögeln.

Die „4. Sonne" wird durch eine Sintflut zerstört, die Menschen werden zu Fischen.

Für die „5. Sonne", die heutige Welt, wird ein verheerendes Erdbeben prophezeit.

Flut, „Wasser über der Erde", Feuer und wieder Sintflut, diese Begriffe, auch wenn hier der Begriff „Sintflut" expressis verbis nur in 2 Fällen erscheint, sind jeweils Begleiterscheinungen einer Sintflut, zumal im Falle der Atlantiskatastrophe, und deuten darauf hin, dass hier von den Göttern eine Bestrafung vorgenommen wird und am Ende für die „5. Sonne" ein verheerendes Erdbeben prophezeit wird.

Bei den Inka:

In dem „älteren Schöpfungsmythos" der Inka und ihrer Vorläufer besteht die „1. Welt" aus Riesen, die Menschen aus Stein darstellen (das erinnert an die steinernen Kolossalstatuen der Osterinseln). Diese verweigern ihren Göttern den Gehorsam – hier wird die ethische Motivierung der Bestrafung also deutlich angekündigt –. Sie werden durch eine Sintflut hinweggeschwemmt. Nur 1 Mann und 1 Frau überleben. Viracocha schafft diese, offenbar zum Dank für ihr gehorsames Verhalten gegenüber ihren Göttern, nach Tiahuanaco, wo sie ähnlich wie Deukalion und Pyrrha in einem Tempel als Ideale verwahrt werden.

In dem „neuen" Schöpfungsmythos der Inka finden wir in dem „1. Zeitalter" eine Welt völliger Dunkelheit vor, was den geschaffenen Wesen in ihrer Dumpfheit den Namen „Wiracochuna" (= „Kamelmenschen") einbringt. Über das Ende dieser Welt ist nichts bekannt. Nach ihrer Charakterisierung wären diese Menschen auch nicht schuldig, weil nicht schuldfähig aus der Sicht der Götter.

In der „2. Welt" lebten die „Wari Runa" („Mischlinge"), die als Bestrafung in einer Flutkatastrophe endeten.

In der „3. Welt", bevölkert von „Purun Runa" (= „Wilden"), die auch schon Krieg führen, deutet die Kennzeichnung „Wilde" eindeutig auf die Notwendigkeit einer ethischen Ermahnung hin.

Auch in der „4. Welt" der Inka, in der die „Auca Runa" (= die „Kriegerischen") den Ton angeben, erweist sich sicher ein ethischer Zeigefinger als nötig. Auffällig aber auch hier, dass über das Ende dieser Welt keine Aussage gemacht ist.

Schließlich in der „5. Welt" der Inka, in dem Zeitalter der eigentlichen Inka, zur Zeit ihres Großreiches, mit ihrem Sonnengott INTI, des Reiches, dessen „moderne" Menschen sich sicher wie immer in den Fällen der „letzten Welten" der einzelnen Stämme Altamerikas gegenüber ihren Göttern so manches in ihrer Aufgeklärtheit und folgenden Hybris haben zuschulden kommen lassen, erscheint die schlimmste Bestrafung mit der Eroberung durch die Spanier, die wie eine

„menschliche Sintflut“ über das Volk der gutgläubigen Inka hinweggeschwemmt ist. (zu all dem s. „M.d.N.W.“)

Zusammenfassung:

Alle Darstellungen im Gefolge der großen Sintflut der Atlantiskatastrophe, die ein Trauma bei den Altamerikanern hervorgerufen hat, sind durchweg geprägt von dem erhobenen ethischen Zeigefinger. Dieser ethische Zeigefinger kann aber auch hier wie im östlichen Einflussbereich von Atlantis mitnichten als Grund dafür dienen, dass die Atlantiskatastrophe nicht in der von Muck rekonstruierten und dargestellten natürlichen Art stattgefunden hätte. Der eindeutige Beweis, dass sie ein reines Naturereignis war, liegt u.E. gerade in der Tatsache vor, dass die athenische Heeresmacht, die mit der Befreiung des Mittelmeerraumes ja nur Gutes tat, ebenfalls, und zwar schuldlos, dem Naturereignis des Planetoïdeneinschlages an einem einzigen schrecklichen Tag und in einer schrecklichen Nacht zum Opfer gefallen ist.

„Schuldlos“ in diesem Fall kann nur heißen, dass hinter dem gewaltigsten Ereignis der bekannten Menschheitsgeschichte, der Atlantiskatastrophe, das „blinde Wüten natürlicher Gegebenheiten“ stand, eine Naturkatastrophe, die Schuldige wie Unschuldige in gleicher Weise traf.

Auch dass der von dem Realisten Thukydides, dem nüchtern überlegenden Historiker des 5. Jh. v. Chr., entwickelte Begriff der πλεονεξία, der bei ihm letztlich als Ursache für den Niedergang Athens im Gefolge der „Sizilischen Expedition“ steht, zugleich von dem zeitlich etwas späteren Plato, dem Philosophen des Idealismus, der einen neuen Idealstaat entwickelt hatte, als Ursache für den Untergang der schuldigen Atlanter und zugleich als Warnung für die Athener (Kritias 121b) herangezogen wird, weist darauf hin, dass Platos ethischer Zeigefinger lediglich aus seinem Wesen als Ethiker seiner Zeit zu verstehen ist, der seine Athener, die Menschen der Zeit des „ἄνθρωπος μέτρον ἁπάντων“, vor einem ähnlichen Verhalten, wie es die Atlanter an den Tag legten und darum bestraft wurden, nur warnen wollte, dass er aber in keinster Weise die Weltkatastrophe von Atlantis als reines Naturereignis, geschehen durch den Planetoïdeneinschlag, wie Muck es sagt, in Frage stellt.

Ein Wort zum Abschluss

Wie aus unseren vorausgehenden Überlegungen hervorgeht, bekennen wir uns zur Integrität der Textvorlage in Platos Dialogen Timaios und Kritias.

Man hört zuweilen Äußerungen wie: „Alles erfunden, was der Saïs-Priester, Solon und Plato sagen.“ – Um dem pauschalen Ablehnungsurteil der Existenz von Atlantis, um dem Gedanken der Utopie entgegenzuwirken, waren wir der Ansicht, dass die Integrität des zu interpretierenden Textes zunächst vorausgesetzt sein musste, bevor man die Interpretation begann.

Beruhen tut der Zweifel an der Integrität der platonischen Texte und ihrem Inhalt auf der durch unsere Geschichte und Vorgeschichte geprägten und vorgezeichneten Meinung, dass 10.000 v. Chr. es noch keinen athenischen Staat gegeben habe und dass die von dem Saïs-Priester vorgebrachten kulturellen und zivilisatorischen „Höhen“ wie imperiale Herrschaft, Königspalast, allgemein: Urbanisation etc. in der beschriebenen Art „unmöglich“ schon 10.000 v. Chr. dagewesen sein können, wo wir doch in der Zeit, etwa 4.000 v. Chr., erst die Megalithe vorfinden, die zeitlich doch unbedingt aufgrund ihres primitiven Äußeren vor der von dem Saïs-Priester behaupteten Urbanisation gelegen haben müssten.

Genau an dieser Stelle der Überlegungen ist einzuhaken, um Platos Integrität seiner Textüberlieferung, beruhend auf den Äußerungen des Saïs-Priesters, mit Platos Formulierung „μὴ πλασθέντα μῦθον, ἀλλ‘ ἀλήθινον“ (Tim. 26e) aufzuzeigen und dabei die Wahrheit des Inhalts des Textes zu postulieren und darzulegen (s. Muck [sinngemäß]: Alles bei Plato ist logisch und geophysikalisch nachvollziehbar.)

Man könnte meinen, Platos eigene Einstellung den Äußerungen des Saïs-Priesters gegenüber sei mit der Bemerkung „ἄτοπον μὲν“ (Tim. 20d) zu Beginn seiner Darstellung in dem Dialog im Grunde dieselbe wie die der heutigen Utopisten, doch ist festzuhalten: mit seinem „παντάπασίν γε μὴν ἀληθές“ (Tim. 20d) hat Plato das anfänglich vielleicht ambivalente seltsame Empfinden gegenüber den Äußerungen des Saïs-Priesters

überwunden; für ihn liegt keine „Utopie“ vor, sondern lediglich ein „ἄτοπον“, und dieses „ἄτοπον“ erweist sich als ein „ἀληθές“ (ἀ- = nicht, -ληθές, von λανθάνειν = „im Verborgenen sein“), d.h. die Geschichte Athens darf „nicht mehr im Verborgenen“ sein und bleiben, sie ist wahr, sie muss aufgedeckt und dargelegt werden, und genau darum ging es Solon, als er seine Reise nach Ägypten antrat und sich vom Saïs-Priester die Geschichte Athens ἐφεξῆς καὶ ἀκριβῶς, „exakt der Reihe nach“ und „akribisch genau“ darlegen ließ.
Hier muss man sich fragen: Was sagen die Utopisten von Atlantis und die Verneiner der Katastrophen-Theorie zu dem den „homo sapiens Neandertalensis“ überwindenden „homo sapiens sapiens“ vom Typ des Crômagnon, was sagen sie zu den von einer Höchststufe der Kultur zeugenden Höhlenmalereien von Lascaux und Altamira, um nur die beiden zu erwähnen? – Diese Höhlenmalereien sind Werke der geistig den Neandertaler weit überragenden Crômagnon-Menschen, und diese Crômagnons begannen etwa schon 30.000 v. Chr. die Neandertaler nach Norden abzudrängen, was mit einem Aussterben der Neandertaler endete. Also: Die Crômagnons hatten bereits eine hochentwickelte Kultur, und das Wirken dieser Crômagnons beginnt nach der allgemeinen historischen Auffassung bereits 30.000 v. Chr.
Frage: Wie weit war die Entwicklung der Crômagnons etwa 10.000 v. Chr. gediehen, als die Crômagnons in die von den Neandertalern verlassenen Höhlen – 10.000 v. Chr. schon längst - eingerückt waren und diese mit ihren kulturell hochstehenden Malereien ausgestattet hatten, dies also vor mehr als 10.000 v. Chr., wonach dann die Atlantiskatastrophe, wohl infolge eines interstellaren Ereignisses (siehe: Muck: Planetoïdeneinschlag) hereinbrach?
Die Hochkultur in der Zeit vor der Atlantiskatastrophe, die hochstehende Kultur der Crômagnons, in ihrem wesentlichen Teil aufgrund der Atlantiskatastrophe vernichtet, können wir leider nur mehr aus den herrlichen Höhlenmalereien erahnen. Interessant wäre es zu wissen, wie sich diese Hochkultur der Crômagnons von dem, was wir heute unter Hochkultur verstehen, in ihrer Grundstruktur unterschied.

Die Hochkultur in der Zeit vor der Katastrophe unterschied sich in ihrer Grundstruktur ganz bestimmt in einzelnen Erscheinungsformen von dem, was wir heute unter Hochkultur verstehen. Aber daraus zu folgern: „Es gab noch keine Hochkultur", ist falsch, zu egozentrisch gedacht. – Es gab schon eine Hochkultur, nur mag sie in ihrer Grundstruktur, in einigen Erscheinungsformen, verschieden gewesen sein von dem, was wir heute unter Hochkultur verstehen.

Wir möchten sogar behaupten: es gab vor der Hochkultur der Crômagnons auch schon andere hochentwickelte Kulturen, entsprechend der Aussage des Saïs-Priesters: „Es gab – außer der größten (μεγίστη) (sc. der atlantischen) – schon viele Sintfluten im Laufe der Weltgeschichte" und viele dabei sich für den Fortbestand der Menschheit als nötig erweisende Neuanfänge von Kulturen, nur wissen wir, historisch betrachtet, nichts oder besser gesagt nichts mehr davon; es gibt davon keine „Wissensträger" (ἱσ- τορ- ικοί).

Zu Hilfe bei diesen Überlegungen, was den von uns unter die Lupe genommenen Zeitabschnitt betrifft, kommt die allgemeine Kulturgeschichte, die fragt: Wie ist es möglich, dass in dem Mesolithikum (die Zeit nach der Atlantiskatastrophe) ein Rückschritt der Artefakte gegenüber dem Jungpaläolithikum (die Zeit unmittelbar vor der Katastrophe) im Hinblick auf kulturelle Höhe eingetreten ist?

Man spricht in der Kunstgeschichte hierbei von einem „Hiat", „Zeit der Klaffung", welche Erscheinung und welchen Begriff, welche Inhaltsdeutung wir in unsere Zeitaufgliederung (S.145-146, S. 204, S. 206, S. 263, S. 372-373, S. 379) nach der Katastrophe aufgenommen haben.

Unsere Antwort, um sie abschließend noch einmal zu formulieren, auf die o.a. Frage lautet: Die langanhaltende, nach Muck 2000-jährige Dunkelzeit und infolge ihrer die „Dumpfheit" der noch vorhandenen, die Katastrophe überlebt habenden Menschen (s. Plato: σκοτειναὶ ἀκοαί der ἀγράμματοι), manifestiert auch in dem „dunklen" und „dumpfen"

Beginnen der einzelnen „Welten“ der altamerikanischen Zivilisationen, die völlige „Dunkelheit“ und „Dumpfheit“ also nach der Katastrophe, die offenbar nicht nur den Untergang von Atlantis gebracht hat, sondern auch die Einflussgebiete dieses ehemaligen Großimperiums äußerst zerstörend getroffen hatte, sind der Grund für den von uns empfundenen Rückschritt in der kulturellen Entwicklung vom Jungpaläolithikum (Zeit vor der Katastrophe) zum Mesolithikum (Zeit direkt nach der Katastrophe; man müsste eigentlich in Parallelität zum Jungpaläolithikum hier vom Alt- und weiterhin vom Mittel- und Jungmesolithikum sprechen) mit einer Dauer über dieses Mittelmesolithikum und das Jungmesolithikum hinaus bis etwa in die Mitte des 4. Jahrtausends v. Chr., die Zeit der vorher nur langsam, sukzessiven, jetzt mit aller Gewalt durchbrechenden Wiederaufhellung, die sich auf allen kulturellen Gebieten in beiden Einflusssphären, in Ost und West, für diese Zeit feststellen lässt.

Die Katastrophe von Atlantis hatte also die sehr fortgeschrittene kulturelle Entwicklung des sog. Jungpaläolithikums, die Hochkultur der Crômagnons, in einem Maße vernichtet, dass ein Neuanfang der zivilisatorischen und kulturellen Entwicklung wieder einsetzen musste, wie der Saïs-Priester, sich berufend auf die uralten ägyptischen Archive es für viele Fälle ähnlicher geschichtlicher Ereignisse wie der Atlantis-Katastrophe im Zusammenhang mit der „νέοι-Charakterisierung“ der Athener herausgestellt hat (Tim 23b und 22b).

Der beginnende Neuanfang (9.560 [8560 v. Chr. nach der Datumskorrektur] bis etwa 5.000 v. Chr.) mag seine kulturellen Anfänge hinterlassen haben in den Steinwerkzeugen, die wir heutigentags noch gelegentlich auf unseren Feldern finden. (Oder stammen die zuweilen gröber, zuweilen feiner ausgearbeiteten Werkzeuge teils aus noch früheren, paläolitischen Zeiten? Oder gilt beides?)

Eine Domestizierung von Tieren setzte im Laufe der Zeit nach der Katastrophe von Atlantis auch wieder ein. Eine agrarische Revolution setzte im Mittelmesolithikum dem nach der Katastrophe zunächst sich entwickelnden Sammler- und Jägerdasein der Menschen allmählich ein Ende.

Seinen ersten Höhepunkt aber hatte dieser Neuanfang nach der Katastrophe von Atlantis u.E. in der Megalithkultur, deren Beginn wir etwa zwischen 4.500 und 4.000 v. Chr. ansetzen möchten (Carnac etc., Stonehenge später), in religiöser Hinsicht die Zeit auch der Entwicklung des höhlenbestimmten und mysteriösen Druidismus, der Chthonik.

Ein zweiter kultureller Höhepunkt, der Höhepunkt κατ᾽ ἐξοχήν nach der Atlantiskatastrophe, setzte in der Mitte des 4. Jahrtausends v. Chr. ein, im Übergang vom Jungmesolithikum in das Altneolithikum, die Zeit, in der die vom Saïs-Priester und Plato sog. βραχέα σπέρματα alle wieder aufkeimten und sich von da an über Sumer, Ägypten, Griechenland, sowie im altamerikanische Raum zu unserer heutigen Hochkultur entwickelten, und zwar auf allen Gebieten:

1.) Wiederaufkommen der Schrift, des Werkzeugs der Bewusstwerdung des Menschen (Hieroglyphen, Ursprung in Atlantis, s. Krit. 119c-120; Hieroglyphen in Ägypten; Hieroglyphen in Altamerika bei den Maya und Azteken und ihren Vorläufern – mutatis mutandis – ; Keilschrift in Sumer etc.; entwickelt bis hin zu phönizischen Alphabet etc.)
2.) Wiederaufkommen des „Wissens“ durch schon vorher vorhandene „Wissensträger“ eines Wissens aus prähistorischen Zeiten (Iberer, Basken, Etrusker, Italer, Hebräer etc.) und Weiterentwicklung dieser „Wissensträger“ bis hin zu den „7 Weisen“ (auch Solon zählt dazu); Aufkommen des Gegensatzes σοφοί ↔ φιλόσοφοι.
3.) Wiederaufkommen (in der Religion) des ursprünglich in dem Sonnenkult von Atlantis gründenden Monotheismus (s. Entwicklungslinie im östlichen und westlichen Einflussbereich von Atlantis, s. S.371-372, 380-381) und allmähliches Infragestellen des chthonischen Druidismus und der Vielgötterei mit ihren Menschenopfern durch Jahwe, durch die griechische

Philosophie, durch Quetzalcoatl im Gegensatz zu seinem Bruder Tezcatlipoca; Spuren des Druidismus hielten sich bis in unsere Zeit.

4.) In der Architektur: Bau der Pyramiden und Paläste (ideell: atlantisch; formal: ägyptisch und altamerikanisch); die „7 Weltwunder“ der Griechen (wie im Bereich des Wissens die „7 Weisen“) sind nach der Katastrophe von Atlantis ein Widerhall der kulturellen Hochblüte der Architektur, letztlich ein Abbild der der Natur (Atlasberg auf Atlantis) nachempfundenen Bauwerke von Atlantis. Noch die Forscher des 16. bis 20. Jahrhunderts der Pyramiden Ägyptens sahen in den Pyramiden „Berge“; s. dazu J.-Ph. Lauer, Le Mystère des Pyramides, Presses de la Cité, Paris, 1974, S. 38: Domenico Trevisan; S. 41: François Savary; S. 55: Richard Pococke).

Alles dies ist also feststellbar nicht nur im östlichen Einflussbereich des im Atlantik gelegenen Großimperiums Atlantis, also in Ägypten, Sumer, Europa etc., sondern auch im westlichen Einflussbereich von Atlantis, bei den Maya, Azteken und Inka, und, betont ist hier hinzuzufügen, bei deren Vorläufern, welche Vorläufer (z.B. die Caral-Kultur bei den Inka) die zeitliche Diskrepanz zwischen der Zeit der Wiederaufhellung und des Aufblühens der kulturellen Gegebenheiten im östlichen Einflussbereich (ab etwa 3.500 v.Chr,) und der Zeit des Inblütekommens dieser kulturellen Gegebenheiten bei den als „verspätete“ Nationen auftretenden Maya, Azteken und Inka im westlichen Einflussbereich von Atlantis zumindest mindern, wenn nicht gar aufheben.

Um auf den Begriff der „Diskrepanz der Zeiten“, z.B. der Zeit des Baus der ägyptischen Pyramiden (beginnend etwa ab 2.650 v. Chr.) zu der Zeit des Baus der Pyramiden der Maya, Azteken und Inka und ihrer Vorläufer noch einmal zurückzukommen, so ist auch zu sagen, dass man solche zeitliche Diskrepanzen kultureller Gegebenheiten in verschiedenen Weltphasen und in verschiedenen Räumen der Erde feststellen kann; z.B. im Neolithikum, das von der Kulturhistorie für den Raum „Afrika“ schon im 9./8. Jahrtausend v. Chr. angesetzt wird, für den Raum „Europa“ hingegen erst im 5./4. Jahrtausend v. Chr.

Oder was die Bronzezeit betrifft, bei der die Kulturhistorie den Anfang der Zeit festlegt:

für Ägypten:	vor 3.000 v. Chr.
für Mesopotamien:	ab 3.000 v. Chr.
für Indien:	um 2.500 v. Chr.
für China:	seit 2.000 v. Chr.

Oder, was die Eisenzeit betrifft, die angesetzt wird:

im Vorderen Orient (Hethiter):	1.500 v. Chr.
auf dem Balkan und in Italien:	800 v. Chr.

Damit wird verständlich, dass auch gleichgeartete Artefakte oder Bauwerke (z.B. Pyramiden) je nach dem Raum des Erdenballes zu verschiedenen, oft weit auseinanderliegenden Zeiten geschaffen sein können; dennoch ist dabei im Sinne Platos zu sagen, dass das βραχὺ σπέρμα, z.B. „himmelstrebendes Bauwerk“, in seinem Kerngehalt immer – mutatis mutandis – das gleiche ist und bleibt, ungeachtet der Tatsache, dass es als Pyramide Ägyptens oder Altamerikas, als Zikkurat, als Pagode, als Stupa, als Kirche oder als Minarett am Ende auftritt.

Man könnte auch fragen: Welche zeitliche Diskrepanz besteht z.B. zwischen der sumerischen oder der ägyptischen Hochblüte und der Hochblüte Griechenlands? – Diese Diskrepanz lässt sich vergleichen z.B. mit der Diskrepanz der Zeit der Hochblüte der Vorläufer der Maya, Azteken und Inka (Caral) und der Zeit der Hochblüte der später auftretenden eigentlichen Maya, Azteken und Inka.

Simone Waisbard, „Tiahuanaco“, Editions „J’ai lu“, Robert Laffont 1971, s. 13 spricht die Datierung der südamerikanischen Kulturen an und ist der Meinung, dass das “problème crucial des datations“ der einzelnen

Kulturen Südamerikas nur nach und nach durch die modernen Wissenschaften (C14 - Methode etc.) gelöst werden kann. –

Wir betrachten die kulturgeschichtlichen Gegebenheiten also unter dem oben angelegten Aspekt, der sich – was sowohl die östliche als auch die westliche Einflusssphäre von Atlantis bei der Berücksichtigung der oben angesprochenen zeitlichen Diskrepanzen betrifft – in folgender Zeitaufgliederung manifestiert:

Nach der Katastrophe von Atlantis

ab 9.560 v. Chr.:[100]	Altmesolithikum („tiefster Hiat")
ab 7.560 v. Chr.:[101]	Mittelmesolithikum („Hiat") und allmählicher Übergang zum Jungmesolithikum (allmählich, sukzessiv sich fortsetzende Aufhellung)
Ab 4.000 bis 3.500 v. Chr.:	Jungmesolithikum und Übergang in die Frühzeit des Neolithikums, in das Altneolithikum (völlige Wiederaufhellung und Wiederaufkeimen der βραχέα σπέρματα; die Zeit, zunächst der Megalithe; - dann der Schrift, - des Wissens und - des Monotheismus; danach die Zeit, in der eine „neuartige" Verwendung des Steines [νέος, λίθος] beim Bau der Pyramiden in Ägypten und den Völkerschaften Altamerikas und bei deren Vorläufern, z.B Caralkultur [gewaltige Steinblöcke] und später beim Bau von Palästen [z.B. Palast von Knossos,

[100] Nach der Datumskorrektur 8493 v. Chr.
[101] Nach der Datumskorrektur 6493 v. Chr.

Zyklopenmauern von Mykene, der Palast des Echnaton in Amarna – auch der Talatat-Stein Echnatons ist ein neuartiger Stein – das Ramesseum etc.; die Paläste in Altamerika etc.] in Anwendung kam etc.

Betrachtet man die kulturgeschichtlichen Gegebenheiten unter dem oben angelegten Aspekt und zieht man die gedankliche Konsequenz daraus und berücksichtigt man dabei die aus der tr̥-/ tl̥- Wortwurzel erarbeiteten, die zeitliche Aufgliederung nach der Atlantiskatastrophe aufzeigenden Begriffe „kümmerlich Wissende“, „Wissende“ über „Wissensträger“ bis hin zu den „7 Weisen“, ferner die Entwicklung nach der Katastrophe vom Gottesbegriff der Chthonik, d.h. der Vielgötterei, vom Begriff „Gott“ über „Halbgott“, „Gottmensch“ Heros bis Mensch, ferner ab dem Ende des „Hiats“ die Neuentwicklung des in Atlantis gründenden Monotheismus über die o.a. Entwicklungslinie (Osiris bis Christus etc.) – betrachtet man die Dinge so, mag der Untertitel unserer Überlegungen mit dem Titel „Atlas und Atlantis“ in der Formulierung „Eine Sicht des Weltgeschehens“ verständlich sein und seine Berechtigung aufweisen.

Verstehen mag man dann aber auf keinen Fall mehr das Vorgehen vieler Theoretiker des Problems Atlantis, die sich von dem Platonischen Text, den Angaben aus den uralten Archiven der Ägypter (παλαιὰ ἀκοή, γράμματα ἐκ παλαιοῦ σεσωμένα), d.h. den Äußerungen des Saïs-Priesters an Solon, und den „dunklen Gerüchten“, den oral weitergetragenen σκοτειναὶ ἀκοαί der ἀγράμματοι, die in der sumerischen Literatur ihren ersten schriftlichen Widerhall gefunden haben, in unorthodoxer Weise entfernen und dann mit verschiedenen Zahlenspielereien zu 30 oder mehr verschiedenen lokalen Punkten der Erde für die in den ägyptischen Archiven eindeutig festgelegten lokalen Positionierung von Atlantis, „jenseits der Säulen des Herakles“, jenseits von Gibraltar, kommen.

Dass Atlantis dort, vor dem στόμα, lag und letztlich infolge eines interstellaren Megaereignisses isostatisch versank, absank (δῦσα ἠφανίσθη), dafür sind Beweis(e) – mag es noch einmal zusammengestellt sein – außer den o. a. "Archiven der Ägypter" und den "dunklen Gerüchten" der die Katastrophe überlebt habenden ἀγράμματοι:

1.) O.H. Mucks Golfstromtheorie, Planetoideneinschlag und seine Folgen, die „μεγίστη- Sintflut", der Mega-Tsunami, die langanhaltende „Dunkelheit".
2.) Das Trauma vornehmlich der altamerikanischen Kulturträger und ihre Furcht vor einer Mega-Sintflut und die daraus resultierende Identifizierung des „Nulltages A" der Maya mit dem Zeitpunkt des Untergangs von Atlantis.
3.) Die Erkenntnis der religiösen Wiederentwicklung weg von der Vielgötterei der letztlich durch die Atlantiskatastrophe verursachten Chthonik zu dem über die absteigende Klimax: „Gott (hier im Sinne des Polytheismus), Gottmensch, Heros, Mensch" sich erneut anbahnenden Wiederaufkommen des atlantischen Monotheismus des Lichtes.
4.) Unsere linguistischen Überlegungen (s. die auf der Grundlage der „tr̥-/tl̥- Wortwurzel" vorgenommene Herausarbeitung der Entwicklungslinie: „kümmerlich Wissende", „echt Wissende", „Wissensträger", „Weise", sowie auf die ebenfalls aus der „tr̥-/tl̥-Wortwurzel" herausgearbeitete Erschließung des Ursinns der Begriffe„terra/tellus" (tragendes Land) im Gegensatz zu der ein Trauma auf der ganzen Erde hervorrufenden Mega-Sintflut (nichttragendes, alles zerstörendes Wasser), gerade nach der Katastrophe von Atlantis, Erkenntnisse, die die wichtige Rolle für unsere Sicht der Dinge spielen.

5.) Die Vergleiche paralleler auf Atlantis zurückgehender, auf Diffusion beruhender Gegebenheiten in der östlichen und westlichen Einflusssphäre von Atlantis:
   a.) Religiöse Führerschaft und Kulturheroentum,
   b.) Molochkultur,
   c.) Ahnenkult,
   d.) Zeichen und Symbole der Macht,
   e.) Wiederaufkommen der Schrift,
   f.) Geschwisterehe als Mittel zur Schaffung einer Dynastie,
   g.) Déformation crânienne,
   h.) Trepanation,
   i.) Mumifikation,
   j.) die Bedeutung der Erkenntnis der Zyklushaftigkeit des Werdens und Vergehens (Grundmodell: Der Untergang von Atlantis),
   k.) Die Sintfluten und ihre traumatischen Auswirkungen (s.o.).

6.)'Ἐξίτηλος (ein „Aus" für Atlas II, den „Träger" und Pantokrator von Atlantis), Beweis für den Grund der Bestrafung der Atlanter, d.h. für den Untergang von Atlantis, d.h. für die Existenz von Atlantis.

7.) Die auch von Plato als <u>reines Naturereignis</u> gedeutete Atlantiskatastrophe (Begründung: „<u>Blindes Wüten der Natur</u> gegen Schuldige und Unschuldige") und Platos dabei erhobener Zeigefinger, zu deuten <u>nur</u> als Warnung an die Athener, nicht wie die Atlanter sich der Hybris anheimzugeben.

Nach all diesen logisch nachvollziehbaren, einleuchtenden Überlegungen sollten wir Plato Glauben schenken, dass er wie Solon als praktischer Staatsmann, er, Plato, als theoretischer Staatsmann, das Beste für seinen Staat wollte (s. auch Platos Bemühen beim sizilischen Tyrannen Dionysios; 7. Brief). Darum sollten wir seinem „ἄτοπον μὲν, ἀλλὰ μὴν ἀληθές" Vertrauen schenken und ihm glauben, dass es bei der Darstellung der Atlantiskatastrophe nicht um einen „πλασθέντα μῦθον“, eine „Erfindung“, sondern um ein „ἀλήθινον“, etwas Wahres geht, das nicht im Verborgenen bleiben darf, das nicht wieder vergessen werden darf (eine gleichgelagerte angestrebte Vermeidung des Vergessens liegt vor im Gilgamesch-Epos durch das symbolhaft zu deutende „ewige“ Leben Utnapischtims. Im altamerikanischen Raum sorgt das Trauma, das die Katastrophe mit ihren Folgen hinterlassen hat, für das Nichtvergessen), da die Katastrophe von Atlantis in der Menschheitsgeschichte ein gewaltiger Einschnitt war, der Übergang, wie wir heute sagen, vom Quartär ins Quintär, vom Jungpaläolithikum ins Altmesolithikum, das Ende der Eiszeit, die endgültig vollständige, langsam überall voranschreitende Ausbreitung des Crômagnon-Menschen als „homo sapiens sapiens“ und die endgültige Rückdrängung und Verdrängung des „homo sapiens Neandertalensis“.

Was den Begriff „sapiens“ in der Zusammenstellung „homo sapiens, sapiens“ betrifft, dessen Bestandteil „sa-“ identisch ist mit dem „σα-“ des Wortes „σαφής“, mit dem „σο-“ des Wortes „σοφός“ und mit der Wortwurzel Ϝειδ-, ἰδ-, vid-, i-, e- etc. (s.o.), welche Wortwurzeln in unseren Überlegungen zu dem aus den Bezeichnungen Eskual, Iberer, Etrusker, Italer, Hebräer etc. etymologisch herausgefundenen Begriff „Wissensträger“ (s.o.) eine vorrangige Bedeutung für das Verständnis unserer Sicht der Dinge nach der Katastrophe, für unsere „Sicht des Weltgeschehens“, gewonnen haben, so möchten wir darauf hinweisen, dass die Begriffsdeutung des Ausdruckes „sapiens“ in der Zusammenstellung „homo sapiens, sapiens“ für den Crômagnon-Menschen (und ebenso für den „homo sapiens Neandertalensis“) eine andere ist als in dem von uns entwickelten Begriff „Wissensträger“, da man unter dem Crômagnon-Menschen ja den fortgeschrittenen Menschentyp der gesamtgeschichtlichen Menschheitsentwicklung zu verstehen hat, während hingegen es sich bei „unseren“ Wissensträgern lediglich um „Träger des Wissens“ von Gegebenheiten aus der von dem Ausgangspunkt der heutigen Zeit gedeuteten Prähistorie handelt, unter der wir in unseren Überlegungen die Zeit ab der Katastrophe von Atlantis verstehen, die infolge der geologischen Gegebenheiten nach dem interstellaren Megaereignis von einer lang anhaltenden Dunkelheit und einem sich anschließenden „Hiat" gekennzeichnet war.

Die „7 Weisen" der Griechen (die „σοφοί", die „sapientes", unter ihnen auch Solon) – das muss hier deutlich herausgestellt werden – waren auch „nur" die Kulmination der „Wissensträger" in dem oben von uns dargelegten Sinn des „sapere".

Man möge in diesem Zusammenhang noch einmal die oben angesprochene Problematik der Diskussion Platos mit den Sophisten und die Frage des „οἶδα οὐκ εἰδώς" durchlesen, um zu verstehen, dass der nach der Katastrophe von Atlantis neueinsetzende „Wissensstrang", ausgehend von den „kümmerlich Wissenden" der nur oral tradierten σκοτειναὶ ἀκοαί, über die in der Zeit der sukzessiven Aufhellung auftretenden „Wissensträger" bis hin zu den „7 Weisen" eine andere Deutung des Begriffes „sapere" verlangt als im Begriff „homo sapiens sapiens".

Wir können aus diesen Überlegungen folgern (eine Zwischenerkenntnis): Entsprechend der verschiedenartig vorzunehmenden Auslegung des „sapere", die wir oben dargelegt haben, gibt es einen Widerspruch zwischen der ungestörten linienhaft aufsteigenden allgemeingeschichtlichen Menschheitsentwicklung und der zuweilen von evident vorkommenden Naturereignissen unterbrochenen Kulturentwicklung, die dann einen Neuanfang der Kulturentwicklung nötig machen, nicht. Das Letztere ist in dem Ersteren enthalten, und das heißt: Das Eine schließt das andere nicht aus.

Plato, der φιλόσοφος, der „Wissens- und Weisheitsliebhaber" in dem von uns gedeuteten Sinne des „sapere", im Gegensatz zu den Sophisten, die das Wissen und die Weisheit für sich schon gepachtet hatten, fühlte und sah sich in der Reihe der Denker der Weltgeschichte als einen Punkt in der Linie des nach der Atlantiskatastrophe wiedereinsetzenden Bemühens um „Wissen", eines Wissensdranges, dessen Ingangsetzung durch die „Archive" der Ägypter und die bei Plato zitierten „dunklen Gerüchte" (beide die ersten uns vorliegenden Erwähnungen des Ursprungs dieses Wissensdranges) formuliert, festgeschrieben, und dokumentiert ist. Hinter dem o.a. Wissensdrang steht dann für den sich bewusst werdenden „neuen Menschen des Quintärs“ immer die Frage: Woher kommen wir? Wo sind, wo stehen wir? Wohin gehen wir?

Auf folgendes möchten wir hierbei abschließend noch hinweisen:
Eines wird bei der Gegenüberstellung des Begriffes „sapere“, angewandt auf die gesamtgeschichtliche Menschheitsentwicklung, wo durch das „sapere“ eine Gegenüberstellung von „vernunftlosem“, „wissensunfähigem“ Tier und dem „vernunftbegabten“, „wissensfähigen“ Menschen vorgenommen wird, mit dem Begriff „sapere“, angewandt auf die Zeit nach der Atlantiskatastrophe, deutlich und klar: Das „sapere“ ist das kennzeichnende Merkmal des „Menschen“ („mens“ = Verstand), ob unter dem Gesichtspunkt der gesamtgeschichtlichen Menschheitsentwicklung oder unter dem Gesichtspunkt einer nach einer Megakatastrophe für die Menschheit wieder einsetzenden nötigen Neuentwicklung, einer Entwicklung des „neuen Menschen“, d.h. einer Entwicklung, deren Darstellung wir in der auf den Überlegungen Mucks und unseren eigenen linguistischen Überlegungen basierenden Zeitaufgliederung von der Zeit nach der Katastrophe von Atlantis bis hin zum Ende des „Hiats“, etwa zwischen 4.000 und 3.500 v. Chr. und folgende Zeit, vorgenommen haben, eine Zeitaufgliederung, deren Erkenntnis in etwa für die Bestimmung unseres Jetzt, für die Bestimmung der Frage: „Wo sind wir?“ „Wo stehen wir im großen Rahmen der Weltgeschichte?“ hilfreich sein könnte.

Wollten wir Plato um Hilfe für die Bestimmung unseres Jetzt fragen, so wäre seine Antwort: Eine Besserung für den Menschen tritt nur ein, wenn die Philosophen, d.h. „die immer um Weisheit Bemühten“, (nicht die „Hans-guck-in-die-Luft“ und Scharlatane) Herrscher werden oder die Herrscher Philosophen, wie er es in der Πολιτεία entwickelt hat, wenn also der Mensch sein Ureigenstes, was ihn vom Tier unterscheidet, das „sapere“, zur obersten Sache macht.

Wenn wir bedenken, wie in der o.a. „Herrscher-Philosophen-Maxime“ Platos ganzes philosophisches Denken kulminiert, wird uns klar, wieso gerade Plato an der von dem Saïs-Priester und Solon in Gang gesetzten Atlantis-Problematik so sehr interessiert war.

Unsere „Sicht des Weltgeschehens“ ab der Katastrophe von Atlantis über die Etappen „tiefster Hiat“ (nach der Datumskorrektur: 8.493 v. Chr. bis 6.500 v. Chr.), „Hiat“ (6.500 v. Chr. bis 3.500 v. Chr.) bis hin zur „Wiederaufhellung“, der „Entdeckung des Geistes“ (ab 4.000 - 3.500 v. Chr. bis in die Jetztzeit) gründet also auf einem Verständnis des Weltgeschehens, dessen Anfang nach der Katastrophe von Atlantis festzusetzen ist, einem Anfang, den die Maya durch die Errechnung ihres „Nulltags A“ („absoluten Nulltags“, 8.498 v. Chr., im Gegensatz zu ihrem „historischen Nulltag“, 3.373 v. Chr.) mit dem Zeitpunkt der Katastrophe von Atlantis „mit geradezu unheimlicher Genauigkeit“ (so H. Ludendorff, Professor am astrophysikalischen Observatorium in Potsdam) bestimmten und festlegten, identifizierten.
Die Maya gingen also in ihren chronologischen Überlegungen weit über das hinaus, was z.B. die Hebräer (Anfang der Welt: 3.761 v. Chr. gemäß dem Buch Bereschith; s. Fr. Terhart, J. Schulze, „Weltreligionen“, Bath, New York etc., S.240) oder die Christen in ähnlicher Weise als Anfang der Welt bestimmten und festlegten.
Diese von den Juden und Christen bestimmten „Anfänge“ der Welt (3.761 v. Chr.) haben bei den Maya ihr Pendant in etwa in dem „historischen Nulltag“ der Maya (3.373 v. Chr.). Aber damit gaben die Maya sich nicht zufrieden, weil sie die Haltbarkeit dieses „historischen Nulltags‘“ schon frühzeitig anzweifelten, was bei den Juden und Christen nicht geschah.
So deuteten die Maya denn den „Anfang der Welt“ als identisch mit dem Zeitpunkt der großen Sintflut, die für sie den Beginn eines neuen Äons einleitete, wir würden sagen: den Beginn der erdgeschichtlichen Epoche Quintär (nach der erdgeschichtlichen Epoche des Quartärs).
Dass aber auch dieser „Anfang der Welt“, der „Nulltag A“ der Maya, nach geologischer Kenntnislage der Wirklichkeit und Wahrheit nicht standhält, wirft eine Frage auf, auf die hinzuweisen wir uns oben in der

verschiedenen Deutung des „sapere“ aufgerufen sahen, sc. „sapere“ als Wissensfähigkeit des Menschen im Gegensatz zur Wissensunfähigkeit des Tieres, welches „sapere“ in die Vorzeit vor der Atlantiskatastrophe zurückreicht, und andererseits „sapere“ als Wissensfähigkeit einiger nach der Katastrophe von Atlantis überlebenden Menschen im Gegensatz zu den ἀγράμματοι, die auf der Stufe der „Schriftlosigkeit“ stehen blieben, welches „sapere“ die Entwicklung über „Wissende“, „Wissensträger“ bis hin zu den „Weisen“ ab der Katastrophe im Gefolge hatte.
Da es aber das in die Vorzeit vor der Atlantiskatastrophe zurückreichende „sapere“ der gesamtgeschichtlichen Menschheitsentwicklung gibt (s. den von der Anthropologie angewandten Begriff: homo sapiens Neandertalensis und homo sapiens sapiens), kann bei den Maya nach der Katastrophe auch nur ein „Anfang“ (in Gänsefüßchen) gemeint sein, und die Deutung des „Nulltags A“ durch die Maya ist also auch nicht der Weisheit letzter Schluss.
Dennoch liefert der „Nulltag A“ der Maya, mag er auch nicht der Weisheit letzter Schluss sein, eines der unbestreitbaren Hauptargumente für unsere Deutung des Weltgeschehens, für unsere Deutung der weltgeschichtlichen Epoche des Quintärs im Gefolge der Katastrophe von Atlantis nach der weltgeschichtlichen Epoche des Quartärs vor der Atlantiskatastrophe.
Unsere Sicht des Quintärs, unsere Sicht des Weltgeschehens mit seinen 3 Etappen „tiefster Hiat“, „Hiat“ und „Wiederaufhellung“ (ab etwa 4.000-3.500 v. Chr.) findet sich, so meinen wir, bestätigt in allen unseren oben niedergeschriebenen Überlegungen; sie gründet also auf der damit implizit als wahr zu betrachtenden Existenz und dem Untergang von Atlantis, von Atlantis im Atlantik, gelegen jenseits der Säulen des Herakles.

Eine Anmerkung noch zu Voltaires Bemerkung:

> Man hätte Atlantis erfinden müssen,
> wenn Plato es nicht schon erfunden hätte.

Unsere Deutung dieses Satzes ist folgende: Für uns gilt bei aller Möglichkeit einer hintergründigen Auslegung dieses Satzes in dem Sinne, dass die Platonische Darstellung von Atlantis und seiner

Katastrophe eine fabulistische „Erfindung“ sei, also auf einer Utopie beruhe und nicht, zwar etwas „Seltsames“, ein ἄτοπον, aber dennoch etwas „Wahres“ (ἀλήθινον) sei, der Gedanke, dass diese Bemerkung von Voltaire selbst als eine nötige Sache, unseren Daseinsstandpunkt zu bestimmen, betrachtet wird, eine „Erfindung“ Platos, die im Sinne Platos, auch im Sinne Voltaires, nur als eine „Findung“, ein „Auffinden“, verstanden werden kann, eine „Findung“ einer Sache, die durch das blinde Wüten der Natur ihren Untergang gefunden hat, die also real existiert hat, deren Existenz von den „dunklen Gerüchten“ (σκοτειναὶ ἀκοαί) über Jahrtausende weitervermittelt wurde, und welche reale Existenz in den Archiven Ägyptens vermerkt und dokumentiert war.
In diesem Sinne gilt der im Verlaufe unserer Überlegungen angeführte Satz auch im Sinne Voltaires:

Hätte es Atlantis nicht gegeben,
man müsste es erfinden.

Diese o.a. Überlegung entspricht in ihrer Gänze auch der von H.-G. Nesselrath (Internet: „Nesselrath über Vidal-Naquet“; s. http://bmcr.brynmawr.edu/2008/2008-08-22.html) – in seiner Rezension des von Vidal-Naquet vorgelegten Werkes „L'Atlantide, petite histoire d'un mythe platonicien“ und der darin auch dargelegten Entwicklung der Atlantisdeutungen seit der Antike – geäußerten Feststellung, dass Voltaire Madeira als einen Teil von Atlantis betrachtete, womit, wie Nesselrath feststellt, sich Voltaire ganz der Linie der Atlantistheoretiker nähert, die von Athanasius Kircher (Mundus subterraneus) über Nicolas Boulanger (Sein Fazit: Die ägyptischen Priester haben recht, dass die Erdgeschichte periodisch unterbrochen wird von großen Fluten, nach denen die menschliche Zivilisation immer wieder neu entwickelt werden muss), über Graf Carli, Braghine, Donnelly, Muck, Berlitz und Fonsèque vertreten wird, die in Atlantis keine Utopie sehen, sondern seine lokale Position festlegen im Raum Madeira, den Kanaren und den Azoren, die nach ihnen Reste des verschwundenen Atlantis sind.

Fazit des Ganzen:
Die von uns in den obigen Überlegungen herausgearbeiteten Entwicklungslinien seit der Katastrophe von Atlantis:

1.) Die Erkenntnis der vorzunehmenden Zeitaufgliederung (Katastrophe – tiefster Hiat – Hiat – Wiederaufhellung),
2.) Die Erkenntnis der in der Zeit der „Dunkelheit", der Chtonik, des Hiats, aufkommenden Religion des Druidismus, eines ersten, noch dunklen religiösen Empfindens und im Anschluss daran bei ständig sich mindernder „Dunkelheit" das Wiederbemühen und die neue Suche nach dem „einen" Gott, die zunächst in der absteigenden Klimax von „Gott" (hier im Sinne der Vielgötterei) über Halbgott, Gottmensch, Heros bis zum Menschen hin, dann aber in einem echten Bemühen um den „einen" Gott sich manifestiert (von Osiris bis Christus und weiterhin politisch sich auswirkend bis Louis XIV, dem „roi soleil", und bis in die Gestaltung der Staatsbanner moderner Staaten),
3.) Die Erkenntnis der Entwicklungslinie von anfänglich nur von oralen „dunklen Gerüchten" (σκοτειναὶ ἀκοαί) gespeisten „kümmerlich Wissenden um die Geschehnisse von Atlantis" über die „echt Wissenden" hin bis zu den „Wissensträgern" und kulminierend bis hin zu den „Weisen" (zu denen Solon selbst zählt, ein Begriff, den Sokrates für seine Person ablehnt, eine Ablehnung, die zu der Konfrontierung φιλόσοφοι – Sophisten [„σοφοί"] führt),
4.) Die Erkenntnis, dass mit der Überwindung der rein oralen Überlieferung durch die Wiederentdeckung der Schrift die Bewusstwerdung des Menschen um die Mitte des 4. Jahrtausends v. Chr. wieder voll einsetzte, etc. etc.,

all diese Entwicklungslinien, die sich im östlichen und ebenso im westlichen Einflussbereich des von uns im Gegensatz zu den Utopisten als existent angenommenen Atlantis aufzeigen lassen, legen den Gedanken nahe, dass alle an diesen Entwicklungslinien teilhabenden Völkerschaften in ihrem anfänglich vielleicht sogar nur unbewussten, instinktiven Bemühen um Wiederaufhellung, d.h. Bewusstwerdung,

inspiriert und beeinflusst waren von den βραχέα σπέρματα, „winzigen Samenkernen“, die eine Hochkultur, welcher Art und Struktur auch immer, als der Ausgangspunkt all dieser Erscheinungen bei ihrem Untergang hinterlassen hat und die sich dann im Laufe der Jahrtausende wieder zu dem heute vorliegenden Kulturzustand „entwickelt“ haben, Erscheinungen, die „so oder so ähnlich“ (Thukydides) im Laufe der Weltgeschichte sicherlich schon öfter vorgekommen sind, Erscheinungen, die der Erkenntnis von der bruchhaften Kulturentwicklung im großen Rahmen der linienhaft aufsteigenden allgemeingeschichtlichen Menschheitsentwicklung nicht widersprechen, sie sogar bestätigen.
Die o.a. Überlegung summiert in sich die Formulierung des Untertitels unserer Gesamtüberlegungen, des Untertitels, dessen Wortlaut ist: „Eine Sicht des Weltgeschehens“, das in Atlantis den Ursprung der gegenwärtigen Kultur sieht. (s.S.382)

Abschlussfrage

Sieht man das neu sich entwickelnde, das neu entstandene Weltgeschehen des Quintär nach der Katastrophe von Atlantis unter dem oben dargelegten Aspekt, so muss man zwangsläufig zu der Frage kommen: Muss die gegenwärtige europäische Maxime „ex oriente lux“, was Europa betrifft, nicht abgewandelt werden in: „ex occidente lux“ („lux“ dabei zu verstehen als „Licht des Geistes“)?
Für den altamerikanischen Raum hingegen lautet die Maxime: „ex oriente lux“.
Die entsprechende Maxime der Gegenwart „ex oriente lux“ kann u. E. ihre Berechtigung nur finden in der Tatsache, dass, als das Megaereignis um Atlantis mehr oder weniger im Laufe der Weltgeschichte in Vergessenheit geraten war, die ursprünglich von Atlantis ausgehende „Aufhellung“, die „lux“, einerseits zwar immer weiter über Sumer hinaus in den Osten ausstrahlte (Indien, China etc.), andererseits aber in Sumer reflektierte, und so das entstehende (geistige) Europa, personifiziert auf dem Rücken eines Stieres, aus dem Osten kam.
Die erwartete Rückkehr Inkarris und Quetzalcoatls zeigt, dass für den altamerikanischen Raum die „lux“ (Aufhellung) schon immer aus dem

Osten kam, dass dieser Raum aber durch die „weißen Götter" einer Täuschung anheimgefallen ist.
Wir sind uns dessen bewusst, dass der Vorgang, Atlantis als nach allen Seiten ausstrahlendes Zentrum einer Urkultur zu sehen, ein vielleicht vielfaches Umdenken mit sich bringt, aber das Nachdenken darüber gebietet, – was z.B. den östlichen Einflussbereich von Atlantis betrifft – den „Mythos Europa" auf obige Weise dem „Logos" zuzuführen, hinter dem „Mythos Europa" auf diese Weise einen „Logos" zu erkennen, den „Mythos Europa" auf diese Weise zu einem „Logos" zu machen. (s.S. 383-384)

Bibliographie

Grundlegende, Atlantis betreffende Werke, vom Autor als Beispiele „interdisziplinärer Zusammenarbeit“ aufgefasst, deren Ergebnisse neben eigenen Überlegungen zur Grundlage der Erkenntnisse des Autors herangezogen werden, ohne dass er in jedem Falle die Textstelle der Werke im Wortlaut zu zitieren sich aufgerufen fühlt, da er sie insgesamt als Grundlage seiner Überlegungen anerkennt, sind:

I.) Was die Existenz von Atlantis und seinen Untergang betrifft:

1.) Plato, „Timaios“ und „Kritias“, Textausgabe „Wissenschaftliche Buchgesellschaft“, Sonderausgabe, 1990.
2.) O.H. Muck, „Alles über Atlantis“, Econ-Verlag Düsseldorf 1976 (Zürich 1978).
3.) W. Fonsèque, „L'Atlantide et la Tectonique des Plaques“ in „Atlantis“, Revue bimestrielle Nr. 287; Mars-Avril 1976, (Darin besonders zu erwähnen: F.B. Taylor (1910), A. Wegener (1912), B. Choubert (1935), H. Hess (1962), E. Bullard (1969) G. Pantot, Peter Kolosimo (Paris 1972).
4.) J.-A. Foëx, „Histoire sous-marine des Hommes“, Berlin 1975 (1954^{1}).

II.) Was das in das Gesamtwerk eingebaute Essay des Autors über „Das Etruskische und das Indogermanische“, darin die Erkenntnisse zu der „tr̥-/tl̥-“-Wortwurzel und die Deutung des Begriffes Etrusker“ und anderer Begriffe als „Wissensträger“ betrifft:

1.) Karl Hoffmann (Linguist an der Universität des Saarlandes), Seminar über „tr̥-/tl̥-“-Wortwurzel, 1954.
2.) Franz Bopp, „Glossarium Comparativum Linguae Sanscrittae“, Berlin 1867.
3.) Alois Walde, „Lateinisches etymologisches Wörterbuch“, Heidelberg 1910.
4.) Massimo Pallottino, „Etruskologie“, Berlin 1988.
5.) Romolo Augusto Staccioli, „Il mistero della Lingua Etrusca“, Rom 1985^{3} sowie „Gli Etruschi, Mito e realtà“, Rom 1998.

III.) Was die Vergleichsgegebenheiten der östlichen und westlichen Einflusssphäre von Atlantis betrifft:

1.) Ignatius Donnelly, „The Antediluvian World“, New York 1976 (1872[1]).
2.) Grundlegende Überlegungen des Autors.
3.) David M. Jones und Brian L. Molyneaux, „Mythologie der Neuen Welt”, Anness Publishing Limited, U.K. 2001 (Lizenzausgabe Edition XXL G.m.b.H., Reichelsheim 2002); in der Folge abgekürzt: „M.d.N.W.”.

IV.) Ansonsten sei hier zitiert eine Auswahl der Atlantis- und der sich um Atlantis rankenden Literatur, der der Autor auch manche erhellende Erkenntnis verdankt, bzw. der er seine Zustimmung versagen muss, sowie Literatur über die zu vergleichenden Einflusssphären von Atlantis in Ost und West. Zitiert werden diese Werke in der unterscheidenden Anordnung wie bei „grundlegenden Werken“ (im Allgemeinen in der Reihenfolge ihres Erscheinens in unseren Überlegungen).

Zu I.) Existenz und Untergang von Atlantis
Neben O.H. Muck „Alles über Atlantis“ etc. (s.o.)

1.) Theodor Axiotis, „ΑΤΛΑΝΤΙΔΑ, τὰ ἀρχεῖα τῆς χώρας τοῦ Ποσειδῶνα“, Athen 2003 (neugriechisch).
2.) Harmon H. Bro, „Edgar Cayce – Seher, Heiler, Mystiker“, München 1992.
3.) Charles Berlitz, „Das Atlantis Rätsel“, Augsburg 1994.
4.) Pierre Benoit, „L’Atlantide“, Albin Michel 1920.
5.) Louis Charpentier, „Les Jacques et le mystère de Compostelle”, j’ai lu, 1971.
6.) Athanasius Kircher, “Mundus subterraneus” 1665.
7.) A. Braghine, “The shadow of Atlantis”, 1930 (Deutsch: Stuttgart 1939) darin auch: Graf Carli.
8.) Bory de Saint Vincent, “Essai sur les îles fortunées et l’atlantique Atlantide”, Paris 1803.
9.) E. Hosea (These aus 1875: Indianische Kulturen identisch mit den Kulturen Ägyptens).
10.) Krantor (330 – 275 v. Chr.; Philosoph der Älteren Akademie).
11.) Proklos (410-485 n. Chr.), Kommentar zu Platos Timaios.

12.) W. Fonsèque (s.o.).
13.) J.-A. Foëx (s.o.).
14.) Wikipedia (freie Enzyklopädie), „Gilgamesch-Epos", 2010.
15.) Kindlers Literatur-Lexikon, „Gilgamesch-Epos" Bd. III: Ea-Her., 1991; (S. 3955).
16.) Thomas R. K. Mielcke, „Gilgamesch. König von Uruk", Reinbek 1991.
17.) Adolf Schulten, „Tartessos", Hamburg 1920. (Dazu auch: Otto Jessen, „Atlantis" in „Zeitschrift der Gesellschaft für Erdkunde in Berlin. Nr.5/6", Berlin 1925).
18.) Derselbe, „Atlantis", Berlin 1930.
19.) Richard Hennig, „Von rätselhaften Ländern", München 1925.
20.) Jürgen Spanuth, „Das enträtselte Atlantis", Stuttgart 1953. (Französisch: „L'Atlantide retrouvée?", Paris 1964.)
21.) Derselbe, „Die Atlanter", Tübingen 1998.
22.) H.G. Wunderlich, „Wohin der Stier Europa trug", Reinbek 1972 (1991).
23.) Spiridon Marinatos, „Kreta, Thera und das mykenische Hellas", Wissenschaftliche Buchgesellschaft, 1977 (1959[1]).
24.) Angelo Galanopoulos (griechischer Seismologe), „Atlantis, Truth behind the Legend", 1969 (These aus 1959: Atlantis = Kreta).
25.) Siegfried Schoppe, „Atlantis und die Sintflut" (These: Atlantis auf dem Grunde des Schwarzen Meeres).
26.) Robert Scrutton, „The other Atlantis" und „The Secrets of Lost Atlantis".
27.) Eberhard Zangger, "Atlantis, eine Legende wird entziffert", München, Knaur 1994.
28.) Heinz-Günther Nesselrath, „Platon und die Erfindung von Atlantis", München 2002.
29.) Edwin S. Ramage (Herausgeber), „Atlantis, Fact or Fiction?", London 1978 (Darin: J. Rufus Fears, S. Casey Fredericks, John V. Luce, Dorothy B. Vitiliano, Herbert E. Wright Jr.).
30.) Oswald Spengler, "Der Untergang des Abendlandes", Deutscher Taschenbuch-Verlag, München 1972 (Dazu: Giovanni Battista Vico, Arnold Toynbee),
31.) Dirk Husemann, „Der Neandertaler", Frankfurt/M. 2005.
32.) Pausanias (2. Jh. n. Chr.), „Perihegesis".
33.) Plutarch (46-118 n. Chr.), „De facie in orbe lunae".
34.) Homer (8. Jh. v. Chr.) „Ilias" und „Odyssee".

35.) Thallos (1. Jh. v. Chr., Chronograph); Stichwort: „Ogyges“.
36.) Dionysios von Halikarnass (1. Jh. v. Chr.) „Römische Altertumskunde“.
37.) Hellanikos von Mytilene (2. Hälfte 5. Jh. v. Chr.), Mythologe.
38.) Hekataios von Milet (um 500 v. Chr.), Logograph und Geschichtsschreiber, „Weltreise“.
39.) Thomas Morus, (1478-1535; englischer Staatstheoretiker), „Utopia“, 1516.
40.) Francis Bacon (1561-1626; englischer Philosoph), „Nova Atlantis“.

Zu II.) Was das Essay des Autors über das „Etruskische und das Indogermanische“, die Erkenntnisse über die „tr̥-/tl̥-“-Wortwurzel etc. und die Fortsetzung des Essays betrifft:

Zu: Sprache (im östlichen Einflussbereich von Atlantis)
Neben Karl Hoffmann, Franz Bopp etc. (s.o.)

1.) Alois Walde, „Lateinisches etymologisches Wörterbuch“ (s.o.).
2.) Massimo Pallottino, „Etruskologie“ (s.o.).
3.) R.A. Staccioli, „Il mistero della Lingua Etrusca“ etc. (s.o.).
4.) Claudius (Kaiser), Verfasser der 20-bändigen „Tyrrhenika“; Ansprache an den Senat, auf den Tafeln von Lyon festgehalten (CIL XIII 1668); darin: Macstrna = König Servius Tullius.
5.) Festus, Sex. Pomponius (3. Jh. n. Chr. Grammatiker), Verfasser einer Epitome aus dem Glossar “De verborum significatu” des Varius Flaccus; dieser seinerseits Verfasser der “Libri rerum Etruscarum” (Zeit des Augustus).
6.) Friedrich Kluge, „Etymologisches Wörterbuch“, Berlin, New York 1985.
7.) A. Wadler, „Der Turm zu Babel“, Wiesbaden 1985.
8.) Benseler (Kaegi), „Griechisches Wörterbuch“, Leipzig 1911.
9.) Menge-Güthling, „Griechisches Wörterbuch“, Berlin 1962.
10.) Jean Chevalier, „Histoire de la pensée II”, Paris 1956.
11.) Matthäus (Evangelist), XIII 31; zu: “Senfkorn”.
12.) Aristoteles (384-322; Schüler Platos); zu: „Akt-Potenz-Lehre“.

13.) Justin (100-165 n. Chr., christlicher Apologetiker); zu: „λόγος σπερματικός“ im Zusammenhang mit „βραχὺ σπέρμα“ in Plato, Timaios.
14.) Johannes-Evangelium (Anfang).
15.) Merian-Bibel, revidierter Text 1964; Köln 1996
16.) Moses (13. Jh. v. Chr.); zu: Platos Lehre, wesentlich aus Moses und den Propheten entnommen.
17.) Eusebius von Caesarea (265-339; Verfasser der ersten Kirchengeschichte).
18.) Propheten, Verkünder der Offenbarungen Jahwes, zur Zeit der Könige und in Krisenzeiten; „Prophetische Bücher“, darin 4 große Propheten und 12 kleine.
19.) Bruno Snell, „Die Entdeckung des Geistes“, Göttingen 1986.
20.) Stoa (300 v. Chr. [Zenon] bis 250 n. Chr. [Marc Aurel]; 3. große Philosophenschule nach Platos Akademie und Aristoteles' Peripatos), zu: λόγος.
21.) Ernst Gamillschegg, „Romanen und Basken“, Akademische Wissenschaft und Literatur, Mainz 1950, darin:
22.) Wilhelm von Humboldt, „Prüfung der Untersuchungen über die Urbewohner Hispaniens ermittelst der vaskischen Sprache“, 1821; weitere Namen in diesem Zusammenhang: Schuchardt (Baskologe), Van Eys, Vinson, Philippos, Kiepert, Schulten, Krahe.
23.) Varro (116-27 v. Chr.; Philologe und Historiograph), „Antiquitates rerum humanarum et divinarum“.
24.) Louis Charpentier, „Das Geheimnis der Basken“, Olten 1986.

Zu: <u>Religion</u> (Druidismus; Zeit des „Hiats“; im östlichen Einflussbereich von Atlantis):

1.) Plinius der Ältere (23-79 n. Chr.), „Naturalis Historia“; zum Begriff „Druide“.
2.) Peter Beresford Ellis, „Die Druiden“, Michigan 1995.
3.) Jean Markele, „Die Druiden“, Augsburg 1995.
4.) Julius Pokorny, „Mitteilungen der anthropologischen Gesellschaft in Wien, XXXVIII“, 1908; (zu „Druide“ = präkeltisch).
5.) T.D. Kendrick, „The Druids“, Studio Edition Ltd., London 1994.
6.) Etymologisierung des Wortes „Druide“ durch den Autor.

7.) Sueton (2.Jh. n. Chr.), zu: Menschenopfer der Druiden.
8.) Aristoteles (s.o.), „Magie“ (apokryphes Werk).
9.) Pomponius Mela, „De situ orbis“ III 2,18 u. 19 (45 n. Chr. herausgegeben).
10.) Diogenes Laertius (3. Jh. n. Chr.), „Vitae“ (Geschichte der griechischen Philosophen – 10 Bücher).
11.) Sotion (2. Jh. v. Chr.), „Folge der Philosophen“ (23. Buch).
12.) Gaius Julius Caesar, „De bello Gallico“ VI 15.
13.) C. Jullian (französischer Historiker) “Recherches sur la religion Gauloise”, Bordeaux 1903.
14.) Stuart Pigott, „Il mistero dei Druidi“, Rom 1982. (übersetzt aus dem englischen Original „The Druids“, 1968-1975).
15.) Abbé Emanuel Théron, „Le Druidisme“, Perrin 1886.
16.) Mary Barnett, “Götter und Mythen des Alten Ägypten”, London 1998.
17.) Raymond Noulens, „La Vivre“, Cahiers de la Société d’Histoire de Saint-Sernin-du-Plain 2007/2008.

Zu III.) Was die <u>Vergleichsgegebenheiten im östlichen und westlichen</u> Einflussbereich von Atlantis betrifft:

Zu: <u>Sprache</u>

1.) Essay des Autors und Fortsetzung des Essays.
2.) Franz Bopp, „Glossarium Comparativum Linguae Sanscrittae“, Berlin 1867.
3.) Alois Walde (s.o.).
4.) Friedrich Kluge (s.o.).
5.) Graf Bégouën (TV-Sendung vom 3.7. 2009; zu: „atl-atl“).
6.) Pierre Benoit (s.o.; zu: „Tifinagh“).
7.) M.d.N.W. (s.o.).
8.) Nigel Davies, „Die Azteken“, Econ Verlag, Düsseldorf/Wien 1974; zu: „Tlaloc“.
9.) Derselbe, „Die versunkenen Königreiche Mexikos“, Düsseldorf 1983.
10.) Jacques Soustelle, „So lebten die Azteken“, Textes universitaires de France, Paris 1982.
11.) Derselbe, „Les Aztèques“, que sais-je?, Presses universitaires, Paris 1970.

Zu: Architektur (im östlichen und westlichen Einflussbereich von Atlantis)

1.) M.d.N.W. (s.o.).
2.) Jorge E. Hardoy, „Precolumbian Cities“, Walker Publishing Company, Inc., Toronto 1973.
3.) B. Flornoy, „Rätselhaftes Inkareich”, Zürich 1956.
4.) Simone Waisbard „Tiahuanaco“, j'ai lu, Paris 1971 (zu: Zeitendiskrepanz).
5.) U. Thiemer-Sachse, „Die Azteken“, Berlin 1991 (zu: Götterberg).
6.) Robert Charroux, „Das Rätsel der Anden“, Goldmann 1974.
7.) Hans Helfritz, „Mexico, Früher und Heute“, Berlin 1938.
8.) Jean Philippe Lauer, „Le Mystère des Pyramides“, Paris 1974.
9.) Apollodor (2. Jh. v. Chr.; mythographische Werke) zu: Irminsul, Yggdrasil.

Zu: Religion (im östlichen und westlichen Einflussbereich von Atlantis)

1.) Essay des Autors (Darin: Überlegungen zum Thema „Religion“: „Religion des Lichts“, „Religion der Sonne“; Religionsgeschichtliche Entwicklungslinie von Osiris bis Louis XIV, – im Gegensatz zu dem Druidismus – sowie „Sonnenkult“ in Altamerika.
2.) Hesiod, (700 v. Chr.), „Theogonie“.
3.) J.-Ph. Lauer (s.o.), darin: Index et Vocabulaire des Textes des Pyramides égyptiennes“, Bruxelles 1934.
4.) M. Maurice Brillant et M. l'Abbé de Nédoncelle, “Apologétique”, Paris 1937 (Darin: gedankliche Nähe der Propheten zu Echnaton).
5.) Augustinus (354-430), „Gottesstaat“.
6.) Sophokles, zu: Götter nicht unfehlbar.
7.) O. Spengler (s.o.).
8.) Horaz (65-8 v. Chr.), zu: Dulce et decorum est...
9.) Tyrtaios (7. Jh. v. Chr.)
10.) Diodor (ca. 60-30 v. Chr.), „Bibliotheke“, „eine Weltgeschichte“.
11.) Merian-Bibel (AT): „Genesis“ (s.o.).
12.) J.-Ph. Lauer (s.o.), darin: Alexandre Moret, „L'évolution de l'Humanité“, 1926.

13.) Heinrich Schliemann (1822-1890)
14.) Johannes Irmscher, „Lexikon der Antike“, 1977.
15.) Kleiner Pauly, Artemis-Verlag, München 1975.
16.) Dictionnaire encyclopédique d’ Archéologie, publié sous la direction de Léonard Cotrell, Hawton Bookes, Inc. 1960.
17.) M.d.N.W., Bereich „Religion“, z.B.: Hŭaca = ἀπότομος = τέμενος, geheiligter abgesonderter Ort; Himmelsträger, Himmelsstütze, Himmelsleiter, Himmelstreppe.
18.) Sarmiento de Gamboa, „Historia de los Incas“.

Zu: Religiöse Führerschaft und Kulturheroentum (im östlichen und westlichen Einflussbereich von Atlantis)

1.) Bibel (Moses)
2.) M.d.N.W. (Huitzilopochtli; Ce Tecpatl Mixcoatl; Manco Capac).
3.) Jean Bottéro, „Bibliothèque des Histoires: Mesopotamie“, Mayenne 1987. – Darin: S.297-300:
4.) Berosus (babylonischer Gelehrter, 300 v. Chr.) „Babyloniaca“, zu den Begriffen: „apkallú“ und „ummânu“ = Kulturheroen.

Zu: Molochkultur (in Ost und West)

1.) Bibel (AT), (s.o.)
2.) Griechisch-römische Geschichtsschreibung (z.B: zu: Karthager)
3.) M.d.N.W., zu: Opfer der Azteken, Maya und Inka und ihrer Vorläufer.
4.) Plato, „Kritias“, zu: Blutrunst der Atlanter
5.) Thukydides, „Pelopon. Krieg“, zu: πλεονεξία als Grund für die Blutrunst.

Zu: Ahnenkult (in Ost und West)

1.) Ägypten (Mumien, Grabbeigaben, Totenmasken) in: Herodot „Historien“ und Cyril Aldred, „Echnaton“ (s.u.) et passim; Nationalmuseum KAIRO.
2.) Mykene (Totenmasken etc.) in: H. Schliemann. Nationalmuseum ATHEN.
3.) Troja (Totenmasken etc.) in: H. Schliemann. Nationalmuseum ATHEN.

4.) Römer (Manen) in: Amadeo Maiuri, „Pompeji“ 1955 et passim.
5.) Guanchen (Mumien) in: Museum Santa Cruz, TV-Sendung 2010.
6.) Tuaregs/Berber (Mumien) in: TV-Sendung 2010 und P. Benoit (s.o.).
7.) Garamanten (Mumien) in: TV-Sendung 2010 und P. Benoit (s.o.).
8.) M.d.N.W. (Mumien etc.; Kannibalismus) in Süd- und Mesoamerika

Zu: <u>Zeichen und Symbole der Macht</u> (in <u>Ost und West</u>)
1.) Werke zur griechisch-römischen Mythologie (Zeus, Poseidon etc.)
2.) Hans Biedermann, „Lexikon der Symbole“, Droemer, München 1989.
3.) M.d.N.W., zu: Quetzalcoatl etc.; Stabgottheit; Fangzahngötter.
4.) TV-Sendung vom 1.10.2010, zu: „atl-atl“, wie in einer früheren Sendung (s.o.), falsch gedeutet.
5.) Nazca-„Dreizack“, wie zu deuten?

Zu: <u>Neuaufkommen der Schrift</u> (in <u>Ost und West</u>)
1.) Kleiner Pauly, zu: Hieroglyphen, Artemis Verlag, München 1975.
2.) Gerhard Steinborn, zu: Hieroglyphen, in: „Enzyklopädie der Archäologie“, Gustav-Lübbe Verlag 1996.
3.) Johannes Irmscher, „Lexikon der Antike“ (s.o.); zu: Aufkommen der Hieroglyphen nach dem „Hiat“, Wiesbaden 1977.
4.) Joachim Rehork, „Enzyklopädie der Archäologie (s.o.) zu: Aufkommen der Hieroglyphen nach dem „Hiat“.
5.) Kleiner Pauly (s.o.), zu: Aufkommen der Hieroglyphen in den vorgeschichtlichen Deltastädten (Ägytptens).
6.) Dictionnaire encyclopédique d'Archéologie, Hawton Books, Inc. 1960, zu: Aufkommen der Hieroglyphen in prädynastischer Zeit; also nach dem "Hiat".
7.) M.d.N.W., zu: Hieroglyphen in den altamerikanischen Hochkulturen der Olmeken, Maya (Guatemala) und Azteken.

8.) Miloslav Stingl, „Das Reich der Inka" zu: „Schrift" der Inka; Düsseldorf 1982.
9.) Plato, „Kritias", 119c-e; zu: „Hieroglyphen" als Stelenschrift (στήλη und γράμματα) in Atlantis.

Zu: Ägyptisches bei den Inka: Geschwisterehe
1.) Mythologie der Ägypter; Geschwisterehe von Anbeginn bis Kleopatra.
2.) Werke der griechisch-römischen Geschichtsschreibung.
3.) Cyril Aldred, „Echnaton", London 1968.
4.) M.d.N.W., darin: Manco Capac; Geschwisterehe als Mittel zur Schaffung und Erhaltung einer Dynastie (wie in Ägypten).

Zu: Déformation crânienne und Trepanation (in Ost und West)
1.) Kairo, Ägyptisches Nationalmuseum; dort: „JE 60723, Fundnummer 8", zu: Überlängung der Prinzessinnenköpfe; ebenso bei Echnaton und Tutanchamun etc.
2.) Dictionnaire encyclopédique d' Archéologie, publié sous la direction de Léonard Cotrell (s.o.): Schädeldeformation auch bei den Inka und Huaxteken, sowie Trepanation bei den Maya.
3.) M.d.N.W., zu: Déformation crânienne, Trepanation, Platyzephalie.

Zu: Mumifikation (in Ost und West)
1.) Ägypten: Mumifikation (Echnaton, Tutanchamun etc.), Nationalmuseum KAIRO.
2.) Herodot, „Historien", zu: 2 Klassen von Mumifikation in Ägypten.
3.) Museum in Santa Cruz, Teneriffa.
4.) Mumifikation bei Berbern und Garamanten (TV-Sendung 2010).
5.) M.d.N.W.: Mumifikation in Kolumbien, Amazonasgebiet, Chile, Bolivien und vor allem in Peru.

Zu: Zyklushaftigkeit des Werdens und Vergehens und Kalenderwesen (in Ost und West)

1.) Überlegungen des Autors: Der Untergang von Atlantis ist das Urmodell für die Erkenntnis der Zyklushaftigkeit des Werdens und Vergehens.
2.) Erkenntnis der Zyklushaftigkeit: von den Chaldäern bis Thales von Milet (585 v. Chr.; Sonnenfinsternis).
3.) Erkenntnis der Umlaufzeiten und Abstände der Planeten: Philolaos, 5. Jh. v. Chr.; und Auswirkung auf Kopernikus, Galileo Galilei; Pythagoras' Auswirkung auf Kepler.
4.) Erkenntnis der Heliozentrik: Aristarch (320-250 v. Chr.).
5.) M.d.N.W.:
    - Erkenntnis der Zyklushaftigkeit in den Andenzivilisationen, bei den Inka und in Mesoamerika. (Fatalismus, eine Folge, am stärksten ausgeprägt bei den Azteken.)
    - Religiöse Riten in exakt zeitlichen Abständen aus der Zyklushaftigkeit abgeleitet (ähnlich bei den Etruskern).
    - zeitliche Fortsetzung der landwirtschaftlichen Arbeiten.
    - Entwicklung des Kalenderwesens, „Neufeuerfest" aufgrund eines Traumas durch den Weltuntergang im Gefolge der Atlantiskatastrophe.
    - „Nulltag A" der Maya identisch mit dem Datum der Atlantiskatastrophe (=Neuanfang der Maya), ein Trauma der Maya.

Zu: Einschub: Die Datumskorrektur des Untergangs von Atlantis

1.) Plato, „Kritias" und „Timaios".
2.) O.H. Muck, „Alles über Atlantis", S.327ff.
3.) Herodot, „Euterpe" (ägyptisches Reisetagebuch).
4.) Hekataios von Milet (500 v. Chr.), Geschichtsschreiber (s.o.), (wie Herodot bei den thebäischen Amunspriestern auf Geschichtserkundung).
5.) Diego de Landa (Erzbischof von Yucatan), „Relaciòn de las cosas de Yucatan".
6.) Hans Ludendorff (deutscher Astrophysiker; Potsdam), zu: Astronomische Inschriften an den Tempeln von Palenque.
7.) Williard Frank Libby (1908-1980; amerikanischer Physiker und Chemiker; Nobelpreis1960 für Chemie:

Radiokarbonmethode „C14-Methode“): Erkenntnisse über den „letzten Eisvorstoß“ und den „Folsomfund“, wichtig für die Datumskorrektur des Untergangs von Atlantis.

Zu: Die Sintfluten (in Ost und West)

1.) O. H. Muck (a.a.O.): Errechnung des Tsunamis bei der Atlantiskatastrophe (3km Höhe).
2.) Professoren verschiedener Universitäten (TV-Sendung, Herbst 2009, Phoenix: In der Kreidezeit ein Tsunami von 5km Höhe (Ende der Dinosaurier).
3.) Vergleiche aus der überschaubaren Geschichte (von „Santorin“ bis „Chiemgau-Komet“ (470 v. Chr.), in TV-Sendung 2010.
4.) Der Autor: Unterscheidung der Begriffe: „Einfluss von Atlantis“ und „traumatisierende Auswirkung von Geschehnissen um Atlantis“.
5.) Plato, „Timaios (22a-25d): Sintfluten.
6.) Proklos (412-485 n. Chr.): Kommentar zu Timaios (“größte Sintflut”).
7.) Gilgamesch-Epos, Tafel XI (s.o.).
8.) Katalog zur Ausstellung „Sumer Assur Babylon“, Frankfurt 1980/1981: „Gilgamesch-Epos hatte erste Kunde gebracht von der Sintflut.“
9.) Aristoteles, „met. 12,8.1074 b1“ zu: κατακλυσμός.
10.) Ovid, „Metamorphosen I“: Sintflut.
11.) Aischylos (5.Jh. v. Chr.; „Perser“, „Orestie“ etc.); zu „Ogyges“.
12.) Thallos (1.Jh. n. Chr.; kaiserzeitlicher Chronograph: Geschichte von der Einnahme Trojas bis 109 v. Chr.); zu „Ogyges“.
13.) Bibel, „Genesis“ 6,7f.: Sintflut.
14.) Kleiner Pauly (s.o.): „Ogyges-“ und „Dardanossintflut“.
15.) Babylonische „Ea-Atrachasis“-Sintflut, basiert auf Gilgamesch-Epos (s.o.).
16.) M.d.N.W. (s.o.): Schöpfungsgeschichten mit Darstellung der „Sintfluten“ bei den Maya, den Quiché-Maya, bei den Azteken und bei den Inka I und Inka II und ihren Vorläufern.

Zu: 'Εξίτηλος (in Ost und West)

(Frage, die dahintersteht: War die Atlantiskatastrophe ein „reines Naturereignis“ oder eine „Bestrafung durch die Götter“?)

1.) Alle Sintflutdarstellungen,
im östlichen Einflussbereich von Atlantis: Gilgamesch-Sintflut, babylonische Sintflut, Bibel-Sintflut und Ovid-Sintflut, und im westlichen Einflussbereich von Atlantis: die Sintfluten bei den Maya und den Quiché-Maya, bei den Azteken und bei den Inka I und Inka II und ihren Vorläufern, weisen die ethische Motivation (Bestrafung) auf, aber im Grunde erfüllen die Darstellungen nur verschiedene Funktionen, und die Tatsache, dass in den Archiven der Ägypter (Saïs-Priester) eine „Bestrafung“ für die „schuldigen Atlanter“ und gleichzeitig für die „schuldlosen Athener“ dargestellt ist, und Plato sich diese realistische Gegebenheit zu eigen macht, zeigt, dass auch Plato das „blinde Wüten der Natur“ als Ursache für den Untergang von Atlantis betrachtet und insofern der Untergang von Atlantis für Plato ein „reines Naturereignis“ ist.

2.) Die Etymologisierung des Begriffes ἐξίτηλος entgegen:
   a.) C. Alexandre (griech. Wörterbuch), Paris 1848.
   b.) Benseler (griech. Wörterbuch), Leipzig 1911.
   c.) Menge-Güthling (griech. Wörterbuch), Berlin 1962.

3.) Adolf Kaegi, „Griechische Schulgrammatik“, Hirschgraben Verlag, 1949; zur Deutung des Begriffes „ἐξίτηλος“

4.) Thukydides, „Pelopon. Krieg“ VI: „πλεονεξία“ zur Deutung des Begriffes „ἐξίτηλος“.

5.) Alois Jacob, „Interpretationen zur ‚Pathologie' und zur ‚Vorgeschichte der sizilischen Expedition'“, in: „Altsprachlicher Unterricht“, Reihe IX, Heft 3, 1966; Klett-Verlag, Stuttgart (zu: πλεονεξία bei Thukydides).

6.) Atlas, der Titan, als von den Göttern begnadigt zu verstehen (Tragen der Erdkugel als eine ehrenvolle Aufgabe, keine Bestrafung). →Neue Erkenntnis: ATLAS, der Titan, und ATLAS, der Poseidonsohn, sind zu unterscheiden.

7.) Plato (wie der Realist Thukydides): Atlantiskatastrophe als „reines Naturereignis“.

V.) Ein Wort zum Abschluss

1.) Simone Waisbard, Tiahuanaco (s.o.).
2.) H.-G. Nesselrath, Plato und die Erfindung von Atlantis (s.o.)

Orts-, Personen- und Sachregister

I.) Ortsregister

II.) Personenregister

III. Sachregister

A.)

N.)

B I 1.) Einfluss Atlantis' im Osten

1.) a.) Aspekt Sprache: Die Sprache der Atlanter (μέχρι Τυρρηνίας, μέχρι πρὸς Αἴγυπτον, Plato, Tim. 25b), die Sprache der Crômagnons (S.69-71)

1.) b.) (In die Gesamtüberlegungen eingebautes) ESSAY mit dem Titel: „Das Etruskische und das Indogermanische" (S.72-105). [Die Überlegungen dieses Essays scheinen nur „atlantisfern" zu sein].

α.) Absicht, über die etymologische Erschließung des Wortes „Etrusker" Aufschlüsse über die etruskische Sprache zu gewinnen (s. Staccioli, „Il mistero della lingua Etrusca") (S.72-73)

β.) Herausarbeiten der Wortwurzel „tr̥ -" aus lat. „tur-", griech. „τυρ-", im ägypt. Tr̥- (Wort „Tr̥ š w" in Medinet Habu) und aus dem Worte „Etrusker". (S.73)

γ.) Die Ww. Tr̥-, tur-, τυρ- und -tru- im Worte „E-tru-sker" sind identisch (S.73).

δ.) Das erlaubt es, das Protheticum „E-" bei der Etymologisierung des Wortes „E-tru-sker" zunächst einmal wegzulassen (S.73).

ε.) Frage nun: Welchen Sinn hat die Ww. tur-, τυρ-, Tr̥- ? – Dazu:

ζ.) Rückgriff auf ein sprachwissenschaftliches Seminar von Prof. Karl Hoffmann, Universität des Saarlandes, 1954: Die Ww. „tr̥-" kann erscheinen (bei Wechsel des Vokals) in tru-, tra-, tre-. tro-, tri- (je nach Sprache und Wortbildung) (S.73-74)

η.) Der Sinn der Ww. „tr̥-" ist: „tragen" (S.74f.).

θ.) Ausführliche Erklärung für η.) mit Franz Bopp (Glossarium Comparativum Linguae Sanscrittae, ebda. S.198 und S.70): Was für den Dental t- in der Ww. tr̥- gilt, gilt auch für die anderen „Muta" (p,c) und zwar wie für die harten auch für die weichen und aspirierten Muta (S.75).

Aus dieser Erkenntnis sich ergebende Wortwurzel-Schemata (S. 75-77).

ι.) Zum Beweis und zur Erläuterung dieser Erkenntnis herangezogene Begriffe (S.77-78).

κ.) Noch einen Schritt weiter: Die Liquide „r" wandelt sich häufig in die Liquide „l" ab (s. z.B. terra – tellus); s. A. Wadler, „Der Turm zu Babel"; s. auch Fr. Bopp, „Gloss. Comp. L.S." ebda. Sp. 169: „mutato r in l". (78-79).

α'.) Beispiele dafür: tuli (lat.), ἔτλην (griech.) und latum ← (t)latum (lat.) (S.79)

β'.) Zusammenstellung einiger Wortwurzeln mit -l- statt -r- (S.79)

γ'.) Komplettierung der Wortwurzelschemata (S.80-81).

λ.) Erklärung von κ.) anhand zuweilen selbst moderner Begriffe (S.81-83).

μ.) Die Bedeutung des Wortes „Etrusker" = „Wissens-träger", zu etymologisieren:

tru-	=	Tragen
e-	=	Wissen
sci	=	(lediglich) Endung (S.83)

ν.) Begründung für „e-" (Präfix) = „Wissen"

α'.) E- = Verkümmerung von Ϝeid- (S.83).

β'.) Verschiedene Erscheinungsformen des (Ϝ)eid- sind: i-, is-, s-, sa-, vid-, vis-, as-, ha- (S.83)

γ'.) In diesem Zusammenhang Deutung des „α-protheticum" („α-copulativum", „α-intensivum") mit den Wörterbüchern Benseler und Menge-Güthling (S.84).

ζ.) α'.) Wortbeispiele als Beweis für die Deutung des „e-" als „Wissen" (auch entnommen aus dem Dizionarietto von Staccioli, a.a.O.). Zu dem „A-" im Wortanlaut von „A-tlas" s. später) (S.85).

β‘.) Das Wort „Etrusker" hat also die Bedeutung „Wissensträger", d.h. „Träger eines Wissens", und zwar eines Wissens aus prähistorischen Zeiten, aus der Vorgeschichte; s. Einfluss von Atlantis: μέχρι τῆς Τυρρηνίας (S.86).

γ‘.) Weitere Begründung für „e-" = „Wissen" (S.86-87).

o.) Weitere „Bezeichnungen" von Volksgruppen:

α‘.) Die Bezeichnungen „I-ber-er", „I-tal-er", „He-brä-er" mit der gleichen Wortstruktur wie „E-tru-sker" (zu „-ber-", „-tal-", und „-brae-" s. die oben entwickelten Wortwurzelschemata!) bedeuten alle „Wissensträger"; es sind also keine Namen, sondern lediglich „Bezeichnungen" für bestimmte Volksgruppen (S.87-89)

β‘.) Weitere zu unterscheidende Begriffe und Namen zu der vorliegenden Problematik (nur zur Anregung) (S.89-91).

π.) Wo ist die Heimat des vorgeschichtlichen Wissens? –

α‘.) Antwort: In Atlantis (s. Archive der Ägypter, vermittelt durch Saïs-Priester: siehe: μέχρι τῆς Τυρρηνίας, μέχρι πρὸς Αἴγυπτον (S.91).

β‘.) Die Bezeichnungen "Iberer", "Italer", „Etrusker", „Hebräer" sind wortstrukturell auch an die Seite des Namens „A-tla-nter" zu stellen; s. in diesem Zusammenhang auch in Anm. 25 die noch weitere Etymologisierung des Wortes „Hebräer" = „I-vr-im" = „Übermittler", Überbringer" = „Wissensträger" (S.91-93).

γ‘.) Der "Träger eines Wissens aus früheren Zeiten" ist zuweilen ein „lästiges, „böses" Wesen (von Prometheus bis „Luzifer", welches Wort direkt „Lichtträger" = „Wissensträger" bedeutet.) (S.93-94).

δ‘.) Waren die Etrusker den Römern „lästig“, gab es daher eine „damnatio memoriae“ der Römer an den Etruskern? (S.95).

ϵ‘.) Die Bezeichnungen aller o.a. Volksgruppen (Etrusker bis Hebräer) sind sprachstrukturell verwandt, ihr „Familienname“ (sozusagen) ist „A-tla-nter“. Daher Vorfinden verwandten sprachlichen Substrats im gesamten circummediterranen Raum (s. Staccioli). (S.96)

σ.) „Priester“ (Saïs), später Mönche (Cluny etc.) sind die Vermittler des Wissens allgemein, auch des Wissens über Atlantis (s. Archive der Ägypter); Druiden (Irland), Brahmanen, Pharisäer, Tulcu (Tibet), Derwische und das Wort „Prieser“ selbst, etymologisiert mit Hilfe der oben erarbeiteten Wortwurzelschemata, weisen dies auf; auch das etruskische Wort „macstrna“ (Etymologie: [mac]-s-tr-na; s. Wortwurzelschemata) (S.97-100).

τ.) Ergebnis der ursprünglichen Zielsetzung des Essays:

α‘.) Das Etruskische weist viel „Indogermanisches“, „Indoeuropäisches“, auf; die Schwierigkeit des Etruskischen liegt für uns darin, dass es eine andere Formentwicklung im Verlaufe der Sprachentfaltung durchgemacht hat als die sog. Indoeuropäischen Sprachen, was zu einem Bedeutungswandel der Wörter führte, der aber – das ist auffalend – immer noch im gleichen „Sinnfeld“ der jeweiligen Wörter verbleibt (S.100-101).

β‘.) Zum Abschluss: Verwandtschaft etruskischer mit indoeuropäischen Wörtern und Strukturen, was betrifft:

- Vokabel im Allgemeinen,
- Verbformen,
- Kasuslehre.

- Zahlzeichen,
- Onomastisches System (s. Staccioli)

(Einiges bei dieser Verwandtschaft noch zu verifizieren) (S.101-105).

– Ende des eingebauten Essays –

1. c.) „Atlantische" Sprache (Fortsetzung) (105ff.)

α.) „Etruskisch" nicht isoliert als Sprache, sondern prä-, proto- und periindoeuropäisch (S.105-106).

β.) 2 Ergebnisse aus dem Essay:

α'.) Das Etruskische im Rahmen indoeuropäischer Sprachen.

β'.) „Etrusker", etymologisiert als „Wissensträger von Dingen aus prähistorischen Zeiten" impliziert einen wesentlichen Faktor für die Annahme der Existenz von Atlantis (s. μέχρι τῆς Τυρρηνίας) (S.106).

γ.) „Atlas" ist ein originär atlantisches Wort, nicht nur „ein vermutlich hellenisierter Name" (so Muck), sondern ein Wort der Insel Atlantis, das sich als βραχὺ σπέρμα über Jahrtausende hin erhalten hat (S.107).

δ.) Der hier neu auftauchende Begriff βραχὺ σπέρμα (s. Plato, Tim. 23c, 23e), aufgegriffen u.a. auch bei Johannes: „ἐν ἀρχῇ ἦν ὁ λόγος" und von Justin mit λόγος σπερματικός; Definition des βραχὺ σπέρμα (= winziger Samenkern"); Gültigkeit dieser Erscheinung wie vor, so auch nach der Atlantiskatastrophe (S.107-111).

ε.) Wie wurden die βραχέα σπέρματα (Pluralform) übermittelt? – Antwort: Durch „Wissensträger" (S.111-112).

ζ.) Die Erscheinung βραχὺ σπέρμα auch im sumerischen Raum (Gilgamesch-Epos: Ea rät Utnapischtim, eine Arche zu bauen und u.a. „beseelte Samen" (σπέρματα) mit in die Arche zu nehmen) (S.112-113).

η.) Zusammenfassung: Vorkommen der Erscheinung βραχὺ σπέρμα, also außer in den Archiven der Ägypter, in Sumer, bei Plato (aus den Archiven der Ägypter), in der Stoa (λόγος), in der Bibel (Johannes: λόγος) und bei dem Apologetiker Justin (λόγος σπερμάτικος) (S.113-114).

1.) d.) Begründung für die Erkenntnis: „ATLAS" ist ein originär atlantisches Wort.

α.) tl̥- Wortwurzel liegt vor im Etruskischen, Griechischen, Lateinischen und im Atlantischen (S.114-115).

β.) Etymologisierung des Wortes „Atlas" (= „A-tla-s") = „Allesträger" (mit Menge-Güthling; Fr. Bopp, „Gloss. Comp. Linguae Sanscrittae"; A. Walde, „Etymologisches Wörterbuch" etc.) (S.115-116; S.116-119).

γ.) Monogenese aller Sprachen? – s. A.Wadler, „Der Turm von Babel" (S.119-120).

1.) e.) Zusammenfassung aller Ergebnisse der vorausgehenden Überlegungen mit der Erkenntnis: „Atlas" ist ein originär atlantisches Wort auf Grund der tl̥-Wortwurzel und „α-intensivum" in der Bedeutung „Alles", originär atlantischen Spracherscheinungen, d.h. der Einfluss von Atlantis in sprachlicher Hinsicht, – auch aufgrund der Formulierung μέχρι Τυρρηνίας –, auf seinen östlichen Einflussbereich ist damit bestätigt. (S.120).

1.) f.) Kurze Zusammenstellung der vorangehenden Überlegungen (121-122)

B I 2.) <u>Koloniale Ausstrahlung von Atlantis nach Osten</u> (mit Skizze) (S.123-127).

a.) Die Basken und ihr Lebensraum „Asturien"; (s. dazu E. Gamillscheg, „Romanen und Basken", darin: W. v. Humboldt, „Prüfung der Untersuchungen über die Ureinwohner Hispaniens, ermittelst der Vaskischen Sprache" und weitere Diskussion (S.127-129).

b.) „Asturien", Land der „Wissensträger"; Begründung für diese Deutung mittels Etymologisierung von „ἀστήρ" etc.; s. auch:

Louis Charpentier „Les Jacques et les mystères de Compostelle (S.130-133).

B I 3.) Der religiöse Einfluss von Atlantis (Osten) (S.134ff.).

a.) Die religiöse Dimension, die ausgeht von den „ἀστήρ"-Begriffen; unverkennbarer Zusammenhang der „ἀστήρ"-Begriffe zum einen mit Götternamen: Isch-tar, Ha-thor, Asch-tor-et, As-tar-te, Tur-an (S.133-134).

b.) zum anderen mit dem Aufkommen des Druidismus, ein βραχὺ σπέρμα in der Zeit des „Hiats" (S.134).

c.) Etymologisierung des Begriffes „Druide" (dazu Plinius d.Ä., Peter Beresford Ellis, Jean Markale, Julius Pokorny, T.D. Kendrick, Gaius Julius Caesar) (S.134-138);

d.) Auswirkung des Druidismus auf Etrusker und Römer, auf die Chaldäer, Perser und Pythagoras (S.138-139).

e.) Etymologisierung der Begriffe „Bra(h)-man-e", „Der-wisch" in diesem Zusammenhang (S.139-140).

f.) Caesar, de bello Gallico VI 15: "Disciplina" = "Druidismus" in Britannien entstanden, der Begriff „Druide" erst in Gallien (S.140-141)

g.) Die Deutung Stuart Pigotts (in „Il mistero dei Druidi") des Begriffs „Druidismus" zurückreichend vielleicht bis vor 20.000 Jahren, jedoch zumindest in die Zeit des „Hiats" (S.141-143).

h.) Das βραχὺ σπέρμα im Zusammenhang mit dem Druidismus (S.143-145).

i.) Einschub: Chronologische Aufgliederung der Zeit nach der Atlantis-Katastrophe, über den „tiefsten Hiat", über den „Hiat" bis zur geistigen Wiederaufhellung etwa in der Mitte des 4. Jahrtausends v. Chr., usw. (S.145-146).

B I 4.) Die architekturale Ausstrahlung von Atlantis (nach Osten) (S.146ff.).

a.) Die Pyramiden, Tempel, Paläste (formal: ägyptisch; ideell: atlantisch) (S.146-149).

b.) Abschließende Feststellung über den Einfluss von Atlantis nach Osten in den 4 Aspekten: sprachlich, kolonial, religiös, architektonisch (S.150).

B II Der Einfluss Atlantis' (nach Westen)

B II 1.) Vorbemerkung (S.151-155):

a.) Skizze zur Komplettierung der Darstellung des atlantischen Einflusses nach Westen (S.151)

b.) Begründung für „Nichterwähnung des Westens" bei Plato: SOLON! (S.151-152)

c.) Die Begriffe οὐ τόπος ↔ ἄτοπος und Zusammenfassung (S.153-154).

d.) Zurück zur Hauptfährte unserer Überlegungen: „Ausstrahlung Atlantis' nach Westen", bei Plato nur angedeutet durch leichtere Möglichkeit des „Inselhüpfens" bis zu einem echten „ἤπειρος"; Ausstrahlung nach Westen unter denselben 4 Aspekten wie nach Osten: Sprache, Architektur, Religion, Kolonisation (S.154-155).

B II 2.) Zur „Sprache" (155-180)

a.) Die sprachlichen Zusammenhänge (Osten und Westen) (S.155ff.)

Die Etymologie des Wortes „Terra/Tellus" als Beispiel für den Bedeutungszusammenhang zwischen dem Indoeuropäischen (Terra) und dem Atlantischen (A-tla-s) und später (ab S.163) für den Bedeutungszusammenhang zwischen dem Atlantischen (A-tla-s) und dem Aztekischen (tla-lill etc.) mittels der Wörterbücher Menge-Güthling, A. Walde „Lat. etymolog. Wörterbuch" und Fr. Bopp, „Gloss. Comp. Linguae Sanscrittae" (155-163).

b.) Die zu vergleichenden aztekischen Begriffe:

„tla-lill", „Tla-loc", „Mic-tla-n", "Tla-lte-cuhtli", "A-tla-tonan" etc., die Begriffe mit Endung -atl, -otl, -etl, -itl, -tli, -tla etc. (S.164-169)

c.) α.) Bemerkungen zu dem Namen „Quetzalcoatl" und zu „atl-atl", dem „Speerschleuderer" der Azteken (S.169-171).

β.) Die „blumige Bildhaftigkeit“ der Indianersprachen schon von den Nahuatl und Quechua sprechenden Völkerschaften als übertrieben empfunden; das führt sogar zu „Gott ohne Namen“; die Bildhaftigkeit der Sprache nur noch Symbol: z.B. der aus dem Osten zurückerwartete Quetzalcoatl sicherlich als leibhaftige Person erwartet, nicht als „grüngefiederte Schlange“ (S.172-173).

γ.) Der Plural „Viracochas“ (von Viracocha) und Taloques (von Taloc), eine Rückvermenschlichung, die auf eine weiterentwickelte Religiosität zurückgeht; auch das heißt im Endeffekt: unbewusste Überwindung der allzu großen Bildhaftigkeit der Sprache (S.172-173).

δ.) „Bildhaftigkeit“ der Sprache aus „Bilderschrift“ zu erklären (S.173).

ϵ.) „Bildhaftigkeit“ auch im östlichen Einflussbereich von Atlantis festzustellen (Adam und Eva und die Schlange; „La Vivre“ in Frankreich; Etymologie von „Vivre“) (S.174-175); s. „Tarasque“.

ζ.) Zusammenfassung (S.175-176).

η.) Bedeutungsumkehrung des Begriffes „atl“ bei Altamerikanern zu „Wasser“, ebenso bei den Berbern; Grund dafür (S.176-177).

θ.) Der Begriff „Atlas“, Grundlage auch bei den Namen der „Götterberge“ der Altamerikaner: Popoca-tep-e-tl und Tonaca-tep-e-tl sowie in den „Götterbergen“ Coantepec und Colhuacan (s. U. Thiemer-Sachse, „Die Azteken“) (S.178).

ι.) Mnemotechnische Zusammenfassung für den Zusammenhang der Atlantischen Sprache mit den Indoeuropäischen und Altamerikanischen Sprachen:

<u>Tla</u>-loc (azt.) ← A-<u>tla</u>-s → I-<u>tal</u>-er (indogerm.)

oder

<u>tla</u>-lill (azt.) ← A-<u>tla</u>-s → <u>Tel</u>-lus (indogerm.)

oder

Mic-tla-n (azt.) ← A-tla-s → tal-a (scrt)
(S.179-180)

BII 3.) Die Architektur im westlichen Einflussbereich von Atlantis und Vergleich mit dem Osten (S.180-200)
a.) Vergleich der Pyramiden Altamerikas mit denen Ägyptens; auch hier gilt: formal: altamerikanisch; ideell: atlantisch (S.180)
b.) Begründung für a.): Heiligkeit der Landschaftsformationen, Huacas; ebenso war es mit dem Hochberg der Insel Atlantis als „himmelstrebendes" Naturbauwerk; der „Atlasberg" wurde zum Vorbild für alle „himmelstrebenden" Bauwerke (S.181).
c.) Die Heiligkeit des „Atlasberges" als τέμενος (s. ἀπό-τομος); ideale Beschreibung durch Plato (=die Archive der Ägypter) (S.182).
d.) Die Tempelpyramiden der Azteken als Nachbildungen der „Götterberge" (s. U. Thiemer-Sachse, „Die Azteken", ebda. S.27) (S.182-183).
e.) Auch in der Caral-Kultur (Vorläufer der Inka) schon Pyramide als Bauform (3000 v. Chr.) (S.183).
f.) La Venta, San Lorenzo; Erderhebungen, z.B. „Hügel-C" in La Venta als „Kunstpyramide" gedeutet (S.184).
g.) „Atlasberg" auf Atlantis also Vorbild für alle „himmelstrebenden" Bauwerke, ob Pyramiden, Zikkurats, Stupas, Pagoden, Kirchen und Minarette (S.184-185).
h.) Ein 2. Aspekt des „Atlasberges" auf Atlantis ist der des „Himmelsträgers" (S.185).
i.) Die Idee der Pyramide ging also von der Uridee des „Atlasberges" auf Atlantis aus (S.186) und fand ihre Verbreitung in Ost und West von Atlantis (S.186-188).
j.) Das Problem der verschiedenen Formen der Pyramiden (S.188).

α.) Grabstätten (in Ägypten), Stätten blutiger Opfer (in Altamerika); aber immer Ziel = Annäherung an die Götter, um Wohlwollen zu erreichen (S.188-189); Vergleich „Axialtreppen" und „Himmelsleiter" bei Altamerikanern und „Gigantische Treppe“, „accès au ciel“ in den Texten der Pyramiden bei den Ägyptern mit dem Begriff „mer“, der „Treppe“, Pyramide bedeutet. (S.189-190).

β.) Die „Jakobsleiter“ (Gen. I 28), Pendant zu Pyramide und Zikkurat etc. (S.190).

k.) Die profanen Bauten

α.) Der Königspalast von Atlantis, Vorbild für das Ramesseum etc. (im Osten) (S.191).

β.) Die Bauwerke von Teotihuacan, Tenochtitlan und Tiahuanaco (im Westen) (S.191-192).

γ.) Parallelität der „Heiligen Orte“ im Osten und Westen (Huacas) (S.192).

δ.) Geringfügige Unterschiede der Bauwerke im Osten und Westen bedingt durch landschaftliche Gegebenheiten, fehlende materielle Mittel, fehlende technische Kenntnisse bei den „verspäteten“ Nationen (S.193).

ϵ.) Hinter allen Unterschieden steht immer das βραχὺ σπέρμα ab der Zeit des Wiederaufkeimens dieser βραχέα σπέρματά etwa ab der Mitte des 4. Jahrtausends v. Chr. bis zu der Zeit der Renaissance des 15./16. Jahrhunderts n. Chr. Und darüber hinaus (S.193).

ζ.) Frage nach allem dem: Ist die Renaissance des 15./16. Jahrhunderts letztlich eine Renaissance von Atlantis? (S.193-194).

η.) βραχέα σπέρματα, direkt nach der Atlantis-Katastrophe mit 2000-jähriger Dunkelheit konfrontiert (=“tiefster Hiat“), danach mit dem „Hiat“ und noch kümmerlichem Wissen, bis etwa in die Mitte des 4. Jahrtausends v. Chr. oral weitergetragen, bis sie in Sumer, Ägypten, später in Griechenland und in Meso- und Südamerika mit dem Wiederaufkommen der Schrift wieder zu keimen begannen (S.194).

l.) Überblick über die Entwicklung von Null (nach der Atlantis-Katastrophe) bis in die Renaissance des 15. Jh. n. Chr.:

Im Osten: Echte Renaissance

Im Westen: Mortifikation durch Vertreter der echten Renaissance des Ostens (S.194-195)

m.) α.) Noch einmal: Die Urideen (βραχέα σπέρματα) des himmelstrebenden Naturbauwerks „Atlasberg“ und des Königspalastes auf Atlantis schlummerten in dem „Chromosomengedächtnis“ (so Robert Charroux, „Das Rätsel der Anden“) der Menschheit, kamen nur wegen der o.a. Gründe in den verschiedenen Räumen der Erde zu verschiedenen Zeiten zum Durchbruch (S.195).

β.) Dies gilt in gleicher Weise für die Pyramiden, Obelisken, die Zikkurats, die Tempel der Ägypter, der Hebräer und der Altamerikaner, für die Stupas der Inder, die Pagoden Chinas und Koreas, den Palast von Knossos, die Kirchen und Minarette (S.195)

γ.) Die Frage: „Warum waren die einen früher, die andern später?“ ist müßig, wenn man bedenkt: Dahinter stand immer die Idee des „himmelstrebenden Bauwerks“ als βραχὺ σπέρμα (S.195-196)

n.) Die „Wissensträger“ (Zwischenbemerkung)

α.) Damit wird die Bedeutung der „Wissensträger“ für die Tradition der βραχέα σπέρματα deutlich, der Wissensträger, die in der aufsteigenden Klimax „Wissensträger kümmerlichen Wissens“ über „echte Wissensträger“ schließlich zu „Weisen“ wurden, z.B. Solon (S.196-197)

β.) Die Gestalt des Sokrates und die Gestalt des Plato in ihrem Verhältnis zu den Sophisten; der Satz: οἶδα οὐκ εἰδώς (S.197-198).

o.) Doch zuvor noch: Auch mit Irminsul als „Himmelsträger“ und Yggdrasil“ als „Weltenachse“ im germanischen Raum kommt der gleiche Gedanke zum Durchbruch wie mit den Pyramiden Altamerikas und Ägyptens (S.199).

p.) Abschließend als mnemotechnisches Mittel zu allen obigen Überlegungen (S.200):

<table>
<tr><td colspan="4">Atlantis
↙ ↘</td></tr>
<tr><td>Maya, Azteken, Inka und Vorläufer</td><td>Atlasberg = Uridee der Pyramide</td><td colspan="2">Ägypter und Germanen</td></tr>
<tr><td>↓
Götterberge
→Pyramiden
↓
Himmelsträger, Himmelsstütze (Weltachse), Himmelstreppe</td><td>↓
Himmelsträger, Himmelsstütze</td><td>Künstlicher Berg = Pyramide
↓
Himmelsträger, Himmelstütze, Himmelstreppe („mer“)</td><td>Irminsul, Yggdrasil
↓
Himmelsträger Himmelsstütze (Weltachse)</td></tr>
</table>

BII 4.) Der Einfluss von Atlantis in religiöser Hinsicht (in Ost und West) (S.200ff.).

a.) Vorbemerkung: Die Götter in der überschaubaren Geschichte = hochgestufte Menschen (S.200).

b.) gleiche Erscheinung in Ost und West (S.200-201)

c.) „Geschichte“ und „Mythos“: Aufkommen der (absteigenden) Klimax: „Gott“ – „Halbgott“ – „Gottmensch“ – „Heros“ – „Mensch“ (S.201).

d.) Rekonstruktion aus vergleichbaren Gegebenheiten (Wie Fr. Bopp, „Gloss. Comp. L. S.“ mit „Sternchen“ *) (S.202-203).

e.) Bedeutung der vergleichbaren Gegebenheiten in Ost und West (S.203).

f.) Nach diesem Vorspann: Die religiösen Vorstellungen in Ost und West (S.203).

α.) Monotheismus (Sonnenkult, der Kult vor der Atlantiskatastrophe) (S.203)

β.) Zuerst im Osten:

α'.) in der Chtonik („Hiat") Druidismus, Religion der „Dunkelheit" (des Mondes!) (S.204) (s. auch B I 3.).

β'.) nach der Chtonik („Hiat") wieder Suche nach dem „einen" Gott des Lichtes (der Sonne!) mit ersten Anfängen in Ägypten (Osiris, Narmer [=Menes] (S.204-206)

γ'.) Religion im östlichen Einflussbereich von Atlantis mit Entwicklungslinie des monotheistischen Gedankens des Lichts von Osiris bis Christus und darüber hinaus bis Louis XIV. (roi soleil) etc. (S.206-213).

δ'.) Einige Details zu obigen Überlegungen (S.213-215).

g.) Religiöser Einfluss im Westen (altamerik. Raum): Begriff „Gott" nicht eindeutig (S.215).

α.) Huitzilopochtli, der „eine" Stammesgott der Azteken, Manifestation der Sonne (Anflug von Monotheismus gegenüber der Vielgötterei) (S.215-216).

β.) Die „Sonnensöhne" der Inka mit ihrem INTI, dem „einzigen" Gott (S.217-218).

γ.) Zusammenstellung über die durchgängige hohe Verehrung der einzigartigen Sonne

α'.) bei den Inka

β'.) bei den Maya

γ'.) bei den Azteken (S.218-220).

δ.) Unsere Folgerung daraus: „Atlasberg" auf Atlantis hinter all diesen Vorstellungen als „Hinweiser": Empor zum Himmel, empor zur (einzigartigen) Sonne, empor zu dem „einen" Gott (S.220).

ϵ.) Aufgrund dieser entwickelten Vorstellung („Empor zu dem einen Gott") Aufkommen der Begriffe „Himmelsträger", „Himmelstütze", „Himmelsleiter" in Ost und West; s. auch der Begriff „mer" im Ägyptischen

(= „Treppe") und die Axialtreppen in Altamerika; Hierbei sind auch nicht zu vergessen Irminsul („Weltachse") und Yggdrasil („Weltenbaum") im germanischen Raum (S.221-222); s. auch M.d.N.W., S.152. Stichwort: „Weltenbaum".

ζ.) Chronologische Zusammenstellung über Religionsauffassungen, beginnend mit „Religion der Sonne" der Zeit der Hochblüte von Atlantis bis zu den monotheistischen Religionen der Israeliten, Christen und Muslime. Der Druidismus dabei in der Zeit des „Hiats" als „dunkle" Religion (S.223-224).

B III: Die religiöse Führerschaft und das Kulturheroentum (in Ost und West) (S.224-231)

B III 1.) Religiöse Führerschaft: Abraham und Moses bei den Hebräern (S.224)

B III 2.) Ce Tecpatl Mixcoatl und Ce Acatl Tolpitzin bei den Tolteken (S.224-225).

B III 3.) Huitzilopochtli bei den Azteken (S.226)

B III 4.) Manco Capac bei den Inka (S:226)

B III 5.) Kulturheroentum im altamerikanischen Raum (S.226-227)

B III 6.) Die „Apkallú" und „Ummânu" bei den Babyloniern und Chaldäern (gemäß Berosus): Die Gestalt des Oannes; alle diese Gestalten gehen nach Berosus auf vorsintflutliche Zeit zurück („Antediluvian World"); als Autoren des Gilgamesch-Epos hatten die „Apkallú" und „Ummânu" Kunde von der „Sintflut"; „Gilgamesch hatte erste Kunde gebracht von der Sintflut (s. Katalog, Ausstellung der Staatl. Museen, Preußischer Kulturbesitz; s. S. 229, Anm. 69). Hier also, bei Berosus:

Eklatante Vergleichbarkeit der Kulturheroen in Ost und West (bis in die Wortwahl).

„Sintflut" in beiden Einflusssphären letztlich Ursache für die Notwendigkeit des Kulturheroentums zum Zwecke der Neuentwicklung menschlicher Gemeinschaftsformen (S.230-231)

B IV: Molochkultur (in Ost und West) (S.232-241)

B IV 1.) Letztlicher Grund der Molochkultur immer der aus der πλεονεξία (wie Thukydides später sagt) sich entwickelnde Imperialismus (S.232-233).

B IV 2.) Vorkommen der Molochkultur:
a.) im östlichen Einflussbereich von Atlantis (von den Druiden über Abraham bis zu den Römern) (S.234-236).
b.) im westlichen Einflussbereich von Atlantis (Tolteken, Maya, Azteken, Inka und jeweils ihre Vorläufer) Regenwaldbewohner (Kannibalismus mit Vergleichen auch in Ägypten) (S.236-239).
c.) Latente Blutrunst (außer dem imperialistischen Eroberungsdrang gegen den Mittelmeerraum) in Atlantis (S.240-241).

B V.: Ahnenkult (in Ost und West) (241-243)

B V 1.) In Altamerika (Westen) (S.241).
a.) „Mallquis" bei den Inka.
b.) Grabbeigaben bei den Nazca und Mochica. (S.242).

B V 2.) In Ägypten und Mykene Mumien und Totenmasken (S.242).

B V 3.) Auf den Kanaren (Guanchen [Atlanter der Kanaren]: Mumien) (S.242).

B V 4.) Bei den Tuaregs [Atlanter der Wüste], Berbern und Garamanten (S.242): Mumien, als Vorbild gar für die Ägypter.

B V 5.) Abschließende Bemerkung mit Ablehnung des Konvergenzgedankens (243)

B VI.: Zeichen und Symbole der Macht (in Ost und West) (S.244-249)

B VI 1.) Zeus
a.) Zeus (Blitz, Donner, Szepter, Lanze, Speer und Adler im Kampf gegen die Titanen, die Giganten und Typhon) (S.244-246)
b.) Vergleichsgegebenheiten im Westen und Osten: Die „100 Schlangenköpfe" und die „100-Händigen"; die in Händen

auslaufenden Sonnenstrahlen bei Echnaton und die in „menschliche Gesichter“ oder in „Schlangen“ auslaufenden Strahlen des Sonnenkranzes des INTI; Szepter und Lanze ähnlich dem „Stab“ der „Stabgottheit“.

B VI 2.) Poseidon

a.) Dreizack

b.) Vergleichsgegebenheiten: “Fangzahn” der “Fangzahngötter“; die 3 Zacken als Symbole für die Herrschaft in Atlantis, im Osten von Atlantis und im Westen von Atlantis (καθ’ὅλον -Prinzip) (S.246-247).

B VI 3.) Quetzalcoatl

a.) Zu „atl-atl“ (Speerschleuderer)(S.248).

b.) Deutung des Begriffes „atl-atl“. Hinweis auf unmögliche Deutung als „At-latl“ (in einer TV-Sendung)(S.249).

c.) Einfluss der Zeichen und Symbole von Atlantis unverkennbar, zumal im Fall „atl-atl“ (S.249).

B VII.: Wiederaufkommen der Schrift (in Ost und West) (S.250-262); Sprache der Tarasken.

B VII 1.) Neuaufkommen der Schrift (Hieroglyphen)

a.) Etwa ab Mitte des 4. Jahrtausends v. Chr. (nach dem „Hiat“, auch bei den Vorläufern der Altamerikaner) (S.250).

b.) Neuaufkommen aber nicht bei den

α.) Inka und Andenzivilisationen (Quipú) (S.250).

β.) Kelten (Druidenverbot der Schrift) (S.250).

c.) bei den Azteken und ihren Vorläufern gab es von vornherein eine Schrift; daher dort atlantische Begriffe erhalten (s. tl̥-Wortwurzel) (S.251-252).

d.) Die Sprache der Tarasken, genannt „das Baskische“ des altamerikanischen Raumes (S.253)

B VII 2.) Die Hieroglyphen (in Ost und West)

a.) Die Hieroglyphen Ägyptens und Altamerikas (S.254).

α.) Begriff „Hieroglyphe“ (S.254)

β.) Warum „Hieroglyphe“ genannt? – „Heilig!“, „Schriftzeichen der Götter“ (S.254-255).

γ.) Aufkommen der Idee „Hieroglyphe“ (der Schrift) von allen Wissenschaftlern einstimmig festgelegt (etwa 3500-3000 v. Chr.), Zeit der Wiederaufhellung (S.255-256).

b.) Zum System der Hieroglyphen

α.) In Ägypten: Picto-, Ideo- und Phonogramm, Entwicklung bis hin zur heutigen ägyptischen Schrift über „Hieratische“, „Demotische“, „Koptische“ Schrift (= heute griechische Schrift) (S. 256-257).

β.) Hieroglyphen = „Monumentalschrift“, „Stelenschrift“ (S.258).

γ.) Beobachtung der Schriftentwicklung im altamerik. Raum schwieriger; Hieroglyphen zuerst bei den Olmeken(?); Hieroglyphen vornehmlich später angewandt in der klassischen Periode der Maya (300n. – 500 n. Chr.). Vergleichsmöglichkeiten der Schriftentwicklung bei den Azteken und den Ägyptern (S. 259-261).

B VII 3.) <u>Abschließende Bemerkung</u>:

a.) Letzter Schritt bis zur Alphabetisierung in Altamerika nicht gegangen, aber auch dort gleichzeitiges Aufkommen wie im Osten (S.261).

b.) Hieroglyphenschrift auf Atlantis (s. Plato, Krit. 119c-e:) στήλη und γράμματα, zwei von der modernen Archäologie erkannte Charakteristika für die Hieroglyphenschrift, rechtfertigen die Annahme, dass die Schrift von Atlantis eine Hieroglyphenschrift war (S.262).

c.) Begriffstrio als mnemotechnische Zusammenstellung: στήλη und γράμματα, die beiden Charakteristika der Hieroglyphen, in allen 3 Räumen (Atlantis, Osten und Westen) vorkommend (S.262).

B VIII: Ägyptisches bei den Inka, Azteken, Huaxteken, Maya u. Nazca (S.263ff.)

B VIII 1.) Geschwisterehe

a.) Geschwisterehe, ein Mittel zur Schaffung (und Erhaltung) einer Dynastie (S.263-264).

α.) In Ägypten (S.264).

β.) Bei den Inka (S.264-266).

γ.) Anders bei den Azteken (S.267-268).

b.) Geschwisterehe aber auch Grund für den Untergang von Dynastien (S.268-269).

α.) Bei den Azteken (S.268).

β.) Bei den Inka (S.268).

γ.) In Ägypten (S.269-270).

c.) Zusammenfassung: Am Ende des „Hiats" Neuanfang auf allen Gebieten, auch auf dem Gebiet der Schaffung von Dynastien. Zeus mit Hera, seiner Schwester, und Poseidon mit Kelaino und Alcyone, seinen Verwandten, als „Vorbilder" (S.271).

B VIII 2.) Déformation crânienne (S.271-273).

a.) Echnaton und Familie (S.271-272).

b.) Bei den Inka (S.273).

c.) Bei den Huaxteken (S.273).

B VIII 3.) Trepanation (S.273ff.)

a.) Bei den Inka (S.273)

b.) Bei den Maya, Huaxteken und Nazcas (S.274).

c.) Bei den Ägyptern (S.274).

B IX: Mumifikation (in Ost und West) (S.274-278).

B IX 1.) Bei den Inka und ihren Vorläufern (Mallquis), in Chile, Peru und Bolivien (S.274-275).

B IX 2.) Bei den Mixteken (S.275)

B IX 3.) In Ägypten (S.276).

a.) Nur an Pharaonen und Familien (S.276)

b.) Im Unterschied zu den Inka (S.276).

B IX 4.)Bei den Guanchen („Atlanter der Kanaren") (S.277).

B IX 5.) Bei den Tuaregs und Berbern („Atlanter der Wüste") (S.277).

B IX 6.) Bei den Garamanten; Vorbild sogar für die Ägypter (S. Pierre Benoit: Ägyptische und Garamanten-Mumien unterschiedlich nur durch Beschriftung mit ägyptischen Hieroglyphen und Tifinagh-Schriftzeichen (S.278).

B X: Die Zyklushaftigkeit des Werdens und Vergehens (S.278-285)

B X 1.) Wichtigster Gesichtspunkt der Lebensdeutung

(im Osten)

a.) Bei den Chaldäern (S.278).

b.) Bei den Babyloniern (S.279).

c.) Bei den Griechen (S.279).

(im Westen)

d.) Bei den Inka und Andenzivilisationen (S.280).

e.) Bei den Azteken (S.281).

α.) Durch Zyklus Entstehung der „Welten", Fatalismus (S.281).

β.) Religiöse Riten und gesamte Gedankenwelt von der Zyklushaftigkeit beherrscht, vergleichbar darin den Etruskern (S.281-282).

B X 2.) Bedeutung der Zyklushaftigkeit für die Landwirtschaft (S.283).

B X 3.) Bedeutung der Zyklushaftigkeit für das Kalenderwesen (S.283ff.).

a.) 3 Zeitrechnungssysteme (S.232).

b.) Die „Neufeuerzeremonie" (S.283).

c.) Der Begriff „Kalender" (S.284).

d.) Der „Nulltag A" der Maya identisch mit der Zeit der Atlantis-Katastrophe, d.h. die Zyklushaftigkeit der Zeit letztlich durch die Atlantiskatastrophe modellhaft vor Augen geführt (S.285).

Einschub

Datumskorrektur (nach Muck, a.a.O., S.327ff.) (S.285-288)

1.) Korrektur des Datums des Untergangs von Atlantis (S.285-288).
a.) Nicht 9560 v. Chr. ist das richtige Datum der Atlantiskatastrophe, sondern 8560 v. Chr. (s. Plato: Timaios ↔ Kritias). (S.286).
b.) Begründung der Korrektur mit Herodot und Hekataios von Milet (S.287).
c.) Argumente von Prof. Ludendorff vom Astronomischen Observatorium, Potsdam: Die Palenque-Inschriften (S.287).
d.) „Nulltag A“ der Maya identisch mit der Zeit der Atlantiskatastrophe (S.288).
e.) Prof. Libby (C14-Methode angewandt auf den letzten Eisvorstoß [11.000 v. Chr.] und ältesten Fund der postglazialen Zeit [Folsomfund; aus 9.883 v. Chr.]) (S.288).
f.) Das Mittel zwischen den beiden Daten ergibt: ~10.440 v. Chr. (S.288).

2.) a.) 10.440 minus 1950 (Jahr von Mucks Erstveröffentlichung seines Buches „Alles über Atlantis“, worin er auf die „Datumskorrektur“ für die Atlantiskatastrophe zu sprechen kommt) ergibt: 8.490 v. Chr. (S.288).
Diese Zeit stimmt mit der aus Plato zu errechnenden Zeit 8560 v. Chr. ziemlich genau überein.
b.) Diese Datumskorrektur bleibt ohne Auswirkung auf unsere gesamten Überlegungen (S.288).
[Ende des Einschubs]

B XI Die Sintfluten (S.288-325).

B XI 1.) Vorbemerkung (288-291):
a.) Die „große Sintflut“ (Saïs-Priester: μεγίστη) (S.288).
b.) Von O.H. Muck mit einer Höhe von 3km errechnet (Megatsunami); zum Vergleich: In der Kreidezeit beim

Aussterben der Dinosaurier wurde von Professoren und Wissenschaftlern eine 5km hohe Tsunami-Welle errechnet (TV-Sendung) (S.289).
c.) Vergleiche aus der überschaubaren Geschichte (Thera, Vesuv, Tambora, Krakatau, Taiga-Meteorit, Chiemgau-Komet) nur bedingt möglich – Liste zu ergänzen durch den Toba-Ausbruch. (S.288-289).
d.) Begriff „direkte Einflussnahme von Atlantis“ zu unterscheiden von „(traumatisierender) Auswirkung von Geschehnissen um Atlantis“ (S.290-291).

B XI 2.) Sintflutdarstellungen bei Plato (S.291-297)
a.) Eigentlich Sintflutdarstellungen letztlich der Archive der Ägypter (S.291). Solons Erwähnung der Deukaleonischen Sintflut nur ein Anstoß für den Saïs-Priester, den Griechen „immer Jugendhaftigkeit“ (νέοι) vorzuhalten; die Griechen würden immer an „Kindergeschichten“ glauben (Phaëton-Beispiel); bei den Ägyptern seien alle Geschehnisse aus der Vergangenheit ἐκ παλαιοῦ σεσωμένα, „von alters her (in die Jetztzeit) gerettet“ und in den Archiven aufbewahrt (S.291-292).
b.) Vor der größten Verheerung durch Überschwemmung (ὑπὲρ τὴν μεγίστην φθορὰν ὕδασιν, Tim 23c), womit die Megakatastrophe und ihre Folgen gemeint ist, war der athenische Staat der tapferste und vor allen ausgezeichnetste gewesen; im Kritias wird expressis verbis auf die Megakatastrophe nur noch eine Erwähnung gemacht (δῦσα ὑπὸ σεισμῶν) Kritias, 109d (S.293-294).
c.) Welche Auswirkung hatte die o.a. Weltkatastrophe in literarischer Sicht?

α.) Im Gilgamesch-Epos, der der Katastrophe zeitlich am nächsten liegenden Darstellung der Megasintflut; die Entstehung des „großen Gilgamesch.Epos“ aus „vielen kurzen Gilgamesch-Epen“, die von den beim Saïs-Priester erwähnten σκοτειναὶ ἀκοαί, „gespeist“ sind. S. dazu das

Zitat aus dem Gilgamesch-Epos: „Gilgamesch hatte erste Kunde gebracht von der Sintflut." (S. o.a. Katalog zur Ausstellung).

β.) Das „große Gilgamesch-Epos" erweist sich als Vorläufer des babylonischen Epos „Ea und Atrachasis" und der Noah-Sintflut der Bibel und auch der Deukaleon-Sintflut bei Ovid (S.294-296).

d.) Deukaleon-Sintflut gilt als mittlere zwischen den Sintfluten des Ogyges (uralte, älteste Sintflut gemäß der griechischen Literatur) und des Dardanos (S.296-297) (S. Kleiner Pauly, Stichwort: „Ogyges").

e.) Die Dardanos-Sintflut (S.297).

B XI 3.) Die erste (größte) Sintflut; unter Ogyges (S.297-299) (wie es in der griechischen Literatur heißt, s. Kleiner Pauly: Stichwort: „Ogyges")

a.) Offenbar ist die Ogyges-Sintflut, eine echte Reminiszenz an die Megasintflut der Atlantis-Katastrophe (S.298).

b.) Chronologische Reihenfolge der Sintfluten danach:

1.) Atlantische (= Ogyges-) Sintflut
2.) Deukaleon-Sintflut
3.) Dardanos-Sintflut.

Daraus ergibt sich eine Frage: ...

c.) Inwiefern behauptet der Saïs-Priester, die Deukaleonische Sintflut sei die dritte Sintflut? Das widerspricht 3b.).

d.) Auflösung des Problems: Der Saïs-Priester setzt zwischen der Ogyges-Sintflut und der Deukaleonischen Sintflut noch eine weitere der „vielen" von ihm erwähnten Sintfluten ein (S.298).

e.) Ein Unterschied zwischen der Sintflut des Gilgamesch-Epos und der Deukaleon-Sintflut (S.299).

B XI 4.) Zusammenfassung (S.299-302)

a.) Es besteht ein echter Zusammenhang zwischen der „größten" Sintflut (μεγίστη) in der Folge der Atlantis-Katastrophe und den jeweilig dargestellten Sintfluten der einzelnen Völker, insofern alle auf dem „großen Gilgamesch-Epos“ basieren (S.299).

b.) Parallelität der Eindringlichkeit von Solon und Gilgamesch bei dem Bemühen um Kenntnisse aus der Vorgeschichte (S.299).

c.) Welche Darstellung der Sintflut hat eine andere Darstellung und in welcher Weise beeinflusst?

α.) Antwort:

α.‘) Am Anfang stand das Megaereignis

β.‘) Dabei und danach „völlige Dunkelheit“, nur noch σκοτειναὶ ἀκοαί (= „dunkle Gerüchte“) gab es.

γ.‘) Die σκοτειναὶ ἀκοαί speisten die „kurzen Gilgamesch-Epen“.

δ.‘) Die „kurzen Gilgamesch-Epen“ wurden zu dem „großen Gilgamesch-Epos“ zusammengefügt.

ϵ.‘) Damit war das „große Gilgamesch-Epos“ geschaffen.

ζ.) Dieses „große Gilgamesch-Epos“ wurde zum Vorläufer des babylonischen Epos „Ea und Atrachasis“ und…

η.‘) … beeinflusste die Darstellung der Noah-Sintflut der Bibel und…

θ.‘) … auch die Darstellung der Deukaleon-Sintflut bei Ovid (S.300).

β.) Nochmalige Zusammenfassung der einzelnen Schritte mit dem Ergebnis: Gilgamesch hatte die erste Kunde gebracht von der großen „Sintflut“ (s.o.).
(S.300-301).

d.) Unsere Absicht bei diesen Überlegungen war es, Zusammenhänge aufzuzeigen. Darum jetzt auch: XI 5 (im Westen).

B XI 5.) Die Sintflutdarstellungen aus dem westlichen Einflussbereich von Atlantis (S.302-318).

a.) Die Maya (Chilam Balam)

α.) Zwischenbemerkung (vorgezogen): Vergleich der Schöpfungsmythen der Ägypter mit denen der westlichen Einflusssphäre von Atlantis (Urgewässer, Urhügel und Dunkelheit und Haiyococab), Vergleich auch mit der Bibel, mit Hesiod und Ovid (S.302-303).

β.) Zurück zum Schöpfungsmythos der Maya (Die „4 Welten"; das Trauma der Maya hat seinen Ursprung in der Mega-Sintflut der Atlantis-Katastrophe) (304-307).

b.) Die Quiché-Maya (S.307ff.).

α.) Popol Vuh (S.307-309).

β.) Vergleich „Plato: Quiché-Maya" auf der Grundlage der herausgearbeiteten Zeitaufgliederung seit der Atlantis-Katastrophe bis zum Aufkeimen der βραχέα σπέρματα nach dem „Hiat", mit Gegenüberstellung (S.309-311).

c.) Die Azteken (S.312-313).

α.) Die 1. bis 4. „Sonne" (S.312-313).

β.) Die „4. Sonne", vernichtet durch die Atlantis-Katastrophe (S.313)

d.) Die Inka (2 Schöpfungsgeschichten) (S.313-315).

α.) Die ältere Schöpfungsgeschichte der Inka I (Coniraya Viracocha): „Sintfluten" und „Dunkelheit" am Beginn der 2 hier erwähnten „Welten" (S.315).

β.) Die „neue" Schöpfungsgeschichte der Inka II (der eigentlichen Inka): Die „5 Welten", „Dunkelheit" und Sintfluten am Beginn der Welten (S.316-318).

γ.) Mit ständiger „Dunkelheit" und „Sintfluten" die Auswirkung der Geschehnisse um Atlantis unverkennbar (S.318).

B XI 6.) Zusammenstellung der Aussagen über die Sintfluten (zunächst) im Osten von Atlantis (S.318-321)

a.) Solon (Deukaleon-Sintflut)

b.) Saïs-Priester

α.) schon „viele" Sintfluten gab es.

β.) die größte (μεγίστη) Sintflut war die der Atlantis-Katastrophe (S.318).

c.) Die Sintfluten in der sonstigen Weltliteratur (S.318-319).

α.) Gilgamesch-Epos (sumerische und babylonische Fassung: Utnapischtim)

β.) Bibel (Noah)

γ.) Griechen und Römer (Deukaleon)

δ.) Ogyges-Sintflut (Ogyges)

ε.) Dardanos-Sintflut (Dardanos)

ζ.) Die Sintfluten der Azteken, Maya und Inka und ihrer Vorläufer (S.319).

d.) Erkenntnis, dass die Urfassung aller o.a. Sintflutdarstellungen (im Osten) die sumerische Fassung des Gilgamesch-Epos ist, die „gespeist" ist von den σκοτειναὶ ἀκοαί, den „dunklen Gerüchten" (im Gegensatz zu der παλαιὰ ἀκοή, auch γράμματα ἐκ παλαιοῦ σεσωμένα etc. genannt, die die Archive der Ägypter meinen) (S.319).

e.) Ein Überblick zur Verdeutlichung der obigen Zusammenhänge (S.319-320).

f.) Zusatzbemerkung: Die Deukaleonische Sintflut liegt zwischen der älteren Ogyges-Sintflut und der späteren Dardanos-Sintflut (S.321).

B XI 7.) <u>Zusammenstellung der Aussagen über die Sintfluten im altamerikanischen Raum (Westen)</u> (S.321-325).

a.) Maya (S.321).

b.) Quiché-Maya (S.322-323).

c.) Azteken (S.323).

d.) Inka I (S.323).

e.) Inka II (S.324-325).

B XI 8.) <u>Zusammenstellung aller Erkenntnisse aus obigen Überlegungen in 4 Punkten</u> (S.325-332).

<u>Erstens:</u>

a.) Schilderung des Saïs-Priesters, auf uralten Archiven beruhend, mit Aussagen ...

α.) ...über den Untergang von Atlantis und

β.) der Bemerkung, dass es schon „viele" Sintfluten gab und dass die μεγίστη-Sintflut die infolge der Atlantis-katastrophe war (S.325).

<u>Zweitens:</u>

b.) Erkenntnisse über die Megasintflut, auf 2 Quellen beruhend:

α.) Archive (παλαὶα ἀκοή, ἐκ παλαιοῦ σεσωμένα)

β.) „Dunkle Gerüchte" (σκοτειναὶ ἀκοαί), die die βραχέα σπέρματα oral weitertradierten (S.326) bis zum Gilgamesch-Epos.

c.) das Gilgamesch-Epos und sein Einfluss auf...

α.) α.') die babylonische Fassung (Ea und Astrachasis)

β.') die Bibel und...

γ.') Ovid.

β.) Ein Vergleich mit den Sintflutdarstellungen der

α.') Maya

β.') Azteken und

γ.') Inka

macht die „traumatische" Auswirkung bei den 3 Völkerschaften, vor allem bei den Maya („Nulltag A"), offenbar (S.326-327).

d.) Also <u>neue</u> Erkenntnis: 3 Quellen für das Wissen und die Darstellung der Atlantis-Katastrophe:

α.) Archive der Ägypter (παλαὶα ἀκοή), verwertet in den Dialogen Platos (S.327).

β.) „Dunkle Gerüchte" (σκοτειναὶ ἀκοαί) (erwähnt auch bei Plato), verwertet im Gilgamesch-Epos (S.327).

γ.) Die Atlantis-Katastrophe und Megasintflut selbst (von O.H. Muck geophysikalisch exakt begründet), die ein Trauma in Altamerika ausgelöst haben (S.327).

Drittens:

e.) α.) O.H. Mucks geophysikalischer Beweis und Aussage: „Nichts verstößt bei Plato gegen die Gesetze der Logik und ist naturwissenschaftlich nicht beweisbar.“ (S.327).

β.) Zeitaufgliederung auf Grund der Erkenntnisse Mucks („tiefster Hiat“, „Hiat“, Wiederaufhellung) (S.327-328).

Viertens:

f.) In diese Zeitaufgliederung passen genau die Schöpfungsgeschichten der meso- und südamerikanischen Völker (S.327ff.):

α.) der Maya (Bei ihnen vor allem ständige Erwähnung der „Dunkelheit“ und „traumatische“ Auswirkung der Megasintflut; s. „Nulltag A“ (S.328).

β.) Quiché-Maya („Nur Wasser“ und „Dunkelheit““ am Anfang der „Welten“) (S.328).

γ.) Azteken (Traumatisierung bei ihnen etwas weniger ausgeprägt) (S.329).

δ.) α.‘) Inka I (völlige „Dunkelheit“ am Beginn der „1. Welt“ (S.329).

β.‘) Inka II (völlige „Dunkelheit“ im gesamten 1. Zeitalter; Glaube an das eigene Selbst (Inkarri), aber Enttäuschung (S.330-331).

g.) Zusammenfassung: Genau paralleler Verlauf der „verspäteten“ altamerikanischen Entwicklung der „Welten“ zu der Zeitaufgliederung und Entwicklung im östlichen Einflussbereich von Atlantis (S.331-332).

B XI 9.) Zusammenstellung als mnemotechnische Handhabe aller vorausgehenden Überlegungen (S.332-333).

Beweis für die Existenz und den Untergang von Atlantis:

a.) Archive (παλαιὰ ἀκοή) der Ägypter, verwertet in den Dialogen Platos, b.) Die „dunklen Gerüchte“ (σκοτειναὶ ἀκοαί), verwertet im Gilgamesch-Epos.

c.) Das „Trauma“ aller altamerikanischen Volksstämme (Azteken, Maya, Inka und ihrer Vorläufer), ausgehend von der Megasintflut bei der Atlantiskatastrophe (s. vor allem „Nulltag A“, zeitgleich mit der Katastrophe).

d.) O.H. Mucks geophysikalischer Beweis und Begründung der Katastrophe (Planetoïdeneinschlag, Megatsunami, „Dunkelheit“)

e.) Die linguistischen Überlegungen und Erkenntnisse (s.o.), die ein Vorkommen der „tr̥-/tl̥-“ Wortwurzel feststellen lassen:

- α.) in Atlantis („A-tla-s“)
- β.) im östlichen Einflussbereich von Atlantis (I-tal-er, I-ber-er etc.) und
- γ.) im westlichen Einflussbereich von Atlantis (tla-lill, Tla-loc, Mic-tla-n etc.)

f.) Alle o.a. vergleichbaren Erscheinungen im östlichen und westlichen Einflussbereich von Atlantis selbst.

- α.) Sprache
- β.) Religion
- γ.) Architektonik
- δ.) Kolonialwesen
- ϵ.) Religiöse Führerschaft und Kulturheroentum
- ζ.) Molochkultur
- η.) Ahnenkult
- θ.) Zeichen und Symbole der Macht
- ι.) Schrift
- κ.) Geschwisterehe
- λ.) Déformation crânienne
- μ.) Trepanation
- ν.) Mumifikation
- ο.) Zyklushaftigkeit des Werdens und Vergehens
- π.) Sintfluten.

B XII: 'ΕΞΙΤΗΛΟΣ (S.333-364)

B XII 1.) Frage am Ende:

a.) War die Atlantiskatastrophe ein reines Naturereignis? – oder
b.) War sie eine Bestrafung durch die Götter? (S.334).

B XII 2.) Wie zu antworten? –
a.) Alle Darstellungen der Sintflut (Gilgamesch, Bibel, Plato, Deukaleon) sind mit ethischer Motivation versehen (334).
α.) Im Falle Platos Grund zunächst zum Zweifel an der Integrität des Philosophen (S.334).
β.)Dennoch ist die Katastrophe als reines Naturereignis gesehen (auch von Plato, wie später zu ersehen ist) (S.335).
b.) In der Bibel: Gott bereut, den Menschen (wegen seiner Bosheit) geschaffen zu haben und beschließt die Sintflut. Bestrafung der Menschen, später von Jahwe revidiert. (S.336).
c.) Bei Plato: Die Archive der Ägypter (= der Saïs-Priester) …
α.) … eine breit ausgelegte Motivationsbegründung mit Bestrafung durch die Sintflut (Tim. 23c: μεγίστην φθοράν ὕδασιν) wegen Entartung der Atlanter (S.337-338).
β.) Auch Zeus will nur (wie Jahwe) das „wackere Geschlecht" der Menschen wieder auf den Pfad der Tugend zurückführen; also auch hier Revidierung der strengen Bestrafung (S.339).

B XII 3.) a.) Beweis, dass Plato bei seiner Motivationsbegründung lediglich ein ethisches Moment in den Ablauf des reinen Naturereignisses hineinbringt, ist das „blinde Wüten der Natur" gegen schuldige Atlanter und unschuldige Athener (S.340).
b.) Die „Unsterblichkeit" des Utnapischtim im Gilg.-Epos ist zu betrachten als ein Symbol für die Pflicht, die Atlantis-Katastrophe niemals wieder zu vergessen (S.340).

c.) Bei Plato ist die Etymologisierung des Begriffes Ἐξίτηλος (ἐξ-ί-τηλ-ος) vorzunehmen (zum Verständnis der Auffassung Platos). (S.341-343).

α.) Ἐξίτηλος (ἐξ -ί-τηλ-ος), eine „Nichtbeachtung der Gebote des Atlas (II)" führt zur πλεονεξία, diese zum unbändigen Imperialismus, der schließlich die Konsequenz der Bestrafung nach sich zieht (S.343-345).

β.) Aber, wie wir später feststellen werden: Da diese Bestrafung Schuldige und Unschuldige in gleicher Weise erfasst, ist dies ein Beweis für das „blinde Wüten" der Natur bei der Katastrophe, und dies zeigt, dass Plato die Katastrophe von Atlantis als „ein reines Naturereignis" betrachtet.

Einschub: (s. S.345-354)

1.) Zu Atlas I und Atlas II, dem Sohn Poseidons, eine Revision unsererseits aufgrund der bei H.-G. Nesselrath, a.a.O. Anm. 71 festgestellten, aber nicht weiter argumentierten Erkenntnis, dass Atlas I, der Herrscher von Atlantis, und Atlas II, der Sohn Poseidons und späterer Herrscher von Atlantis, nicht identisch sind (S.345-353).

2.) Die Unterscheidung von Atlas I und Atlas II hat keine weitere Auswirkung auf unsere gesamten Überlegungen (S.353).

3.) Die Bedeutung der Erkenntnis der Nichtidentität von Atlas I und Atlas II (Nahtstelle vom Mythos zum Logos?) (S.353-354). – [Ende des Einschubs]

B XII 4.) Fortsetzung der Motivationsbegründung Platos (S.354-355):

a.) Zeus, der „Gott der Götter" zeigt seine Priorität auch Atlas II gegenüber; das ἐξίτηλος der Atlanter, das „Aus" für Atlas II, die πλεονεξία, die Hybris gegenüber den Mitmenschen, muss einer Strafe unterzogen werden (S.354).

b.) Die Motivationsbegründung läuft im Grunde auf dasselbe hinaus wie die Motivationsbegründung der Bibel (S.354-355).

B XII 5.) Bei Ovid (S.355-356).

a.) Frevelhaftes Verhalten des Lykaon (modellhafte Gestalt für die ganze Menschheit) wird bestraft. Lykaon wird zum Λύκος (=Wolf). Die ganze Menschheit soll „in Wasser ertränkt" werden (=Sintflut). – Zu Λύκος s. auch oben den Deutungsversuch zu Atlas I und Atlas II (S.355-356)

b.) Zusammenfassung: Ähnlichkeiten in der Motivationsbegründung mit Gilg.-Epos, Bibel und bei Plato also auch bei Ovid. Erwartung eines „neuen" Menschengeschlechts, unähnlich dem früheren frevelhaften Menschengeschlecht (S.356).

B XII 6.) Zum Abschluss: Vergleich der 4 Darstellungen (S.357-358)

a.) Utnapischtim, Noah, Deukaleon als einzige Menschen aus der Katastrophe gerettet; von ihnen und den „beseelten Samen" setzt die Entwicklung des „neuen" Menschen und der „neuen" Welt wieder ein (S.357).

b.) Plato spricht nicht von einer völligen Auslöschung des Menschengeschlechtes (siehe: ἀγράμματοι), und auch dies ist ein Beweis dafür, dass Platos Darstellung, d.h. die Darstellung der Archive der Ägypter, sich realistische Gegebenheiten bei der Katastrophe zu eigen macht und sich damit eindeutig bei der Atlantis-Katastrophe auf ein geschichtliches Naturereignis bezieht, sc. eine Naturkatastrophe (durch einen Planetoïdeneinschlag und seine Folgen, wie O.H. Muck es deutet) (S.357).

c.) Ein weiterer wichtiger Aspekt im Gilgamesch-Epos, der ersten nach der Sintflut-Katastrophe von Atlantis niedergeschriebenen Darstellung dieser Sintflut: Die „Unsterblichkeit", die Utnapischtim erlangt, ist ein Symbol für die Pflicht, auf keinen Fall mehr die Naturkatastrophe des Untergangs von Atlantis und seiner Folgen in Vergessenheit geraten zu lassen (S.357).

d.) Bei aller mythologischen Ausgestaltung dürfen wir also nicht aus den Augen verlieren: Das Megaereignis von Atlantis war ein reines Naturereignis.

Die verschiedenen Darstellungen der Sintflut erfüllen nur verschiedene Funktionen:

α.) Ewiges Andenken (Gilg.-Epos),

β.) Daneben Besserung des Menschen (Bibel, Plato, Ovid) (S.358)

B XII 7.) Die Sintfluten und ihre ethische Motivation (auch) im altamerikanischen Raum (Westen) (S.358-363)

a.) Bei den Maya (S.359).

b.) Bei den Quiché-Maya (S.359-360).

c.) Bei den Azteken (S.361).

d.) Bei den Inka I (S.361).

e.) Bei den Inka II (S.362-363).

B XII 8.) Zusammenfassung (S.363-364)

a.) Trauma, vornehmlich bei den Altamerikanern, vor allem bei den Maya („Nulltag A“) (S.363).

b.) Ethischer Zeigefinger überall, in Ost und West (S.363)

c.) Trotzdem: Atl.-Katastrophe ist als „reines Naturereignis“ zu betrachten (S.363)

α.) Begründung dafür: „Blindes Wüten der Natur gegen schuldige Atlanter und unschuldige Athener (S.363)

β.) Platos ethischer Zeigefinger lediglich als Warnung des Ethikers des 5./4. Jahrhunderts v. Chr., der Zeit des ἄνθρωπος μέτρον ἁπάντων, an die Athener zu verstehen, sich nicht wie die hybrishaften Atlanter zu verhalten (S.363).

γ.) Die Weltkatastrophe von Atlantis also auch in der Auffassung Platos „ein reines Naturereignis“ (S.363). Kein Grund also mehr, an der Integrität der Person Platos und seiner Atlantis-Darstellung zu zweifeln.

C: Ein Wort zum Abschluss (S.365-384):

Ein Wort zum Abschluss mit Darstellung unserer Schlussfolgerungen aus den Gesamtüberlegungen:

C I: 1.) Die Integrität der Textvorlage in Platos Dialogen Timaios und Kritias eine notwendige Grundvoraussetzung für die Gesamtinterpretation.
2.) Zweifel an der Integrität der Texte aufgrund einer durch unser Verständnis der Vorgeschichte vorgefassten Meinung, und aufgrund – eine weitere im Verlauf der Gesamtinterpretation gewonnene Erkenntnis – der ethischen Motivierung bei der Bestrafung durch die Atlantiskatastrophe (S.365).

C II: „Ἄτοπος μέν, παντάπασίν γε μὴν ἀληθής“ ist der Grund für Solons Bemühen , ἐφεξῆς καὶ ἀκριβῶς sich die Geschichte Athens darlegen zu lassen (S.365-366).

C III: 1.) Die Utopisten und der „homo sapiens sapiens“ Crômagnon (S.365).
b.) Frage der Entwicklung der Crômagnons, von 30.000 v. Chr. ab (erste geschichtliche Erscheinung der Crômagnons) bis etwa 9000 v. Chr., dem Zeitpunkt der Atlantiskatastrophe, durch die die kulturelle Hochblüte der Crômagnons ein Ende fand (S.366).
c.) Zugestandene Annahme, dass sich die Kulturblüte der Crômagnons in ihrer Grundstruktur und in einzelnen Erscheinungsformen sicherlich von dem unterschied, was wir unter Hochkultur verstehen, aber dennoch eine Hochkultur war (S.366-367).

C IV: 1.) Der Saïs-Priester (=die Archive der Ägypter) sagt: Es gab schon viele Hochkulturen, die durch große Sintfluten zerstört wurden, was einen Neuanfang immer wieder nötig machte.
2.) Hilfe zum Verständnis unserer Deutung der Atlantis-Problematik leistet die Kulturgeschichte mit der sich als zwangsläufig notwendig erweisenden Erscheinung des „Hiats“ (=

Rückschritt der Artefakte des Mesolithikums gegenüber dem Jungpaläolithikum) (S.367-368).
3.) Grund für den o.a. „Hiat“ ist die in der von uns vorgenommenen Zeitaufgliederung (3 Etappen: „tiefster Hiat“, „Hiat“ und „Wiederaufhellung“) festlegbare, von O.H. Muck geophysikalisch begründete und bewiesene langanhaltende „Dunkelheit“ (2000 Jahre) nach der Atlantiskatastrophe, die eine entsprechende „Dumpfheit“ der übriggebliebenen ἀγράμματοι im Gefolge hatte (S.368). – Die Wiederaufhellung trat etwa ab Mitte des 4. Jahrtausends v. Chr. (oder etwas früher) wieder ein (S.368).

C V: 1.) Der beginnende Neuanfang 9560 v. Chr. (nach der Datumskorrektur 8560 v. Chr., nach Libby noch exakter 8493 v. Chr.), dauerte bis etwa 5000 v. Chr. (S.367).
2.) Domestizierung von Tieren und agrarische „Revolution“ setzten Sammler- und Jägerdasein der Menschheit allmählich ein Ende (S.368-369).

C VI: 1.) 1. Kultureller Höhepunkt des Neuanfangs noch im ausklingenden „Hiat“: Megalithe (5000 – 3500 v. Chr.), die Zeit auch des schon fortgeschrittenen Druidismus (S.369).
2.) 2. Kultureller Höhepunkt, der Höhepunkt κατ' ἐξοχήν, Mitte des 4. Jahrtausends v. Chr.: Aufkeimen der von Atlantis hinterlassenen βραχέα σπέρματα

- Schrift
- Wissen (aufsteigende Klimax: „Wissende kümmerlichen Wissens“, „echt Wissende“, Wissensträger bis Weise)
- Monotheismus des Lichts (Beginn des Infragestellens des „dunklen Druidismus“
- Architektur (Pyramiden, Paläste etc. = Bauwerke gemäß den der Natur [Atlasberg auf Atlantis] nachempfundenen Bauwerken von Atlantis. (369-370)

C VII: Alles dies im östlichen und westlichen Einflussbereich von Atlantis feststellbar (S.370).

C VIII: 1.) Zum Begriff „Diskrepanz der Zeiten“ (S.370-373).

2.) Feststellen zeitlicher Diskrepanzen kultureller Gegebenheiten in verschiedenen Zeitphasen und in verschiedenen Welträumen, z.B. was betrifft:

- das Neolithikum,
- die Bronzezeit,
- die Eisenzeit (S.371).

3.) Gleichartige und gleichwertige Artefakte also zu verschiedenen Zeiten je nach Raum des Erdenballs möglich; dahinter steht aber immer, was z.B. die Pyramiden betrifft, das βραχὺ σπέρμα „himmelstrebendes Bauwerk“, das sich ausdrückt z.B. auch im Bau der Zikkurats, Pagoden, Stupas, Kirchen und Minarette (S.371). – Simone Waisbard, „Tiahuanaco“, zu dem Problem der Zeitdiskrepanz (S.371-372).

C IX: 1.) Unter Anlegung des o.a. Aspekts der kulturgeschichtlichen Gegebenheiten im östlichen und westlichen Einfluss-bereich von Atlantis lässt sich folgende Zeitaufgliederung nach der Atlantis-Katastrophe erschließen (S.372-373):

a.) ab 9560 v. Chr. (nach der Datumskorrektur als 8493 v. Chr.) = Altmesolithikum = „Tiefster Hiat“ („völlige Dunkelheit“ und „Dumpfheit“)

b.) ab 7560 v. Chr. (nach der Korrektur 6493 v. Chr.) = Mittelmesolithikum = „Hiat“ (immer noch „Dunkelheit“)

c.) ab etwa 3500 v. Chr. = Jungmesolithikum, Übergang ins Neolithikum (Wiederaufhellung und Aufkeimen der βραχέα σπέρματα:

- Schrift
- „Wissen“
- Monotheismus
- Architektur (neuartige Verwendung des Stein [νέος, λίθος] beim Bau von Pyramiden, Palästen usw. in Ost und West (S.372).

2.) a.) Noch im „Hiat“ Entwicklung der absteigenden Klimax: „Gott“ (hier im Sinne der Vielgötterei), „Halbgott“, „Gottmensch“, Heros, Mensch, sowie der aufsteigenden Klimax: „kümmerlich Wissende“, „Wissende“, „Wissensträger“, „Weise“ (S.373).

b.) Nach dem „Hiat“ die Neuentwicklung des Monotheismus des Lichts (Sonne) im Gegensatz zu dem Dunkel des chtonischen Druidismus (Mond) und alle o.a. Entwicklungslinien,

all dies macht die Formulierung unseres Untertitels „Eine Sicht des Weltgeschehens“ verständlich (S.373).

3.) Ergebnis aus all dem für uns: Unverständnis für die sog. Utopisten und diejenigen Atlantistheoretiker, die sich von dem Platonischen Text in unorthodoxer Weise entfernen und dann durch verschiedene „Zahlenspielereien“ zu einer Vielzahl lokaler Punkte auf der Erde für die eindeutig von den ägyptischen Archiven (= vom Saïs-Priester) festgelegte lokale Positionierung von Atlantis kommen (S.373).

C X: Argumente für die vom Saïs-Priester angegebene Position von Atlantis, damit implizit auch Beweis für die Existenz von Atlantis und seinen Untergang (S.374-375):

1.) Die Archive der Ägypter (ἐκ παλαιοῦ σεσωμένα etc.) und die „dunklen Gerüchte“.

2.) O.H. Mucks Golfstromtheorie, Theorie des Plaentoïdeneinschlags, Megatsunami und 2000-jährige Dunkelheit; und W. Fonsèques geographische Erkenntnis.

3.) Das Trauma vornehmlich der Völkerschaften Altamerikas und daraus resultierende Identifizierung des „Nulltags A“ der Maya mit dem Zeitpunkt des Untergangs von Atlantis.

4.) die Erkenntnis der religiösen Wiederentwicklung von der Vielgötterei der dunklen Chtonik hin zu dem atlantischen Monotheismus des Lichts.

5.) Unsere linguistischen Überlegungen auf der Grundlage der „tr̥-/tl̥-"-Wortwurzel: Gleichheit wesentlicher Bestandteile der Sprache der Atlanter und der Sprachen des östlichen und westlichen Einflussbereiches des ehemals existenten Atlantis.
6.) Der Vergleich paralleler (auf Diffusion beruhender) Gegebenheiten in Ost und West von Atlantis (angefangen von „Sprache" bis „Sintfluten").

C XI: 1.) 'Εξίτηλος, ein „Aus für Atlas II", ein evidenter Beweis für die nötige Bestrafung der Atlanter und damit implizit für die Existenz und den Untergang von Atlantis (375).

Einschub

Nötige Klarstellung der Nichtidentität von Atlas I, dem Titanen, und Atlas II, dem Sohne Poseidons (ausgehend von einer Notiz H.-G. Nesselraths, „Plato und die Erfindung von Atlantis", ebda: S.47. Anm. 11) (s. S.345-354 unserer Überlegungen) (Ohne Auswirkung auf unsere Gesamtsicht) (S.375) [C XI 1].

2.) Platos Deutung der Atlantiskatastrophe als reines „Naturereignis" (S.375).

C XII: Nach allen diesen stimmigen Überlegungen und nachvollziehbaren Schlussfolgerungen sollte man u.E. Plato Vertrauen und Glauben schenken, dass seine auf der Grundlage der Äußerungen des Saïs-Priesters aus den Archiven Ägyptens vorgebrachte Darstellung kein πλασθεὶς μῦθος, keine „Erfindung" ist, sondern ein ἀλήθινος λόγος, dessen Zweck bei der Bedeutung des Atlantis-Ereignisses für die Menschheit (Übergang vom Quintär ins Quartär) ein Nichtvergessen dieses Schicksals von Atlantis ist (Vergleich mit dem Gilgamesch-Epos) und ein Nachdenken über weltgeschichtliche Notwendigkeiten bei der nötigen Neuentwicklung menschlicher Gemeinschaftsformen. (S.375-376)

C XIII: Der „homo sapiens sapiens“ schon lange Zeit vor der Katastrophe auf Erden (S.376-378).
1.) Die Zeit der endgültigen Dominanz des „homo sapiens sapiens“ gegenüber dem „homo sapiens Neandertalensis“ und die Hochkultur des „homo sapiens sapiens“.
2.) Der Begriff „sapiens“ und seine zweifache Begriffsdeutung (S.376); auch für den Begriff „der Weise“, wie z.B. Solon (S.377).
3.) Der neueinsetzende „Wissensstrang“ nach der Katastrophe von Atlantis (S.377).
4.) Der Standpunkt Platos in diesem Wissensstrang“ (S.377).
5.) Kein Widerspruch zwischen der allgemeingeschichtlichen Menschheitsentwicklung und der von immer vorkommenden Naturereignissen unterbrochenen Kulturentwicklung. Das eine schließt das andere nicht aus (S.377).
6.) Das „sapere“ als grundsätzlich kennzeichnendes Merkmal des Menschen (mens = Verstand); das „sapere“ und seine Bedeutung für die Entwicklung des „neuen Menschen“ über die 3 Etappen („tiefster Hiat“, „Hiat“, Wiederaufhellung) seit der Atlantis-Katastrophe und für die Frage: Wo sind wir? Wo stehen wir? (S.378).

C XIV: 1.) Antwort auf diese Frage: eine einleuchtende Evidenz, warum Plato so sehr an der Atlantis-Problematik interessiert war.
2.) Denn: Die 3 Dialoge (Timaios, Kritias und Hermokrates; s. Krit.108a5ff., wo erwähnt wird, dass der „Hermokrates“ als 3. Dialog von Plato in dem Atlantisprojekt geplant war, seine sinngemäße Ausführung aber erst in Platos Nomoi III zustande kommt), diese 3 Dialoge also sind zu deuten als eine von Plato über eine längere Zeit bedachte Planung „weltgeschichtlicher Betrachtungen“ (s. dazu S.378 sowie S.52-53 und 55).

C XV: Unsere „<u>Sicht des Weltgeschehens</u>“ mit den 3 Etappen („tiefster Hiat“, „Hiat“ und Wiederaufhellung).

1.) Sie gründet also auf einem Verständnis des Weltgeschehens, dessen Anfang nach der Katastrophe von Atlantis festzusetzen ist (S.379-380).
2.) Von den Maya mit ihrem „Nulltag A“ identifiziert (S.379).
3.) Die Maya gingen damit weit über das hinaus, was die Israeliten und Christen zu „ihrem Weltenbeginn“ sagten; die Maya deuteten also den Zeitpunkt der großen Sintflut im Gefolge der Atlantiskatastrophe als den Zeitpunkt des Anfangs der Welt (also 8493 v. Chr.; die Israeliten: 3761 v. Chr.; die Christen: ähnlich); weitere Überlegungen zu dieser Problematik, s. dazu unsere Gesamtausführungen (S.203-204 und S.379-380).
4.) Aber auch die Deutung des Weltenbeginns durch die Maya ist nicht der Weisheit letzter Schluss (S.379-380).
5.) Dennoch: der „Nulltag A“ der Maya ist unbestreitbares Hauptargument für die Deutung des Beginns des Quintärs (nach dem Quartär) (S.380).

C XVI: 1.) Eine Anmerkung Voltaires („Hätte es Atlantis nicht gegeben…“) ist zu deuten als nötige Sache, unseren Daseinsstandpunkt zu bestimmen (S.380-381).
2.) Übereinstimmende Entsprechung dieser Deutung mit Nesselraths Bemerkung (in seiner Rezension zu Vidal-Naquet, „L'Atlantide. Petite histoire d'un mythe platonicien.“), dass Voltaire Madeira als einen Teil von Atlantis betrachtet und sich damit, mit dieser seiner Atlantis-Deutung, in die Reihe der Nichtutopisten Kircher, Boulanger, Graf Carli, (später nach Voltaire) Braghine, Donnelly, Muck, Berlitz, Fonsèque einordnete (S.381).

C XVII: <u>Fazit des Ganzen</u> (S.382-383):
1.) Die in den Gesamtüberlegungen herausgearbeiteten Entwicklungslinien (Zeitaufgliederung; Rückdrängung des Druidismus und neues Bemühen um den „<u>einen</u>“ Gott; der neue „Wissensstrang“ nach der Atlantis-Katastrophe; das Wiederaufkommen der Schrift und Bewusstwerdung des Menschen etc.), all dies in Ost

und West von Atlantis, legt den Gedanken nahe, dass alle an diesen Entwicklungslinien teilhabenden Völkerschaften in Ost und West inspiriert und beeinflusst waren von den sog. βραχέα σπέρματα, die eine Hochkultur, welcher Art und Struktur auch immer, als Ausgangspunkt all dieser Erscheinungen bei ihrem Untergang hinterlassen hat. (S.382-383).

2.) In diesen zusammenfassenden Gedanken summiert sich der Wortlaut des Untertitels unserer Überlegungen: „Eine Sicht des Weltgeschehens" (S.383).

C XVIII: Abschlussfrage (S.383-384):

1.) „Ex oriente lux" oder „ex occidente lux"? –

Antwort: Die Reflektierung der „lux" in Sumer, als das Megaereignis von Atlantis mehr oder weniger in Vergessenheit geraten war, brachte, trotz weiteren Ausstrahlens dieser „lux" nach dem fernen Osten, eine Rückkehr der „lux" (als Europa auf dem Rücken des Stieres) aus dem Osten (vom Mythos zum Logos), und diese Rückkehr ist der einzig berechtigte Grund für die gängige Maxime „Ex oriente lux" (S.383).

2.) Im altamerikanischen Raum zeigt die Erwartung, die Wiedererwartung Intis und Quetzalcoatls aus dem Osten, aus der Richtung Atlantis, dass dort die „Aufhellung" schon immer aus dem Osten, aus Atlantis, erwartet wurde, wobei die Altamerikaner aber damit am Ende der Täuschung durch die „weißen Götter" zum Opfer fielen (S.383-384).

Danksagung

Dank sagen am Ende des Unterfangens „Atlas und Atlantis“ möchte ich für die wissenschaftliche Begleitung der Überlegungen zu dem offenen Problem in erster Linie
Herrn Prof. Dr. Peter Riemer, Gräzist und Latinist, Dekan der Philosophischen Fakultät der Universität des Saarlandes, der mir auch manch guten Tipp für die Veröffentlichung des Themas gegeben hat.
Dank Herrn Prof. Dr. August Stahl, Germanist und Rilkekenner, der ein anhaltendes, förderliches Interesse an dem Thema zeigte.
Dank den Fachkollegen der Klassischen Philologie, auch aus der „Landesfachkonferenz ‚Alte Sprachen'“ des Saarlandes, die das Unterfangen mit besonderem Interesse verfolgten.
Dank den diskussionsfreudigen Freundeskreisen,
auf französischer Seite: den Damen Odette Boucher-de Montagu, Archäologin; Jeanne Dechavanne-Sarrien, Maire (a.D.), St. Maurice-lès-Couches; den Herren Claude Sainte-Claire-Deville; Oberst Raymond Noulens, französischer Militärattaché (a.D.) in Mexiko, Präsident der Société d' Histoire de Saint Sernin (Burgund), und Christian Picque, dem Hobby-Archäologen;
auf deutscher Seite: Herrn Dr. Franz-Josef Reichert (Programmdirektor beim Saarländischen Rundfunk) und dem angeschlossenen „Cuno-Kreis“.
Diese Freundeskreise haben das „faszinierende“ Thema „Atlantis“ immer wieder zur Sprache gebracht und waren damit auch ein treibendes Movimentum für die Sache.
Dank meinem „Scriba“, Herrn Christian Lustig, stud. phil. et theol. an der Universität des Saarlandes, der mir hilfreich, vor allem in computertechnischen und Formatierungsfragen, zur Seite stand.
Dank allen, die in das Unterfangen auf irgendeine Weise involviert waren.
Dank, last not least, meiner Frau, die bei der Erschließung der oftmals komplexen Fragen des Themas großes Verständnis zeigte, sowie meinen Kindern, die dem Thema „Atlantis“ gegenüber ein großes Interesse entwickelten und so ein Stimulus für die Sache wurden.